GUERRE FRANCO-ALLEMANDE

DE 1870-1871

PAR

Ch. ROMAGNY

AVEC ATLAS COMPRENANT 18 CARTES-CROQUIS IN-4° EN DEUX COULEURS

PARIS   LIMOGES

11, Place Saint-André-des-Arts.   46, Nouvelle route d'Aixe, 46.

IMPRIMERIE ET LIBRAIRIE MILITAIRES

HENRI CHARLES-LAVAUZELLE

ÉDITEUR

1891

Librairie militaire Henri Charles-Lavauzelle

Paris, 11, place Saint-André-des-Arts.

GUERRE FRANCO-ALLEMANDE

DE 1870-1871

GUERRE FRANCO-ALLEMANDE

DE 1870-1871

PAR

Ch. ROMAGNY

AVEC ATLAS COMPRENANT 18 CARTES-CROQUIS IN-4° EN DEUX COULEURS

PARIS   LIMOGES

11, Place Saint-André-des-Arts.   46, Nouvelle route d'Aixe, 46.

IMPRIMERIE ET LIBRAIRIE MILITAIRES

Henri CHARLES-LAVAUZELLE

ÉDITEUR

1891

AVANT-PROPOS

Dans l'esprit de l'auteur, la présente étude s'adresse plus spécialement aux jeunes gens, à ceux qui n'ont pas vu 1870-71, ou n'en ont gardé que le souvenir confus d'un cauchemar, à ceux surtout qui sont voués à la carrière militaire et à qui, par conséquent, leurs devoirs comme leurs intérêts propres imposent plus immédiatement qu'à tous autres Français l'obligation étroite d'étudier *sérieusement* nos derniers revers.

Or, ce n'est un mystère pour personne, mais ce n'est pas moins une constatation à la fois singulière et navrante à faire, que de toutes nos luttes nationales, la dernière, la plus émouvante et la plus instructive, est certainement la plus mal connue. L'histoire en est peu à peu faussée par les légendes naissantes. Elle est défigurée dans la littérature courante, les faciles romans à sensation, dans des biographies suspectes ou intéressées et jusque dans les articles nécrologiques. Aussi l'ignorance des faits vrais de cette période de sept mois est-elle incroyable.

Il paraît bien fâcheux, et beaucoup ont sans doute exprimé déjà un regret analogue, qu'il n'existe pas encore en France, sur la guerre franco-allemande, un ouvrage à la fois simple et impartial, substantiel et concis, accessible à tous égards *au grand nombre*, quelque ouvrage inspiré par une haute personnalité compétente et incontestée, à l'éloquence vibrante et généreuse, un général

Foy, et écrit avec la plume d'un Mignet, par exemple. Car si l'on connaît peu la guerre de 1870-71, la véritable raison en est qu'on ne sait où trouver une histoire assez complète et assez générale pour en donner une notion satisfaisante, et en même temps assez brève pour en abréger et faciliter l'étude. Il y aurait là une très utile, belle et bonne œuvre à tenter. Après tout, peut-être que la tâche en question n'est pas du tout facile et ne le sera pas de sitôt. Cette digression faite, revenons à notre sujet d'une portée infiniment plus restreinte.

Le but proposé ici est le suivant :

1° Rendre la physionomie exacte de la guerre de 1870-1871 ;

2° Décrire dans leurs grandes lignes les événements qu'il n'est pas permis d'ignorer ;

3° Offrir un large canevas à une étude plus complète ou plus spéciale ;

4° Fournir néanmoins un historique *complet*, sans lacunes, suffisant peut-être pour les plus modestes, en tous cas indispensable à connaître avant d'aller plus loin.

Le plan établi en conformité de ce but comporte :

Croquis spécial pour chacune des périodes ou affaires étudiées ;

Rédaction méthodique, uniforme sans contrainte — indiquant suivant un ordre logique les causes et moyens, les faits et leurs conséquences — aussi courte que possible — soucieuse cependant de ne rien omettre d'essentiel et de conserver entre les événements la juste proportion que leur assigne leur importance relative. — Une partie complémentaire a permis : 1° de débarrasser le récit proprement dit de parties trop touffues pour le cadre donné ; 2° d'éclaircir et préciser davantage, de fixer dans l'esprit tel ou tel côté caractéristique d'un événement marquant, et cela au moyen de documents authentiques multiples ou d'appréciations absolument compétentes ;

Indication brève, laconique — mais répétée le cas échéant — des points sur lesquels il convient de s'arrêter, *de réfléchir*, d'insister — des sujets qui méritent, *en vue de l'avenir*, une étude spéciale, approfondie — ou qui invitent à des rapprochements avec nos institutions, *avec nos règlements* techniques ou avec ceux des autres peuples ;

Jugement définitif des actes politiques, et surtout des personnes laissé en principe à la libre appréciation du lecteur.

Enfin, il n'est énoncé, sauf réserve expresse, que des faits notoirement authentiques, aujourd'hui indiscutables, sur lesquels depuis vingt ans la lumière a pu être faite.

L'auteur n'a pas cru devoir s'ingénier à contester nos défaites et dissimuler nos défaillances, ni à flatter hors propos l'amour-propre national. Il a simplement considéré que, dans une bataille, la victoire, quand il y a lieu, doit être attribuée à « celui qui, seul, enterre les morts » (MENTSCHIKOF cité par CANROBERT) et que contester l'étendue du désastre ou déprécier sans raison le vainqueur serait peu nous estimer, et mal nous juger, en présence d'un traité aussi dur que celui de Francfort. — Il a eu la constante préoccupation de *dire vrai*, et, dans ses appréciations, il a essayé de s'inspirer de ces paroles de Thiers, qui terminent le récit de Waterloo : « Si les petits événements peuvent dépendre de causes matérielles, les grands événements ne dépendent que des causes morales. »

PRINCIPAUX AUTEURS CONSULTÉS

A. G., ancien élève de l'Ecole polytechnique. — *Le Blocus de Paris et la première armée de la Loire.*

Général AMBERT........... *Gaulois et Germains* (récits militaires).

AM. LE FAURE, député..... *La Guerre franco-allemande de 1870-1871.*

Général D'AURELLE DE PALADINES. — *La Première Armée de la Loire.*

Commandant BONNET..... *La Guerre franco-allemande* (résumé et commentaires de l'ouvrage du grand état-major allemand).

BRAECKMANN............. *Etude critique des campagnes de 1800 à 1871.*

Colonel CANONGE........ *Histoire militaire contemporaine.*

Général CHANZY......... *La Deuxième Armée de la Loire.*

Colonel D.............. *Le Pont de Fontenoy.*

Général DERRECAGAIX...... *La Guerre moderne.*

Général DUCROT......... *Wissembourg ; — La Défense de Paris.*

DUSSIEUX, professeur à Saint-Cyr. — *L'Armée en France.*

Ecole supérieure de guerre. *Cours d'histoire militaire, de stratégie et de tactique générale.*

.... *Enquête parlementaire sur les actes du gouvernement de la Défense nationale.*

Etat-major allemand...... *La Guerre franco-allemande de 1870-1871.*

DE FREYCINET .... *La Guerre en province pendant le siège de Paris.*

JACQMIN................ *Les Chemins de fer en 1870-1871.*

Colonel LECOMTE........ *Guerre franco-allemande de 1870-71.*

DE MAZADE .... *La guerre de France (1870-71).*

Colonel FABRE DE NAVACELLE. — *Précis de la guerre franco-allemande.*

Général DES PALLIÈRES..... *Orléans.*

Général DE RIVIÈRE....... *Rapport sur le procès Bazaine.*

RUSTOW .... *Guerre des frontières du Rhin ; — Etudes stratégiques et tactiques.*

Général THOUMAS........ *Les Transformations de l'armée française ; — Les Capitulations.*

TABLEAU SYNOPTIQUE

I. — Armée du Rhin.

§ 1. — Préliminaires de la guerre.

§ 2. — En Alsace.

§ 3. — En Lorraine.

II. — Armée de Châlons.

III. — Armée de la Loire.

IV. — Deuxième armée de la Loire.

V. — Armée du Nord.

VI. — Armée de l'Est (1re armée de la Loire).

VII. — Paris.

§ 3. — Les petites places.

OBSERVATIONS

§ 4. La guerre de partisans.

IX. — Sur mer.

OPÉRATIONS

LA PAIX.

X. — Résumé.

PARTIE COMPLÉMENTAIRE

LA PAIX.

GUERRE FRANCO-ALLEMANDE

DE

1870-1871

I

ARMÉE DU RHIN

§ 1. — PRÉLIMINAIRES DE LA GUERRE

Causes et prétextes de la guerre. — Pour connaître les causes
réelles de la guerre de 1870-71, il faut remonter au moins à Iéna,
peut-être à Valmy. D'abord comme consul, puis comme empereur,
Napoléon Ier avait voulu faire de la Prusse son alliée en Allemagne ; pour prix de ses avances, il n'avait rencontré à Berlin que
fausseté, duplicité, mauvaise foi, et finalement une guerre aussi
peu justifiée que maladroite (1806). Les foudroyantes victoires
d'Iéna-Auerstaedt avaient mis la Prusse à bas et l'empereur avait
été impitoyable : durant sept années, de 1806 à 1813, la Prusse
appauvrie, réduite de moitié, est foulée en tous sens par les armées
impériales. Son roi n'ose résider à Berlin, transformé en caserne
française, et, pour comble d'humiliation, la petite armée qu'il lui a
été permis de conserver doit faire, sous les drapeaux des vainqueurs d'Iéna, la campagne de 1812 contre ses propres alliés de
Friedland, contre les Russes.

De cette situation pénible, la Prusse sort par une trahison. Dès
nos premiers revers (1812), ses généraux York et Bulow passent
avec leurs troupes dans le camp ennemi. L'année suivante, 1813,
c'est la Prusse qui mène en Allemagne la grande croisade des
peuples contre la France. Dans l'hiver 1813-1814, c'est elle qui

impose l'invasion immédiate de la France à une coalition heureuse de se voir en armes sur nos frontières, mais désireuse de s'y arrêter. C'est le Prussien Blücher qui, à la Rothière, à Méry, à Laon, par ses défaites autant que par ses victoires, finit par décider du sort de la campagne de 1814. En 1815, c'est encore la Prusse qui se présente la première : vaincue à Ligny, elle triomphe définitivement à Waterloo. Au congrès de Vienne, elle propose et demande jusqu'à la dernière heure le dépècement de la France ; elle échoue, mais elle obtient le démantèlement de nos frontières du nord-est et la faveur de se placer à l'avant-garde de l'Europe sur notre frontière ouverte la plus vulnérable, à Sarrelouis, d'où elle tourne la barrière des Vosges et pénètre comme un coin au cœur de la Lorraine.

Ni l'invasion de 1814, ni nos malheurs encore plus humiliants de 1815 n'ont pu assouvir les rancunes de la Prusse. Sous Louis-Philippe comme sous Napoléon III, nous la retrouvons constamment aux aguets, toute prête à nous faire échec, à nous chercher « une querelle d'Allemand ». En 1859, la soudaineté de la paix de Villafranca l'empêche seule de jeter 200,000 hommes sur notre frontière nord-est à peu près dégarnie ; elle y a du moins gagné d'expérimenter son système de mobilisation. A partir de ce moment, la situation se tend graduellement.

En 1866, Napoléon III se laisse tromper par des promesses de cessions de territoires en échange de sa neutralité bienveillante : pour plaire à la Prusse, l'empereur des Français pousse l'Italie aux bras de Bismarck et se compromet dans le jeu suspect de médiateur intéressé. La paix faite, il réclame à la Prusse triomphante les compensations promises, tout ou partie du pays entre Rhin et Moselle. Le vainqueur de Sadowa, grisé par des succès inespérés, lui offre la guerre. Or, la rapidité des événements nous a pris au dépourvu [1][*]. A ce moment, l'expédition du Mexique vient de dévorer et absorbe encore le plus clair de nos ressources militaires, financières et autres ; l'armée française est dans un état de désorganisation déplorable, manifestement hors d'état de soutenir une

[*] Ces numéros entre parenthèses renvoient à la partie complémentaire.

guerre sérieuse contre une puissance européenne. Il faut nous incliner devant les hautains refus de la Prusse [2], mais il en reste une irritation contenue, et on peut dire qu'à partir de ce moment la guerre est dans l'air et « à la merci d'un incident ». Chacun des deux partis la juge nécessaire et n'attend que l'occasion : seulement, la Prusse se prépare avec ardeur et persévérance, tandis que la France s'endort dans une fausse quiétude, paraît mal apprécier la grandeur d'une lutte qu'elle ne cherche pas à éviter. Quelques rares esprits clairvoyants essaient vainement de secouer la torpeur du gouvernement français [3].

Les incidents surgissent coup sur coup. En 1867, c'est la question du Luxembourg terminée, grâce à un congrès européen, par un compromis qui ne satisfait personne. En effet :

Le grand-duc, roi de Hollande, conserve presque malgré lui ce petit Etat qu'il a voulu vendre à la France ;

Napoléon III subit un nouvel échec dans ses tentatives d'agrandissement territorial ;

La Prusse retire la garnison qu'elle entretenait dans Luxembourg, ancienne place fédérale ;

Enfin les fortifications de Luxembourg sont rasées.

La même année, les troupes françaises à peine rapatriées retournent en toute hâte dans les Etats pontificaux ; elles interviennent à Mentana (3 novembre) contre les Garibaldiens qui menacent Rome. Ceux-ci étaient occultement soutenus par le gouvernement de Florence. Les Italiens se montrent donc très froissés du procédé de leurs libérateurs de 1859 ; leurs récriminations sont appuyées par la Prusse, leur alliée de 1866, et celle-ci manifeste son mécontentement en faisant échouer la proposition faite par Napoléon III de soumettre la question romaine à un nouvel arbitrage européen. D'où accentuation du malaise entre la France et la Prusse et désaccord latent avec l'Italie : celle-ci se considère facilement comme dégagée vis-à-vis de nous et de plus en plus solidarisée avec Bismarck, dont l'alliance lui a déjà rapporté la Vénétie et peut encore lui valoir Rome.

En 1868, noûvel incident à propos des chemins de fer du Luxembourg et Limbourg belges qu'avait achetés la compagnie française de l'Est. A l'instigation de Bismarck, la Belgique s'émeut, se croit menacée d'annexion à la France : aussi les Chambres belges votent par acclamation une loi annulant et prohibant les cessions de la nature de celle en litige.

En 1869, la candidature du prince de Hohenzollern au trône d'Espagne est mise une première fois en question par Bismarck lui-même[4]. Napoléon III fait à la Prusse des représentations qui sont écoutées : l'affaire n'a pas d'autre suite pour l'instant.

A la fin de 1869, surgit la question du chemin de fer du Saint-Gothard, chemin de fer subventionné par la Prusse et divers Etats allemands, par la Suisse et par l'Italie. Cette ligne semblait devoir rapprocher intimement les deux alliées de 1866 et surtout menacer la neutralité de la Suisse. Cette fois encore, le gouvernement français doit céder ; mais le maréchal Le Bœuf, ministre de la guerre, fait cette ironique et quelque peu agressive remarque que si la voie alors en projet du Saint-Gothard présente en vue de l'avenir des dangers réels pour la France, celle-ci saura aviser à temps.

Cet incident est à peine clos (juin 1870), quand s'ébruite la candidature du prince Léopold de Hohenzollern au trône d'Espagne (3 juillet 1870), mise cette fois en avant par le maréchal Prim, l'un des régents espagnols. Le gouvernement français demande des explications à la Prusse, puis le retrait de la candidature. Le roi Guillaume fait des concessions : le prince Léopold se désiste et le roi déclare l'approuver. Mais déjà en France l'opinion publique est violemment surexcitée par ce nouvel incident ; l'attitude menaçante, et à dessein peu diplomatique[5], de notre ministre des affaires étrangères (duc de Grammont) au Corps législatif le 6 juillet contribue encore à l'égarer. Elle se prononce pour la guerre que, de son côté, le gouvernement impérial, momentanément affermi par le plébiscite du 8 mai 1870, croit indispensable à la consolidation d'une dynastie qui va perdant chaque jour des adhérents. Le ministre de la guerre, maréchal Le Bœuf, affirme d'ailleurs que nous sommes prêts.

La guerre est donc résolue. On revient sur la candidature Hohenzollern pour exiger du roi de Prusse des garanties engageant l'avenir [6] ; le roi Guillaume refuse d'accorder ce qu'à raison il considère comme une lettre d'excuses. En présence de l'insistance de l'ambassadeur français Benedetti, il fait signifier à celui-ci qu'il n'a rien à ajouter à ses déclarations antérieures. D'autre part, Bismarck saisit l'occasion : il annonce par voie diplomatique aux cours étrangères que le roi a refusé de recevoir l'ambassadeur français, ce qui était parfaitement faux. De part et d'autre, une reculade était impossible ; l'action des puissances médiatrices, de l'Angleterre principalement, devenait illusoire et impossible.

Aussi, dès le 15 juillet, la guerre est virtuellement déclarée par le seul fait de la lecture au Corps législatif français et au Bundesrath Nord-Allemand des manifestes respectifs annonçant la rupture des rapports diplomatiques. Le 19 juillet, le chargé d'affaires français à Berlin remettait au gouvernement prussien la déclaration de guerre officielle[7].

En résumé, des deux côtés on savait la guerre inévitable, et des deux côtés on est surpris par la soudaineté de la rupture. Seulement, la Prusse est depuis longtemps et toujours prête à entrer en campagne ; elle a été assez habile ou assez heureuse pour se faire déclarer la guerre et mettre ainsi de son côté au moins les apparences du droit. Le gouvernement français, au contraire, n'est prêt en rien : il invoque un prétexte futile, brusque les négociations, prend ainsi le rôle d'agresseur, s'aliène les sympathies des puissances désintéressées dans la question et enfin paralyse la plus ou moins bonne volonté d'alliés éventuels.

Forces et moyens en présence. — *Français.* — Contrairement aux espérances du gouvernement français, les Etats secondaires allemands, les vaincus de 1866, n'hésitent pas un instant à faire cause commune avec la Prusse, celle-ci présentant la question comme allemande et non comme prussienne. D'autre part, les puissances qui peut-être se seraient laissées aller à nous appuyer, telles que l'Autriche et l'Italie, sont déconcertées par la brusquerie et la rapidité des événements; elles évitent prudemment de se prononcer. La France reste donc seule en face de l'Allemagne entière.

Nous avons déjà vu qu'au lendemain de 1866, chacun des deux belligérants a pris des dispositions plus ou moins complètes en

vue de la guerre qui vient d'éclater : la Prusse n'a qu'à perfection-
ner, nous avons tout à créer.

Sous le coup des déceptions de Sadowa, nous abandonnons
Rome (1866) pour y retourner l'année suivante, et le Mexique (1867).
Sous l'influence pressante du maréchal Niel, on promulgue une
nouvelle loi militaire qui, bien que très incomplète, ne sera même
pas appliquée ; en substance, cette loi du 1er février 1868 imposait
cinq ans de service dans l'armée active et quatre ans dans la réserve
au contingent voté annuellement, habituellement 100,000 hommes ; tous les autres jeunes gens aptes au service étaient inscrits
pour cinq ans sur les contrôles de la garde nationale mobile. On
distribue à l'armée (1867) un nouveau fusil, le chassepot[8], supérieur au fusil prussien ; nous créons un nouvel engin de destruction,
la mitrailleuse[9], sur laquelle on fonde grand espoir, mais on
néglige de transformer l'artillerie proprement dite[10]. On n'envisage
qu'une guerre offensive et non la défensive : aussi nos places fortes
sont oubliées, bien qu'elles soient hors d'état de résister aux engins
de guerre modernes. Nos arsenaux sont insuffisamment pourvus :
on a voulu faire des économies. Aussi, au mois de juillet 1870, nous
ne possédons guère qu'un million de chassepots et moins de 1,500
canons pouvant être attelés[11].

On omet surtout de réformer nos institutions et notre esprit militaires. On s'en tient à des méthodes d'instruction, à des procédés
tactiques, à des pratiques administratives surannées, non en harmonie avec les besoins nouveaux. Nous ignorons les nécessités
d'une mobilisation rapide : on conserve, avec une pâle fiction de
service obligatoire, le recrutement dit national et tous les errements qu'il permet, facilite ou entraîne, tels que perpétuels chan-
gements de garnison, dislocation des régiments, éparpillement
des réservistes sur tout le territoire, instabilité et caractère provisoire du commandement, désagrégation systématique des divers
éléments des grandes unités[12], etc... Nous conservons une centralisation excessive : sous prétexte que le ministre étant responsable
de tout, tout doit relever de lui, rien ne peut se faire dans l'armée
sans son ordre exprès, sans son intervention directe. Aussi. du haut
en bas de l'échelle hiérarchique, beaucoup se renferment dans

l'obéissance passive, mais bien peu sont habitués à commander, à prendre d'eux-mêmes une résolution et assumer une responsabilité. Avant d'agir, chacun attend des ordres. On a du reste une tendance à considérer comme fauteur d'indiscipline tout militaire faisant acte d'initiative, comme innovateur dangereux l'officier simplement chercheur et travailleur [13].

Nous ignorons ce qu'est une mobilisation effective, complète, en quoi consistent les procédés de concentration. Ces deux opérations cependant bien distinctes, *mobilisation* et *concentration*, vont chevaucher l'une sur l'autre et s'entraver réciproquement.

On n'a pas prévu l'emploi à faire des voies ferrées; on les utilisera tout d'abord un peu au hasard, comme accessoire [14]. On ne semble pas du reste soupçonner la valeur, l'importance capitale de ce nouvel et merveilleux outillage de guerre, ni même le considérer comme tel [15].

Les déceptions des guerres de Crimée et d'Italie [16] ont été effacées par le succès final : les services administratifs, subsistances, ambulances, approvisionnements quelconques sont aussi mal organisés ou aussi insuffisants qu'en 1859 [17].

L'instruction militaire n'est pas en harmonie avec les nouvelles exigences de la guerre [18]. Les grandes manœuvres sont en France chose inconnue; celles exécutées annuellement au camp de Châlons par un corps constitué *ad hoc* ne sont que des représentations théâtrales, des opérations de commande, fatigantes peut-être pour les soldats, à coup sûr peu instructives pour les chefs. Comme instruction tactique, l'infanterie ne connaît guère que l'ordre serré, les manœuvres de parade. De la supériorité de son armement en portée et précision, on a tiré cette conclusion désastreuse que nous devons tendre à combattre défensivement et à distance; on recommande ainsi la tactique la plus propre à annuler les qualités typiques du fantassin français [19]; en outre, les réservistes n'ont jamais vu le chassepot. La cavalerie n'est pas préparée à son rôle naturel, à son essentielle mission d'exploration; elle a oublié les traditions du premier Empire et croit n'avoir à agir que sur les champs de bataille [20]. A cause de l'infériorité de son matériel, l'artillerie est encore la plus mal partagée des trois armes ; le

31 juillet, on voit le commandant de Reffye se transporter au bivouac de la division Abel Douay pour y révéler à nos artilleurs le secret de la manœuvre des mitrailleuses. Nos canons, outre leur trop petit nombre, sont ceux de 1859, ceux de la campagne d'Italie, très inférieurs en portée, précision et rapidité du tir aux pièces Krüpp prussiennes se chargeant par la culasse.

Enfin, il va nous manquer le nombre, cet essentiel élément du succès dans les luttes entre armées également bonnes. Ainsi, l'armée de seconde ligne, garde mobile, n'existe que sur le papier; elle devait en principe constituer 318 bataillons à 8 compagnies et 128 batteries d'artillerie de place, mais rien n'a été organisé et les hommes eux-mêmes n'ont reçu aucune instruction.

Tout ce qui précède peut donc ainsi se résumer :
Insuffisance de l'organisation et de la préparation ;
Infériorité du matériel de l'artillerie en qualité et en quantité ;
Insuffisance de l'instruction technique des trois armes [21].

La mobilisation française commence le 15 juillet par le rappel des réserves. Presque en même temps, les éléments actifs permanents des régiments sont dirigés isolément vers la frontière, où ils vont servir à constituer un peu au hasard les unités plus fortes, brigades, divisions, corps d'armée, tandis que leurs réservistes accourent de tous les points de l'Empire dans les dépôts de France et d'Algérie [22]. D'autre part, les magasins de toute sorte, centralisés comme le reste, expédient leur contenu sur les points de concentration, trop souvent mal connus, des différents corps. Les troupes cherchent leurs généraux et ceux-ci, leurs régiments [23] ; les intendants s'épuisent en réclamations, en demandes d'urgence d'approvisionnements qui se trouvent invariablement arriver en retard et incomplets [24]. Les réservistes, une fois équipés et armés dans les dépôts, sont dirigés sur les garnisons de leurs régiments, n'y trouvent plus ceux-ci et sont ensuite lancés fort souvent dans des directions fausses [25] : on voit ainsi de petits détachements errer sur la frontière à la recherche de leurs corps respectifs, jusqu'à ce que l'autorité militaire prenne le parti de les incorporer dans le régiment le plus proche [26].

De tout cela résulte bientôt dans la France entière un désordre

indescriptible, des chassés-croisés et des encombrements invrai-
semblables [27], et finalement organisation incomplète, effectifs et
approvisionnements insuffisants, retards considérables, mécontent-
tements, déceptions et défiance de soi-même et des autres [28].

Les forces actives que la France peut mettre en ligne s'élèvent
sur le papier à :

> Armée active : 350,000 hommes ;
> Réserves : 175,000 hommes,

soit un total de 525,000 hommes. Le gouvernement espérait pouvoir réunir 300,000 hommes à la fin de juillet sur la frontière dangereuse.

Le 1er août, l'effectif arrivé à destination se monte à 260,000
hommes (rationnaires) seulement, en y comprenant les 6e et 7e
corps en entier. Quelques jours plus tard, le 6 août, il s'élève
à 275,000 hommes, 65,000 chevaux et 924 canons, dont 144 mitrailleuses. A partir de cette date du 6 août, jour des premières grandes défaites, cette armée si péniblement rassemblée est disloquée
et coupée en deux tronçons qui ne se rejoindront plus que dans
les prisons de l'Allemagne.

Quoi qu'il en soit de la lenteur et du décousu de notre soi-disant
concentration, on se décide à ne former de toutes les troupes por-
tées sur la frontière nord-est qu'une armée unique, dite *du Rhin*,
sous le commandement suprême de l'empereur ayant pour major-
général le maréchal Le Bœuf ; ce dernier est remplacé intérimai-
rement au ministère de la guerre par le général Dejean.

L'armée du Rhin est fractionnée en huit corps de force inégale,
plus trois divisions de cavalerie indépendante et une réserve générale d'artillerie de 96 pièces ; cette dernière est aux ordres du
général Canu.

1er *corps*, Mac-Mahon, 42,000 hommes (armée d'Afrique), quartier général à Strasbourg ;

2e *corps*, Frossard, 28,000 hommes (troupes du camp de Châlons), quartier général à Saint-Avold ;

3e *corps*, Bazaine, 44,000 hommes (armée de Paris), quartier
général à Metz ;

4ᵉ corps, Ladmirault, 29,000 hommes, quartier général à Thionville;

5ᵉ corps, de Failly, 27,000 hommes (armée de Lyon), quartier général à Bitche;

6ᵉ corps, Canrobert, 41,000 hommes, au camp de Châlons;

7ᵉ corps, Félix Douay, 26,000 hommes, quartier général à Belfort;

Garde impériale, Bourbaki, 22,000 hommes, quartier général à Nancy, puis à Metz.

Les corps commandés par des maréchaux, 1ᵉʳ, 3ᵉ et 6ᵉ, comprennent chacun 4 divisions d'infanterie, 1 division de cavalerie de 3 brigades et 1 réserve d'artillerie de 8 batteries. Les 2ᵉ, 4ᵉ, 5ᵉ et 7ᵉ corps ont chacun 3 divisions d'infanterie, 1 division de cavalerie à 2 brigades et 1 réserve d'artillerie de 6 batteries.

La garde se compose de 2 divisions d'infanterie (voltigeurs et grenadiers), 1 division de cavalerie à 3 brigades et 1 réserve d'artillerie de 6 batteries.

La division d'infanterie comprend :

1° 2 brigades de 2 régiments à 3 bataillons de 6 compagnies;

2° 1 bataillon de chasseurs à 8 compagnies;

3° 3 batteries dont une de mitrailleuses, soit 18 pièces.

Les divisions de cavalerie indépendante sont à 2 brigades de 2 régiments.

Toutes les batteries de l'armée sont à 6 pièces.

Allemands. — L'organisation des armées allemandes est calquée sur celle des armées prussiennes de 1866. Il y a été apporté seulement les perfectionnements suggérés par l'expérience. L'armement de l'infanterie est resté le même, fusil Dreyse, modèle 1841[20]. L'artillerie a été complétée en canons Krüpp.

L'ordre de mobilisation est donné dans la nuit du 15-16 juillet. Les brigades, divisions, corps d'armée étant formés en permanence et se recrutant sur place, l'opération s'accomplit sans confusion, avec le savoir-faire procuré par les grandes épreuves successives de 1848, 1859 et 1866. Pour prévenir le trouble que causerait une brusque irruption française, jugée alors presque inévitable, les corps rhénans ont reporté leurs centres de mobilisation loin de la frontière et jusque sur le Rhin; de faibles fractions mobiles restent seules préposées à la garde des villes entre Rhin et Moselle.

La mobilisation des forces de campagne se termine dès le 23 juillet; ce jour-là, les corps de troupe au grand complet de guerre sont prêts à partir.

Le lendemain 24, commence la concentration. Cette seconde opération, tout aussi délicate et encore plus importante que la première, s'effectue avec une régularité presque parfaite, grâce à une préparation approfondie du fonctionnement des chemins de fer et à l'expérience acquise lors de la campagne de 1866 [30].

Dans les premiers jours d'août, la concentration entre Rhin et Moselle est terminée pour toutes les forces qui doivent prendre part aux premières opérations, soit 13 corps comprenant au total 460,000 hommes et 1,500 canons.

Au début des hostilités, cette agglomération est fractionnée en quatre groupes :

A droite. Ire armée, général Steinmetz, VIIe et VIIIe corps prussiens (puis le Ier), 1re et 3e divisions de cavalerie, entre la Moselle et la Nahe, à hauteur de Trèves et Birkenfeld;

Au centre, IIe armée, prince Frédéric-Charles, IIIe, IVe, X^e corps et garde (puis le IIe corps), 5e et 6e divisions de cavalerie, entre Mayence, Worms et Kreuznach, formant échelon à deux marches en arrière des armées voisines;

A gauche, IIIe armée, prince royal de Prusse, V^e et XIe corps prussiens (puis le VIe), Ier et IIe bavarois, corps combiné badois-wurtembergeois, 2e et 4e divisions de cavalerie, autour de Landau, Germersheim et Maxau;

Réserve générale, IXe et XIIe corps (saxon), autour de Mayence, rive droite. Cette réserve, précaution contre une offensive française dans l'Allemagne du Sud, entre dans la composition de la IIe armée après les batailles du 6 août.

Les Ier, IIe et VIe corps, d'abord affectés à l'observation des frontières de l'Autriche et du littoral, viennent dans la première quinzaine d'août renforcer respectivement les Ire, IIe et IIIe armées.

Le corps d'armée est fort en moyenne de 32,000 combattants et 84 canons. Il comprend 2 divisions d'infanterie, 1 bataillon de chasseurs et 1 réserve d'artillerie de 6 ou 7 batteries. Chaque division d'infanterie se compose de 2 brigades à 2 régiments de 3 bataillons (à 4 compagnies), de 1 régiment de cavalerie et de 4 batteries de 6 pièces. Les divisions badoise et wurtembergeoise ont chacune 3 brigades d'infanterie.

Outre les 6 divisions indépendantes et les régiments divisionnaires, la cavalerie comprend encore la division de cavalerie de la garde, 1 division saxonne (la 12e), 1 brigade dans chacun des corps bavarois, 1 brigade badoise, 1 brigade wurtembergeoise et 1 brigade hessoise.

De même qu'en 1866, le roi de Prusse exerce les attributions de généralissime. Il est accompagné et secondé sur place par le chef d'état-major général de Moltke, le chancelier de Bismarck et le ministre de la guerre prussien de Roon [31].

Les 16 corps actifs sont remplacés à l'intérieur de l'Allemagne par le reste des troupes de campagne et 16 corps de landwehr correspondants.

Au total, l'Allemagne mobilise, à la date du 1er août, 800,000 hommes de troupes prêtes à entrer en campagne et 400,000 hommes de troupes sédentaires.

Plans du début. — *Français.* — Le plan de campagne projeté était offensif, mais il reposait sur des données inexactes. On pensait être prêt avant l'ennemi, le gagner de vitesse et pouvoir détacher facilement les Etats du Sud, les vaincus de 1866, de la cause du Nord. En conséquence et en comptant sur 300,000 hommes fin juillet, on voulait former trois armées : 100,000 hommes à Strasbourg sous Mac-Mahon, 150,000 à Metz sous Bazaine, 50,000 en réserve à Châlons sous Canrobert. Une fois la concentration terminée, l'armée de Strasbourg surprendrait le passage du Rhin à Maxau [32] et franchirait le fleuve ; l'armée de Metz la suivrait de près. Cette masse de 250,00 soldats s'interposerait dans la vallée du Mein entre les deux confédérations, provoquerait ou forcerait la neutralité du Sud. Un premier choc sérieux pourrait avoir lieu aux environs de Würtzbourg ; les chances étant pour nous, on espérait que le succès du début déciderait l'Autriche et l'Italie à se joindre à nous.

L'armée de Châlons resterait chargée de la garde des communications.

Une puissante diversion serait tentée sur les côtes de la mer du Nord et de la Baltique par le corps de débarquement (le 12e) du général Trochu et les flottes des amiraux Bouet-Willaumez et la Roncière ; ces forces combinées seraient placées sous le commandement supérieur du prince Napoléon.

En arrivant le 28 juillet à Metz, l'empereur Napoléon III reconnaît que rien n'est prêt pour l'offensive et qu'au contraire l'ennemi paraît être en avance sur nous. C'est alors qu'on s'en tient à la seule « armée du Rhin ». La diversion de la Baltique est contremandée, sauf en ce qui concerne les opérations navales ; le corps de débarquement reçoit une nouvelle destination ; les troupes de Canrobert vont être appelées à Metz et l'on commence au camp de Châlons, avec des dépôts et des mobiles parisiens, la formation d'une armée de réserve.

En résumé, l'offensive n'étant pas jugée possible, on se résigne à attendre les événements, sans guère plus préparer la défensive. A la date du 1er août, la faible armée française est éparpillée derrière la frontière, de Belfort à Thionville, sur un front de 250 kilomètres, formant ainsi un mince rideau partout vulnérable.

Allemands. — Le général de Moltke avait étudié et établi plusieurs projets en envisageant successivement l'offensive française par la Belgique ou par la vallée du Mein, et la défensive. Dans ces diverses hypothèses, la concentration allemande se faisait invariablement dans le Palatinat, entre Rhin et Moselle, à quelques marches de la frontière et en avant des forteresses de Coblentz, Mayence et Germersheim. On attirait de suite dans cette zone toutes les forces actives du sud, afin de les soustraire au danger d'être coupées du nord. Cette disposition laissait à découvert toute la rive droite du Rhin de la Suisse à Lauterbourg, mais elle menaçait notre flanc droit si nous marchions sur Cologne par la Belgique, notre flanc gauche si nous allions vers le Mein. Au cas où nous agirions simultanément des deux côtés, l'armée allemande se trouverait occuper dès le début une formidable position centrale entre nos deux masses.

Si les Français restaient sur la défensive, ce qui fut le cas, les armées allemandes devaient prendre l'offensive quinze jours environ après la déclaration de guerre (premiers jours d'août), partir du Rhin moyen les ailes en avant et aborder à la fois la Sarre et la Lauter, de façon à faire tomber la défense des Vosges en la tournant. Cette manœuvre présentait l'inconvénient de scinder momentanément les forces allemandes en deux masses placées sur des directions divergentes. Mais aussitôt après cela, de Moltke en revenait à une concentration très dense ; il voulait exécuter une immense conversion face à l'ouest : la première armée à droite servant de pivot, la troisième armée à gauche servant d'aile marchante, la deuxième armée arrivant à hauteur pour former le centre ; dans cet ordre, on gagnerait la Moselle et l'on manœuvrerait d'une façon persistante l'aile gauche en avant afin de pousser les forces françaises vers la frontière nord et de leur couper les ressources de l'intérieur et peut-être de Paris. L'objectif final est Paris, mais le premier est « l'ennemi où qu'il soit » ; on doit « rechercher la masse principale et l'attaquer là où on la trouvera ».

Notre attitude restant passivement défensive, aussi bien stratégiquement que tactiquement, les Allemands vont appliquer ce dernier plan presque sans aucune modification jusqu'à l'anéantissement complet des armées de l'Empire.

En résumé, les Allemands sont les premiers prêts. Ils ont l'avantage du nombre. Ils vont se donner encore celui de l'initiative des mouvements tant stratégiques que tactiques.

Préliminaires. — En se concentrant en totalité entre Rhin et Moselle, les Allemands laissaient hardiment à découvert toute la frontière badoise de Huningue à Lauterbourg ; aussi, dès le 22 juillet, rompent-ils le pont de Kehl, du côté de la rive droite[33]. A la fin de juillet et dans les premiers jours d'août, de nombreuses escarmouches se produisent tout le long de la frontière : les patrouilles de la cavalerie allemande se montrent très entreprenantes, tandis que les nôtres restent dans l'inaction. Nous ne savons rien ou presque rien des mouvements de l'ennemi.

Afin de sortir d'une immobilité qui devient inquiétante, l'empereur Napoléon ordonne pour le 2 août une grande reconnaissance offensive sur Sarrebrück. L'opération est confiée au corps le plus avancé, le 2e, en flèche sur Forbach. Nous mettons en ligne deux divisions pour vaincre la résistance opiniâtre des quelques compagnies prussiennes de la garnison, et nous occupons Sarrebrück, mais sans avoir recueilli aucun renseignement sérieux sur les armées ennemies[34]. Bien mieux, le lendemain, le 2e corps évacue la ville et se retire sur les hauteurs de Spicheren, sans avoir la précaution de détruire les ponts de la Sarre, ni même le télégraphe de Saint-Jean, qui continue à donner de nos nouvelles à l'ennemi.

Ce jour-là, 3 août, les Allemands ne nous voyant pas bouger prennent définitivement le parti de l'offensive. Leurs armées se sont rapprochées ; leur aile gauche, IIIe armée, est à une demi-journée de marche de la Lauter, sa droite au sud de Landau, son extrême gauche sur la rive droite du Rhin, à hauteur de Maxau et Carlsruhe. Conformément au plan de campagne adopté, cette IIIe armée doit commencer l'invasion : elle reçoit l'ordre de se porter le 4 août au delà de la Lauter.

La Ire armée est dès le 4 sur le front Lebach-Neunkirchen, à une journée de marche du front Sarrelouis-Sarrebrück. La IIe armée, encore en arrière, est en marche suivant l'axe Kaiserslautern-Hombourg et doit atteindre, le 6, la ligne Neunkirchen-Deux-Ponts, d'où conflits entre sa droite et la gauche de Steinmetz pour la possession de la voie ferrée Neunkirchen-Sarrebrück. Au mépris des ordres du grand état-major, qui lui réitère d'avoir à appuyer à droite, Steinmetz tranche le débat en maintenant simplement son avance sur la ligne de Sarrebrück.

Ces deux armées ont ordre de venir border la Sarre, mais sans la franchir, dans la journée du 6 août.

SUJETS DE RÉFLEXION

Français. — Guerre maladroitement et précipitamment engagée. — Préparation insuffisante; illusions sur notre puissance militaire. — Organisation vicieuse du pied de paix; désordres du début. — Centralisation excessive; procédés de mobilisation surannés. — Enchevêtrement des deux opérations : mobilisation et concentration. — Emploi des chemins de fer non étudié, non préparé. — Concentration mal comprise, plutôt simple rassemblement. — Lenteurs du début; renonciation peut-être prématurée à l'offensive stratégique; attitude passive, résignée, inerte, non préparation de la défensive. — Non utilisation de notre supériorité navale. — Infériorité numérique excessive. — Armement très inférieur de l'artillerie. — Insuffisance, ou impuissance des services spéciaux. — Imparfaite instruction des troupes; préconisation abusive de la défensive. — Affaiblissement de l'esprit militaire dans la nation [33]. — Graves mécomptes : effarements, tiraillements; déceptions succédant brusquement à des présomptions excessives et non justifiées.

Allemands. — Avantages du recrutement régional et de l'organisation permanente des grandes unités. — Préparation de longue date basée sur des expériences effectives. — Simplicité et rapidité de la mobilisation sur place. — Etude approfondie du fonctionnement des chemins de fer et régularité de la concentration. — Très grande supériorité en hommes et en matériel d'artillerie. — Attitude prudente au début; préparatifs faits loin des frontières menacées.

§ 2. — EN ALSACE

Wissembourg. — Le 4 août 1870, la III⁰ armée allemande marche vers la Lauter en quatre colonnes qui se dirigent respectivement sur Wissembourg (II⁰ bavarois), Altenstadt (V⁰ corps), Bienwaldsmühle (XI⁰ corps), Lauterbourg (corps badois-wurtembergeois); le I⁰ʳ bavarois et la cavalerie sont en réserve générale.

L'entrée en Alsace n'est défendue que par le 1er corps français ;
le 7e corps est encore en voie d'organisation autour de Belfort
et Mulhouse ; le 5e corps, à gauche, avec ses trois divisions largement espacées à Bitche, Rohrbach et Sarreguemines, a l'air de
former liaison entre les troupes d'Alsace et celles de Lorraine,
mais il se trouve hors portée de secourir les unes ou les autres.

Le 1er corps appuie sa gauche à la chaine des Vosges ; il n'est
pas concentré. Trois de ses divisions sont à Lembach (Ducrot),
Vœrth (Raoult) et Haguenau (Lartigue), sans liaison immédiate
entre elles. La division Abel Douay est en pointe ; le 3 août, elle
s'établit à Wissembourg et sur les hauteurs plus au sud. En elle-
même, cette position n'est pas mauvaise : la place de Wissembourg a été déclassée en 1869, mais elle est encore munie de ses
fossés et pourvue de son enceinte de vieilles murailles ; en outre,
à l'ouest et à l'est, parallèlement au cours de la Lauter (rive
droite), sont les vestiges des célèbres lignes de Wissembourg,
encore en état d'abriter convenablement l'infanterie ; puis, plus
au sud, des hauteurs commandent la vallée et la plaine et couvrent le défilé du Pigeonnier (route de Wissembourg à Lembach).

Un bataillon du 74e occupe la ville.

Le général Douay n'avait aucune nouvelle positive de l'ennemi ;
il ne fait rien pour se mieux renseigner. La brigade de cavalerie
de Septeuil a été mise à sa disposition par le maréchal ; il la fait
bivouaquer en arrière de son infanterie [36]. Les avant-postes d'infanterie sont trop rapprochés et surtout incomplets ; on n'a pas jugé
à propos de détruire les ponts de la Lauter en aval de Wissembourg ; ils ne sont même pas surveillés. Dans la matinée du 4 août,
une forte reconnaissance, dirigée par le colonel Dastugue, est
lancée sur la rive gauche. Elle rentre à 7 heures et demie sans
avoir rien vu, mais sans s'être éloignée beaucoup, faute de cartes,
pouvant lui permettre de se guider [37]. Or, à 8 heures, l'artillerie de
l'avant-garde du IIe bavarois apparaît en batterie sur les hauteurs
de Schweigen, à 1,500 mètres de distance, et canonne Wissembourg.

Au lieu de conserver l'avantage des hauteurs et, par suite, la
facilité de se rapprocher de la division Ducrot par le col du Pigeon-

nier, les troupes françaises (1ᵉʳ tirailleurs algériens), surprises au repos, descendent tumultueusement dans la vallée et engagent autour de Wissembourg et dans la ville un violent combat d'infanterie contre le IIᵉ corps bavarois. Mais celui-ci a laissé le gros de son artillerie à la queue de ses colonnes ; il échoue dans ses attaques de front contre la ville et la gare et doit se borner à entretenir l'action.

Pendant ce temps, les Vᵉ et XIᵉ corps se rapprochent ; à 10 heures, ils atteignent la Lauter, qu'ils franchissent partie à gué, partie sur les ponts laissés intacts à Altenstadt, Saint-Remy et Bienwaldshütte. Ils marchent rapidement à l'ouest vers les hauteurs abandonnées par les Français. L'artillerie du Vᵉ corps, laissée en batterie au nord, brise la résistance des défenseurs de la gare, que l'infanterie prussienne aborde par l'est, tandis que le IIᵉ bavarois reprend enfin son mouvement en avant. A ce moment, le général Douay est tué. Sous l'action concentrique des Allemands, Wissembourg et la gare sont enlevés vers midi. Les débris des turcos regagnent le Geisberg, suivis de près par l'infanterie du Vᵉ prussien, qui cherche à déborder le château par le nord, tandis que le XIᵉ attaque par l'est et le sud. Les Allemands échouent : pour en finir, ils hissent de l'artillerie sur le plateau et démolissent le château. Le Geisberg pris, les restes de la division française se rallient tant bien que mal autour de la ferme de Schafsbusch. Là, un retour offensif, vigoureusement exécuté, déconcerte un instant le vainqueur et permet la retraite sur Wœrth, à la fois par les cols du Pigeonnier et de Pfaffenbronn et par la route de Soultz-Haguenau.

Le matériel d'ambulance n'étant pas encore arrivé à l'armée, nous sommes contraints d'abandonner nos blessés sur le champ de bataille.

Les Allemands ne poursuivent pas et perdent le contact.

Forces engagées. — Français : 7,000 hommes, 18 canons ; Allemands : 40,000 hommes, 144 canons ;

Pertes. — Français : 1,200 tués ou blessés, 1,000 prisonniers ; Allemands : 400 tués, 1,100 blessés.

Frœschwiller (*Wœrth*) (*). — A la suite de l'échec de Wissembourg, Napoléon III ressent enfin les inconvénients de l'extrême dispersion de l'armée. Il donne le commandement supérieur des troupes d'Alsace, 1er, 5e et 7e corps, au maréchal de Mac-Mahon, celui des troupes de Lorraine, 2e, 3e et 4e corps, au maréchal Bazaine. Il est un peu tard, et ce n'est qu'une demi-mesure, car les deux maréchaux ne sont investis de ce commandement que pour ce qui « concerne les opérations militaires seulement », et il ne leur est même pas donné d'état-major; la garde et le 6e corps continuent à recevoir les ordres directs de l'empereur.

Mac-Mahon prescrit aussitôt à de Failly, mais sans préciser le moment [38], de lui amener le 5e corps à Reichshoffen, et au général Félix Douay de lui envoyer les troupes disponibles du 7e corps. Lui-même, dans la journée du 5 août, concentre son 1er corps sur la position de Wœrth; il l'établit face à l'Est, entre la Sauer et l'Eberbach. Il est rejoint le 5 par la division de cavalerie indépendante de Bonnemains, venant de Saverne, et, dans la nuit suivante, par l'infanterie de la division Conseil-Dumesnil, du 7e corps, venant de la Haute-Alsace. Il a ainsi environ 38,000 hommes et 100 canons, non compris la division Guyot de Lespart, seul renfort du 5e corps qui arrivera pour protéger un instant la retraite.

Le maréchal ne s'attend pas à une bataille immédiate; il espère que ses renforts pourront le rejoindre, sans trop se presser, avant le choc; si les Allemands continuent vers Strasbourg, il attaquera leur flanc droit, et de Failly descendra des Vosges sur leurs derrières; s'ils veulent traverser les Vosges et se diriger sur Bitche, il attaquera leur flanc gauche et leurs derrières, tandis que de Failly les recevra de front dans la région montagneuse. Ce projet, sorte de réédition de Magenta, trahit une connaissance imparfaite des forces ennemies; malgré la dure leçon de Wissembourg, le service d'exploration et de renseignements est nul; la cavalerie reste inactive *en arrière* des corps d'infanterie, qui eux-mêmes se gardent fort mal. En outre, nous n'attachons pas l'importance qu'il

---

(*) Les noms de batailles placés entre parenthèses sont ceux donnés officiellement par le grand état-major allemand.

conviendrait à l'occupation et à la conservation des couverts et villages de la Sauer, avant-ligne cependant tout indiquée de la position française. C'est une faute analogue à celle commise par les Autrichiens à Sadowa : la conséquence sera identique.

La IIIe armée allemande ayant perdu le contact [33], s'avance lentement de la Lauter sur la Sauer dans le même ordre que le 4 août et en refusant ses deux ailes. Dans la soirée du 5, la cavalerie ressaisit la piste et fait connaître la présence des Français sur la rive droite de la Sauer. Le prince royal arrête alors sur l'arc Lembach-Preuchsdorf-Soultz-Seltz son mouvement vers le sud; il veut employer la journée du 6 à concentrer ses forces, à les placer face à la position française. A cet effet, la IIIe armée pivotera sur sa droite, IIe bavarois, tout en resserrant son front. Le IIe bavarois doit rester à Lembach, d'où il surveille la direction de Bitche par Obersteinbach; mais il a ordre, si le Ve corps, à sa gauche, est engagé, de descendre par Langensoultzbach dans le flanc gauche des Français. Les avant-postes du Ve corps sont, dès la soirée du 8, poussés de Preuchsdorf sur la route de Wœrth jusqu'à la Sauer. Ils peuvent reconnaître non seulement que nous n'occupons pas les villages de la vallée, nos avancées naturelles, mais que les gués et ponts ne sont ni détruits, ni défendus, sauf cependant celui de Wœrth, qui a été coupé, mais qui est facile à réparer.

La bataille prévue pour le 7 août s'engage le 6 contre le gré des deux commandants en chef.

Dès l'aube, la grand'garde [40] de la brigade Lefebvre ouvre le feu sur l'un de ses propres postes établis dans les bas-fonds de la Sauer. Mis en émoi par cette malencontreuse fusillade, l'ennemi se rapproche à la faveur du brouillard; à sept heures du matin, une troupe des avant-postes du Ve corps prussien, accompagnée d'artillerie, pousse une reconnaissance sur Wœrth vers le centre français, tandis que la division Lartigue, placée à la droite française, en fait une autre sur Gunstett. Au bruit du canon, le IIe bavarois, se conformant à ses instructions, marche sur Langensoultzbach et attaque l'aile gauche française (division Ducrot). Le combat s'engage ainsi de proche en proche, se poursuit par intermittences et avec des chances diverses : les corps allemands arrivant successivement sur la Sauer, dont ils utilisent les ponts (Wœrth, Gunstett, Dürrenbach), s'établissent solidement dans les localités que nous avons négligé d'occuper.

Jusque-là, le prince royal a vainement essayé d'arrêter l'action ; le IIᵉ bavarois, déjà fort éprouvé, parvient bien vers 11 heures à se dégager sans être trop inquiété ; mais le Vᵉ corps s'est prématurément engagé à fond. Pour le soutenir, le prince est forcé d'accepter la bataille. Le commandant de la IIIᵉ armée a d'ailleurs sous la main à peu près toutes ses troupes, environ 100,000 combattants, disposées vis-à-vis de nous exactement dans le même ordre qu'à Wissembourg. Tirant parti de sa très grande supériorité numérique, le prince royal ordonne, vers 1 heure, une attaque générale de front et sur les deux flancs.

L'artillerie allemande, précédant de loin l'infanterie, se forme en grandes batteries et écrase les positions françaises. Puis le IIᵉ bavarois, appuyé à sa gauche par le Iᵉʳ bavarois qui arrive vers Gœrsdorf, refoule Ducrot sur Frœschwiller. Le Vᵉ corps attaque de front les hauteurs à l'ouest de Wœrth ; il subit des pertes énormes, mais prend pied sur le Galgenberg (calvaire), sans pouvoir aller au delà. Le XIᵉ corps franchit la Sauer sur la ligne Woerth-Gunstett, aborde le front et le flanc de l'aile droite française et enlève la lisière est du Niederwald, l'Albrechtshauserhof et Morsbronn. Pour se dégager, le général de Lartigue lance sur Morsbronn la brigade de cuirassiers Michel. La charge est exécutée avec un héroïsme incontesté, mais dans des conditions matérielles déplorables, à l'aveuglette, sur un terrain non reconnu, coupé de fossés, planté de vignes et houblonnières : brisée par les feux de l'infanterie ennemie postée sur les lisières de Morsbronn et qu'elle ne peut aborder, notre cavalerie s'engouffre dans les rues du village, où ses débris sont fusillés à bout portant.

En même temps, l'infanterie française échoue dans un retour offensif tenté sur l'Albrechtshauserhof.

Le XIᵉ corps converse à droite et traverse le Niederwald. La division wurtembergeoise vient prolonger la gauche prussienne et cherche à nous devancer sur la route de Reichshoffen. De la lisière nord du Niederwald, l'artillerie allemande, postée à très courte portée, prépare l'attaque d'Elsasshausen.

Entre ce dernier hameau et les bois, la division de cuirassiers Bonnemains exécute alors, dans les mêmes conditions que la brigade Michel, une charge aussi inutile et encore plus malheureuse; nos régiments sont anéantis, cette fois, par l'artillerie, avant même d'avoir pu distinguer l'ennemi.

Malgré ces charges restées légendaires de nos cuirassiers, dits « de Reichshoffen », malgré la belle et opiniâtre défense successive de l'Albrechtshauserhof, du Niederwald et du petit bois d'Elsasshausen, notre droite est donc, entre 3 et 4 heures, dans une déroute complète; Elsasshausen est enlevé. Heureusement, la gauche allemande, Wurtembergeois, au lieu de parfaire son mouvement enveloppant, se laisse entrainer dans le combat plus violent qui se livre à sa droite, du Niederwald à Frœschwiller. Quand, vers 5 heures, ce dernier village succombe sous l'effort concentrique des cinq corps allemands, la retraite n'est pas complètement fermée. Nos débris s'écoulent vers Reichshoffen [41], protégés d'abord par la division Ducrot, la moins démoralisée, puis par la division Guyot de Lespart (du 5ᵉ corps), qui arrive enfin de Bitche et prend position en avant de Niederbronn. Cette troupe fraiche impose un instant à l'ennemi, mais ne tarde pas à être entrainée dans la déroute; elle avait mis neuf heures à faire 24 kilomètres.

Le gros des vaincus s'écoule vers Saverne ; quelques milliers de fuyards seulement se jettent sur les routes de Bitche et Strasbourg. Les Allemands, eux-mêmes très éprouvés, ne poursuivent que faiblement, et leur cavalerie arrivant en retard perd encore une fois le contact.

Forces engagées. — Français : 46,000 hommes, 120 canons; Allemands : 125,000 hommes, 312 canons;

Pertes. — Français : 6,000 tués ou blessés, 9,000 prisonniers, 1 aigle (du 36ᵉ), 33 canons; Allemands : 1,600 tués, 8,000 blessés, 1,400 disparus.

Retraite sur Châlons. — La défaite de Frœschwiller était complète : nous perdions à la fois l'Alsace et les Vosges; Strasbourg était aussitôt investi. La façon dont s'opérait la retraite va en rendre encore plus désastreuses les multiples conséquences. Les Allemands ne poursuivent pas, et cependant la retraite se continue pendant dix jours avec un véritable affolement [41 bis]. Au lieu de rejoindre l'armée de Bazaine, opération alors facile, mais qui, à la fin du mois, allait lui valoir tant de soucis et un revers inouï, Mac-Mahon prend une direction divergente, Sarrebourg-Nancy au lieu de Sarrebourg-Metz. Dans la précipitation de la fuite, on oublie, chose très grave, de détruire les tunnels de Saverne et de Hartzwiller sur la grande ligne ferrée Paris-Strasbourg ; la compagnie des chemins de fer de l'Est avait cependant pris dès le 20 juillet l'initiative de la préparation des travaux de destruction ; il ne restait qu'à charger les fourneaux tout apprêtés.

Le 1er corps est successivement le 7 août à Saverne, le 8 à Sarrebourg, le 9 à Blâmont, le 10 à Lunéville. Ici, la fausse nouvelle de l'arrivée des Allemands sur la Moselle vers Pont-à-Mousson et Nancy, décide le maréchal à se rejeter encore plus au sud : le 11 il est à Bayon et le 14 à Neufchâteau. Le 1er corps est alors embarqué en chemin de fer et transporté au camp de Châlons, où il arrive le 17, et peut enfin songer à se reconnaître.

Le 5e corps, qui n'a que peu ou point combattu, est dans un désarroi semblable. Le soir du 6 août, le général de Failly, isolé entre deux batailles perdues, décampe de Bitche, où il abandonne ses bagages. Il exécute une marche de nuit très pénible en passant par la Petite-Pierre et rejoint le 1er corps, le 8 août, à Sarrebourg. Il retrouve ici sa division Lespart, mais la brigade Lapasset, laissée à Sarreguemines à la garde d'un grand convoi, est désormais rattachée au 2e corps. A partir de Lunéville, le 5e corps est ballotté par une série de prescriptions contradictoires émanant tour à tour des trois maréchaux Le Bœuf, Bazaine et Mac-Mahon. Le 10 août, de Failly reçoit du major général l'ordre de marcher sur Nancy ; le 11, on lui prescrit de se reporter à la gauche du maréchal, sur Charmes. Le lendemain, ordre de redescendre sur Toul. Enfin, pour le 13, nouveau contre-ordre : le général est invité à se porter vers Paris par la route qu'il jugera la plus convenable [42]. Le 1er corps tenant déjà la direction de

Neufchâteau, le 5ᵉ prend celle de Mirecourt - Lamarche - Chaumont. Il arrive à Chaumont le 16 et le 17; il assure pendant le défilé du 1ᵉʳ corps la sécurité de la voie de Blesmes à Bologne, puis il embarque à son tour son infanterie à Chaumont et atteint le camp de Châlons le 20 août. La cavalerie rejoint par étapes. L'artillerie, embarquée à Bar-sur-Aube, passe par Paris pour rallier à Reims le 22 août seulement.

Le 7ᵉ corps était encore plus éprouvé. L'une de ses divisions, la 1ʳᵉ, Conseil-Dumesnil, suivait le sort du 1ᵉʳ corps. La 3ᵉ se formait à Lyon en attendant son chef, le général Dumont, rappelé de Civita-Vecchia avec le corps mixte d'occupation des Etats de l'Eglise. Enfin la 2ᵉ, Liébert, se porte à Mulhouse le 6 août avec le commandant du corps d'armée. Le 7 au matin, le général Douay apprend les défaites de la veille [43]; peu après, lui parvient, par le sous-préfet de Schlestadt, la fausse nouvelle d'un double passage du Rhin par les Allemands à Markolsheim et à Huningue. Le général craint d'être coupé et cerné; il ordonne une retraite qui, trop précipitée et non prévue, prend bientôt le caractère d'une véritable déroute et cause en Alsace une folle panique [44]. Le 8 au soir, la cohue atteint Belfort; elle s'y réorganise en attendant des ordres. Le 13 août, arrive la division Dumont. Enfin le 17 août, le 7ᵉ corps reçoit l'ordre de s'embarquer à destination du camp de Châlons, mais en passant par Paris, les lignes de la Marne très encombrées n'étant déjà plus sûres. Ce long trajet s'effectue dans des conditions remarquables d'ordre et de régularité, grâce à l'expérience déjà acquise depuis un mois par le personnel des chemins de fer de l'Est.

C'est avec ces éléments, 1ᵉʳ, 5ᵉ et 7ᵉ corps, auxquels on ajoute un corps nouveau, le 12ᵉ, que se constitue l'armée dite de Châlons sous le commandement du maréchal de Mac-Mahon.

§ 3. — EN LORRAINE

Forbach (*Spicheren*). — Pas plus qu'en Alsace, ni Français, ni Allemands ne prévoient pour le 6 août une affaire sérieuse sur la Sarre. Les corps français sont encore mal concentrés, peu à portée de se soutenir mutuellement. A droite, le 3ᵉ corps a ses quatre divisions respectivement à Sarreguemines, Puttelange, Marienthal, Saint-Avold; à gauche, le 4ᵉ, à Teterchen et Boulay, observe la direction de Sarrelouis; la garde est en réserve générale à Courcelles-Chaussy. Le 2ᵉ corps est toujours en flèche dans le coude de Sarrebrück et forme en quelque sorte l'avant-garde, mais avant-garde immobile, de l'armée de Bazaine. Le général Frossard s'inquiète à juste titre de son isolement en face des armées allemandes qui se rapprochent sur ses flancs et pointent toutes deux sur Sarrebrück. Il a déjà quitté Sarrebrück et les mamelonnements voisins; le 5 août, il porte ses trois divisions encore plus en arrière, sur les hauteurs qui vont de Spicheren à Forbach : division Laveaucoupet à droite, vers Spicheren, division Vergé à Stiring et Forbach, division Bataille en 2ᵉ ligne à Œttingen, quartier général à Forbach.

Le commandant du 2ᵉ corps s'attend à recevoir l'ordre de quitter sa position aventurée et de reculer sur Calenbronn. Néanmoins et en attendant, il renforce ses emplacements du moment par des travaux de campagne, notamment au Rotherberg à droite, au Kaninchenberg à gauche. Cette position présente l'inconvénient d'être abordable sur les deux flancs par les grands bois auxquels s'appuient les extrémités; les Allemands vont pouvoir profiter de cette circonstance pour appliquer à nouveau leur tactique d'enveloppement par les deux ailes.

La cavalerie de la IIᵉ armée allemande s'est glissée le long de la rive gauche de la Sarre; elle contourne par ses patrouilles les positions françaises. Elle informe les corps en première ligne, VIIᵉ et VIIIᵉ de la Iʳᵉ armée, IIIᵉ et IVᵉ de la IIᵉ armée, que nous avons évacué Sarrebrück, que les ponts sont libres et intacts et qu'une grande animation se remarque autour de la gare de Forbach. Les Allemands en concluent que nous battons en retraite, et, contrairement aux ordres de l'état-major, Steinmetz autorise aussitôt l'occupation des hauteurs de la rive gauche.

Le 6 août, dès 9 heures du matin, l'artillerie des divisions de cavalerie canonne de loin nos positions. Le VIIᵉ corps précipite sa marche : sa brigade d'avant-garde (27ᵉ, général de François)

franchit la Sarre à Sarrebrück, évite habilement le terrain découvert du centre, se fractionne et se porte résolument sur le Gifert-
wald à notre droite, sur le petit bois de Stiring (Stiringswaldstück)
devant notre gauche. De cette dernière position, d'où nous ne
pourrons la débusquer, l'infanterie allemande bat de ses feux de
flanc l'éperon du Rotherberg et le Forbacherberg, plus à l'ouest[45].

En même temps, la 28e brigade s'engage dans le long couloir
abrité de Drahtzug et vient par les bois déboucher dans notre flanc
gauche sur Alt-Stiring. L'autre division du VIIe corps, la 13e, se
dirige encore plus à l'ouest sur Volklingen pour remonter la Rossel et arriver sur nos derrières.

La bataille se déroule alors de la façon suivante. Les deux brigades de la 14e division prussienne prennent pied dans les bois
sur nos ailes, tandis que l'artillerie, bien supérieure, postée sur les
hauteurs (Folsterhœhe), en avant de notre centre, foudroie en tous
sens nos positions. Après plusieurs assauts infructueux, le général de François finit par prendre pied sur l'éperon du Rotherberg;
il y est tué. Ses soldats se maintiennent néanmoins sur la position
conquise, mais au prix de pertes énormes et sans pouvoir pousser
plus loin : ils sont pour ainsi dire cloués sur place et attendent
leurs renforts. De notre côté, la division Bataille arrive d'Œttingen et envoie une brigade renforcer chacune de nos ailes. Une
offensive générale pouvait alors amener la défaite de l'assaillant,
bien inférieur en nombre, mais on ne fait que des efforts partiels,
isolés et sans concordance. Quand enfin, vers 4 heures, arrivent
par Sarrebrück les têtes de colonne du IIIe corps d'abord (5e division), puis du VIIIe corps, l'ennemi porte son effort principal sur
notre droite et au centre.

L'artillerie balaie les plateaux du Forbacherberg, en arrière de
la division Laveaucoupet; pendant ce temps, l'infanterie allemande
gagne du terrain, d'une part, dans les bois au delà de notre
extrême droite et, d'autre part, sur la grande route [46].

La journée touche à sa fin. Les Allemands, maîtres des bâtiments de la douane, s'engagent dans les ravins au sud de la route,
atteignent les crêtes du Forbacherberg et coupent le corps Frossard en deux tronçons.

A ce moment même, la 13e division prussienne, qui a franchi la Sarre à Volklingen-Wehrden et remonté la Rossel, tente de déboucher des bois de Forbach en arrière de notre extrême gauche. Un détachement du 12e dragons qui a mis pied à terre, une compagnie du génie et 200 réservistes, en tout 500 hommes aux ordres du lieutenant-colonel Dulac, lui en imposent et l'arrêtent jusqu'à la tombée de la nuit devant les retranchements improvisés du Kanincherberg, et ensuite à l'entrée de Forbach.

Ce dernier et grave incident de la gauche [47], l'enlèvement du Forbacherberg, la presque certitude de n'être pas secouru, la vue des forces croissantes de l'adversaire, décident le général Frossard à ordonner la retraite. Celle-ci s'effectue en assez bon ordre et sans être trop inquiétée, pour la gauche sur Œttingen, pour la droite sur Sarreguemines. Le ralliement général du 2e corps a lieu le lendemain matin à Puttelange, au contact des divisions du 3e corps, qui, placées à une distance moyenne de moins de vingt kilomètres du champ de bataille, auraient pu et dû secourir Frossard la veille. Trois de ces divisions sur quatre se sont bien mises en mouvement dans la journée du 6, mais elles ont marché au hasard, sans direction précise et sans entrain, et le maréchal Bazaine s'est à peu près désintéressé de la bataille [48].

Forces disponibles à la fin de la journée. — Français : 30,000 hommes, 90 canons ; Allemands : 70,000 hommes, 120 canons.

Pertes. — Français : 300 tués, 1,700 blessés, 2,000 disparus ; Allemands : 1,000 tués, 4,000 blessés ou disparus.

Quoique moins désastreuse et aussi honorable que celle de Froeschwiller, cette défaite de Spicheren achève d'imprimer à la campagne qui débute son caractère définitif. Nous avons décidément perdu l'initiative des mouvements ; le moral est profondément atteint ; nos frontières sont forcées partout où l'étranger les attaque. A partir de ce moment, les trois armées allemandes d'invasion vont poursuivre presque sans modifications leur plan de campagne offensif.

Retraite sous Metz. — La direction excentrique de la retraite du 2e corps, bonne si l'on voulait reprendre immédiatement l'offensive avec les 2ᵉ, 3ᵉ et 4ᵉ corps et la garde, était très dangereuse dans le cas contraire, avec la IIᵉ armée allemande sur le flanc droit. Aussi Frossard ayant reçu la nouvelle de la défaite de Frœschwiller et du départ du 5ᵉ corps, continue sa retraite dans la journée du 7 août, cette fois dans la direction de Metz par Gross-Tonquin ; il est suivi par la brigade Lapasset, du 5ᵉ corps, formant son arrière-garde et désormais rattachée au 2ᵉ corps.

Les 3ᵉ, 4ᵉ corps et la garde n'avaient pas été engagés, mais leur extrême dispersion ne leur permettait pas de tenir tête aux Iʳᵉ et IIᵉ armées allemandes.

En effet, celles-ci s'avançaient, très concentrées, sur le front Volklingen-Sarralbe. De son côté, la IIIᵉ armée n'ayant plus personne devant elle, franchissait les Vosges par tous les passages entre Bitche et Saverne, occupait Lichtemberg et la Petite-Pierre, bloquait Bitche et Phalsbourg, puis se dirigeait sur la Haute-Sarre en resserrant à l'extrême ses têtes de colonne de façon à aborder la rivière sur le front étroit Saarunion-Sarrebourg.

En présence de cette invasion formidable, sous l'impression des premiers revers et peut-être aussi de la retraite excentrique de Mac-Mahon, l'empereur ordonne aux troupes de Lorraine la retraite générale sur la Nied française [49]. On espérait tenir défensivement derrière cette rivière, en s'y renforçant du 6ᵉ corps appelé de Châlons. Le 4ᵉ corps venant par Boulay, la garde par Marange, le 3ᵉ corps par Saint-Avold et Faulquemont, le 2ᵉ corps par Gross-Tonquin et Remilly, exécutent du 7 au 9 août le mouvement rétrograde prescrit; le temps est épouvantable, la pluie tombe à torrents, les routes sont mauvaises et défoncées [50], les ravitaillements n'arrivent pas, les distributions se font mal et sont incomplètes. Le haut commandement, mal défini, est insuffisant et désorienté ; le grand état-major est manifestement hors d'état de faire face à une situation qu'on n'a pas prévue. On perd trois ou quatre jours précieux en hésitations et demi-mesures, à se demander quel est le meilleur parti à prendre : ou tenir derrière la Nied, ou se jeter à droite vers Nancy pour rallier Mac-Mahon, ou venir s'abriter sous les forts de Metz. Bref, le désarroi est complet.

Sur ces entrefaites, on apprend que les IIᵉ et IIIᵉ armées allemandes se portent sur la haute Moselle vers Pont-à-Mousson et Nancy, c'est-à-dire en débordant la droite française. La retraite sous Metz est alors ordonnée; dans les journées des 11 et 12 août, les différentes fractions de l'armée viennent se ranger en demi-cercle à l'est de la ville dans l'ordre suivant: à droite, à partir de la Seille, le 2e corps à hauteur de Peltre et Mercy; au centre, le 3e corps derrière le ravin de Colombey; à gauche, le 4e corps appuyé à la Moselle et au fort Saint-Julien; la garde forme réserve entre Borny et les glacis; le quartier général est à Borny. Le 6e corps commence à arriver le 10 par la voie ferrée Châlons-Lérouville-Frouard; il se rassemble d'abord à l'extrème droite entre Seille et Moselle, puis il est ensuite porté au nord de la place, entre Woippy et la Moselle, sur la rive gauche. Ce 6e corps est incomplet: son mouvement par chemin de fer a été interrompu par les coureurs de la IIe armée, qui, dans la nuit du 12 août, ont coupé la voie à Pont-à-Mousson et Frouard. Trois des régiments de la division Bisson, les parcs, la réserve d'artillerie et la plus grande partie de la division de cavalerie ont dû rétrograder sur le camp de Châlons.

La masse des forces françaises réunie sous Metz comprend dès lors 179,000 hommes (rationnaires) et 540 canons de campagne. Le 12 août, l'empereur renonce officiellement au commandement suprême et nomme le maréchal Bazaine commandant en chef de « l'armée du Rhin », en lui désignant d'office le général Jarras comme chef d'état-major général [51]. Le maréchal reçoit l'ordre impératif de passer la Moselle et de se replier sur Verdun. Les préparatifs sont ordonnés en conséquence; mais les retards mal justifiés apportés par le génie dans la construction des ponts de campagne [52], puis de nouvelles hésitations de Bazaine, peu désireux de quitter Metz [53], retardent jusqu'au matin du 14 août l'opération, devenue cependant bien urgente, du passage de la Moselle [54].

En définitive, depuis la bataille de Forbach et jusqu'au 14 août, aucun engagement sérieux n'a eu lieu, et, pour toute opération, l'armée française, d'abord éparpillée, a reculé d'environ 40 kilomètres et s'est entassée sous le canon d'un camp retranché trop étroit pour qu'elle puisse y conserver sa liberté d'action et de manœuvre [55].

Pendant ce temps, les trois armées ennemies s'avancent prudemment liées et fortement concentrées, de façon à maintenir la séparation entre Bazaine et Mac-Mahon. Ce premier résultat leur paraît bientôt atteint et sera sous peu complété par la rupture définitive (13 août) de l'unique voie ferrée qui, par Frouard, relie Metz à l'intérieur de la France. Dès le 9 août, le grand état-major indique et fait esquisser ce large mouvement de conversion à droite qui ne va guère se terminer définitivement qu'à Sedan, devant la frontière belge.

La Ire armée forme pivot : tout en raccourcissant ses étapes, elle marche droit sur Metz par les routes comprises entre Boulay et Saint-Avold ; sa mission est de contenir de front l'armée française.

La IIe armée s'avance dans la zone comprise entre Saint-Avold et Château-Salins, avec axe de direction passant par Nomeny sur la Seille, et Pont-à-Mousson sur la Moselle. Elle cherche à atteindre la Moselle en amont de Metz et à y saisir les ponts permanents de Pont-à-Mousson, Dieulouard et Marbache.

Enfin la IIIe armée, qui est beaucoup en retard sur les deux autres et qui doit néanmoins former l'aile marchante, accélère ses étapes pour atteindre la Meurthe vers Nancy-Lunéville, la Moselle en amont de Toul et la Meuse entre Commercy et Neufchâteau ; elle a sa droite sur la route Saarunion-Dieuze-Nancy. Elle suit de loin les troupes en retraite de Mac-Mahon, tout en restant en liaison avec les autres armées allemandes chargées plus spécialement des opérations contre Bazaine.

Le 12 août, le grand état-major allemand acquiert la certitude d'une concentration des forces françaises autour de Metz. Il désintéresse alors provisoirement la IIIe armée de la manœuvre d'ensemble et restreint aux Ire et IIe armées, en l'accentuant, le mouvement de conversion déjà ébauché au sud de Metz. Dans la journée du 13, la Ire armée s'avance à une demi-journée de la place et s'arrête sur la Nied française. La IIe armée, dessinant nettement un très gros échelon avancé, se porte en trois colonnes de deux corps chacune jusqu'au delà de la Seille. Sa cavalerie débouche des ponts, laissés par nous en parfait état, de Pont-à-Mousson, Dieu-louard, Marbache et se porte sur Thiaucourt (5ᵉ division), Berné-court et Ménil-la-Tour (division de la garde).

Pour le lendemain 14 août, de Moltke prescrit au centre et à la gauche de la IIᵉ armée de commencer à franchir la Moselle. Afin de masquer et protéger cette manœuvre dangereuse entre toutes d'un passage de rivière à proximité d'une armée et d'un camp retranché ennemis, les deux corps formant la colonne de droite sont maintenus sur leurs positions : IIIᵉ sur la route de Nomeny, IXᵉ sur la route de Delme. Ces corps sont eux-mêmes couverts sur . leur flanc droit par deux divisions de cavalerie. Ce dispositif en équerre, combiné avec toute la Iʳᵉ armée et l'aile droite de la IIᵉ, menace les Français de front et de flanc, s'ils se portent soit à l'est contre la Iʳᵉ armée, soit au sud contre la IIᵉ.

Cette dernière prévision de l'état-major allemand ne se réalisera pas; les Français ne contrarieront pas l'opération, et ce sont les corps allemands, chargés de nous observer et de nous tenir en res-pect, qui vont eux-mêmes engager le combat de Borny.

Borny (*Colombey-Nouilly*). — Dans la nuit du 13-14 août, un dé-tachement du VIIIᵉ corps prussien (Iʳᵉ armée) tente sur Thionville un coup de main qui échoue, mais qui trouble singulièrement les esprits à Paris, où l'on reçoit des nouvelles de l'ennemi plus vite qu'au quartier général de Metz : l'impératrice régente télégraphie à l'empereur que Frédéric-Charles opérerait avec huit corps d'ar-mée au nord de Thionville.

Sur les instances pressantes de Napoléon III, l'armée française commence dans la journée du 14 août à se porter sur la rive gau-che de la Moselle, c'est-à-dire en même temps que l'armée de Fré-déric-Charles. Dans la crainte peu raisonnée de la présence de forces allemandes considérables vers Thionville, chose dont il aurait dû d'ailleurs s'assurer, le maréchal Bazaine renonce à se servir des routes de Thionville et de Briey pour l'exécution de la marche projetée vers la Meuse. Il se décide à se porter sur Verdun en deux colonnes et, à cet effet, fait choix des deux seules routes les plus directes, celles de Conflans-Etain et Mars-la-Tour-Man-heulles. Les ordres donnés le 13 (mais modifiés le 15) assignent la première de ces routes aux 4ᵉ et 3ᵉ corps et à la garde, la seconde aux 2ᵉ et 6ᵉ corps. Malheureusement, ces deux routes n'en font qu'une de Metz à Gravelotte, et cette première partie du parcours est particulièrement difficile, en terrain montueux et accidenté. On ne tenait nul compte des chemins secondaires qui, cependant, auraient pu faciliter l'accès indirect des deux routes principales ; l'état-major ne préparait pas l'exécution de la marche ou ne se rendait peut-être pas bien compte lui-même des difficultés à surmonter. Il en va résulter des encombrements inextricables et, par suite, des retards mortels au moment le plus critique de toute la campagne.

En somme, il s'agissait, le 14 août 1870, de porter de Metz à Gravelotte, par une seule route, une masse de 155,000 hommes (déduction faite de la garnison laissée à Metz, division Laveaucoupet) et le matériel immense de presque toute l'armée du Rhin primitive. Bazaine, commençant son mouvement le 14 à 11 heures du matin, comptait avoir réuni tout son monde le soir du même jour dans le triangle Gravelotte-Doncourt-Mars-la-Tour, alors que, d'après des calculs faits postérieurement, l'opération non contrariée aurait demandé 72 heures [56]. Or, le maréchal ne prend aucune mesure efficace pour ne pas être contrarié, pour retarder la marche de l'ennemi : ainsi, tandis qu'il fait détruire le pont de Longeville [57] sous le canon même de la place, il laisse subsister ceux de Novéant et Pont-à-Mousson, qui sont respectivement à 12 et 24 kilomètres en amont et encore à sa portée [58].

Quoi qu'il en soit des mesures prises ou omises, le passage de la Moselle commence le 14 août, à 11 heures seulement, par les deux ailes et sous la protection du 3ᵉ corps laissé en position derrière le ravin de Colombey. L'armée a à sa disposition, tant sur la Seille que sur les divers bras de la Moselle, six passages continus formant trois faisceaux distincts : deux ponts (ou série de ponts) militaires en amont de Metz, les ponts de la ville, deux ponts militaires en aval. Le franchissement de la rivière s'effectue d'abord avec assez de facilité : c'est seulement sur les pentes de la rive gauche et plus tard dans les rues de la ville que se produit un premier désordre. Vers 4 heures de l'après-midi, il reste sur la rive droite : en première ligne, les 4 divisions du 3e corps à Grigy-Colombey-Montoy-Nouilly, et la division Grenier, arrière-garde du 4e corps, à Mey ; en seconde ligne, la garde.

Inquiets des grands mouvements signalés autour de Metz, les Ier (Manteuffel) et VIIe (Zastrow) corps allemands placés en première ligne sont restés sous les armes toute la journée ; ils lancent en avant de nombreuses et fortes reconnaissances. Un peu avant 4 heures, l'avant-garde du VIIe corps, cette même 27e brigade qui a engagé la bataille de Forbach, se heurte à nos avant-postes à Aubigny. Le général de Goltz, qui la commande, découvre notre mouvement de retraite : il s'engage aussitôt à fond. Au bruit du canon, les Ier et VIIe corps précipitent leur marche, et le IXe (flanc-garde) se rapproche. De notre côté, le général Ladmirault ramène sur la rive droite les deux divisions du 4e corps alors occupées à franchir la Moselle [59].

Ainsi engagée, l'action devient générale. Avançant à couvert par les nombreux petits ravins qui débouchent sur notre front, le VIIe corps allemand s'empare facilement de Montoy, de la Plan-chette et de Colombey, mais ne peut déboucher sur le plateau de Bellecroix. Le Ier corps allemand vient d'enlever Mey à la division Grenier, quand arrive le général Ladmirault : Manteuffel est rudement abordé et rejeté sur Noisseville-Lauvallier. Encore un effort, et la droite allemande entassée dans les ravins est perdue [60]. Malheureusement et comme toujours, nous laissons passer l'instant favorable : on attend de Bazaine des ordres qui ne viennent pas.

La puissante artillerie ennemie entre en jeu. Sous sa protection et avec l'appui des troupes fraîches qui accourent de toutes parts, Manteuffel reporte le Ier corps en avant ; il finit par réoccuper Mey et prendre pied sur la crête au delà de Lauvallier ; le VIIe corps dépasse à son tour le ravin et s'établit sur le bord occidental du pla-teau. Enfin, l'extrême gauche allemande, prolongée par l'avant-garde du IXe corps, menace notre flanc droit et s'empare de Grigy. Là s'arrêtent les succès de l'ennemi. Aux Allemands qui tentent d'avancer sur Borny et Bellecroix, le 3e corps français inflige des pertes cruelles ; nous conservons intactes nos positions du centre. Le général Decaen, commandant du 3ᵉ corps, est tué.

La nuit est venue. Le général Steinmetz, s'estimant trop rapproché de Metz, profite de l'obscurité pour dégager son armée aventurée contre son gré et la ramener sur ses positions du matin. Les Allemands s'avouent ainsi battus, mais nous avons perdu une journée du fait seul de cette bataille, que l'on pouvait, du moment que la retraite était chose décidée, éviter sans inconvénient en prenant position plus près de Metz. Nous avions remporté un succès tactique peu décisif et inutile ; les Allemands avaient pour eux la victoire stratégique.

Forces engagées. — Environ 60,000 hommes de chaque côté.

Pertes. — Français : 400 tués, 2,600 blessés ; Allemands : 1,200 tués, 3,500 blessés.

Rezonville (*Vionville-Mars-la-Tour*). — Dans la nuit du 14-15 août et la matinée suivante, les 3ᵉ, 4ᵉ corps et la garde gagnent la rive gauche de la Moselle.

La colonne de gauche, 2ᵉ et 6ᵉ corps, n'a été retardée que par les difficultés inhérentes à la marche proprement dite, marche d'ailleurs mal réglée et par suite très lente. Dans la journée du 15, elle s'engage sur la route qui lui est affectée. La division de cavalerie de Forton, arrivant à Mars-la-Tour, y est canonnée, sans grand effet du reste, par la 5ᵉ division de cavalerie prussienne venant de Thiaucourt et arrivant à Tronville. Forton évacue Mars-la-Tour et se replie sur Vionville, où il bivouaque, sans plus chercher à se renseigner sur cet assaillant qui vient de s'annoncer à lui. Le 2ᵉ corps bivouaque au sud de la route, entre Vionville et Rezonville, surveillant à trop courte distance les directions ouest et sud. Le 6ᵉ corps s'installe au nord-ouest de Rezonville [61]. La garde arrive à Gravelotte avec les quartiers généraux.

Déjà retardés par l'affaire du 14, puis par les nécessités du ravitaillement à Metz, les 4ᵉ et 3ᵉ corps le sont encore du fait de l'effroyable encombrement de l'unique route de Gravelotte. Finalement, ils renoncent à se frayer un passage et se détournent, le 3ᵉ corps par le chemin de Lessy, le 4ᵉ par la route de Woippy, pour s'élever au nord et se rabattre le lendemain 16, le 3ᵉ corps par

Vernéville sur Caulre, le 4ᵉ corps par Sainte-Marie-aux-Chênes sur Doncourt. Par suite de ces divers retards, le mouvement général est suspendu ; déjà prématurément retardée le 15, la colonne de gauche, qui s'ébranlait le 16 au matin, reçoit l'ordre d'attendre dans ses bivouacs que la colonne de droite soit arrivée à sa hauteur.

C'était donner à l'ennemi le temps d'arriver et d'engager à l'insu des deux partis la bataille de Rezonville. En attendant, nos divisions de cavalerie restent inactives, ne se gardent même pas elles-mêmes ; Bazaine s'inquiète maintenant, non plus de la direction de Thionville au nord, mais de celle de Gorze au sud [61], et n'a pas la curiosité d'envoyer aux renseignements.

Dans la matinée du 16 août, l'empereur quitte l'armée ; partant de Gravelotte, il prend la route d'Étain et gagne Verdun, d'où il se rend en chemin de fer au camp de Châlons. Un bataillon de la garde et la brigade Margueritte, des chasseurs d'Afrique, l'accompagnent jusqu'à Verdun ; nous retrouverons ces derniers à Sedan.

Les Allemands ne se sont pas laissé arrêter par l'affaire de Borny. Ils continuent autour de Metz leur mouvement tournant, auquel participe, après le 14, la Iʳᵉ armée. Outre les quatre ponts permanents déjà indiqués, l'ennemi dispose bientôt de huit ponts militaires jetés du 14 au 17 août de Pont-à-Mousson à Corny. Le Iᵉʳ corps reste seul à l'est de la place : les VIIIᵉ et VIIᵉ se rapprochent de la Moselle à Corny et remplacent dans leur rôle de flancs-gardes les IIIᵉ et IXᵉ corps, de la IIᵉ armée. Ce mouvement est favorisé par un incident fortuit qui comporte plus d'un enseignement : le 15 août, sous prétexte d'enterrer les morts de Borny, Manteuffel demande au gouverneur de Metz, général Coffinières de Nordeck, une suspension d'armes de deux heures qui est consentie très légèrement par le général français et portée ensuite à vingt-quatre heures, le tout sans que Bazaine soit seulement averti ; pendant ce temps, les corps de la Iʳᵉ armée peuvent se rapprocher de la Moselle et même le VIIIᵉ commence à la franchir et prend ainsi part à la bataille du 16.

La IIᵉ armée allemande monte maintenant au nord-ouest en deux longues colonnes débouchant de Novéant à droite, de Pont-à-Mousson à gauche. La première colonne (III⁰ et IX⁰ corps) se dirige sur Gorze et Mars-la-Tour ; la deuxième (X⁰ et XII⁰ corps), sur Saint-Hilaire. En tête marchent respectivement les 6⁰ et 5⁰ divisions de cavalerie ; dès le 15, cette dernière division engage son artillerie à Mars-la-Tour contre la cavalerie Forton, et cantonne ensuite plus à l'ouest, à Hannonville, sur la route même. Elle a ordre de se détourner le 16 à l'est et de se renseigner très-exactement sur les campements français signalés vers Rezonville et que l'on suppose être ceux d'une arrière-garde.

En effet, si les Allemands ne doutent plus de notre départ de Metz, ils nous croient plus avancés [63]. Avec leur II⁰ armée, ils pensent, ou bien couper notre arrière-garde sur la route de Mars-la-Tour si nous suivons celle-ci, ou bien tomber dans le flanc gauche de l'armée française, qui marcherait tout entière sur les routes du Nord, l'obliger à s'arrêter et à lui faire face tandis que la Iʳᵉ armée nous attaquera en queue.

En outre, tandis que l'aile droite de Frédéric-Charles pointe au nord-ouest sur la route de Verdun, l'aile gauche de la même armée (garde et IV⁰ corps) se dirige à l'ouest sur les chemins de Saint-Mihiel et de Commercy, afin de nous prévenir sur la Meuse et, le cas échéant, de nous couper la retraite. Les têtes de colonnes de la II⁰ armée allemande occupent ainsi le 16 au matin un front de plus de 40 kilomètres à vol d'oiseau, disposition d'autant plus dangereuse et imprudente que ces colonnes suivent des directions divergentes.

La bataille de Rezonville (16 août) peut ainsi se résumer :

Les 2⁰ et 6⁰ corps français étaient au repos, ainsi que les divisions de cavalerie Forton et Valabrègue, chargées de couvrir notre colonne du sud, quand, vers 9 heures du matin, l'artillerie de la 5⁰ division de cavalerie allemande réapparaît en position à Tronville, à 1,500 mètres de distance, et lance ses obus dans nos campements surpris. La cavalerie française se débande et s'enfuit jusqu'à Rezonville en traversant les bivouacs de l'infanterie.

L'infanterie du corps Frossard fait meilleure contenance. D'autres têtes de colonnes ennemies apparaissant au sud, le 2⁰ corps se forme en bataille de Vionville au bois de Saint-Arnoult (*), face à la fois à l'ouest et au sud : division Bataille à Vionville et Flavigny, division Vergé aux débouchés des ravins de Gorze, brigade Lapasset dans le bois de Saint-Arnoult. Le corps Canrobert prend les armes et se dispose à renforcer, en faisant un à-gauche, l'aile droite du 2ᵉ corps.

Mais les troupes du IIIᵉ corps allemand (Alvensleben II) accourent précipitamment au canon ; elles sont précédées à grande distance par leur artillerie. Après diverses péripéties, notre 2ᵉ corps se trouve bientôt aux prises avec des forces supérieures, qui sont : à l'ouest, vers Vionville et les bois de Tronville, la 6ᵉ division d'infanterie et la 5ᵉ de cavalerie ; au sud, vers les ravins montant de Gorze et les bois de Vionville, la 5ᵉ division d'infanterie et la 6ᵉ de cavalerie ; entre ces deux masses extrêmes, une immense batterie d'artillerie qui dépasse bientôt cent pièces et s'accroît sans cesse.

La 6ᵉ division allemande ayant conversé à droite, enlève à midi Vionville et Flavigny et poursuit sur Rezonville les troupes du 2ᵉ corps français. Pour rétablir le combat, Bazaine fait charger les cuirassiers de la garde : ceux-ci traversent les lignes allemandes, puis sont ramenés sur Rezonville par la brigade de hussards Redern. Les hussards vont capturer Bazaine lui-même quand ils tombent sous les feux de l'infanterie. Pour recueillir leurs débris et profiter du désarroi du centre français, la 6ᵉ division de cavalerie (Mecklembourg) manœuvre pour charger. Mais quand elle a pris ses dispositions, il est trop tard : la division des grenadiers de la garde a remplacé sur notre front le 2ᵉ corps, qui s'établit en réserve près de Gravelotte.

La grande batterie allemande a profité de ce tumulte pour rapprocher son aile gauche, qui s'appuie maintenant à Flavigny. Mais Canrobert a conversé à gauche : il prend d'écharpe ou d'enfilade les positions à l'est de Vionville. L'infanterie prussienne fait face au nord, se jette dans les fossés de la route et cherche à gagner par sa gauche les couverts du bois de Tronville. Elle réussit en partie,

---

(*) C'est la partie nord-ouest du grand bois des Oignons.

mais sans cependant arrêter le mouvement offensif du 6ᵉ corps qui menace Vionville.

La proportion numérique des combattants est alors renversée : le IIIᵉ corps prussien et les deux division de cavalerie Rheinbaben et Mecklembourg vont lutter seuls défensivement jusqu'à 4 heures contre les corps français, garde, 6ᵉ corps, 3ᵉ corps, puis 4ᵉ corps, qui viendront successivement étendre notre droite jusqu'à l'Yron. Une vigoureuse offensive pouvait avoir raison du IIIᵉ corps prussien épuisé : Canrobert l'a préparée et s'apprête à descendre du nord sur Vionville.

Il est alors 2 heures ; le général von Alvensleben fait donner sa dernière réserve, la brigade de cavalerie Bredow. Celle-ci traverse les lignes du 6ᵉ corps et, après avoir fait l'extraordinaire parcours de 3,600 mètres, vient tomber au milieu des divisions Forton et Valabrègue, au nord-est de Rezonville. Celles-ci prennent leur revanche du matin : la brigade Bredow est presque anéantie. Mais un temps d'arrêt s'est produit, et Bazaine, de plus en plus inquiet pour sa gauche, enjoint à Canrobert de se maintenir simplement sur ses positions du moment ; lui-même accumule réserves sur réserves entre Rezonville et Gravelotte. Nous restons donc sur la défensive passive ; les renforts allemands vont avoir le temps d'arriver.

Cependant, entre 3 et 4 heures, la division Aymard, puis la division Grenier, suivie elle-même de la division de Cissey, viennent prolonger notre droite. Les Allemands exténués sont chassés du bois de Tronville : les 3ᵉ et 4ᵉ corps vont atteindre la ligne Mars-la-Tour-Vionville quand le maréchal Bazaine les arrête de nouveau. C'est qu'à ce moment les renforts allemands arrivent aux deux ailes du IIIᵉ corps. A 4 heures, la 20ᵉ division, venant de Thiaucourt par Chambley, arrive à Vionville et réoccupe la partie sud des bois, au nord de la route. A l'aile opposée, la 16ᵉ division et trois régiments du IXᵉ corps arrivent coup sur coup, renforcent la 5ᵉ division épuisée et gagnent la lisière nord du bois des Ognons, d'où ils menacent Rezonville. Enfin, à 5 heures, le reste du Xᵉ corps revient de Saint-Hilaire à Mars-la-Tour, après une marche forcée de 37 kilomètres. La 38ᵉ brigade (Wedell) se déploie au nord-est du village et marche contre la division Grenier, dont la sépare un profond ravin. Pour se soustraire aux feux nourris qui la déciment, cette brigade avance par bonds successifs à une allure désordonnée; elle finit par venir s'entasser dans le ravin et tente l'escalade de la berge opposée. Elle est accueillie à bout portant sur la crête par un feu roulant d'une extrême intensité : en quelques minutes, elle est presque anéantie et disparaît. L'un de ses régiments, le 16ᵉ, a perdu 1,785 hommes et un drapeau.

Les divisions Grenier et Cissey se portent en avant : elles sont arrêtées par une première charge des dragons de la garde prussienne. Le commandant du Xᵉ corps, Voigts-Rhetz, profite de ce répit pour recueillir ses débris et les ramener au sud de la route. De son côté, le général Ladmirault fait prolonger sa droite par toute la cavalerie disponible (six régiments : division Legrand, brigade de France, 2ᵉ chasseurs d'Afrique), qui se prépare à charger sur le plateau de Ville-sur-Yron afin de déborder la gauche prussienne.

Sept régiments prussiens se forment aussitôt en face et, peu après, ces deux masses de cavaliers se chargent à fond, d'ailleurs sans résultat. Après une sanglante mêlée de quelques minutes, dans laquelle le général Legrand est tué, les deux cavaleries regagnent respectivement leurs emplacements primitifs, Bruville et Tronville. Cet épisode termine la bataille à notre aile droite à 7 heures. D'ailleurs, le maréchal Bazaine ignore que le corps Ladmirault est entré en ligne; il n'en est instruit que dans la nuit, par le retour de la brigade de France au quartier général de la garde.

Devant notre gauche, ont débouché successivement, par moitié, les VIIIᵉ et IXᵉ corps, accourus de Novéant et de Corny par les ravins de Gorze. Ces troupes essaient de progresser vers Rezonville et Gravelotte, mais elles sont contenues sur les lisières des bois par les importantes réserves de Bazaine et subissent de grosses pertes. De ce côté comme à l'aile opposée, la lassitude et la nuit avaient mis fin à la bataille; mais vers 8 heures, le prince Frédéric-Charles, désireux d'accentuer en sa faveur le résultat assez indécis de la journée, dirige dans l'obscurité naissante une violente attaque des trois armes sur Rezonville. En ce point, Bazaine était sur ses gardes; les Allemands sont très maltraités par les chassepots et ne retirent de leur audacieuse tentative qu'un surcroît de pertes bien inutile.

Les deux partis installent leurs bivouacs sur le champ de bataille. D'une façon générale, les Allemands sont au sud de la route depuis Mars-la-Tour jusqu'à la lisière du bois des Ognons; les Français sont au nord de cette même route, mais tiennent en outre les abords sud de Rezonville et Gravelotte.

Forces disponibles. — Français : 135,000 hommes, 432 canons (26,000 coups tirés); Allemands : 90,000 hommes, 222 canons (21,000 coups tirés).

Pertes. — Français : 1,500 tués, 10,000 blessés, 5,500 disparus; Allemands : 5,000 tués, 10,000 blessés, 1,000 disparus, un drapeau.

Saint-Frivat (*Gravelotte*). — La journée du 16 août était pour le moins indécise. Les Allemands s'attendent à être attaqués dès le matin du 17 par des forces supérieures. Pendant la nuit, ils rectifient leurs positions et précipitent la marche des corps encore disponibles des Ire et IIe armées. Leur IVe corps seul, extrême gauche de la IIe armée, est maintenu en liaison avec le prince royal; il fait le 17 une tentative infructueuse sur Toul.

Du côté français, le commandant en chef renonce pour l'instant à continuer la marche sur Verdun, bien que les routes du nord soient encore complètement libres. Dans la soirée, le commandant de l'artillerie, général Soleille, et l'intendant en chef de Préval avisent très à la légère le maréchal que l'armée n'a plus ni munitions ni vivres. Bazaine ne réfléchit pas à l'invraisemblance manifeste de cet état de choses, et, au lieu de faire venir à lui les approvisionnements dont il croit avoir besoin, il se propose d'aller à eux ; outre les nécessités du ravitaillement en vivres et munitions, il invoque encore le besoin d'évacuer les blessés à Metz.

Or, d'une part, l'armée avait emporté de Metz 106,000 gargousses, 17 millions de cartouches et quatre jours de vivres [61] ; elle avait consommé, le 16, 26,000 gargousses et un million de cartouches. D'autre part, pour évacuer les blessés, on a recours aux voitures des convois de vivres, dont on décharge préalablement le contenu au bord de la route : ces voitures ne font qu'un premier voyage; la majeure partie des blessés restent abandonnés dans les villages, et le maréchal fait brûler un amas considérable de vivres que l'armée ne peut emporter [65].

Quoi qu'il en soit de l'opportunité et de l'illogisme des décisions du maréchal, celui-ci ordonne dans la nuit du 16-17 d'évacuer le champ de bataille et d'établir l'armée dans une position plus rapprochée de Metz, entre la Mance et le ruisseau de Châtel.

L'armée exécute donc le 17 août un changement de direction en arrière à droite et s'établit face à l'ouest sur les hauteurs indiquées : la gauche (2ᵉ corps) appuyée à la Moselle ; la droite (6ᵉ corps) d'abord à Vernéville, puis finalement à Roncourt et Saint-Privat ; le centre à Amanvillers-Montigny (4ᵉ corps), et autour des fermes de la Folie à Moscou (3ᵉ corps). La garde et la réserve d'artillerie prennent place sur le revers du Saint-Quentin et au col de Lessy, en arrière de la gauche. Les 2ᵉ et 3ᵉ corps, commandés par des officiers des armes spéciales, renforcent par des tranchées-abris leurs positions fortes par elles-mêmes et soutenues en outre par la garde. A l'aile opposée, le 6ᵉ corps, déjà mal pourvu en artillerie et cavalerie, a sa droite en l'air, ne dispose d'aucun outil et n'arrive que dans la nuit (17-18) sur ses positions, avant d'avoir pu remplacer les munitions consommées le 16 [66].

Les Allemands, étonnés de notre inconcevable disparition, bornent leurs efforts du 17 à se concentrer. Ils activent le passage de la Moselle et resserrent leurs corps entre l'Yron et le ravin d'Ars, face au nord, sur un front de moins de 20 kilomètres marqué par la route de Verdun. Le VIIᵉ corps franchit la Moselle et forme l'extrême droite en face d'Ars ; dans la soirée, le XIIᵉ corps et la garde arrivent de Thiaucourt et de Bernécourt et s'établissent l'un à l'est, l'autre à l'ouest de Mars-la-Tour ; le IIᵉ corps n'arrive qu'à Pont-à-Mousson.

Dès lors en mesure de lutter au moins à forces égales, les Allemands se disposent à reprendre l'offensive le 18 août. Mais ils ont *perdu le contact*, si étrange que cela paraisse : ils ignorent si Bazaine s'est replié sur Metz ou s'il s'est jeté sur les routes de Doncourt et de Briey. Ils se décident à marcher vers le nord, par échelons de corps d'armée, la gauche en avant et sur deux lignes, de façon à pouvoir indifféremment combattre de front, faire face à droite ou à gauche : la Ire armée doit masquer Metz et, le cas échéant, servir de pivot. Les corps d'armée avancent en formations très compactes, par divisions massées, l'artillerie entre les deux divisions ; la cavalerie forme rideau à courte distance en avant du front.

La gauche commence le mouvement de grand matin, la droite restant presque immobile ; au nord de Mars-la-Tour, il se produit un croisement entre la garde et le XIIe corps, de telle sorte que ce dernier se trouve à l'extrême gauche et momentanément un peu en arrière. Vers 10 heures, la manœuvre se dessine et le dispositif général est alors à peu près le suivant : en première ligne, cinq corps : Saxons, à Jarny ; garde, à Doncourt ; IXe, à Saint-Marcel ; VIIIe, au nord de Rezonville ; VIIe, le long de la Mance, au nord d'Ars ; en seconde ligne : IIIe et X^e corps, derrière les intervalles des corps de la IIe armée ; le IIe corps, en marche de Pont-à-Mousson sur Rezonville, forme la réserve de la Ire armée.

C'est à ce moment, vers 10 heures et demie, que parviennent les premières nouvelles positives, mais non très exactes. L'état-major allemand est informé que les Français sont en position au delà de la Mance et que leur droite ne dépasse pas Amanvillers. Les VIIe, VIIIe et IXe corps tournent successivement à droite ; la garde reçoit l'ordre de se rabattre par Batilly sur Amanvillers afin d'envelopper la droite française [67] ; le XIIe corps est arrêté provisoirement à Jarny, face au nord.

Un peu avant midi, le IXe corps (Manstein), débouchant par les lisières du bois de la Cusse, engage la canonnade avec le centre français, croyant avoir affaire à notre droite. Ses batteries sont disposées face au sud-est, de façon à ébaucher le mouvement enveloppant projeté ; par suite, elles se trouvent prises d'écharpe par celles de nos 4e et 6e corps. Le IXe prussien subit un échec, recule et ne se maintient dans le bois de la Cusse que grâce à l'appui du IIIe corps, envoyé en toute hâte à son secours.

Les Allemands découvrent alors que nous occupons Saint-Privat. La garde renonce à tourner notre droite, trop éloignée ; elle passe derrière Manstein, prolonge simplement la ligne de bataille et s'engage contre Canrobert. L'exécution du mouvement tournant

échoit, en conséquence, au XII⁰ corps. Ce dernier reçoit d'abord
Sainte-Marie-aux-Chênes comme point de direction, mais il doit
s'élever encore plus au nord jusqu'à Auboué et en utilisant le
ravin de ce nom, quand, plus tard, l'extrême droite française est
enfin aperçue à Roncourt.

L'exécution de ce large mouvement des Saxons demande un
temps considérable. Le commandant de la garde prussienne, prince
Auguste de Wurtemberg, a déjà été arrêté jusqu'à 4 heures devant
Sainte-Marie-aux-Chênes, défendue par le seul 94⁰ français. Il
craint, s'il attend la coopération des Saxons et s'il prolonge
encore sa préparation par l'artillerie, de ne pouvoir en finir avec
Saint-Privat avant la nuit. Il se décide à précipiter l'attaque,
d'autant plus que l'artillerie de Canrobert ne répond plus que
faiblement et a l'air de fléchir [68]. Pour faciliter l'action de la
garde, la gauche bien décimée du IX⁰ corps fait encore un effort
inutile, quoique fort sanglant, sur Amanvillers.

A partir de 5 heures et demie, le prince de Wurtemberg lance
trois de ses brigades à l'assaut du 6⁰ corps français, sur le véritable
glacis découvert, long de 2,000 mètres, qui de Sainte-Marie et de
Saint-Ail accède à Saint-Privat. Sur un tel terrain et contre les
formations semi-compactes des Allemands, les feux rasants de
l'infanterie française produisent un effet extrêmement meurtrier.
A 500 mètres de nos lignes, les troupes de la garde restent clouées
sur place, ayant perdu 7,000 tués ou blessés.

En attendant l'entrée en ligne de l'infanterie saxonne, dont
l'approche se fait déjà sentir par l'immobilisation de Canrobert
victorieux, les Allemands ont de nouveau recours à leur artillerie :
les batteries du X⁰ corps viennent renforcer celles de la garde et
du XII⁰ corps. Deux cent douze pièces font converger leurs feux
sur le 6⁰ corps français. Vers 7 heures, Saint-Privat, littéralement
broyé sous les obus, en outre intenable à cause des incendies, est
abordé à la fois au nord, à l'ouest et au sud par les Saxons, la
garde et le X⁰ corps. Canrobert, très affaibli, laissé sans réserves
et à court de munitions, a dû déjà abandonner Roncourt ; il évacue
aussi les ruines de Saint-Privat et rétrograde lentement vers les
bois de Saulny.

A son tour, Ladmirault, attaqué sur son front par Manstein renforcé du III⁰ corps, et sur son flanc droit par les vainqueurs de Saint-Privat, doit replier graduellement son aile droite et son centre, tout en maintenant sa gauche à Montigny. La droite française en retraite rencontre enfin, à la lisière des bois de Saulny, la division de la garde Picard et quelques batteries amenées de son propre mouvement par Bourbaki. **Les Allemands s'arrêtent : il est alors un peu plus de 8 heures.** De ce côté, la bataille est terminée.

Tandis que l'action décisive se passe à notre extrême droite, la Ire armée prussienne se heurte aux positions retranchées des 3⁰ et 2⁰ corps français, mais sans succès, malgré l'écrasante supériorité de ses masses d'artillerie. Steinmetz réussit cependant, vers 3 heures, à enlever nos postes avancés de Saint-Hubert et Jussy; il ne peut aller plus loin et s'épuise contre notre ligne véritable, Rozerieulles - Point - du - Jour - Moscou, en assauts désordonnés que le tir rapide de nos chassepots rend excessivement meurtriers.

Vers 5 heures et demie, les VII⁰ et VIII⁰ corps, rebutés et très affaiblis, sont hors d'état de rien tenter de plus. Steinmetz recueille péniblement ses troupes battues et les ramenait en arrière quand, à 6 heures, apparaît à Rezonville le II⁰ corps (Fransecky), arrivant de Pont-à-Mousson. Steinmetz s'empare de cette dernière réserve. Sous les yeux du roi et du grand état-major, à qui il promet la victoire, il lance dans un dernier assaut la masse de ses trois corps sur nos tranchées de Moscou et du Point-du-Jour. Cette fois, il subit un désastre complet. Heureusement pour lui, la nuit est venue et les Français n'ont nulle envie de sortir de leurs positions pour le poursuivre; les débris des VII⁰ et VIII⁰ corps se reforment en arrière, au delà de la Mance, sous la protection et la garde du II⁰, lui-même fort éprouvé et surtout très fatigué [69].

A ce moment, l'état-major allemand ignore l'échec final de la droite française et la retraite de nos 6⁰ et 4⁰ corps. Il n'ose se croire vainqueur et il prescrit de dégager les ponts de la Moselle en vue d'un recul éventuel sur la rive droite.

Quant au commandant en chef français, malgré les messages alarmants de ses lieutenants, il n'a pas cru à une grande bataille, ni même à une action sérieuse. Il n'a fait qu'une courte apparition sur le terrain, entre 3 et 4 heures, et seulement en arrière de son extrême gauche, d'où il n'a même pas entendu l'épouvantable canonnade de Saint-Privat [70]. Son intervention s'est bornée à maintenir obstinément et inutilement ses réserves à gauche, tout comme l'avant-veille, alors que le choc décisif avait lieu à l'extrême droite.

Livrés à eux-mêmes, les commandants de corps n'ont pu que se maintenir passivement, et tant qu'ils l'ont pu, sur leurs positions que, du reste, ils savaient dès le matin du 18 devoir quitter le lendemain pour se rapprocher encore de Metz. En effet, dès le 17 au soir, le colonel Lewal avait reçu de Bazaine l'ordre de réunir le 18 au matin les sous-chefs d'état-major des corps d'armée, et d'aller reconnaître avec eux, en arrière des troupes, de nouveaux emplacements sous le canon des forts [71]. Sur tous les points, nous avons donc laissé l'initiative des mouvements à l'ennemi, que nous nous bornons à repousser quand il se présente. Résultat inévitable de cette tactique : la défaite.

Tactiquement contestable, la victoire allemande du 18 août n'en complète pas moins les précédents succès, encore moins décisifs en eux-mêmes, des 14 et 16 août. Le but stratégique poursuivi opiniâtrement par les Allemands durant cinq jours est pleinement atteint : les routes de l'ouest et du nord nous sont coupées, et nous sommes enveloppés, isolés de la France.

Dans la nuit du 18-19 août, Bazaine ordonne le ralliement général autour des forts de Saint-Quentin et Plappeville. Ce mouvement s'exécute dans la matinée du 19, sous les yeux des Allemands, qui, ignorant encore pour la plupart la victoire remportée à Saint-Privat, s'attendaient à recommencer la bataille interrompue par la nuit [72].

Forces engagées. — Français : 140,000 hommes, 456 canons (22,000 coups tirés); Allemands : 200,000 hommes, 616 canons (35,000 coups tirés).

Pertes. — Français : 1,200 tués, 7,000 blessés, 4,000 disparus ; Allemands : 5,200 tués, 14,500 blessés, 500 disparus.

Les corps Frossard et Le Bœuf, bien couverts par leurs tranchées-abris, avaient relativement peu souffert.

L'investissement. — Le grand état-major ennemi prend aussitôt ses dispositions pour investir complètement Metz et l'armée. Dès le 19 août, le prince Frédéric-Charles, « le prince Rouge », reçoit le commandement supérieur des Ire et IIe armées, chargées du blocus. Il donne à ses troupes le dispositif purement défensif ci-après :

Sur la rive droite, la forte division de réserve Kummer (nouvellement arrivée à Argancy) entre la Moselle et la route de Bouzonville ; puis le Ier corps (Manteuffel) s'étendant jusqu'à la Seille, à hauteur de Cuvry ; la 3e division de cavalerie (von Grœben) autour de Cuvry et Coin ;

Le VIIe corps (Zastrow) est à cheval sur la Moselle, de Frescaty à Jussy ;

Sur la rive gauche : le VIIe corps (von Goeben), de Jussy à Moscou ; le IIe (Fransecky), de Moscou à Saint-Privat ; le Xe (Voigts-Rhetz), de Saint-Privat à Hauconcourt ; en réserve, le IIIe corps (Alvensleben II), campe autour de Caulre, et le IXe (Manstein), à Sainte-Marie et Saint-Ail.

Des ponts nombreux relient les deux rives en amont et en aval. Les différents corps se hâtent de renforcer leur front au moyen d'abatis et de nombreux travaux de campagne. La rive gauche est tout particulièrement soignée.

Bazaine ne fait rien pour contrarier cette difficile opération : avec 200,000 hommes répartis sur une circonférence immense, les Allemands réussissent à enfermer et à contenir 180,000 soldats placés au centre. Le maréchal a télégraphié le 19 à l'empereur qu'après s'être refaite deux ou trois jours sous Metz, l'armée reprendra sa marche vers les places du Nord, par Montmédy, en se prolongeant, le cas échéant, jusque sur Sedan et Mézières [73].

Mais, dès le 22 août, il modifie d'une façon bien significative les emplacements de ses corps : il envoie, sur la rive droite, le 2e corps entre Seille et Moselle, le 3e entre Queuleu et Saint-

Julien ; les 4°, 6° et la garde restent autour des forts de la rive gauche, entre la Moselle et le ruisseau de Châtel.

Ainsi donc, durant les six jours qui suivent la bataille de Saint-Privat, Bazaine laisse les Allemands organiser tout à leur aise l'investissement de son armée. Il se décide cependant le 26 août à tenter quelque chose. Il se propose d'attirer les forces de l'ennemi sur la rive droite de la Moselle, afin de faciliter l'approche de la rive gauche à Mac-Mahon et l'armée de Châlons ; s'il réussit à percer, il marchera au nord par Thionville.

Les préparatifs se font avec une extrême lenteur et sans précautions pour les dissimuler ; les Allemands ont le temps de nous deviner et de renforcer leurs troupes de la rive droite. Les 3°, 4° et 6° corps forment la droite, de Lauvallier au bois de Grimont, entre la route de Sarrebrück et la Moselle ; le 2° corps et la garde sont en réserve, de la ferme Bellecroix au fort Saint-Julien.

L'action commence un peu après midi. Notre aile droite converse à gauche et enlève Noisseville. Mais, vers 2 heures, un ouragan d'une extrême violence contraint les deux partis à suspendre les hostilités. Bazaine fait replier les troupes françaises et réunit autour de lui, à la ferme de Grimont, les commandants de corps d'armée, les commandants de l'artillerie et du génie et le gouverneur de Metz. Dans cette sorte de conseil de guerre, il expose, et fait exposer par des subordonnés, la situation actuelle sous un jour passablement inexact. Le gouverneur, général Coffinières, déclare que Metz est hors d'état de tenir sans l'appui de l'armée [74]. Le commandant de l'artillerie, général Soleille, affirme qu'il reste des munitions pour une bataille seulement [75]. Or, le 29 octobre suivant, il était livré aux Allemands 3 millions de projectiles d'artillerie et 23 millions de cartouches d'infanterie. Les commandants de corps, influencés par ces révélations imprévues, sont consultés l'un après l'autre. Le maréchal résume la discussion et conclut que l'armée doit rester sous Metz, parce qu'elle immobilise 200,000 ennemis, donne à la France le temps d'organiser de nouvelles forces, et parce qu'elle pourra harceler l'ennemi, en cas de retraite de celui-ci. Après cette déclaration catégorique, les troupes sont ramenées dans leurs bivouacs, sur les deux rives. La fausse sortie du 26 n'a, par conséquent, d'autre résultat que de mettre les Allemands en éveil sur nos projets éventuels et de les amener à renforcer encore davantage leurs positions de la rive droite, qu'ils considéraient jusqu'alors comme peu menacées.

Bazaine prend donc le parti d'une inaction systématique, et cela juste au moment où l'armée de blocus s'affaiblit des II° et III° corps, envoyés sur le plateau d'Etain au secours du prince royal de Saxe [76].

Noisseville. — Cependant, la nouvelle de la marche de Mac-Mahon au secours de l'armée de Metz a transpiré dans les bivouacs français. Le commandant en chef se voit forcé d'agir. Le 30 août, il donne des ordres pour la reprise du mouvement avorté le 26. Le projet d'opérations est resté à peu près le même, tout aussi discutable : afin de faciliter la tâche de l'armée de Châlons à l'ouest de Metz, le maréchal prétend attirer les Allemands sur la rive droite, les inquiéter pour leurs communications de l'est en se portant sur le plateau de Sainte-Barbe. Puis, maître de cette dernière position, il se rabattra au nord sur Thionville, garde et 2° corps par la route de Malroy, 3°, 4° et 6° corps par la route de Kédange.

De même que le 26, les mouvements préparatoires sont dirigés d'une façon déplorable. Les ponts de la ville ne sont pas utilisés pour le passage de la Moselle, et les corps les plus éloignés sont précisément ceux désignés pour entamer l'action; dans la soirée du 30 et la matinée du 31, le bruit des musiques militaires accompagnant nos colonnes indique ostensiblement la direction et l'importance de celles-ci [77]. Nos mouvements étant extrêmement lents, les troupes déjà arrivées se mettent à faire la soupe sur leurs emplacements; le front de nos positions est ainsi nettement dessiné par la fumée.

Bref, les Allemands sont bien renseignés et ont le temps d'aviser. Ils n'inquiètent pas nos manœuvres préparatoires; leur seul but est de se maintenir défensivement sur les positions organisées qui nous enserrent. Nos intentions s'accusant, le commandant du I⁰ʳ corps, Manteuffel, se resserre vers Sainte-Barbe, et les corps de la rive gauche se rapprochent de la Moselle, prêts à la franchir, notámment à Hauconcourt, en aval.

La bataille s'engage le 31 août, vers 4 heures du soir seulement. A droite, le 3ᵉ corps enlève d'abord Nouilly et Montoy ; le 2ᵉ corps vient alors prolonger la ligne afin de couvrir le flanc droit du 3ᵉ corps. Celui-ci se porte sur le village de Noisseville et s'en empare. A gauche, les 4ᵉ et 6ᵉ corps échouent dans leurs attaques contre Poix-Servigny et Failly. Le combat se prolonge de ce côté très tard dans la soirée : à 9 heures, la division Aymard, du 3ᵉ corps, aborde brusquement Servigny à la baïonnette et en déloge l'ennemi. Mais le désordre causé dans nos rangs par l'assaut et l'obscurité est devenu tel que les Allemands parviennent, vers 10 heures, à nous reprendre le village conquis.

Pendant la nuit du 31 août au 1ᵉʳ septembre, les Allemands reçoivent d'importants renforts : à leur droite, tout le IXᵉ corps, de Charly à Vrémy ; à leur gauche, de fortes fractions du VIIᵉ, en face Marsilly. Certain maintenant que nous serons arrêtés au nord et devant Sainte-Barbe, Manteuffel s'apprête à prendre à son tour l'offensive sur notre droite.

A 6 heures du matin, le 1ᵉʳ septembre, les colonnes de l'infanterie ennemie s'approchent à la faveur du brouillard et attaquent Noisseville de front et de flanc ; elles sont repoussées trois fois par la brigade Clinchant. Les Allemands ont alors recours au canon et dirigent sur le village le feu de 80 pièces. Pendant ce temps, l'action décisive se passe encore plus à notre droite. La division Fauvart-Bastoul (ancienne Bataille, 2ᵉ corps), après avoir tour à tour évacué et repris Flanville et Coincy, est forcée de céder de nouveau devant l'ennemi. Mal soutenue par la cavalerie et la division Nayral (ancienne Castagny, 3ᵉ corps), la droite française se replie, vers 9 heures, sur le plateau de Colombey. Cette manœuvre découvre le flanc du 3ᵉ corps, qui doit fléchir à son tour ; Montaudon évacue d'abord Montoy, puis, à 10 heures, Noisseville, déjà bien ébranlé par la canonnade ennemie.

Le mouvement de recul se propage jusqu'à la gauche. En voyant Noisseville aux mains de l'ennemi, Bazaine arrête l'action offensive que le 4ᵉ corps, appuyé par la garde, entamait sur Servigny.

Le 6e corps, qui s'était avancé vers Failly, rétrograde derrière le ruisseau de Malroy, puis sur Grimont; de ce côté, là 18e division allemande, qui nous suit de très près, n'est arrêtée que par les feux du fort Saint-Julien.

Vers midi, le maréchal juge l'affaire définitivement manquée et ordonne la retraite générale. Celle-ci s'effectue en bon ordre, sous la protection du 4e corps.

Forces engagées. — Français : 100,000 hommes, 220 canons ; Allemands : le 31, 35,000 hommes et 140 canons ; le 1er, 70,000 hommes et 290 canons.

Pertes. — Français : 300 tués, 2,500 blessés, 800 disparus ; Allemands : 700 tués, 2,000 blessés, 300 disparus.

Derniers combats et capitulation. — A partir de l'affaire de Noisseville, Bazaine ne fait plus un effort sérieux. Les quelques combats qu'il va encore autoriser ne sont que de petites opérations de ravitaillement, de simples fourrages.

Quant aux Allemands, ils se renforcent du XIIIe corps, grand-duc de Mecklembourg, arrivé sous Metz, rive droite, le 1er septembre. Ils complètent leurs lignes d'investissement et entourent la place d'une formidable enceinte de 45 kilomètres de développement, formée de batteries, tranchées, lignes d'abatis toujours doubles et souvent triples : avant-postes, lignes de défense ou positions de combat, positions de réserve. Des observatoires, installés sur les points dominants, permettent de se tenir au courant de nos moindres mouvements. Pour faciliter le ravitaillement, un tronçon de voie ferrée, de 36 kilomètres de longueur, est construit entre Remilly-sur-Nied et Pont-à-Mousson, et raccorde ainsi, en contournant la place, les deux parties de la grande ligne Paris-Strasbourg, inutilement barrée par Metz.

Vers le milieu de septembre, l'armée française apprend officiellement les événements de Sedan et de Paris. A cette occasion et sous prétexte de compléter ces renseignements, Bazaine entame avec Frédéric-Charles [78] des pourparlers qui ne cessent plus [79], et au cours desquels il est dupé. C'est à ces relations, proscrites par le code pénal militaire [80], que se rattachent les missions de l'aventurier Régnier, du général Bourbaki [81] et de l'aide de camp du maréchal, général Boyer, auprès de l'impératrice en Angleterre, puis du même général Boyer auprès du roi de Prusse à Versailles. On laissait entrevoir au maréchal la possibilité pour lui de jouer dans les circonstances actuelles un rôle politique brillant, tout au moins celui de restaurateur de l'Empire et de pacificateur, peut-être plus. Et Bazaine se laissait amuser par l'assiégeant, tandis que les vivres et les fourrages s'épuisaient vite à Metz (82).

Dès le 3 septembre, on commençait à manger les chevaux de l'armée. Dans un ordre du 17 septembre, le commandant en chef annonce publiquement qu'il est décidé à ne plus entreprendre de grandes sorties et à attendre à Metz les ordres du gouvernement ; il autorise cependant les corps d'armée à exécuter en avant de leur front de petites opérations pour se procurer des vivres et des fourrages.

C'est ainsi que, du 22 septembre au 7 octobre, sont engagées les affaires de Lauvallier (22 septembre) par la garde ; de Peltre et de Ladonchamps (27 septembre) par le 2e et le 6e corps ; de Lessy (1er octobre) et de Ladonchamps (2 octobre) par les 4e et 6e corps ; enfin des Maxes, des Tapes et de Bellevue (7 octobre) par la garde, les 6e et 3e corps. Cette opération est la dernière ; l'artillerie ne peut plus atteler ses pièces, la cavalerie est à pied. D'ailleurs, aucun de ces combats, tous fort brillants pour nous et quelques-uns très meurtriers, ne pouvait avoir d'influence décisive sur le dénouement final, facile à prévoir.

A partir du 8 octobre, des pluies torrentielles et persistantes viennent aggraver les souffrances des bivouacs. Les hôpitaux et ambulances sont encombrés ; malgré le rationnement, tardivement ordonné, les vivres deviennent de plus en plus rares et vont bientôt manquer complètement[83].

Le 27 octobre, au quartier général allemand de Frescaty, les deux chefs d'état-major, généraux Jarras et von Stiehle, signaient la capitulation de la place et de l'armée. Cette convention était ratifiée le 28 par Bazaine et Frédéric-Charles, et recevait son exécution le 29[84].

D'un seul coup, les Allemands capturaient ainsi 173,000 hommes, 53 drapeaux, 1,700 canons de campagne ou de place, 280,000 fusils dont 125,000 chassepots, de grandes quantités de munitions et accessoires d'artillerie, 23 millions de cartouches d'infanterie, et enfin la ville et les forts de Metz. Ce résultat leur coûtait, en dehors des batailles des 14-16-18 août, 2,000 tués ou morts et moins de 4,000 blessés.

Les Ire et IIe armées allemandes sont redevenues disponibles. Elles vont être dirigées contre les jeunes armées de la Défense nationale, afin de couvrir le blocus de la capitale de la France : la Ire (Manteuffel[85]) au nord de Paris, contre la ligne de la Somme et la Basse-Seine, rive droite; la IIe (Frédéric-Charles) au sud de Paris, sur la Loire et la Basse-Seine, rive gauche.

Le IIe corps est déjà en marche depuis le 23 octobre à destination de Paris.

SUJETS DE RÉFLEXION

Français. — Vicieuse dispersion en cordon de forces déjà très inférieures. — Défensive stratégique acceptée, mais laissée à l'improvisation, au hasard des événements. — Défensive tactique passive, s'ajoutant à la défensive stratégique. — Insuffisance du haut commandement, mal défini, déconcerté et hésitant. — Défaut de vigilance des corps avancés; cavalerie inerte, nulle dans l'exploration, brillante et inutile sur les champs de bataille. — Infériorité manifeste du matériel et de la tactique de l'artillerie. — Manque d'initiative à tous les degrés, de solidarité entre corps voisins. — Excentricité de la retraite des troupes d'Alsace. — Retraite trop lente et cependant désordonnée des troupes de Lorraine vers Metz. — Etrange chassé-croisé des maréchaux Mac-Mahon et Canrobert entre Châlons et Metz. — Ignorance du service de sûreté et de l'organisation des marches à proximité de l'ennemi; lenteurs et fausse sécurité. — Insouciance des renseignements; passage non contrarié de la Moselle par l'ennemi. — Faute commise d'accepter le combat à Borny. — Erreurs de Bazaine le 16 août. — Renonciation prématurée et non justifiée à la marche sur Verdun le 17 août. — Apathie ou insuffisance du commandant en chef le 18; parti pris de l'inertie ensuite. — Vices des dispositions ébauchées les 26 et 31 août. — Au point de vue de la place de Metz, inobservations et violations flagrantes des règlements. — Etrangeté de cet événement : 180,000 hommes bien armés bloqués par 200,000 ennemis.

Allemands. — Hardiesse de l'offensive stratégique ; incohérences de l'offensive tactique. — Caractère imprévu des quatre premières grandes batailles. — Vigueur et initiative des corps avancés. — Rôle effacé de la cavalerie dans les débuts ; sa hardiesse à partir de la Moselle[86]. — Révélation foudroyante de la puissance des masses d'artillerie et de la portée de ses pièces. — Audace du mouvement tournant au sud de Metz et de la marche de flanc du 18 août. — Poursuite ininterrompue d'une même idée les 14, 16 et 18 août. — Développement méthodique de la première bataille prévue, celle du 18 août. — Au cours de cette affaire, absence d'une haute direction d'ensemble ; situation très aventurée en cas d'insuccès. — Rapidité et solidité de l'organisation purement défensive de l'investissement. — Forte proportion, jusqu'alors inusitée, des tués comparativement aux blessés.

II

ARMÉE DE CHALONS

Situation, projets et préliminaires. — Après le départ de Canrobert pour Metz, un 12ᵉ corps commandé par le général Trochu s'est formé au camp de Châlons [87]. Il est en partie composé de mobiles parisiens non exercés, très indisciplinés et fort mécontents de se voir rapprocher de la frontière. A partir du 17 août et jusqu'au 22, arrivent au camp et à Reims les éléments disloqués des 1ᵉʳ, 5ᵉ et 7ᵉ corps venant d'Alsace.

Le 17 au matin, l'empereur venant de Metz, accompagné du prince impérial, arrive au camp de Châlons, presque en même temps que le maréchal de Mac-Mahon. Un grand conseil de guerre assemblé dans la journée prend les graves décisions suivantes :

Sont nommés :

Gouverneur militaire de Paris, le général Trochu;

Commandant du 12ᵉ corps, le général Lebrun ;

Commandant en chef de l'armée de Châlons, le maréchal de Mac-Mahon;

Généralissime des armées impériales, le maréchal Bazaine.

Les mobiles, n'inspirant aucune confiance, seront renvoyés de suite à Paris par voie ferrée [88].

Enfin, il est décidé que l'armée de Châlons elle-même se repliera sous les murs de la capitale pour s'y réorganiser complètement, s'y renforcer des 13ᵉ et 14ᵉ corps en formation, et y recevoir le choc des Allemands dans des conditions de supériorité matérielle évidentes.

Mais tel n'était pas l'avis du gouvernement de la régence [89]. Celui-ci s'inspirait surtout de la situation politique intérieure et faisait valoir que le retour à Paris de l'empereur vaincu et l'abandon tacite de Bazaine provoqueraient une révolution immédiate et la chute de la dynastie.

Soutenu au moins moralement par l'empereur dans le projet de se porter sous Paris, le maréchal de Mac-Mahon tient bon et résiste aux objurgations du ministre de la guerre, général Cousin de Montauban, comte de Palikao, qui le presse de marcher droit sur Verdun par Sainte-Menehould. D'ailleurs, Mac-Mahon espère chaque jour recevoir du généralissime Bazaine des nouvelles et des instructions qui couperont court aux discussions. Mais les armées allemandes approchent : l'armée française, imparfaitement remise de ses premières épreuves, encore incomplètement pourvue du nécessaire, n'est pas en état de combattre dans les larges plaines ouvertes de la Champagne. Le maréchal prend alors un parti qui paraît ne devoir rien préjuger [90] : le 21 août, l'armée quitte le camp et se porte au nord-ouest, dans une position intermédiaire d'attente, à Reims. Elle y séjourne le 22 et s'y complète en effectifs et matériels.

A ce moment décisif, l'armée de Châlons est forte à peu près de 140,000 hommes, dont 10,000 cavaliers, et de 486 canons ou mitrailleuses. Ces forces sont réparties en quatre corps :

1er corps : Ducrot, 40,000 hommes ;

5e corps : de Failly, 23,000 hommes ;

7e corps : Félix Douay, 28,000 hommes ;

12e corps : Lebrun, 45,000 hommes ;

plus les deux divisions de cavalerie de réserve Margueritte et de Bonnemains.

Chaque corps comprend trois divisions d'infanterie (sauf le 1er, qui en a quatre), une division de cavalerie à deux brigades et une réserve d'artillerie. Imposante par le nombre, cette armée est loin de valoir celles du début de la guerre. Les 1er, 5e et 7e corps ont été recomplétés au camp par des réservistes non instruits, non entraînés, ou par des régiments de marche. Le moral des anciens soldats et même des cadres a subi de rudes atteintes depuis les Vosges jusqu'à Châlons.

Le 12e corps a une belle et solide division d'infanterie de marine : de Vassoigne ; le reste est composé d'éléments disparates : régiments de marche, troupes et services du 6ᵉ corps n'ayant pu rallier Metz le 12 août, régiments laissés au début de la guerre en observation sur la frontière d'Espagne, etc... Enfin, et malgré la puissante et intelligente activité déployée par le ministre Palikao, le matériel laisse aussi à désirer : ainsi le campement perdu à Frœschwiller et depuis n'a pas été remplacé, l'armée n'a pas d'équipages de pont[91], etc.

A Reims, M. Rouher, expédié par le gouvernement de Paris, insiste à nouveau, mais inutilement, pour obtenir la marche rapide sur Metz[91 bis]. Sans nouvelles positives de Bazaine[92], guidé exclusivement par des nécessités militaires évidentes, encore rendu moins confiant dans son armée depuis qu'il l'a vue marcher le 21, le maréchal donne l'ordre définitif d'entamer, dès le 23 août au matin, la retraite vers Paris[93].

Mais, dans la soirée, parvient au quartier général la dépêche expédiée le 19 par Bazaine, dans laquelle ce dernier indique qu'il va se porter, dans deux ou trois jours, vers Montmédy et les places du Nord. Mac-Mahon n'hésite plus : il va marcher au secours de l'armée de Metz[94]. Contre-ordre est donné à la marche sur Paris ; les dispositions sont immédiatement prises pour se porter vers la Meuse et Bazaine en est avisé[95]. Seulement, au lieu de prendre au plus court par Sainte-Menehould et Verdun, ainsi que le réclame le ministre, le maréchal, rendu prudent, préfère allonger le trajet et agir loin de l'ennemi, qu'il soupçonne plus près de son flanc droit que Palikao ne le suppose. Il prend donc comme direction générale la route Vouziers-Buzancy, avec l'intention de franchir la rivière à Stenay, pour de là atteindre Montmédy. Il pense de la sorte réussir à gagner ou dérober quelques marches aux Allemands et se glisser entre eux et la frontière belge jusqu'à la rencontre de Bazaine. Pour cela, il fallait le secret et la rapidité : ces deux indispensables éléments du succès vont bientôt nous faire défaut simultanément.

Marches.

Français : de Reims à Beaumont. — L'armée de Châlons a
exécuté le 21 août une étape inutile sur Reims ; elle a piétiné sur
place le 22 ; dans la journée du 23, elle marche à l'est et atteint
la Suippe dans l'ordre suivant : 7ᵉ corps, à droite, à Dontrieu ;
1ᵉʳ et 5ᵉ corps au centre, à Bétheniville et Pont-Faverger ;
12ᵉ corps, à gauche, à Heutrégiville ; cavalerie Margueritte en
avant-garde à Monthois, cavalerie Bonnemains en arrière-garde
derrière le 7ᵉ corps.

Le 24, la marche est déviée vers le nord. Alors que les Allemands savent s'alimenter sur notre propre territoire au moyen des
réquisitions, nous ne connaissons, pour l'alimentation, que le
vieux procédé du recours aux magasins, et ces magasins n'ont
pas été créés sur la direction inopinée de la marche ; il faut
appuyer au chemin de fer pour se ravitailler. C'est ainsi que
l'armée porte ses deux corps de gauche, 12ᵉ et 5ᵉ, autour de
Rethel, tandis que les 1ᵉʳ et 7ᵉ ne peuvent atteindre l'Aisne et
sont arrêtés à Juniville et Contreuve.

Le lendemain 25, la gauche reste sur place ; les 7ᵉ et 1ᵉʳ corps
arrivent sur l'Aisne à Vouziers et à Attigny ; l'armée fait donc
face au nord-est. De plus, la cavalerie Margueritte, qui couvrait
le flanc droit vers Grandpré, est envoyée sans raison sur le flanc
gauche au Chesne, tandis que la cavalerie Bonnemains reste à
l'arrière-garde du centre, derrière le 1ᵉʳ corps.

Le 26 [96], on converse à droite sur le 7ᵉ corps, afin de se replacer
face à l'est. On paraît vouloir marcher sur Stenay en deux colonnes par les routes parallèles Le Chesne-Beaumont et Vouziers-
Buzancy. Le 5ᵉ corps est au Chesne, ayant derrière lui le 12ᵉ,
à Tourteron. Le 1ᵉʳ corps fait une très courte étape et s'arrête
à Voncq. Enfin, le 7ᵉ corps reste immobile à l'est de Vouziers ;
n'étant plus éclairé ni couvert par la cavalerie indépendante, il
envoie sur les routes de Grandpré et de Buzancy des reconnaissances qui se heurtent inopinément à la cavalerie allemande et se
replient très effarées sur Vouziers. Sans plus vérifier les rensei-

gnements très inexacts qui lui parviennent ainsi [67], le général
Douay informe le maréchal qu'il est menacé par des forces supérieures arrivant par Grandpré dans son flanc droit. En ceci mieux
inspiré, le commandant du 7° corps s'apprête à recevoir le choc et
s'organise un champ de bataille à l'est de Vouziers, à cheval sur
les deux routes du Chesne et de la Croix-aux-Bois.

A partir de ce moment, nous cessons d'avoir la liberté de nos
manœuvres : nous subissons l'initiative de l'ennemi.

Le maréchal arrête le mouvement général vers l'est et se
dispose à secourir Douay. Il lui envoie d'abord la cavalerie Bonnemains ; puis, dans la nuit du 26-27 août, il prescrit au 5e corps
de se porter du Chesne sur Buzancy, au 1er d'avancer entre les
5° et 7°, au 12e de venir s'établir en réserve au sud du Chesne, à
la cavalerie Margueritte de couvrir le flanc gauche à Stonne et
Sommauthe ; tous les bagages doivent se replier en arrière du
nouveau front, au delà du Chesne. L'armée allait ainsi faire front
au sud, sur la ligne Vouziers-Buzancy, avec trois corps en première ligne, toute prête à livrer bataille.

Le mouvement commence de grand matin, mais bientôt on
apprend, par la cavalerie Bonnemains, que les renseignements
transmis par Douay sont erronés. Mac-Mahon ordonne de rebrousser chemin, mais l'étape vers l'Est parcourue ce jour-là, 27 août,
est presque nulle, quoique très fatigante. Le 1er corps revient à
Voncq, le 7° reste encore à Vouziers, le 12° recule sur le Chesne.
Le 5° avait déjà son avant-garde engagée, dans Buzancy même,
avec la cavalerie saxonne, quand lui parvient l'ordre de rétrograder ; il vient bivouaquer à Brieulles.

Quoique serré de moins près qu'il ne l'avait cru par l'armée
ennemie (IV°) qui remonte au nord entre Aire et Meuse, Mac-
Mahon n'en considère pas moins sa situation comme très aventurée. Ce même jour 27 août, il apprend, d'une part, qu'une autre
armée allemande (III°) dont on ignore la force s'avance par
la rive gauche de l'Aisne sur ses derrières ; d'autre part, qu'à la
date du 25 août, Bazaine n'a pas encore bougé de Metz [98]. La
marche sur Stenay, de plus en plus dangereuse, devenait dès lors
sans objet. En conséquence et afin d'échapper à l'enveloppement

qu'il sent se dessiner, le maréchal renverse ses directions et prescrit de marcher sur Mézières en deux colonnes couvertes par le canal des Ardennes : 1er et 12e corps par Vendresse, 7e et 5e par Le Chesne et Chagny. Les trains et convois prennent les devants dans la soirée du 27 [99].

Le 28 août au matin, les corps se mettaient en route quand survient contre-ordre à la contre-marche. On reprend la direction de Stenay.

Dans la nuit du 27-23 août, le maréchal a reçu du gouvernement de nouvelles dépêches de plus en plus pressantes, le sommant de secourir Bazaine et lui donnant sur les forces ennemies des indications numériques et autres très inexactes [100]. Mac-Mahon a cédé. On fait demi-tour : à gauche, le 12e corps, suivi du 1er, s'engage sur la route Stonne-Beaumont ; à droite, le 5e doit refaire encore une fois le trajet du Chesne à Buzancy et se porter sur Nouart ; le 7e doit suivre le 5e à Buzancy. Quoique l'ennemi ne soit signalé qu'à droite, la cavalerie est à gauche, Bonnemains vers les Grandes-Armoises, Margueritte vers Mouzon et Sommauthe.

Le 12e corps atteint la Besace et le 1er s'arrête au Chesne ; mais, ainsi qu'il était facile de le prévoir, la colonne de droite trouve la route du sud occupée par la cavalerie ennemie plus fortement encore que la veille. Afin d'éviter Buzancy et dans l'espoir de gagner plus tôt Stenay, de Failly coupe au court et vient bivouaquer à Bois-des-Dames et Belval, à quatre ou cinq kilomètres au nord de Nouart. Douay, au contraire, s'attarde encore dans une marche des plus décousues ; il a reçu l'ordre formel d'appuyer de Failly et de dépasser Bar ; il arrête sa tête de colonne à Boult-aux-Bois, à dix kilomètres des positions de Vouziers, qu'il n'a guère quittées depuis le 25.

Durant cette journée du 28, les 5e et 7e corps escarmouchent continuellement avec la cavalerie ennemie. Le contact est immédiat et continu ; des engagements sérieux sont imminents.

Allemands : de Metz et Nancy à Beaumont. — Les troupes ennemies qui s'interposent entre Mac-Mahon et Bazaine sont les IIIe et IVe armées allemandes.

Aussitôt après le refoulement de l'armée de Bazaine sous Metz, le lendemain de Saint-Privat, les Allemands ont formé avec les corps non indispensables à l'investissement une IVe armée, dite de la Meuse, aux ordres du prince royal Albert de Saxe, le vaincu de Gitchin et de Sadowa (1866) ; ces corps sont : le XIIe (saxon), la garde prussienne et le IVe corps. On y adjoint les 5e et 6e divisions de cavalerie, indépendamment de la division saxonne (12e) et de celle de la garde. Total : 90,000 hommes.

La IIIe armée, ayant reçu depuis Frœschwiller le VIe corps, compte cinq corps, la forte division wurtembergeoise, les 2e et 4e divisions de cavalerie, en tout 150,000 hommes environ. Total général pour les deux armées : 190,000 fantassins, 35,000 cavaliers, 800 canons.

La IIIe armée a atteint la Meurthe le 15 août ; ses corps ont ensuite ralenti leur marche ou même se sont arrêtés sur la Moselle pendant les grandes batailles sous Metz. Elle reprend le 19 août son mouvement régulier vers la Meuse, l'Ornain et la Marne en longeant par sa droite la voie ferrée Paris-Strasbourg. Le prince royal n'a pas repris le contact perdu le 8 août ; il ignore ce que sont devenues les troupes françaises d'Alsace. Son armée marche donc très concentrée et sur deux lignes : trois corps et la division wurtembergeoise en première ligne, deux corps en seconde ligne à une demi-journée au plus en arrière. La cavalerie, beaucoup mieux employée qu'au début de la campagne, explore en moyenne à deux journées de marche en avant et à une journée sur les flancs, particulièrement à gauche (au sud). Le front de marche des trois corps et demi de première ligne dépasse rarement trente kilomètres ; les avant-gardes bivouaquent à une demi-journée en avant des gros, lesquels stationnent en cantonnements resserrés.

Le prince royal reçoit bientôt l'ordre de ralentir sa marche afin de laisser arriver la IVe armée à une journée en arrière en échelon sur sa droite, de telle façon que, si l'adversaire veut faire tête, « on puisse l'attaquer de front et à droite et le refouler au nord ». C'est le dispositif en équerre déjà remarqué le 14 août.

Par suite, on voit la première ligne de la IIIe armée arriver le 24 sur le front Bar-le-Duc-Saint-Dizier-Vassy, tandis que la IVᵉ armée, en arrière et au nord, franchit seulement la Meuse. Cette IVᵉ armée avance dans le large espace compris d'une façon générale entre la route Metz-Verdun-Sainte-Menehould et la voie ferrée que longe la droite de la IIIᵉ armée. La cavalerie, les Saxons et la garde partent de Conflans et Mars-la-Tour les 19 et 20 août et se portent vers la Meuse, le XIIᵉ corps en amont et en aval de Verdun, la garde sur Saint-Mihiel ; le IVᵉ corps, jusque-là liaison entre les IIᵉ et IIIᵉ armées, attend à Commercy depuis le 19. Le 24, l'armée du prince de Saxe passe sur la rive gauche de la Meuse et communique par sa gauche avec la droite du prince royal de Prusse ; le corps saxon tente inutilement d'enlever Verdun en passant.

Dans cette journée du 24, des pointes de cavalerie de la IIIᵉ armée arrivent au camp de Châlons et y trouvent les traces d'une évacuation récente par des forces considérables. De premières indiscrétions révèlent au grand état-major que Mac-Mahon est à Reims. En conséquence, au cours même de la marche du 25, de Moltke rectifie les directions des IIIᵉ et IVᵉ armées de façon à faire face à un mouvement français se produisant de Châlons dans la direction du sud-est. La IVᵉ armée est sur la ligne Dombasle-Triaucourt-Laheycourt, quartier général à Fleury-sur-Aire ; le front de la IIIᵉ armée, plus oblique et face au nord-ouest, est à peu près marqué par la section Givry-Changy de la route de Vitry à Sainte-Menehould, quartier général à Revigny. La nombreuse cavalerie de la IVᵉ armée dépasse les forêts de l'Argonne et surveille particulièrement les défilés du nord, vers Buzancy et Vouziers.

La marche convergente sur Châlons-Reims ainsi amorcée devait se continuer le lendemain 26. Mais, dans la soirée du 25, l'état-major général prussien est informé, par les indiscrétions de la presse parisienne et par une dépêche expédiée de Paris même sur Londres et Berne[101], que l'armée de Mac-Mahon a quitté Reims l'avant-veille et qu'elle cherche à gagner Metz en filant au nord de l'Argonne sur Stenay. Ces renseignements, déjà bien positifs, sont en outre corroborés par les rapports de plus en plus nombreux et précis de la cavalerie en exploration à l'extrême droite.

Dans la nuit même du 25-26 août, ordre est donné à tous les corps des deux armées de converser à droite et de se porter au nord. La IV⁰ armée, précédemment échelon en arrière, devient ainsi échelon en avant ; dans chaque armée, les corps sont eux-mêmes échelonnés, la droite en avant. D'une façon générale, la IV⁰ armée tient l'espace entre Aire et Meuse; les deux corps bavarois, de la IIIᵉ armée, descendent la vallée de l'Aire ; le reste de la IIIᵉ armée est sur la rive gauche de l'Aisne, entre cette rivière et la route Vitry-Attigny. Les six divisions de cavalerie sont lancées en avant et sur les flancs ; elles prennent ce jour-là même le contact définitif avec les corps français vers Buzancy et Grandpré. C'est leur apparition qui donne lieu à l'alerte causée par le général Douay et, par suite, au piétinement sur place de l'armée de Mac-Mahon dans la journée du lendemain 27 août.

Cependant, de Moltke, jugeant d'abord d'après notre avance et ignorant encore nos lenteurs, estime qu'il lui est impossible de nous rejoindre en forces sur la rive gauche de la Meuse. Il projette alors de livrer une bataille sur la rive droite, vers Damvillers, avec la coopération de l'armée du blocus de Metz. Il espère pouvoir amener en temps utile à hauteur de Dun les trois corps de la IV⁰ armée et les deux corps bavarois; Frédéric-Charles détache du blocus de Metz les II⁰ et IIIᵉ corps, qui se portent de suite à Briey et Etain. Le 27, le XIIᵘ corps franchit la Meuse à Dun et gagne les ponts de Stenay, d'où il reviendra plus tard en grande partie sur la route de Buzancy.

Le 28, le général de Moltke, constatant l'extrême lenteur de nos mouvements, pense qu'il pourra concentrer suffisamment les IIIᵉ et IV⁰ armées pour nous écraser sur la rive gauche ; les II⁰ et IIIᵉ corps sont renvoyés à Metz. Il est prescrit au prince royal de Saxe d'arrêter son offensive à la route Buzancy-Stenay, afin de laisser le temps d'arriver à sa hauteur à la IIIᵉ armée encore à une très forte étape en arrière et à gauche.

Dans la journée du 29, les têtes de colonnes ennemies se resserrent. La IIIᵉ armée vient occuper le front Saint-Juvin-Grandpré-

Monthois : elle ébauche déjà le mouvement enveloppant par l'ouest. Conformément aux ordres donnés, la IVᵉ armée avance peu : elle se concentre sur la rive gauche au sud de la grande route, avec de fortes avant-gardes sur la route même, à Stenay, Nouart et Buzancy.

C'est alors qu'a lieu le combat de Nouart (29 août), prélude de Beaumont (30 août).

Beaumont (*Beaumont-Mouzon*). — D'après les premiers ordres donnés le 28 août, l'armée de Mac-Mahon, formée en deux longues colonnes, à droite 5ᵉ et 7ᵉ corps, à gauche 12ᵉ et 1ᵉʳ corps, devait atteindre et franchir la Meuse à Stenay et Mouzon. Mais le maréchal apprend que les Saxons occupent Stenay. Il prescrit alors pour le 29 un mouvement général plus à gauche et au nord : au 12ᵉ corps, de se porter de la Besace sur Mouzon et d'y franchir la rivière ; au 1ᵉʳ corps suivi de la cavalerie Bonnemains, d'aller du Chesne à Raucourt pour passer le lendemain à Remilly ; à la cavalerie Margueritte, de franchir la Meuse à Villers ; au 7ᵉ corps, de se porter de Boult-aux-Bois à la Besace ; au 5ᵉ corps, de venir de Belval à Beaumont.

Les 7ᵉ et 5ᵉ corps, pour des causes différentes, n'atteignent pas leur destination. Au contact des coureurs ennemis, la marche du 7ᵉ corps s'opère dans un désordre incroyable et ressemble à une fuite ; jugeant ensuite ses troupes trop fatiguées, le général Douay prend sur lui la très grave détermination de faire bivouaquer ses troupes débandées à Osches, localité qu'il encombre en outre de ses bagages.

L'officier d'état-major porteur du contre-ordre destiné au 5ᵉ corps (capitaine Grouchy) s'est laissé capturer avec ses dépêches par une patrouille de uhlans. Ignorant la nouvelle situation et livré à lui-même, le général de Failly reprend, le matin du 29, sa marche vers l'est, de Belval sur Stenay ; il se heurte, au nord de Nouart, aux avant-gardes saxonnes. Celles-ci forcent le 5ᵉ corps à se déployer à hauteur de Champy, puis se dégagent pour tourner nos ailes par Fossé et Beauclair. Entre temps, vers 4 heures, de Failly reçoit en duplicata les ordres du maréchal l'appelant à Beaumont et de là à Mouzon. Sous la protection d'une forte arrière-garde qui reste en position jusqu'à la nuit, le 5ᵉ corps file au nord sur Beaumont à travers les bois du Dieulet. Le temps était devenu affreux, l'obscurité profonde et les chemins de la forêt fort mauvais, presque impraticables. Toute la nuit du 29-30 août et jusqu'à 7 heures du matin, les troupes débandées et fatiguées atteignent Beaumont (*), où les arrête le général de Failly. Sous une pluie battante et par une nuit très noire, elles installent leurs bivouacs pêle-mêle au nord et surtout au sud du village, sans prendre aucune des précautions indispensables dans le voisinage de l'ennemi; elles croient celui-ci en marche sur Stenay à l'est, et non au nord à leur suite.

Du côté allemand, on apprécie que le moment d'une offensive vigoureuse est venu. La IVᵉ armée, ralentissant sa marche vers le nord, la IIIᵉ, accélérant la sienne, sont arrivées et concentrées à peu près à même hauteur; elles sont en mesure de s'entr'aider efficacement. Dans la nuit du 29-30 août, le général de Moltke transmet l'ordre d'attaquer le lendemain sur le front Beaumont-le-Chesne [102]. La IVᵉ armée ayant les XIIᵉ et IVᵉ corps en première ligne, la garde en réserve, a pour objectif Beaumont; les deux corps bavarois, l'un derrière l'autre, appuient directement la gauche de la IVᵉ armée. Les autres corps de la IIIᵉ armée manœuvrent sur le Chesne afin de nous tourner par l'ouest.

Mac-Mahon vient de grand matin à Beaumont; il prescrit personnellement à de Failly de repartir aussitôt et de franchir au plus vite la Meuse à Mouzon. Le maréchal parti, le général de Failly prétexte l'extrême fatigue de ses troupes et le grand nombre de ses traînards pour remettre le départ à midi. Précisément à cette heure de midi, le IVᵉ, puis le XIIᵉ corps allemands débouchent en colonnes de division des lisières nord des bois de Dieulet : la 23ᵉ division par la grande route de Stenay, la 24ᵉ par le chemin de Fontaine-le-Fresne, la 7ᵉ par le chemin de Belle-Tour, la 8ᵉ sur la Tuilerie. Cette dernière, la plus avancée, arrive jusqu'à la ferme de Petite-Forêt, à 700 ou 800 mètres de nos bivouacs les plus rap-

(*) En dépit de son nom, ce bourg est au fond d'un véritable entonnoir; les bords de celui-ci sont marqués par un cercle de hauteurs très rapprochées ne présentant qu'une seule et très étroite échancrure à l'est, à Létanne même.

prochés, sans avoir été signalée. Le commandant de cette division n'a pas le gros de son infanterie sous la main, mais il est impatient de se donner le bénéfice et le mérite de la surprise ; sans plus attendre, l'artillerie de son avant-garde ouvre immédiatement le feu sur nos campements surpris. La première panique passée, l'infanterie française fait bonne contenance, tandis que l'artillerie cherche à atteler ses pièces. Deux régiments (11° et 86°) attaquent résolument et à courte portée les batteries et les têtes de colonnes ennemies et leur infligent des pertes cruelles. D'autre part, le gros de la 8° division et les colonnes voisines ne peuvent déboucher des bois marécageux et impraticables du Dieulet qu'avec une extrême lenteur. Le général de Failly a ainsi la faculté de rallier le gros du 5° corps sur les hauteurs au nord de Beaumont. Ce n'est qu'à 2 heures que les Allemands enlèvent les camps et pénètrent dans le bourg.

La ligne française tient l'intervalle compris entre la Meuse et l'Yoncq, à hauteur de la Harnoterie et du bois de Fays. Du côté allemand, les Saxons et le Ier bavarois sont entrés en ligne à droite et à gauche du IV° prussien ; 150 pièces préparent l'attaque de la position française, tandis que les Bavarois remontent sur la Thibaudine pour envelopper notre droite. A ce moment, les Bavarois sont eux-mêmes pris en flanc par la division Conseil-Dumesnil, qui, venant de Stonne, cherche à gagner Mouzon par la vallée de l'Yoncq. Egalement surpris, les deux adversaires engagent à la lisière des bois et à Warniforêt un combat particulier qui les entraîne à l'ouest et qui se termine par la retraite de la division française, partie sur Yoncq et Villers, partie sur Raucourt. Le gros du corps bavarois s'arrête à la Besace et ne revient plus sur le champ de bataille.

Il est près de 4 heures quand le prince de Saxe, renonçant à la coopération des Bavarois, fait reprendre la marche offensive au nord de Beaumont. Déjà ébranlés par une longue canonnade et chassés de la Harnoterie, les Français sont en outre menacés sur leur flanc gauche par les Saxons qui débouchent de Létanne. Le général de Failly ordonne la retraite sur Villemontry et le mont de Brune. Le commandant de la IV° armée espère cependant nous couper de Mouzon, mais la vigoureuse défense des arrière-gardes françaises dans le bois de Givodeau d'abord, puis à Villemontry et à la ferme Givodeau, l'oblige à ralentir la marche de sa droite. De plus, le 12° corps français, posté sur l'autre rive de la Meuse, amène son artillerie et une division d'infanterie à hauteur de l'assaillant : de cette position inabordable, il immobilise la droite allemande. Enfin, le général Lebrun avait fait franchir la Meuse à Mouzon à deux régiments de cuirassiers et à la division Grandchamp; mais le maréchal de Mac-Mahon rappelle aussitôt cette dernière sur la rive droite.

En définitive, les Allemands poursuivent la marche offensive avec leur gauche. Ils abordent de front et à revers le mont de Brune assez mal défendu, nous l'enlèvent, et, de là, dirigent le feu de 60 pièces sur le faubourg et les ponts de Mouzon. Les troupes du 5ᵉ corps français se précipitent dans le plus grand désordre vers la Meuse, que certaines traversent à la nage. C'est alors que, dans l'espoir de retarder les progrès de l'infanterie prussienne, le 5ᵉ cuirassiers (colonel de Contenson) exécute sur quelques compagnies de tirailleurs une charge aussi inutile que malheureuse : le régiment vient se briser sur le front même de la ligne prussienne, qui l'accueille à très courte distance par des feux à volonté, sans même se donner la peine de modifier sa formation en tirailleurs.

Le faubourg de Mouzon est attaqué à la fois par le nord, l'ouest et le sud; à 7 heures et demie, les Allemands sont maîtres du pont, tandis que sur la rive opposée nous nous maintenons dans la ville. La nuit mettait, dans ces conditions, fin à la bataille.

Forces engagées. — Français : 30,000 hommes, 84 canons; Allemands : 70,000 hommes, 180 canons.

Pertes. — Français : 1,800 tués ou blessés, 3,000 prisonniers, 42 canons et tout le campement; Allemands : 900 tués, 2,700 blessés.

Le 7° corps, placé à la droite du 5°, n'avait pas jugé à propos d'accourir au canon, ni même de dégager sa propre colonne de droite, division Conseil-Dumesnil. Serré de près par la III° armée, le général Douay précipite sa marche, afin de regagner le temps perdu si mal à propos la veille. Mais, au lieu d'atteindre avec le gros de son corps, colonne de gauche, le pont de Villers que lui a assigné le maréchal, il se jette par Raucourt sur Remilly et s'y trouve arrêté, à la nuit tombante, par l'encombrement du 1er corps et de la cavalerie Bonnemains. Une seule de ses divisions parvient à passer avant le jour; avec celle qui lui reste, Douay descend la rive gauche et entre au petit jour dans Sedan, où le rejoignent durant la journée du 31 une partie de ses nombreux trainards. Ce 7e corps, bien délabré sans presque avoir combattu, est ainsi hors des atteintes immédiates de l'ennemi, mais il se trouve séparé du gros de l'armée française, arrivé à ce moment entre Mouzon et Carignan.

Sedan. — Dans la soirée du 30 août, le 1er corps gagne la ligne du Chiers à Carignan; la cavalerie Margueritte est à droite vers Margut; les 5e et 12e corps arrivent en seconde ligne à l'est de Mouzon. L'armée française, réduite à trois corps, est enfin sur la rive droite de la Meuse et à égale distance de Sedan et de Montmédy. Mais l'état-major français ne juge pas possible de continuer, dans les conditions où l'on se trouve, le mouvement vers l'est. Le maréchal se décide encore une fois à reculer vers Mézières, où commence à arriver le 13e corps (Vinoy). A 9 heures du soir, il ordonne le ralliement de toute l'armée sous Sedan [103].

La retraite, dirigée par Mairy-Douzy-Bazeilles, commence aussitôt par le 5e corps, lequel est suivi du 12e [104]; ces deux corps arrivent à destination dans la matinée du 31, mais dans un état déplorable qu'expliquent suffisamment les derniers combats suivis d'une nouvelle marche de nuit des plus pénibles. Le 1er corps, le plus solidement commandé, moins éprouvé et déjà posté à Carignan, protège jusqu'au soir du 31 le mouvement rétrograde des divers éléments plus ou moins attardés de l'armée, puis il recule à son tour par les chemins de la rive droite du Chiers, tout en escarmouchant avec les avant-gardes de la IVe armée allemande. Le 12e et le 1er corps prennent position face à l'est, derrière la Givonne, de Bazeilles à Givonne, l'aile droite du 12e corps repliée vers Balan; le 7e est posté face à l'ouest, derrière le ruisseau de Floing; le 5e est en réserve sur les glacis nord de la place; la cavalerie se porte sur le plateau de la Garenne, à l'intérieur du triangle. Le général de Wimpfen arrive de Paris et remplace dans le commandement du 5e corps le général de Failly, disgracié.

Le maréchal de Mac-Mahon a conscience du délabrement de son armée, mais non de la grandeur et de l'imminence du danger. Il pense n'avoir pas à sa suite immédiate plus de 70,000 Allemands, peut-être 100,000. Au lieu de filer à marches forcées, il veut donc laisser un jour de repos à ses troupes, se ravitailler à Sedan et manœuvrer le 2 septembre d'après les événements, soit vers Mézières, soit vers Montmédy. Aucun ordre n'est donné pour la journée du 1er septembre; on ne se préoccupe sérieusement ni de détruire les ponts de la Meuse et du Chiers [105], ni de reconnaître la direction de Mézières [106].

Revenons aux Allemands. La IVe armée a bivouaqué la nuit du 30-31 août sur le champ de bataille de Beaumont; la IIIe a maintenant tous ses corps à hauteur de la IVe, sauf que les Wurtembergeois et le VIe corps sont en échelons sur le flanc gauche à Vendresse et Attigny. Dans la nuit, ordre est transmis de reprendre dès le matin la marche offensive au nord, la IVe armée sur la rive droite, la IIIe sur la rive gauche [107].

Le gros de la IVe armée franchit la Meuse à Pouilly, Létanne et Mouzon. Le 31 au soir, la garde, aile marchante, est sur la rive droite du Chiers, de Carignan à Pouru; le XIIe corps est entre le Chiers et la Meuse, son gros à Mairy; le IVe corps descend la rivière par les deux rives. La droite de la IIIe armée (Bavarois) atteint Aillicourt, s'empare du pont du chemin de fer, occupe un instant Bazeilles, dont la chasse la brigade Martin des Pallières, et finit par jeter deux ponts de campagne à hauteur d'Aillicourt; la gauche (XIe et Ve corps) s'étend au delà de Dom-le-Mesnil, commence à franchir la Meuse sur le pont laissé intact de Donchery, construit deux ponts de bateaux en aval et à côté de celui-ci, un troisième à Dom-le-Mesnil, et fait sauter le pont du chemin de fer au nord de Fresnois.

L'état-major allemand se propose d'acculer Mac-Mahon à la Belgique en le débordant à la fois à l'est avec la IVe armée, à l'ouest avec la IIIe armée, tout en le contenant au sud avec l'aile droite de la IIIe armée (Bavarois). Le prince de Saxe doit donc barrer l'intervalle entre la Meuse et la Belgique et exécuter sur la Givonne le mouvement sur la gauche en bataille; le prince de Prusse nous interdira les routes de Mézières et fera sur la droite en bataille au delà du dangereux défilé de Saint-Albert. Notre attitude résignée et passive va permettre aux Allemands de poursuivre cette manœuvre jusqu'à complet achèvement et de se donner la main sur nos derrières, entre la frontière belge et nous.

Craignant une retraite précipitée de Mac-Mahon vers Mézières, les Allemands marchent une partie de la nuit ou prennent les armes avant le jour [106]. Le Ier bavarois franchit la Meuse, pénètre dans Bazeilles dès 4 heures du matin et engage la bataille; les Saxons marchent de Douzy vers la Moncelle; la garde se dirige par Francheval et Villers-Cernay sur Daigny et Givonne. A l'aile opposée, les XIe et Ve corps, puis les Wurtembergeois, passent la Meuse à Donchery et Dom et se déploient à 7 heures du matin parallèlement à la route de Mézières, de Montimont à Vivier-au-Court par Vrigne-aux-Bois; aucune troupe française n'apparaissant de ce côté, les XIe et Ve corps se rabattent à droite et s'engagent l'un derrière l'autre dans l'étroit défilé de Saint-Menges, que nous avons négligé d'occuper.

Pour les Allemands la bataille n'est plus que l'achèvement des mouvements ébauchés la veille et dès le matin du 1er septembre; la lutte va s'engager au centre et s'étendre graduellement vers le nord, des deux côtés est et ouest. A Bazeilles, le Ier bavarois tout entier s'est approché du village à la faveur du brouillard et a pénétré dans la partie sud que nous n'occupons pas; mais il paralyse ainsi l'action de son artillerie et se trouve arrêté à bout portant par l'infanterie de marine. Des renforts lui arrivent : à gauche, sur Balan, une division du IIe bavarois; à droite, la tête du IVe corps. A 6 heures, les Saxons apparaissent devant la Moncelle.

Vers 6 heures, le maréchal de Mac-Mahon est blessé : il désigne pour le remplacer le général Ducrot et rentre à Sedan, où le suit son état-major, lequel va rester ainsi inactif toute la journée, au lieu de se tenir à la disposition du chef de l'armée. Le nouveau général en chef est prévenu à 7 heures et demie seulement; justement inquiet du grand mouvement de conversion qu'exécute en face de lui la IVe armée, mais ignorant celui qu'opère la IIIe armée vers la Falizette, Ducrot prescrit aussitôt la retraite sur Mézières. Le mouvement commencera par la seconde ligne et s'effectuera dans chaque ligne par échelons de division en partant de la droite. Pour se dégager du combat, le 12e corps prend vigoureusement l'offensive à Bazeilles et la Moncelle, tandis qu'à sa gauche le 1er corps fait de même à Daigny et reprend même du terrain au delà de la Givonne. Les troupes de la droite commencent alors à remonter le plateau de la Garenne et d'Illy quand survient un contre-ordre.

En vertu d'une décision ministérielle qu'il a tenue secrète jusqu'alors, le général de Wimpfen réclame et prend le commandement vers 9 heures du matin. Ducrot voulait percer au plus vite vers l'ouest : Wimpfen prétend d'abord vaincre, puis reprendre la marche vers Montmédy, c'est-à-dire à l'est. Il arrête en conséquence le mouvement commencé et prescrit de réoccuper les positions déjà évacuées. Le combat reprend plus acharné dans Bazeilles et à Balan, ainsi que sur toute la ligne de la Givonne où arrivent les têtes de colonnes de la garde prussienne. A ce moment même, le XIe, puis le Ve corps, commencent à déboucher du difficile passage de Saint-Menges sur le Floing. Le temps s'est éclairci, et, aussi bien à l'est qu'à l'ouest, les corps allemands en marche se font précéder de leur puissante artillerie. A 10 heures, Bazeilles, la Moncelle, Daigny et Givonne sont aux mains de l'ennemi et tandis que toutes les batteries allemandes disponibles dirigent sur le plateau leurs feux concentriques, l'infanterie reste abritée dans les ravins, prête à escalader les crêtes.

Devant notre gauche, l'artillerie réunie des XIe et V^e corps foudroie le 7e français, tandis que l'infanterie nous chasse de Floing et se glisse sur notre flanc droit entre la Meuse et Cazal. Pour arrêter l'offensive du XIe prussien, la cavalerie des divisions Margueritte et Bonnemains charge à outrance et jusqu'à complet épuisement, mais sans obtenir le résultat désiré ; l'infanterie ennemie, non ébranlée précédemment, ne se laisse pas rompre ; Margueritte est tué.

Plus au nord, Illy est menacé par le Ve corps descendant de

Fleigneux, et par la garde qui remonte la Givonne. Dès midi, des fractions de cavalerie des deux armées allemandes se sont rencontrées à Olly.

A ce moment, les tronçons de la ligne brisée que formait l'armée française sont violemment rejetés dos à dos sur Sedan et dans le bois de la Garenne. En ce dernier point, l'encombrement déjà inévitable est encore aggravé par les allées et venues et les croisements des troupes que Wimpfen envoie tour à tour de la droite à la gauche et inversement, suivant son inspiration du moment. 426 pièces ennemies, sur 540 qui sont en action, fouillent en tous sens le bois et le plateau.

Vers 2 heures, la garde et le V⁰ corps se donnent la main au calvaire d'Illy; le cercle est complètement fermé. Ces deux corps, auxquels se joint le XI⁰, attaquent alors le bois de la Garenne par l'est, le nord et l'ouest et s'en emparent sans grand effort, tout en ramassant des milliers de prisonniers. Sous cette pression concentrique, le reste de l'armée s'est engouffré dans Sedan, que bombarde maintenant l'artillerie. Quelques troupes des 12⁰ et 5⁰ corps tiennent encore dans Balan; le général Wimpfen se porte de ce côté, rassemble 5 à 6,000 officiers ou soldats et tente désespérément de percer vers Carignan. Ses efforts réitérés restent infructueux.

A 4 heures, l'empereur, rentré à Sedan depuis plusieurs heures, a fait hisser le drapeau blanc sur la citadelle; il écrit au roi de Prusse pour se déclarer personnellement prisonnier [109] et envoie à Wimpfen l'ordre de traiter avec l'ennemi. Le feu cesse vers 5 heures.

Le général en chef français veut alors se récuser : il envoie sa démission à l'Empereur. Mais aucun des commandants de corps ne voulant plus du commandement, Napoléon III maintient ses ordres. Dans la soirée, Wimpfen se rend au quartier général ennemi et engage les négociations avec de Moltke et Bismarck. La capitulation de l'armée et de la place est signée le lendemain matin : toute l'armée est prisonnière de guerre et sera conduite en Allemagne [110].

Forces engagées ou disponibles. — Français : 125,000 hommes,

420 canons ; Allemands : 250.000 hommes, 820 canons (dont 600 ont tiré 33,000 coups).

Pertes. — Français : 3,000 tués, 14,000 blessés, 104,000 prisonniers, tout le matériel de l'armée et de la place de Sedan (entre autres choses 9 drapeaux, 419 pièces de campagne, 139 pièces de place, 66,000 fusils, etc.); Allemands : 2,300 tués, 6,000 blessés.

Dans les journées des 2 et 3 septembre, les Français désarmés sont conduits et entassés dans la presqu'île d'Iges. En attendant leur évacuation graduelle sur les prisons de l'Allemagne, opération qui ne se termine que le 10 septembre, nos pauvres soldats restent parqués sous des pluies torrentielles et dans la boue, sans vivres, sans abris, en proie à ces mille souffrances physiques et morales qui ont valu à cet endroit maudit le nom trop mérité de : « Camp de la misère ».

De Sedan sous Paris.

Français. — Dans les derniers jours d'août, le général Palikao envoie à Mac-Mahon un corps de renfort, le 13e, aux ordres du général Vinoy. Le 1er septembre, ce 13e corps est partagé entre : Mézières, état-major et division Blanchard ; Reims, division d'Exéa ; Laon, division Maud'huy. La veille, 31 août, la fraction de Mézières s'est mise en communication avec le maréchal et a fait sauter le pont de Flize ; mais, à part quelques escarmouches avec les Wurtembergeois, elle n'a pris aucune part à la bataille de Sedan.

Dès la nouvelle du désastre, dans la nuit du 1er-2 septembre, le général Vinoy décampe de Mézières et se dirige sur Rethel, tandis que la division d'Exéa recule de Reims vers Soissons. Chemin faisant, Vinoy apprend que Rethel est déjà occupée par les Allemands ; bientôt lui-même se trouve aux prises avec la cavalerie et le VIe corps ennemi. Il se rabat alors de Saulce vers Chaumont-Porcien et Seraincourt, se dérobe par une marche forcée sur Montcornet, réussit à faire abandonner sa piste à l'ennemi et arrive heureusement à Laon.

De Laon et de Soissons, les divisions du 13e corps, grossies de quelques milliers d'évadés de Sedan, sont embarquées en chemin de fer à destination de Paris. Ainsi se termine cette retraite rapidement et habilement menée, mais que le choix plus heureux d'une toute autre direction, celle de Hirson et Guise par exemple, aurait singulièrement facilitée en la rendant moins dangereuse.

Allemands. — Après Sedan, les Allemands estiment que la guerre est virtuellement terminée[111] ; ils ont hâte d'aller chercher la paix à Paris. La marche sur la capitale, déviée depuis le 25 août, est donc reprise le lendemain de la reddition de l'armée impériale, cette fois avec toute l'aisance justifiée par la certitude de ne plus rencontrer aucune force organisée tenant la campagne. Le XIe corps et le Ier Bavarois restent quelques jours en arrière : ils sont chargés de la garde des prisonniers et de leur transfert à Pont-à-Mousson et Etain aux troupes de Frédéric-Charles.

Les IVe et IIIe armées ont dégagé dès le 3 septembre les abords de Sedan : elles se trouvent sur la ligne Signy-l'Abbaye-Poix-le-Chesne (IIIe armée), Beaumont-Mouzon-Carignan (IVe armée). Par suite des manœuvres de la bataille, elles se trouvent inversées : ordre leur est donné de se replacer sur leurs lignes d'étapes respectives, la IIIe armée devant comme précédemment tenir la gauche et la IVe la droite dans la marche vers Paris. Le prince royal de Prusse commence donc le mouvement et débarrasse au plus court les routes de l'ouest en se portant au sud sur Rethel-Attigny, puis de là sur Epernay. Derrière lui, le prince royal de Saxe reprend peu à peu sa place normale. Bientôt le front de marche, relativement très étendu, est marqué par la ligne Laon-Fismes-Dormans-Sézanne. Enfin, le 15 septembre, quand l'état-major doit songer à prendre de nouveau quelques précautions à l'approche de Paris, les masses allemandes précédées de leur cavalerie forment trois gros échelons, la gauche en avant : IIIe armée, de Meaux à Rosoy ; IVe armée, de Villers-Cotterets à Château-Thierry ; XIe corps et Ier Bavarois, à Reims et Epernay, à trois marches en arrière.

De Château-Thierry, des instructions générales sont données pour l'investissement de la capitale de la France. Les deux armées doivent se prolonger devant Paris, l'une, la IVe, à l'est et au nord, depuis la rive droite de la Marne en amont jusqu'à la rive droite de la Seine en aval ; l'autre, la IIIe, depuis la rive gauche de la Marne jusque vers Saint-Germain en aval en passant par Villeneuve-Saint-Georges et Versailles. La cavalerie précède ces deux longues colonnes sur Pontoise, rive droite, sur Versailles et Chevreuse, rive gauche. La cavalerie beaucoup plus nombreuse de la IVe armée franchit la Seine à Triel et Poissy et revient vers Saint-Germain et Neauphle au-devant de celle de la IIIe armée. Le 17 septembre, les corps allemands arrivent sous Paris. La 4e division de cavalerie est lancée au sud sur les routes d'Orléans. Quand arrive le dernier échelon, le Ier bavarois va appuyer la 4e division de cavalerie ; la division wurtembergeoise et le XIe corps, ce dernier provisoirement, prennent place entre la Seine et la Marne.

SUJETS DE RÉFLEXION

Français. — Manque d'indépendance du haut commandement. — Questions politiques primant les questions militaires en face de l'ennemi. — Fausse situation et embarras créés par la présence de l'empereur et du prince impérial, par l'ingérence du ministre. — Indécision constante dans les plans, projets, marches et mouvements quelconques : abus énervant des contre-ordres. — Insuffisance manifeste des services administratifs, première cause des lenteurs du mouvement[112]. — Procédés d'alimentation routiniers. — Résultat des indiscrétions de la presse française. — Mauvais emploi de la cavalerie d'exploration ; reconnaissances insuffisantes et négligées. — Inconsistance des éléments de l'armée : fâcheux état moral et physique s'aggravant par les fautes de chaque jour, par les privations et le mauvais temps. — Influence du commandement : le 1er corps, jusque-là le plus éprouvé au feu et par la défaite, reste le plus solide. — Désarroi non justifié du 7e corps : désordres incessants, fausses alertes, non-exécution des ordres du maréchal, excessives lenteurs, manque d'esprit de solidarité à Beaumont, véritable fuite sur Sedan, manque de vigilance le 31 sur la route de Mézières par

Vrigne. — Mesures de sûreté négligées : honteuse surprise de Beaumont.

Incohérences sous Sedan : imprévoyance et somnolence des états-majors ; absence complète d'un plan quelconque ou d'une idée arrêtée. — Ignorance de la vraie situation et cependant absence de reconnaissances. — Nécessité d'une direction unique : contradictions navrantes dans la conduite des trois généraux en chef successifs ; manque d'abnégation et désastreuse présomption de Wimpfen. — Singularité des positions françaises ; non emploi des propriétés tactiques locales. — Inutilité manifeste du sacrifice de la cavalerie Margueritte. — Etrangeté, rareté et grandeur d'un tel événement final.

Allemands. — Dans la marche face à l'ouest, précautions en prévision d'une bataille éventuelle immédiate : avantages du dispositif adopté (en équerre). — Rapidité de décision le 26 août : habileté du changement de direction face au nord. — Coordination, appropriée aux circonstances, des dispositions respectives des IIe, IIIe et IVe armées durant la période critique. — Remarquable emploi de la cavalerie d'exploration. — Resserrement graduel des fronts de marche. — Circonspection raisonnée des têtes de colonnes jusqu'à Beaumont. — Développement régulier et peu troublé de la manœuvre allemande : enveloppement tactique succédant sans à-coups à l'enveloppement stratégique. — Rôle des trois armes à Sedan : prépondérant pour l'artillerie, insignifiant pour la cavalerie, restreint pour l'infanterie, sauf à Bazeilles ; régularité du double mouvement enveloppant.

III

ARMÉE DE LA LOIRE⁽¹¹³⁾

(Voir VII : Siège de Paris; Situation générale.)

Situation, projets et préliminaires. — Le 12 septembre, une délégation du gouvernement de la Défense nationale s'installait à Tours. Elle avait pour mission d'organiser la guerre en province, d'y former des armées destinées à forcer le blocus de la capitale et de gouverner les départements. Au début, elle se composait de MM. Crémieux, Glais-Bizoin et de l'amiral Fourichon, ce dernier en même temps ministre de la guerre et de la marine et secondé à la guerre par un délégué, le général Lefort. Moins d'un mois plus tard, l'amiral quitte le portefeuille de la guerre, et presque aussitôt, le 10 octobre, la délégation est complétée par l'arrivée de M. Gambetta. D'abord chargé de l'intérieur et de la guerre, ce dernier venu, incomparablement plus ardent et surtout plus actif que ses collègues, ne tarde pas à absorber en fait tous les pouvoirs et va exercer pendant près de quatre mois une véritable dictature politique et militaire. Se réservant principalement pour les affaires touchant à la politique, Gambetta s'adjoint comme délégué à la guerre un ingénieur des mines, M. de Freycinet, à qui il laisse bientôt la plus grande latitude et presque toute l'autorité dans les choses militaires⁽¹¹⁴⁾.

La tâche militaire du gouvernement de province était ardue. La situation peut se résumer en ceci : comme matériel, tout était à créer; comme personnel, tout était à former. Des lois ou décrets successifs avaient appelé sous les drapeaux : la garde mobile, le contingent de la classe 1869, la totalité de la classe 1870 sans formalité de tirage au sort, puis les célibataires ou veufs sans enfants n'appartenant pas à la garde mobile et âgés de 25 à 35 ans.

Plus tard, le 2 novembre, un décret de la délégation mobilise tous les hommes de 20 à 40 ans, mariés ou non, avec ou sans enfants : ce sont les mobilisés.

C'étaient beaucoup d'*hommes* : il fallait essayer d'en faire des *soldats;* il fallait les organiser, les équiper, les armer, les dégrossir quelque peu, puis les conduire au feu [115].

Les diverses autorités quelconques reçoivent l'ordre de s'occuper exclusivement des affaires militaires et de seconder partout l'administration de la guerre ; c'est ainsi, par exemple, que la première organisation, l'équipement et l'armement des mobilisés incombent au ministère de l'intérieur, et que les achats d'armes et fournitures à faire à l'étranger sont attribués au ministère des travaux publics.

Dès son arrivée à Tours, la délégation essaie de former derrière la Loire un 15e corps recruté avec les éléments territoriaux, avec des dépôts, des mobiles et les dernières troupes d'Afrique. Au commencement d'octobre, ce 15e corps, aux ordres du vieux général de la Motterouge (tiré du cadre de réserve), comptait 60,000 hommes et 100 bouches à feu groupés autour de Bourges, Vierzon et Nevers avec postes avancés au nord de la Loire et à Orléans. Il comprenait : les trois divisions d'infanterie à deux brigades Martin des Pallières, Martineau et Peytavin ; la belle division de cavalerie Reyau venue de Paris ; une réserve d'artillerie et les services spéciaux : ce sera là, à peu de chose près, la composition de tous les corps de nouvelle formation (sauf les 22e et 23e). La division d'infanterie a trois batteries d'artillerie ; chaque brigade d'infanterie comprend un régiment de marche formé avec des dépôts de la ligne, un régiment de mobiles et souvent un bataillon de chasseurs, soit six ou sept bataillons. La force des divisions de cavalerie est très variable.

Mis en éveil par le bruit qui se fait autour de la nouvelle « armée de la Loire », les Allemands détachent du blocus de Paris une forte colonne comprenant le Ier corps bavarois (von der Thann), la 22e division d'infanterie (von Wittich) et les 2e et 4e divisions de cavalerie, le tout aux ordres du général von der Thann. Le général bavarois se concentre le 6 octobre vers Arpajon, puis s'avance par Etampes sur la grande route d'Orléans. Au même moment, la délégation de Tours prescrit au général de la Motte-rouge de couvrir Orléans avec le 15e corps ; déjà, le 5 octobre, la cavalerie Reyau a escarmouché à Toury avec les coureurs enne-mis.

Artenay-Orléans. — Le général français se montre très hési-tant et surtout très lent ; de plus, les mouvements se font sans ordre, de telle sorte qu'à la date du 10 octobre, nous n'avons encore à Orléans et en avant que 15 à 20,000 hommes et environ 50 canons. Ce jour-là, von der Thann, s'avançant en trois colonnes parallèles, les ailes en avant, attaque nos corps de tête à Artenay, et les refoule successivement sur Chevilly, Cercottes et Saran, sans guère ralentir sa marche offensive. La Motterouge est déconcerté par la manœuvre enveloppante des Allemands : il ordonne la retraite sur la rive gauche de la Loire, mais il oublie dans la forêt d'Orléans la brigade Maurandy, et dans les faubourgs nord de la ville sa propre arrière-garde, légion étrangère ; celle-ci est presque anéantie dans les combats du 11, livrés autour de la gare et dans le faubourg Bannier. Le soir du 11 octobre, les Bavarois entrent à Orléans évacué par nous, tandis que le 15e corps débandé essaie de se rallier à la Ferté-Saint-Aubin.

Pertes des 10 et 11 octobre. — Français : 2,000 tués ou blessés, 1,500 prisonniers ; Allemands : 1,000 tués ou blessés.

Le jour même, Gambetta, qui entrait en fonctions, destituait de la Motterouge et le remplaçait par un autre général également tiré du cadre de réserve, d'Aurelle de Paladines, à ce moment occupé à organiser un 16e corps à Blois.

Le camp de Salbris. — Le général d'Aurelle prend son com-mandement le 12 à la Ferté-Saint-Aubin. Aussi défiant des troupes improvisées que l'était son prédécesseur, il ramène aussitôt le 15e corps à 60 kilomètres au sud d'Orléans, au camp de Salbris-sur-Sauldre, où il projette non seulement de réorganiser, mais encore d'instruire ses troupes. Le général Pourcet opère de même à Blois et Vendôme avec le 16e corps, qui, bientôt complet, com-prend les trois divisions d'infanterie Maurandy, Barry, Chanzy et la division de cavalerie Ressayre. Les deux corps sont placés sous le commandement supérieur du général d'Aurelle, en vue d'opérations ultérieures que projette la délégation.

Heureusement pour notre nouvelle armée, les Allemands ne poursuivent pas leur offensive : ils avaient d'abord eu l'intention de pousser jusqu'au grand arsenal de Bourges, mais le général von der Thann estime que cette pointe serait trop risquée. Il obtient de s'arrêter à Orléans ; le Ier corps bavarois suffisant à ce rôle d'observation, on lui retire la 22e division d'infanterie et la 4e de cavalerie, qui, sous le commandement du général de Wittich, se rapprochent de Paris pour couvrir le blocus dans la direction ouest. En passant, Wittich saccage Châteaudun (18 octobre), que défendaient les francs-tireurs Lipowski ; il va ensuite prendre position à Chartres.

Cependant, ce qui se passait derrière la forêt de Marchenoir inquiétait les troupes allemandes d'Orléans. Le général von der Thann lançait dans cette direction des petites reconnaissances qui en venaient aux mains avec les avant-postes du 16e corps, notamment à Binas. La délégation de Tours, pensant que les Allemands menacent le siège du gouvernement, décide la reprise de l'offensive. Dans un grand conseil de guerre tenu à Tours même le 25 octobre, le général d'Aurelle accepte le plan qui lui est soumis, plan défectueux, parce qu'il implique la division des forces et des attaques multiples ; en effet, si notre très grande supériorité numérique semble atténuer les défauts de ce projet, il faut tenir compte que nos troupes improvisées sont loin d'avoir la valeur militaire et les aptitudes manœuvrières de celles de von der Thann, des combattants de Bazeilles.

Coulmiers. — Il s'agit de débusquer d'Orléans le corps bavarois et même de couper ce dernier des routes de Paris. Pour cela, on veut opérer sur la rive droite à la fois par l'ouest et par l'est, tandis qu'une forte démonstration sera faite au sud. Le gros du 15e corps sera transporté en chemin de fer, de Salbris ou plus exactement de Vierzon à Blois par Tours ; les 15e et 16e corps ainsi réunis se porteront successivement du front Blois-Vendôme sur ceux Mer-Marchenoir, Beaugency-Ouzouer, la Chapelle-les-Barres, la cavalerie vers Patay-Artenay. La division Maurandy (du 16e corps) et les volontaires Cathelineau feront les démonstrations vers la Ferté-Saint-Aubin et Olivet.

Enfin, la très forte division Martin des Pallières (du 15e corps), avec 30,000 hommes et 50 canons, se portera d'Argent sur Sully et Châteauneuf et débouchera des lisières occidentales de la forêt d'Orléans en même temps que d'Aurelle arrivera par l'ouest. L'attaque générale d'Orléans est fixée au 31 octobre : elle sera exécutée par 100,000 hommes et au moins 200 canons.

Pour réussir, il fallait, comme dans toutes les opérations de cette nature, ordre, rapidité et secret. Dès les premiers mouvements, le chaos se révèle. Le transport du 15e corps par voie ferrée est tellement mal préparé et mal conduit que l'artillerie, par exemple, a besoin à son arrivée à Blois d'un délai de cinq jours pour retrouver son matériel disloqué et ses munitions mélangées et éparpillées un peu partout ; or, il lui aurait fallu au maximum trois jours pour venir par les routes ordinaires de Salbris à Blois. La cavalerie ne peut débarquer ses chevaux faute de ponts volants. D'autre part, une partie de l'infanterie arrive péniblement à pied par des chemins défoncés et sous une pluie persistante. De plus, le mouvement lui-même, sa lenteur et ses désordres, ont vite été connus de la garnison allemande d'Orléans.

Le général d'Aurelle compte peu sur un succès : il a vaguement entendu parler d'un armistice qui se négocierait en ce moment même à Versailles [116]. Le 28 octobre, il demande à ajourner l'opération en cours ; après une très vive discussion, la délégation finit par céder.

Ordre est envoyé à des Pallières, déjà à Sully, de revenir à Argent ; quant à d'Aurelle, il établit ses quatre divisions sur la ligne Beaugency-Marchenoir-Morée, en arrière de la forêt, avec avant-postes aux débouchés Est et une brigade de cavalerie en avant, à Ouzouer. En même temps, le général en revient à ses préoccupations favorites d'ordre intérieur, préoccupations malheureusement trop exclusives et souvent aussi fâcheuses que puériles en un semblable moment. Ainsi, sous prétexte d'uniformiser la discipline, il fait le 29 octobre un mélange assez inopportun des troupes des deux corps, puis, le 3 novembre, il remet les choses en l'état primitif.

Du reste, la situation morale est difficile dans cette armée : il n'y a pas harmonie de vues et d'idées entre le général et le gouvernement. Les ministres et le chef d'état-major lui-même, général Borel, sont exubérants d'ardeur et d'audace; d'Aurelle au contraire est très timoré; tout en se montrant très susceptible, il fuit les responsabilités du haut commandement [118]; il n'a foi ni dans son armée, ni dans l'avenir, et ne cherche qu'à temporiser. Les généraux subordonnés eux-mêmes ne sont pas d'accord touchant les moyens de répression que le commandant supérieur veut extrêmement rigoureux. Puis arrive la nouvelle de la capitulation de Metz, occasion d'une malheureuse proclamation de la délégation qui ne fait qu'accroître le malaise et la défiance réciproques [119].

Le 2 novembre, le général Pourcet est brusquement remplacé par le général Chanzy dans le commandement du 16e corps. Trois jours plus tard, le gouvernement impose la reprise immédiate de l'offensive dans l'espoir, maintenant beaucoup moins fondé, d'obtenir un résultat avant l'arrivée de l'armée de Frédéric-Charles devenue disponible. L'ensemble du projet est resté le même : la jonction avec des Pallières et, s'il y a lieu, la bataille sous Orléans sont convenues pour le 11 novembre.

Les mouvements préliminaires commencent le 7. Le 16e corps remporte ce jour-là à Vallières un petit succès de bon augure sur une forte reconnaissance allemande.

Le 8, toute l'armée se porte en avant, le 15e corps à droite, le 16e corps à gauche, la cavalerie à l'extrême gauche; sans avoir eu à s'engager, elle s'arrête le soir sur le front Messas-Ouzouer-Prénouvellon, en face des Allemands, qu'on pensait ne rencontrer en force que deux jours plus tard.

Ainsi placé dans l'obligation d'agir sans la coopération de ses corps détachés et d'aborder l'ennemi sur des positions que ce dernier a soigneusement organisées, le général français se propose en substance de contenir la gauche de von der Thann et d'en tourner la droite de façon à atteindre avant ce dernier les routes de Paris. Des ordres sont donnés en conséquence pour le lendemain

9 novembre. Le 16ᵉ corps doit esquisser et ensuite appuyer le mouvement enveloppant; celui-ci incombe plus spécialement au général Reyau, qui dispose à cet effet de dix régiments de cavalerie, des francs-tireurs Lipowski et d'une nombreuse artillerie avec lesquels il doit manœuvrer sur Sainte-Péravy.

Du côté allemand, on est sur ses gardes. Les premières hésitations, puis les lenteurs des Français, ont permis à von der Thann de se rendre compte de la nature et de l'imminence du danger qui le menace. N'espérant pas se maintenir à Orléans contre des forces quadruples et voulant en tout cas échapper à l'enveloppement qui se dessine, le général bavarois évacue la ville le 8 novembre et se porte vers l'ouest à la rencontre de d'Aurelle. Il augmente ainsi le trajet de des Pallières et diminue d'autant celui de d'Aurelle, de telle sorte que la bataille prévue par les Français pour le 11 a lieu le 9, et que l'aile droite française (des Pallières) n'y peut prendre part. De plus, von der Thann se rapproche ainsi des troupes allemandes qui occupent Chartres et qui en cas de besoin peuvent le rejoindre le 10.

Malgré tout, les Allemands n'ayant pas l'initiative des mouvements, n'ont qu'une connaissance très imparfaite de nos manœuvres et de nos intentions; depuis plusieurs jours, ils ont installé de solides avant-postes sur le front Baccon-Sainte-Péravy et mis en état de défense les localités en arrière.

Von der Thann incline à croire que les Français vont agir sur sa gauche dans l'intention de le couper directement d'Orléans; il se propose en conséquence de tenir fortement derrière la Mauve et de rabattre sa droite par Cheminiers et Coulmiers dans notre flanc gauche. Le général bavarois dispose de ses quatre brigades d'infanterie, moins un régiment, et de quatre brigades de cavalerie, en tout 22,000 hommes et 130 canons. Le matin du 9, la cavalerie bat le front; le gros de l'infanterie est concentré en position d'attente à l'est de Coulmiers, aux abords de la grande route (ferme Descure).

Le 15ᵉ corps, aile droite française, engage l'action vers Baccon bien avant que le corps Chanzy soit en ligne. Von der Thann croit y voir la confirmation de ses prévisions; il envoie à sa gauche des renforts qu'il est obligé d'en rappeler ensuite quand il s'aperçoit que Chanzy se prolonge au nord.

Après une laborieuse préparation par l'artillerie, notre aile droite enlève successivement Baccon, la Renardière et Grand-Luz, mais la lenteur des progrès de notre centre oblige l'aile droite à suspendre son offensive. La division Barry, qui a pour objectif Coulmiers, a perdu un temps précieux en précautions très inopportunes et non justifiées, alors que déjà la division Jauréguiberry, placée à sa gauche, l'a dépassée. Elle tombe ensuite sous le feu très violent de l'artillerie ennemie et s'arrête. Le général d'Aurelle fait alors intervenir l'artillerie du 15e corps au Grand-Luz, où se trouve déjà la brigade Dariès. Battus de front et sur leurs deux flancs par les feux des pièces françaises, menacés d'un heurt à la baïonnette par l'infanterie Barry, les Bavarois nous cèdent Coulmiers vers 3 heures.

A gauche, les fausses manœuvres du général Reyau au nord de Cheminiers et Champs ont un instant compromis le flanc extérieur de la division Jauréguiberry. Ici encore on fait intervenir l'artillerie et nos affaires se rétablissent; l'amiral enlève les villages placés devant son front. A 5 heures, la bataille est gagnée.

Von der Thann ordonne la retraite sur Artenay. Elle s'effectue en échelons par la gauche et en assez bon ordre, grâce à l'inaction de notre cavalerie. Le général Reyau, en effet, n'est déjà plus sur le champ de bataille; il a commencé par engager un inutile et malencontreux combat d'artillerie dont ses escadrons ont beaucoup souffert; puis il a pris les francs-tireurs Lipowski opérant à son extrême gauche pour de nombreuses troupes ennemies venant de Châteaudun. Au lieu de pousser sur Saint-Péravy et au delà, pour barrer la route de Paris aux Bavarois en retraite, il a rétrogradé brusquement à l'ouest et regagné paisiblement ses cantonnements de la veille.

Notre victoire reste donc incomplète, et, comme conséquence des renseignements erronés transmis par le général Reyau, le général d'Aurelle se préoccupait, non pas de poursuivre le vaincu, mais de se défendre contre un retour offensif combiné avec une attaque possible dans son flanc gauche. Dans la matinée du lendemain seulement, les Français s'aperçoivent de la disparition de l'ennemi : il était trop tard. Von der Thann arrivait à Artenay ; le soir du même jour, il se renforçait à Toury des troupes du général Wittich.

Pendant ce temps, Martin des Pallières, entendant le canon, forçait en vain sa marche ; ses têtes de colonne seulement arrivaient avec beaucoup de peine à Chevilly, très tard dans la soirée du 9. Dès le lendemain 10 novembre, les troupes françaises laissées au sud d'Orléans réoccupaient cette dernière ville.

Forces engagées. — Français : 65,000 hommes, 150 canons ; Allemands : 22,000 hommes, 130 canons.

Pertes. — Français 1,500 tués ou blessés ; Allemands : 100 tués, 700 blessés, 1,000 prisonniers.

Le camp retranché d'Orléans. — En récompense de son succès de Coulmiers, le général d'Aurelle de Paladines est nommé commandant en chef de l'armée de la Loire ; il est remplacé au 15e corps par Martin des Pallières. Le général Reyau est remercié et réintégré dans le cadre de réserve.

Pour la première fois, nous avions pris l'offensive, et nous étions vainqueurs. Et néanmoins le général d'Aurelle, rentré à Orléans et victorieux, ayant la supériorité du nombre, ne se juge pas en état de pouvoir continuer une offensive heureuse. Il craint, en se rapprochant de Paris, de venir s'enfourner entre les trois armées du prince royal, de Frédéric-Charles et du grand-duc de Mecklembourg. Bien plus, il redoute tellement un retour offensif de l'ennemi qu'il veut évacuer Orléans et se reporter au plus vite à Salbris.

Heureusement la délégation intervient et finit par faire adopter un moyen terme. D'Aurelle vient établir l'armée autour d'Orléans, couvert à droite par la forêt, dont on organise les débouchés extérieurs et les communications, à gauche par des retranchements allant de Chevilly par Gidy et Ormes jusqu'à la Loire. Son projet est de s'organiser mûrement, posément, à l'intérieur d'un grand camp retranché pourvu de batteries fixes, elles-mêmes armées en partie par 120 canons de fort calibre empruntés à la marine. Au lieu de courir sur Paris avant l'entrée en ligne de Frédéric-

Charles, il préfère attendre passivement l'attaque de celui-ci. Ainsi se trouvent arrêtés non-seulement les 15e et 16e corps, mais encore les corps de création nouvelle : 17e (Durrieu, puis de Sonis), formé à Blois; 18e (Bourbaki), formé à Nevers par le colonel Billot; 20e (Crouzat), constitué dans l'Est et appelé à Gien. Ces trois derniers corps, à peu près complets vers le 20 novembre, devaient recevoir directement leurs instructions du ministre de la guerre, le général en chef ayant décliné la responsabilité d'un commandement plus étendu que celui des 15e et 16e corps.

Tandis que l'armée française s'immobilise ainsi et reste éparpillée sur un front immense, les vaincus de Coulmiers, las d'attendre notre attaque, se rapprochent de nous. Aussitôt après l'échec du 9, le grand état-major allemand renforce avec deux divisions de cavalerie et la 17e d'infanterie les troupes de von der Thann et Wittich ; il place cette « fraction d'armée » concentrée à Angerville sous les ordres du grand-duc de Mecklembourg. En même temps, ordre est envoyé à Frédéric-Charles d'accélérer sa marche en la dirigeant non plus au sud-ouest entre Saône et Loire, mais à l'ouest, sur Fontainebleau, « en suivant la direction générale de Troyes ».

Les Allemands s'attendaient à être poursuivis. Inquiet de ne rien voir, le grand-duc imagine que nous nous sommes portés à l'ouest vers Chartres et Dreux, afin de menacer Versailles plus sûrement et de plus près : il lance de ce côté sa nombreuse cavalerie. Celle-ci se heurte aux *bandes* du général Fiéreck, en train d'organiser un 21e corps ; des escarmouches nombreuses ont lieu dans toute la région entre Chartres, Châteaudun et Nogent-le-Rotrou. Finalement, les recrues de Fiéreck s'enfuient en désordre jusqu'au Mans ; le grand-duc arrive à Connerre, d'où il paraît vouloir menacer à la fois le Mans et Tours, quand, le 23 novembre, il est rappelé à l'est pour opérer sa jonction à hauteur de Toury avec Frédéric-Charles, qui arrive.

Sur ces entrefaites, la délégation, justement inquiète pour Tours, avait poussé en toute hâte sur Brou et Châteaudun le 17e corps commandé par le général de Sonis. Ce dernier livre le 25 novembre un combat insignifiant à Brou ; mais, à la suite de renseignement erronés, il ordonne une retraite précipitée, laquelle s'exécute la nuit dans un désordre inexprimable ; les quelques troupes qui ne sont pas égarées sont ralliées le 28 derrière la forêt de Marchenoir. De cette échauffourée du corps de Sonis résulte en outre pour le 16e corps une très vive alerte qui occasionne aux troupes un surcroît bien regrettable de fatigues et d'émotions dissolvantes.

Beaune, Loigny, Orléans. — Cependant, l'immobilisation de l'armée française à Orléans devait avoir un terme. Dès le 18 novembre, on signalait sur le Loing et l'Essonne les coureurs de l'armée de Frédéric-Charles. Le ministre, s'inspirant de l'urgence des circonstances, pressait le général d'agir ; celui-ci, habitué aux troupes régulières des belles années de l'Empire, ne voyait que les imperfections de son armée ; malgré la grande supériorité numérique de l'armée de la Loire (200,000 hommes et 400 canons), il refusait obstinément de prendre l'offensive.

Bref, le ministre finit par ordonner : le 23 novembre, il prescrit directement à l'aile droite, 18e et 20e corps, de se porter en avant entre Montargis et la lisière orientale de la forêt [120].

La délégation pensait ainsi donner sur la droite de la IIe armée allemande et rejeter celle-ci derrière le Loing avant sa jonction avec le grand-duc. L'offensive de l'aile droite serait suivie de la marche générale de l'armée sur Pithiviers et de là sur Fontainebleau, où l'on s'attendait à rencontrer les troupes de Ducrot. Les objections du général d'Aurelle font suspendre le mouvement. Quand celui-ci est repris, trois jours plus tard, la position des Allemands s'est modifiée à notre désavantage. Mais le général Crouzat n'en doit pas moins déboucher de la forêt à la tête des 18e et 20e corps et enlever Beaune-la-Rolande ; il sera soutenu à sa gauche, vers Chambon et Chilleurs, par Martin des Pallières, centre de l'armée, et éclairé du même côté par le corps franc Cathelineau envoyé à Courcelles.

A ce moment, la situation est tout à l'avantage de l'ennemi. Frédéric-Charles vient d'arriver de Metz avec les IXe, IIIe et Xe corps, qui sont le 22 novembre respectivement à Toury, Pithiviers et Montargis ; le grand-duc, placé sous ses ordres, lui amène sa fraction d'armée et fait sa jonction vers Janville le 27 novembre. Les

forces allemandes, 110,000 hommes et 480 canons, décrivent au
nord d'Orléans un grand arc concave marqué par la ligne Châ-
teaudun-Orgères-Toury-Pithiviers-Montargis ; la marche convergente sur Orléans s'indique d'elle-même. Primitivement, le prince
Frédéric-Charles voulait attaquer les lignes d'Orléans par la forêt,
tandis que le grand-duc descendant de Châteaudun les aborderait
vers Beaugency ; ce projet était parfaitement justifié par la dispersion de nos cinq corps éparpillés de Montargis à Morée sur un
front de plus de 100 kilomètres. L'attitude agressive de la droite
française, en indiquant nos projets sur Fontainebleau, ramène
toute l'attention vers la IIe armée. Tandis que le grand-duc arrive
à Toury, les IXe et IIIe corps appuient à leur gauche vers Pithiviers et Boynes ; le Xe, en l'air à Montargis, vient se concentrer à
Beaune, en exécutant devant les têtes de colonne françaises une
longue marche de flanc qui donne lieu aux combats peu décisifs
de Ladon et Maizières. En présence des forces supérieures qu'il
a reconnues durant sa marche, le Xe corps s'apprête à soutenir
autour de Beaune un combat défensif, en attendant le secours des
troupes placées à sa droite : la ville et les localités environnantes sont organisées en conséquence.

C'est dans ces conditions que, le 28 novembre, a lieu le combat
de Beaune-la-Rolande, entre les 18e et 20e corps aux ordres de
Crouzat d'une part, le Xe corps prussien et des fractions importantes du IIIe accourues de Pithiviers d'autre part. Crouzat, avec son
propre 20e corps, a d'abord quelques succès à l'ouest et au sud de
Beaune ; mais à sa droite, le 18e corps reste inactif au moment décisif, ou borne son action d'ensemble à une stérile canonnade qui, par
sa direction, gêne Crouzat beaucoup plus que l'ennemi. A gauche,
Martin des Pallières, trop éloigné, est embourbé dans de mauvais
chemins en avant de Chilleurs et ne croit pas devoir accourir au
canon ; enfin, plus au nord, Cathelineau manque complètement à sa
mission de surveillance des routes de Pithiviers. Les renforts allemands envoyés de cette dernière ville, 1re division de cavalerie et
5e d'infanterie, arrivent sans encombre en plein flanc gauche de
Crouzat, lequel est obligé d'abandonner les positions un instant
conquises et rétrograde la nuit sur Bellegarde. Le lendemain soir

seulement, il y est rejoint par son extrême droite, 18ᵉ corps ; quoique resté sur le flanc gauche et dans le voisinage immédiat de l'ennemi, ce dernier corps n'a nullement été inquiété par les Allemands, et réciproquement.

Forces engagées. — Français : 50,000 hommes ; Allemands : 25,000 hommes.

Pertes. — Français : 1,500 tués ou blessés, 1,500 prisonniers ; Allemands : 1,000 tués, blessés ou prisonniers.

En définitive, la marche projetée sur Fontainebleau se trouve arrêtée dès le début par l'échec de l'aile droite à Beaune. La délégation se propose de la reprendre avec l'aile gauche contre le grand-duc de Mecklembourg. Le 15ᵉ corps, toujours éparpillé dans la forêt d'Orléans, servira encore de pivot, cette fois, au 16ᵉ conversant à droite et appuyé du 17ᵉ réorganisé. Les circonstances étaient pressantes [121] : on disait le général Ducrot arrivé à Longjumeau, à deux fortes marches au nord d'Artenay.

Les Allemands ont suspendu leur marche sur Orléans. La retraite définitive des 18ᵉ et 20ᵉ corps leur fait soupçonner un danger pour leur droite, puis l'avis d'une grande sortie au sud-est de Paris leur fait craindre un effort sur leur gauche. Le prince Frédéric-Charles et le grand-duc se resserrent alors sur Toury : le 1ᵉʳ décembre, tous leurs corps sont bien liés et fortement concentrés, la IIᵉ armée de Pithiviers à Toury avec avant-postes aux débouchés nord de la forêt, le grand-duc de Toury à Orgères, ce dernier menaçant ainsi le flanc gauche de Chanzy si celui-ci se porte à l'est.

Aussi, et afin de ne pas prêter le flanc aux entreprises du grand-duc, Chanzy demande et obtient d'étendre encore sa manœuvre, de se porter plus au nord vers Orgères, de manière à replier devant lui l'aile droite ennemie ; la division de cavalerie Michel (ancienne Reyau) doit éclairer et couvrir sa gauche. Le vide laissé par ce large mouvement à la droite du 16ᵉ corps sera rempli par le 15ᵉ, lequel reçoit l'ordre de diriger deux divisions par le nord d'Artenay sur Santilly. Les deux corps réunis marcheront ensuite face à l'est vers la grande route de Paris en poussant devant eux l'ennemi ; les 18ᵉ et 20ᵉ corps se mettront alors en mouvement. Le 21ᵉ corps, qui approche de Vendôme, suivra l'aile gauche en seconde ligne, et le 17ᵉ, d'abord affecté à la garde du camp retranché, viendra soutenir directement le corps Chanzy.

Pendant que les Français étendaient ainsi démesurément une ligne déjà trop longue, Frédéric-Charles, ne pensant pouvoir sans inconvénient dégarnir sa gauche, ordonnait au grand-duc de refuser sa droite, d'évacuer ses positions avancées et de se rapprocher de lui par Baigneaux.

Ces différentes manœuvres étaient de part et d'autre en voie d'exécution quand ont lieu les engagements de Villepion (1ᵉʳ décembre), Loigny et Poupry (2 décembre).

Dans la journée du 1ᵉʳ décembre, une brigade bavaroise qui couvre les manœuvres du grand-duc est brusquement assaillie à Villepion par la division Jauréguiberry. Ce coup de main est heureux pour nous : les Bavarois accélèrent leur retraite.

Le lendemain 2 décembre, le 16ᵉ corps continue sa marche offensive et enlève Loigny. Mais alors sa division du centre (Barry) essaie prématurément d'en venir au corps à corps et d'emporter de même Beauvilliers sans avoir fait usage de son artillerie. Elle essuie un désastre complet et lâche pied. La division Jauréguiberry arrive à gauche, reprend vigoureusement l'attaque et tente un mouvement débordant menaçant Moréle et Villeprévost. Les Bavarois précédés de leur cavalerie reviennent sur leurs pas vers leur droite et tournent eux-mêmes par Tanon et Orgères l'aile française qui voulait les déborder, tandis que la 17ᵉ division aborde notre flanc droit découvert par la retraite de la division Barry. Jauréguiberry, écrasé sous les efforts convergents des Allemands, est rejeté sur Loigny, puis sur Villepion. Plus à droite, à Lumeau, la division Maurandy débouchant tardivement se trouve également prise entre deux feux par la 22ᵉ division, qui arrive dans son flanc droit, et la 17ᵉ, victorieuse de Jauréguiberry : elle est battue et complètement désorganisée. Après quoi, la 22ᵉ division prussienne exécute la même manœuvre que vient de mener si bien la 17ᵉ : elle se rabat face à l'est au-devant des troupes du 15ᵉ corps, qui, arrivées à Poupry, cherchent trop timidement à faire jonction avec Chanzy. Dans ce combat de Poupry encore, les Français sont d'abord contenus, puis rejetés vers Artenay.

A la tombée de la nuit, le 17e corps, qui aurait dû soutenir le 16e, montre une faible tête de colonne à Villepion. Le général de Sonis tente alors sur Loigny, avec des moyens manifestement insuffisants, un retour offensif beaucoup plus brillant qu'opportun, lequel est du reste facilement brisé. Loigny finit par rester défi- nitivement aux Allemands : le combat se termine de ce côté à 7 heures du soir seulement, par l'anéantissement des zouaves pon- tificaux qu'y a amenés de Sonis, et la capture de deux bataillons du 37e, retranchés depuis 2 heures de l'après-midi dans le cime- tière de Loigny.

Partout nous avons été engagés sans ensemble, sans réflexion, par fractions isolées, trop tôt pour la division Barry, trop tard pour la division Maurandy, pour les divisions du 15e corps, pour les fractions du 17e; nulle part on ne sent la main du général en chef. Notre cavalerie, placée derrière la gauche, n'a pas su se montrer et agir. Partout, à Loigny, à Lumeau, à Poupry, nous sommes refoulés.

Forces engagées le 2. — Français : 60,000 hommes, 120 ca- nons ; Allemands : 50,000 hommes, 210 canons ;

Pertes. — Français : 4,000 tués ou blessés, 2,000 prisonniers, 9 canons ; Allemands : 1,200 tués, 2,500 blessés, 500 prisonniers.

Ainsi donc l'offensive française venait d'échouer à gauche comme trois jours auparavant à droite. Une forte direction d'en- semble avait surtout fait défaut. A ce moment critique, la déléga- tion de Tours impose au général en chef la libre et entière dispo- sition des cinq corps de l'armée de la Loire.

Dans la nuit du 2-3 décembre, le général d'Aurelle, ne se jugeant pas en mesure de soutenir une nouvelle bataille, prend son parti de la retraite. Cette décision était au moins prématurée. De plus, les ordres sont envoyés en retard dans les 15e, 16e et 17e corps, tandis que les 18e et 20e corps, groupés à droite sous Bourbaki (qui arrive en ce moment), n'en reçoivent aucun et restent immo- biles, le 3, à Bellegarde, devant un simple rideau de cavalerie ennemie.

Vainqueur de nos deux ailes, Frédéric-Charles ordonne pour le 3 décembre une vigoureuse percée au centre, droit sur Orléans.

Le grand-duc de Mecklembourg s'avance à l'ouest de la grande route, le IX° corps sur la route même, le III° par Chilleurs-aux-Bois, le X° en réserve. Il en résulte que notre 15° corps supporte presque seul tout l'effort des deux armées : des Pallières avec sa 1re division abandonne sa position de Chilleurs et se replie en toute hâte sur Orléans; les deux autres divisions (Peytavin et Martineau) soutiennent de violents combats à Artenay, Chevilly, Cercottes et Gidy. La nuit arrête seule vers Cercottes les progrès de l'ennemi.

Le matin du 4 décembre, les Allemands reprennent leur marche offensive. La retraite de l'armée française se transforme alors en déroute. Tout se précipite en désordre et au plus vite sur Orléans : la brigade Minot, du 15° corps, s'égare dans la forêt d'Orléans et perd l'artillerie qui lui a été confiée; des bataillons entiers sont, comme au 11 octobre, oubliés dans les bois. La division Peytavin, écrasée à Gidy, est rejetée à l'ouest, ce qui isole du même coup les 16° et 17° corps groupés sous Chanzy entre Coulmiers et Saint-Péravy. Chanzy déclare d'ailleurs que l'aile gauche est hors d'état de résister ; conformément aux ordres reçus la veille, il cherche seulement à atteindre les environs de Beaugency et Mer, dans l'intention d'y passer la Loire. Cette première retraite de Chanzy s'exécute avec un bonheur relatif, eu égard à l'état de délabrement des troupes des 16° et surtout 17° corps.

En voyant le désarroi de ses forces, le général en chef se décide finalement et malgré les adjurations de la délégation à évacuer son camp retranché et la ville d'Orléans, mais non cependant sans de nouvelles et pénibles tergiversations [122]. Dans la journée du 4 décembre, le 15° corps, couvert par la division des Pallières, passe sur la rive gauche, tandis que Bourbaki dirige en toute hâte les 18° et 20° corps sur les ponts de Gien et Sully. Aux abords mêmes d'Orléans, dans les faubourgs, l'ennemi est contenu par les artilleurs de la marine assez longtemps pour permettre de dégager les troupes et les convois. Dans la nuit du 4-5 décembre, à 11 h. 1/2 du soir, les Allemands reprennent possession de la ville et y capturent sans combat des milliers de traînards. Le général d'Aurelle a chargé le colonel chef du génie de l'armée de détruire les ponts de la Loire : prétextant le manque de poudre, cet officier n'exécute pas l'ordre du commandant en chef. Aussi, dès le 5 au matin, l'ennemi peut se répandre en forces sur la rive gauche et lancer sa cavalerie dans la Sologne.

Néanmoins, la poursuite est relativement peu active. Le 6, à midi, le 15ᵉ corps est à peu près rallié à Salbris. Le général en chef se retrouve là sur son terrain de prédilection; enfin décidé à commander toute son armée, d'Aurelle s'occupe d'en réunir les trois tronçons. Il veut appeler les 18ᵉ et 20ᵉ corps à sa droite, les 16ᵉ et 17ᵉ à sa gauche, de manière à avoir 150,000 hommes bien concentrés derrière la Sauldre, d'Argent à Romorantin, et pouvoir reprendre l'offensive vers le 10 décembre.

Mais, le 6 au soir, une dépêche venue de Tours avise le général d'Aurelle que son commandement en chef est supprimé, et qu'il est formé deux armées de la Loire [123] : la 1ʳᵉ, rive gauche, sous Bourbaki, avec les 15ᵉ, 18ᵉ et 20ᵉ corps; la 2ᵉ, rive droite, sous Chanzy, avec les 16ᵉ et 17ᵉ corps, que va rejoindre le 21ᵉ (Jaurès).

Pertes des 3-4 décembre. — Français : 2,000 tués ou blessés, 18,000 disparus, 74 pièces de marine, 4 chaloupes canonnières; Allemands : 1,700 tués ou blessés.

SUJETS DE RÉFLEXION

Français. — Nécessité de l'indépendance du haut commandement en présence de l'ennemi, de l'accord parfait entre le général en chef et le gouvernement. — Situation équivoque acceptée ou créée par le général d'Aurelle de Paladines. — Excès d'activité de la délégation; excès de temporisation chez le général. — Chez d'Aurelle, absence d'initiative propre, manque de confiance dans les projets des autres, prédilection pour la défense passive; trop de souci des détails et manque de vue d'ensemble. — Opérations mal coordonnées; non utilisation de notre grande supériorité numérique. — Dissémination exagérée des forces; manque de liaison et de solidarité entre les corps, entre les divers détachements. — Inhabile emploi des chemins de fer. — Nouvelle tactique de l'artillerie à Coulmiers. — Occasion manquée après

cette dernière affaire. — Retraites trop prévues, mais non préparées. — Trop vieux généraux, jeunes ministres, trop jeunes soldats. — Impuissance finale du grand camp retranché d'Orléans.

Allemands. — Initiative résolue de von der Thann à Orléans;
retraite acceptée à temps et menaçamment exécutée. — Tâtonnements des généraux allemands après Coulmiers. — Rapidité
de la marche de la II° armée de la Moselle au Loing. — Célérité
et esprit de suite dans les manœuvres de Frédéric-Charles; simplicité de ses opérations. — Solidarité des divers corps sur les
champs de bataille.

IV

2ᵉ ARMÉE DE LA LOIRE

La retraite.

De Josnes au Loir. — Le 5 décembre au soir, les 16ᵉ et 17ᵉ corps ont terminé une première retraite ; ils sont établis de Beaugency à Lorges, quartier général à Josnes, l'aile droite, 16ᵉ corps, appuyée à Beaugency par la division mixte Camô, l'aile gauche, 17ᵉ corps, appuyée à la forêt de Marchenoir et par le 21ᵉ corps qui arrive.

Cette seconde armée de la Loire comprend ainsi les trois corps : Jauréguiberry. 16ᵉ ; Guépratte, puis de Colomb, 17ᵉ, et Jaurès, 21ᵉ, ce dernier à 4 divisions ; en outre, la division Camô, du 19ᵉ corps. Total approximatif : 120,000 hommes (rationnaires). Chanzy ne peut songer à reprendre de suite l'offensive : son intention est seulement de retarder et de contrarier le plus possible la marche des Allemands, sans se laisser éloigner davantage de Paris.

Maître d'Orléans, Frédéric-Charles lance de forts détachements en amont et en aval, sur les deux rives du fleuve, et sa cavalerie dans la Sologne. L'armée du grand-duc, renforcée du IXᵉ corps envoyé le long de la Loire, reste opposée à Chanzy ; les Allemands ne pressentent pas une résistance sérieuse.

Du 7 au 10, de nombreux combats sont livrés en avant de Josnes et dans tout le quadrilatère Ouzouer-Meung-Mer-Marchenoir ; les principaux ont lieu à Cravant (7 décembre), Villorceau et Beaugency (8 décembre), Tavers (9 décembre), Origny-Josnes (10 décembre). Les troupes françaises perdent chaque jour peu de terrain, s'aguerrissent visiblement et causent de fortes pertes aux vainqueurs. Une série d'accidents vient imposer la retraite der-

rière le Loir et obliger à la hâter : le 8 décembre, la division Camô
a prématurément évacué Beaugency, notre appui de droite, point
de contact avec la Loire ; le 9 décembre, la division Maurandy et
les francs-tireurs Lipowski, qui surveillaient la rive gauche à hauteur de Mer, se laissent surprendre à Chambord par deux compagnies allemandes et s'enfuient jusqu'à Blois ; ici même, le général
Barry, chargé de la défense, repassait précipitamment sur la rive
droite en détruisant imparfaitement les ponts [124] ; puis, dans la nuit
du 11-12 et malgré les ordres formels de résister à outrance, il
évacuait Blois et se retirait à mi-chemin de Vendôme. Les troupes
allemandes tenaient ainsi la rive droite jusqu'à Tavers, la rive
gauche jusqu'à Blois, et pouvaient à tout instant déboucher dans
le flanc et sur les derrières de Chanzy. Le général en chef réclame
en vain une diversion de la 1re armée [125]. Bourbaki, alors autour de
Vierzon et Bourges, n'est pas réorganisé [126] ; les chemins sont devenus impraticables. Le commandant de la 1re armée s'estime
trop éloigné de Blois pour pouvoir y arriver en temps utile. Au
surplus, il s'en laisse imposer par la faible cavalerie ennemie qui
l'observe : il croit avoir devant lui des forces très supérieures,
environ 200,000 hommes.

Par contre, Frédéric-Charles, étonné de la résistance inattendue
de Chanzy, revenait devant notre 2e armée au secours du grand-
duc. Dans ces conditions, la retraite derrière le Loir est décidée
au quartier général français ; dès le 10 décembre, Chanzy fait
refluer le gros matériel et les magasins au delà de Vendôme; la
délégation quitte Tours et va s'installer à Bordeaux.

Le mouvement rétrograde de l'armée commence le 11 et dure
trois jours; il consiste d'abord en un changement de direction face
en arrière sur l'aile gauche [127] (21e corps), suivant le front Mar-
chenoir-Pontijoux. Dans ces larges plaines découvertes, dénuées
de lignes naturelles de défense, l'armée doit rester très concentrée,
toujours prête à recevoir le combat. Couverte du côté de l'ennemi
par un rideau permanent de tirailleurs, elle marche en trois longues colonnes parallèles : 16e corps sur Selommes-Vendôme,
17e corps sur Oucques-Lisle, 21e corps sur Viévy-Freteval. Le 13
au soir, les 17e et 21e corps sont sur la rive droite du Loir; le 16e

est resté en position sur les hauteurs au sud et à l'est de Vendôme, formant ainsi une sorte de tête de pont en avant de la ville.

Les Allemands sont, comme nous, très fatigués. Le corps bavarois surtout fond à vue d'œil; il est tellement affaibli qu'on doit renoncer à l'utiliser en première ligne. Cependant, nos adversaires souffrent moins que nous des rigueurs de la saison, grâce à leur pratique du cantonnement, tandis que nous bivouaquons obstinément, souvent sans ustensiles de campement [128]. Néanmoins, leur poursuite est assez molle et n'entrave pas sérieusement notre marche, pas plus du reste que le passage du cours d'eau.

Du Loir au Mans. — Le grand-duc, placé à la droite allemande, cherchait à déborder notre gauche par la forêt de Fréteval, tandis que Frédéric-Charles nous attaquerait de front. Le 14 décembre, il remporte à Morée et Fréteval quelques succès heureusement trop peu décisifs pour lui permettre de franchir le Loir; le lendemain, le corps Jaurès fait un vigoureux retour offensif, reprend Fréteval et réussit à détruire les moyens de passage et les ponts sous les yeux de l'ennemi. Ce même jour 15 décembre, les corps de la II° armée allemande marchent concentriquement sur nos positions de Vendôme et engagent contre Jauréguiberry une véritable bataille. Au sud, la droite française tient bon sur le plateau de Sainte-Anne, mais au nord de la Houzée, le X° corps, secondé par des troupes du grand-duc descendant la rive gauche, réussit à enlever les hauteurs de Bel-Essort : il enfonce ainsi à la fois la gauche du 16° corps et la droite du 17° qui était venue renforcer Bel-Essort.

Le général en chef comptait réparer le lendemain 16 décembre l'échec de son centre; mais ses soldats sont tellement harassés qu'il les juge hors d'état de soutenir de suite une nouvelle bataille [129]; en outre, il apprend que Frédéric-Charles essaie de le tourner par Montoire. Il se résout à continuer la retraite déjà deux fois interrompue.

Dans la nuit du 15-16 décembre, de grand matin, tous les matériels, parcs et convois sont acheminés vers la Sarthe; les combattants du 15 franchissent la rivière, après quoi les ponts et gués sont mis hors d'usage ou détruits, et nous sommes dégagés avant que l'ennemi se soit aperçu de nos projets.

Cette retraite s'effectue comme la précédente, en trois colonnes : 16ᵉ corps à droite par Montoire, 17ᵉ au centre par Epuisay et Saint-Calais, 21ᵉ à gauche sur Vibraye. La division Barry, revenue au nord du Loir, flanque la droite ; la division Gougeard (corps de Bretagne), nouvellement formée et rattachée au 21ᵉ corps, flanque la gauche au nord et livre le 17 le combat assez insignifiant de Droué à un parti ennemi trop pressant.

La marche rétrograde dure quatre jours, du 16 au 19 décembre. Les troupes souffrent cruellement des fatigues excessives qui leur sont imposées, de la rigueur anormale de la température, des privations de toutes sortes ; il se produit cette fois beaucoup de désordres, des régiments entiers sont débandés, le moral est profondément atteint [130].

Heureusement, les Allemands ne poursuivent qu'avec des détachements plus nombreux qu'importants : il ne leur convient pas de s'éloigner vers l'ouest. Frédéric-Charles est inquiet des mouvements cependant assez timides de Bourbaki ; il retourne à Orléans avec la plus grande partie de la IIᵉ armée. Le grand-duc de Mecklembourg est réduit à son seul XIIIᵉ corps (17ᵉ et 22ᵉ divisions) et revient à Chartres. Des colonnes volantes secondées par une cavalerie nombreuse et très active restent chargées de sillonner la région que nous venons d'évacuer.

Le soir du 19 décembre, la deuxième armée de la Loire, bien délabrée, atteignait ses nouvelles positions défensives autour du Mans : 16ᵉ corps entre la Sarthe et l'Huisne, en avant de Pontlieue ; 21ᵉ entre Huisne et Sarthe en arrière de Savigné ; 17ᵉ corps à l'ouest du Mans des deux côtés de la route de Laval ; les gros matériels, les parcs, sur la rive droite de la Sarthe.

Le Mans. — Le général Chanzy profite des quelques jours de répit que lui laisse l'ennemi pour réorganiser et refaire son armée. Il fait néanmoins battre la région entre Loire et Sarthe par de nombreuses colonnes mobiles opposées aux coureurs et partis ennemis : c'est ainsi que le général Rousseau opère vers la Ferté-Bernard et Nogent-le-Rotrou, le général Jouffroy jusqu'à Vendôme qu'il manque d'enlever d'un coup de main, le général Barry plus en aval le long de la rive droite du Loir ; enfin le général Curten, récemment arrivé de Poitiers avec une nouvelle division, bat l'estrade à l'extrême droite entre la Loire et le Loir.

Le général en chef se préparait à coopérer à une action combinée des deux armées de la Loire et de l'armée du Nord sur Paris. Mais à la fin de l'année, il apprend que Faidherbe est battu à Pont-Noyelles, que Bourbaki marche vers l'est, enfin que Frédéric-Charles et le grand-duc, de nouveau réunis, reprennent l'offensive contre lui-même.

En effet, le grand état-major, délivré par le départ de Bourbaki de ses soucis pour Orléans, prescrit le 1er janvier au prince Frédéric-Charles d'en finir avec la 2e armée de la Loire. Les forces allemandes qui se portent vers la Sarthe comprennent les XIIIe, IIIe et Xe corps, la moitié du IXe, plus 4 divisions de cavalerie, soit environ 100,000 hommes et 350 canons. Les forces françaises sont numériquement égales.

Dans les premiers jours de janvier, les nombreuses colonnes volantes qui battaient le pays en avant du front français jusqu'à la Loire et au Loir sont heurtées par des forces très supérieures : elles doivent rétrograder. Chanzy les renforce d'abord et leur enjoint de tenir bon [131]. Il ne tarde pas à reconnaître lui-même l'inanité de leurs efforts. Il ordonne alors, mais un peu tardivement, le ralliement de ses nombreux détachements épars et il organise un champ de bataille défensif en avant du Mans. Le 17e corps passe sur la rive gauche et vient former le centre, tandis que le 21e remonte l'Huisne jusqu'à hauteur de Connerre.

Le général allemand vise à un grand et décisif résultat. Partant du front très étendu, Chartres-Orléans-Tours, le prince Frédéric-Charles se propose d'exécuter sur le Mans un large mouvement concentrique qui lui permettra de nous envelopper avec ses deux ailes. Trois corps, XIIIe, IIIe et Xe, suivent respectivement les trois grandes routes de Nogent-le-Rotrou, Saint-Calais-Bouloire, la Chartre-Grand-Lucé qui se réunissent au Mans. Le IXe corps est en réserve derrière le IIIn; les quatre divisions de cavalerie couvrent le front et les ailes et garnissent les intervalles. A partir du 6 janvier, les Allemands sont journellement aux prises avec nos colonnes mobiles et les poussent en désordre devant eux [132]. Ils réussissent d'autant plus complètement qu'une direction d'ensemble fait défaut chez nous et que nos diverses fractions avancées manquent de liaison entre elles. Dès lors, ce qu'on peut appeler la bataille du Mans (7 au 12 janvier) n'est plus que le développement régulier et ininterrompu, mais resté incomplet, du plan conçu par l'état-major allemand. Au fur et à mesure que le cercle se resserre, les engagements partiels deviennent plus fréquents et plus sérieux. La concentration de l'armée française s'en trouve très retardée et la marche des corps allemands inégalement réglée. Le 10 janvier, le contact est immédiat sur la plus grande partie de notre front. L'aile droite allemande (XIII⁰ corps) tient les deux rives de l'Huisne face au sud-ouest; l'aile gauche (X⁰ corps) est encore très en arrière et disloquée sur les routes de Parigné et de Mulsanne. Mais le centre (III⁰ corps), profitant de l'inaction du général de Colomb et d'une fausse manœuvre de la colonne mobile Jouffroy, nous culbute à Parigné, s'empare à la nuit tombante de Changé et Champagné et se trouve en flèche en plein centre français.

De notre côté, la concentration n'est pas terminée. Les colonnes mobiles battues en détail arrivent fatiguées et désorganisées [133] ; quelques-unes ne rejoignent que par fractions et en partie, et même la division Curten ne ralliera que le 16 à Laval. Le désarroi est tel que, dans cette journée du 10 janvier, le III⁰ corps allemand seul nous enlève 5,000 prisonniers.

En vue du choc du lendemain, Chanzy ne peut plus guère prendre que des dispositions purement défensives. Il divise son front en trois secteurs, qu'il place sous les ordres de ses commandants de corps : à droite, 1ᵉʳ secteur, amiral Jauréguiberry, d'Arnage à la gare d'Yvré ; au centre, 2⁰ secteur, général de Colomb, de la gare d'Yvré à l'Huisne par l'important plateau d'Auvours ; à gauche, 3⁰ secteur, général Jaurès, de l'Huisne à la Sarthe. Les colonnes mobiles qui n'ont pas encore rallié formeront réserve à Pontlieue. Les corps sont fractionnés et répartis numériquement dans les secteurs suivant l'importance des positions ; ils sont ainsi disloqués, les unités constituées chevauchent d'un secteur dans l'autre et ne sont plus sous les ordres de leurs chefs naturels.

La position tactique du 21° corps est en outre très aventurée [134].

Du côté opposé, l'ordre de bataille offensif se forme par le resserrement graduel du front de marche concentrique. Le IX° corps vient prendre place à la droite du III°, qui lui-même appuie sur Parigné, tandis que le X° oblique sur Mulsanne. Une forte division de cavalerie est à l'extrême droite; les autres divisions de cavalerie sont en partie fractionnées et à proximité des troupes d'infanterie. Frédéric-Charles ne prévoit que pour le 12 l'engagement décisif qui, d'après son plan, doit lui livrer l'armée française.

Ainsi, si d'une part, l'armée française occupe un front démesuré, d'autre part, les corps allemands qui prétendent l'envelopper sont très espacés et mal liés. Par suite, les engagements sont indépendants les uns des autres.

L'action commence à Champagné, que le général Gougeard a repris dans la nuit. A 11 heures, le III° corps chasse de ce village le 17° français et s'empare du pont de l'Huisne. Le IX° corps, entrant en ligne à midi, poursuit ce succès, et, après un combat acharné de plusieurs heures, s'installe au plateau d'Auvours. Le général Gougeard intervient à nouveau, et à la nuit réoccupe le plateau, sans cependant pouvoir débusquer l'ennemi de Champagné.

A notre aile gauche, le 21° corps cédait peu de terrain. A la fin de la journée seulement, les deux divisions Collin et Villeneuve venaient prendre position plus en arrière, à hauteur de Pont-de-Gesnes, mais le mouvement enveloppant du XIII° allemand sur Bonnétable-Lombrun n'en était pas moins peu accentué.

Dans le secteur de l'amiral Jauréguiberry, le III° corps allemand, quoique battu par l'artillerie de la rive droite de l'Huisne, s'empare de proche en proche des Arches, des Noyers, des Granges, puis, dans la nuit, du Tertre-Rouge. Néanmoins, l'intervention de la réserve nous permet de nous maintenir sur le chemin aux Bœufs et de contenir le corps Alvensleben.

La nuit est venue, et la bataille, restée indécise, semble terminée pour cette journée. Mais, de même qu'à Rezonville, le

Xᵉ corps arrive enfin à l'appui du IIIᵉ corps ; il débouche par la route de Mulsanne sur les Mortes-Aures. Là se trouvaient quelques milliers de mobilisés de Bretagne, arrivés l'avant-veille du camp de Conlie, mal armés, et commandés par le général Lalande. Une compagnie du 17ᵉ régiment prussien, momentanément égarée, vient donner inopinément au milieu d'eux : le lieutenant Casimir, qui la commande, attaque résolument ce qu'il a devant lui. Surpris dans l'obscurité par cette brusque irruption, les mobilisés du général Lalande lâchent pied et reculent en toute hâte sur la Tuilerie, qu'ils évacuent de même dans le plus grand désordre, vers 9 heures du soir, sous la poussée des forces croissantes de l'ennemi. La division combinée Bouedec d'abord, la division Roquebrune ensuite, font des efforts désespérés et inutiles pour reprendre les positions perdues. La panique se communique aux troupes voisines, qui s'enfuient pêle-mêle sur Pontlieue : c'est alors que le IIIᵉ corps enlève le Tertre-Rouge.

Le lendemain matin 12 janvier, Chanzy tente en vain de reprendre l'offensive [135] : ses soldats n'en peuvent et n'en veulent plus [136]. La retraite sur la rive droite est alors ordonnée ; elle s'effectue sous la protection de la division Roquebrune et des gendarmes de la brigade Bourdillon, postés en avant de Pontlieue. Les 16ⁿ et 17ᵉ corps traversent le Mans ; le 21ᵉ corps, plus exposé, franchit la Sarthe en amont, vers Beaumont, tout en livrant de nombreux et encore vigoureux combats d'arrière-garde.

Frédéric-Charles n'avait pas prévu une résolution aussi prompte, d'autant moins qu'il ignorait le 12 au matin son propre succès du 11 au soir. Aussi notre retraite est-elle relativement peu gênée par l'ennemi pris au dépourvu : c'est heureux pour nous, car nos troupes, arrivant sur la rive droite, ne forment plus qu'une informe cohue. Les souffrances des derniers jours les ont réduites au dernier degré de la misère et de l'épuisement physique et moral. Leur capture était facile [137].

Forces engagées. — Français : 90,000 hommes, 300 canons ; Allemands : 75,000 hommes, 320 canons.

Pertes du 10 au 12. — Français : 3,000 tués ou blessés, 20,000 prisonniers non blessés, 20 canons, 2 drapeaux, 200 wagons chargés ; Allemands : 500 tués, 1,600 blessés.

Dernières opérations. — Toujours préoccupé, peut-être trop exclusivement, de se rapprocher de Paris et de la Basse-Seine, Chanzy dirige la retraite non vers l'ouest, mais vers le nord. Le 21e corps remonte sur Alençon, le 17e sur Saint-Denis, le 16e sur Prez-en-Pail ; l'armée ainsi établie sur ce front de 20 kilomètres, face au sud, aurait été renforcée à sa gauche par le 19e corps appelé à Alençon. Ce mouvement aurait demandé une grande rapidité d'exécution : il s'agissait, en effet, d'exécuter avec une armée désorganisée une marche de flanc très dangereuse en présence d'un ennemi victorieux. Or, dès le 15 janvier, le grand-duc et son XIIIe corps étaient à Alençon.

Mais la délégation de Bordeaux n'approuve pas le projet de Chanzy, qu'elle juge trop périlleux : elle ordonne la retraite à l'ouest, derrière la Mayenne. Le 13 janvier au matin, les corps français s'engagent ou reviennent sur les routes directes de Mayenne, Evron et Laval., A cause de la désorganisation des troupes, la marche est très lente et les étapes sont très courtes. Aussi, bien que l'ennemi ait visiblement renoncé à une poursuite active dans ce pays pour lui suspect et gros d'embûches, quelques vigoureux combats d'arrière-garde ont encore lieu. Le 15 janvier, nos deux ailes, 21e corps à gauche et 16e à droite, soutiennent à Sillé-le-Guillaume et Saint-Jean-sur-Erve des engagements importants qui auraient pu bien tourner sans les défaillances du centre, corps de Colomb [135] , lequel lâche pied et découvre ainsi le flanc des combattants.

Enfin, les 16 et 17 janvier, la 2e armée de la Loire arrive sur la Mayenne, sa nouvelle ligne de défense ; les 16e et 21e corps établissent la meilleure partie de leurs forces en avant de Mayenne et de Laval, pour former têtes de pont. Le reste et le 17e corps entier, le moins solide sous tous les rapports, s'installent sur la rive droite, entre Mayenne et Laval. Le général en chef fait prendre, autour de ces deux points importants et sur l'ensemble de la position, des dispositions défensives analogues à celles déjà adoptées précédemment pour la défense de Vendôme et du Mans.

Le 19ᵉ corps, formé dans le Cotentin sous le général Dargent, est attaché à la 2ᵉ armée de la Loire, dont il doit former la gauche. Précisément, le grand-duc de Mecklembourg faisait vers Séez et le plateau du Merlerault des démonstrations inquiétantes pour nos communications avec la Basse-Seine : il cherchait à donner la main à la Iʳᵉ armée (von Goeben), et, effectivement, il entrait le 25 janvier à Rouen. En conséquence, Chanzy appelle sur la rive gauche de l'Orne et autour d'Argentan les trois divisions d'infanterie du 19ᵉ corps, lequel se relie par sa cavalerie (Abdelal) avec l'extrême gauche du 21ᵉ corps.

En même temps, on organisait à Mayenne, Château-Gonthier et Rennes, avec le 17ᵉ corps comme noyau, une armée de 100,000 hommes destinée à la défense de la Bretagne et confiée au général de Colomb. Avec les 16ᵉ, 21ᵉ et 19ᵉ corps renforcés à 150,000 hommes et 330 canons, Chanzy, redevenant libre de ses mouvements, s'apprête à se rapprocher de la Seine pour marcher sur Paris, de concert avec l'armée du Havre (général Loysel) et celle de Faidherbe.

Les nouvelles de la capitulation de Paris et de l'armistice du 28 janvier mettent brusquement fin aux opérations projetées ou en cours dans l'ouest.

Quelques jours plus tard, en prévision d'une reprise éventuelle des hostilités, le gouvernement prescrit le transport de la 2ᵉ armée au sud de la Loire, derrière la Creuse et la Vienne. Le mouvement commence le 10 février et se termine en douze jours. Les forces dont dispose Chanzy comprennent alors : 25ᵉ corps (général Pourcet), à Bourges ; 26ᵉ corps (général Billot), à Châteauroux ; 16ᵉ corps (général Barry), du Blanc à Châtellerault ; 21ᵉ corps (Jaurès), de Châtellerault à Loudun ; 19ᵉ corps (Dargent), de Loudun à Saumur.

Le général de Colomb restait chargé du commandement de toutes les troupes de Bretagne.

L'assemblée nationale réunie à Bordeaux ayant accepté le 1ᵉʳ mars les préliminaires de paix, les hostilités ne sont pas reprises. Le licenciement de toutes les armées est décrété le 7 mars.

SUJETS DE RÉFLEXION

Français. — Contraste entre les situations respectives de Chanzy et d'Aurelle vis-à-vis de la délégation[139]. — Bonheur relatif et habileté des quatre retraites successives de Chanzy; adresse à se dégager du contact. — Décousu des opérations secondaires en avant du Mans; concentration tardive et très incomplète pour la bataille. - Répartition hâtive des troupes sur un champ de bataille occupé depuis vingt jours; emplacements donnés comme au hasard, dislocation des unités constituées; perte des avantages d'une défensive préparée. — Attitude trop passive sur les positions elles-mêmes

Influence considérable d'un commandement résolu, intelligent et énergique. — Influence des conditions atmosphériques sur les opérations. — Effet dissolvant des retraites, même heureuses et en pays ami.

Allemands. — Circonspection inaccoutumée des manœuvres stratégiques et tactiques. — Lassitude de la guerre[140], répugnance à pénétrer dans l'ouest. — Trop grande amplitude des mouvements enveloppants. — Devant le Mans, mêmes projets que devant Orléans, mais manœuvre manquée, bataille improvisée. — Manque de discernement des points faibles, des projets de retraite, des directions de l'adversaire. — Mollesse des poursuites.

V

ARMÉE DU NORD

Situation, projets et préliminaires.

Français. — Plus particulièrement préoccupée de la Loire, la délégation de la Défense nationale avait quelque peu tardé à organiser la résistance dans le nord de la France. Dans le courant d'octobre seulement, M. Testelin, préfet du Nord et commissaire spécial de la défense, s'occupe avec l'aide du colonel Farre[141] de rassembler les éléments militaires de la région. C'est ainsi qu'est arrêtée en principe la création d'une armée du Nord. Celle-ci diffère et différera des autres armées de province en certains points essentiels de son organisation.

D'abord, elle jouit derrière les places fortes d'une sécurité très appréciable et presque complète. Ses cadres sont en partie formés d'évadés de Sedan et de Metz, ce qui lui donne une consistance relative. Elle n'a pas ou presque pas de cavalerie : avec des gendarmes et les petits dépôts de dragons, on n'a jamais pu lui former que cinq faibles escadrons, à peine suffisants pour le service des états-majors. En revanche et grâce aux ressources spéciales de La Fère et Douai, l'artillerie n'a laissé à désirer que comme nombre et seulement au début.

Les brigades d'infanterie se forment successivement et viennent s'ajouter les unes aux autres pour constituer les divisions et les corps d'armée; chacune d'elles comprend en principe un régiment de marche de 3 bataillons de ligne, un régiment de 3 bataillons de mobiles et un bataillon de chasseurs. Vers la fin de la guerre, on forme des brigades, et même des divisions entières (Robin), rien qu'avec des mobilisés. Les corps d'armée se composent simplement de deux divisions d'infanterie ; ils n'ont ni cavalerie, ni réserve d'artillerie. A remarquer enfin que la grande disproportion numérique entre belligérants n'existe pas dans le nord de la France : sauf à Amiens le 27 novembre, les forces engagées seront sensiblement égales dans toutes les rencontres.

Vers le milieu d'octobre, Bourbaki de retour de sa prétendue mission en Angleterre ne pouvant rentrer à Metz, se rend à Tours et offre ses services à la délégation : celle-ci le nomme au commandement des forces du Nord, après lui avoir vainement offert celui de l'armée de la Loire. Mais de même et plus encore que d'Aurelle sur la Loire, l'ancien commandant de la garde impériale n'avait aucune confiance dans les troupes improvisées : il entendait en principe conserver une attitude défensive, « se hâter lentement », tandis que les gouvernants, obéissant à une idée fixe, le déblocus de la capitale, se prononçaient pour une offensive énergique et immédiate dans la direction de Paris.

Vers le milieu de novembre, Bourbaki avait trois brigades prêtes. On le pressait de marcher par Amiens et Clermont sur les grands magasins créés par l'armée de la Meuse à Chantilly. Le général, qui d'abord avait manifesté son intention de ne pas même défendre Amiens, ne se prêtait qu'avec répugnance à cette pointe, qu'il jugeait aventurée. D'autre part, les circonstances devenaient critiques : Manteuffel et la 1re armée allemande approchaient. Bourbaki est alors pourvu d'un commandement sur la Loire et remplacé à l'armée du Nord par le général Faidherbe. Le général Farre, chef d'état-major et commandant intérimaire, prend aussitôt ses dispositions pour couvrir Amiens avec les trois brigades Lecointe, Derroja et du Bessol, conjointement avec la garnison (8,000 hommes), aux ordres du général Paulze d'Ivoy.

A la même époque, s'organisaient tant bien que mal à l'est de Rouen quelques rassemblements encore moins homogènes, d'abord sous la direction du général Gudin[1 12], puis sous celle de son successeur le général Briand. Ces fractions et celles du Nord réunies auraient peut-être pu présenter une résistance efficace à l'invasion, mais elles restent indépendantes les unes des autres et vont faire des efforts isolés, successifs et sans concordance. Elles seront fatalement battues séparément.

Allemands. — Après la capitulation de Metz, la IIe armée s'est dirigée précipitamment sur la Loire. La Ire a donc été retardée dans sa marche vers le nord par les soins de l'évacuation des prisonniers ; le VIIe corps est en outre laissé en arrière pour les opérations secondaires, siège des petites places, renforcement momentané des troupes d'étapes, etc. Les Ier et VIIIe corps, précédés de la 3e division de cavalerie (von Grœben) se portent de Metz sur l'Oise en traversant l'Argonne, le Ier corps à droite par Rethel, le VIIIe à gauche par Reims. Le 22 novembre, Manteuffel est sur le front Noyon-Compiègne avec 43,000 hommes et 180 canons. C'est alors qu'il prend une résolution.

D'une façon générale, sa mission consiste à garantir la tranquillité des troupes du blocus de Paris du côté de la Somme et de Rouen. Sur cette dernière direction sont déjà opposées au général Briand la division de cavalerie saxonne de Lippe à Beauvais et la division mixte du prince Albrecht (fils) vers Gisors. Manteuffel suppose très judicieusement que nous devons tendre à grouper en un seul tout les corps formés à Lille, Amiens et Rouen, en vue d'une action commune, et que cette concentration ne peut se faire que vers le milieu de la ligne, c'est-à-dire vers Amiens. La cavalerie lui signale précisément des rassemblements considérables autour d'Amiens. Manteuffel se décide en conséquence à se porter sur ce dernier point, afin d'y détruire l'embryon d'armée du Nord avant que celle-ci ait pris plus de consistance. Il fait marcher de ce côté les Ier et VIIIe corps et la 3e division de cavalerie ; le 25 novembre, il est sur le front Roye-Montdidier avec de fortes flanc-gardes à droite jusqu'à la Somme, à gauche jusqu'à Breteuil et Poix.

Malgré quelques engagements d'avant-garde assez vifs, le général allemand imagine que les Français se borneront à la défense directe d'Amiens. La Ire armée s'avance donc sur un front très étendu qui doit aller se resserrant en approchant de la ville ; la 3e division de cavalerie surveillera la rive gauche de la Somme de Ham à Corbie et le front Corbie-Villers-Bretonneux ; le Ier corps à sa gauche s'étendra suivant la Luce jusqu'à l'Avre ; le VIIIe corps est entre l'Avre et la Celle. Toutefois, le secteur entre Avre et Noye, c'est-à-dire le centre ennemi, n'est que faiblement garni ; il en est de même du côté français. Cette singulière coïncidence s'explique peut-être par la mésintelligence entre Paulze d'Ivoy et nos jeunes généraux [143].

Amiens (*Villers-Bretonneux*). — A l'approche de Manteuffel signalé sur l'Oise, le général Farre, successeur intérimaire de Bourbaki, dirige au sud d'Amiens les troupes disponibles et les répartit sur la rive gauche de la Somme. De Dury à Villers-Bretonneux, il fait élever des retranchements improvisés de façon à couvrir à la fois la ville elle-même et le chemin de fer d'Arras jusqu'à hauteur de Corbie ; il fait couper les ponts entre Péronne et Corbie qu'il ne peut couvrir assez au loin.

La petite armée (26,000 hommes) occupe de la Celle à Villers-Bretonneux un front trop étendu pour son effectif ; la garnison d'Amiens (Paulze d'Ivoy) garnit à droite les retranchements de Dury ; vient ensuite la brigade Derroja, à cheval sur l'Avre, puis la brigade du Bessol jusqu'à Villers-Bretonneux sur la voie ferrée de La Fère ; le gros de la brigade Lecointe est d'abord en réserve entre les deux autres.

Tout en croyant avoir affaire à des forces plus imposantes, Manteuffel ne juge pas à propos de se resserrer sur son centre avant d'avoir dépassé la Luce. Aussi, dès le matin du 27 novembre, ses avant-gardes vont se heurter aux positions françaises et s'engager sur toute l'étendue du front de marche, mais principalement aux deux ailes.

La bataille s'engage à l'est. Le Ier corps est en marche par un épais brouillard sur la route de Roye ; son avant-garde dépassait déjà la Luce, quand les escadrons placés en tête viennent donner inopinément sur les partis français. L'avant-garde se fractionne aussitôt en trois colonnes, qui marchent respectivement sur Gentelles, Cachy et Villers-Bretonneux.

A 10 heures, le combat est sérieusement engagé entre l'Avre et la Somme. Gentelles est enlevé à la brigade Lecointe et dès lors la brigade du Bessol est battue à Cachy sur son flanc droit. Plus à leur droite, les Allemands profitent des couverts des bois de Hangard et de Morgemont, appuient à l'est vers Marcelcave et attaquent de front et de flanc les retranchements de la voie ferrée. A midi, les défenseurs menacés à revers par la cavalerie cèdent devant un dernier assaut de l'infanterie et se replient sur Villers par la tranchée du chemin de fer. L'ennemi est alors contenu durant plusieurs heures sur le plateau. A 4 heures seulement, quand le gros du Iᵉʳ corps est arrivé, les Allemands peuvent s'emparer des ouvrages du carrefour plus à l'ouest, puis de Villers même à la chute du jour. Ils n'ont pu enlever Cachy et ont dû, faute de munitions d'infanterie, évacuer Gentelles sous l'effort de la brigade Lecointe ; celle-ci les refoule au sud de la Luce, mais sans chercher à pousser au delà. En résumé, la droite allemande ne conserve au nord de la Luce que Villers et les deux groupes de retranchements qui couvrent la voie, entre Marcelcave et Cachy.

A l'aile opposée, des combats partiels analogues s'engageaient vers midi dans les villages et petits bois, entre la 15ᵉ division et la brigade Derroja, entre la 16ᵉ division et le général Paulze d'Ivoy. A trois heures, Boves et Saint-Nicolas nous sont enlevés ; la 15ᵉ division cherche alors, mais inutilement, à se relier de ce côté au Iᵉʳ corps. Elle pousse sur la rive gauche de l'Avre jusqu'à Cagny, sur la rive droite jusqu'aux abords de Longueau. Quant à la 16ᵉ division, elle rencontre dans sa marche une résistance de plus en intense depuis Rumigny jusqu'au cimetière de Dury, qui n'est enlevé qu'à la nuit tombante. Prévoyant une défense très tenace, le VIIIᵉ corps remet au lendemain à attaquer les retranchements, et, de même que le Iᵉʳ corps, il se replie sur ses cantonnements du matin, en ne laissant que des avant-postes sur le terrain conquis.

Le général Manteuffel prévoit pour le lendemain une bataille plus sérieuse ; il veut concentrer ses troupes en conséquence. Mais le 28 au matin, ses premières patrouilles constatent que le général Farre et la garnison d'Amiens elle-même se sont retirés au nord, la gauche par Corbie, la droite par Amiens. Il est un peu tard pour poursuivre efficacement : aussi les Français parviennent-ils à se dégager définitivement sans trop de peine et à gagner l'abri des places de la Scarpe.

Forces engagées. — Français : 26,000 hommes, 42 canons ;
Allemands : 35,000 hommes, 170 canons.

Pertes. — Français : 300 tués, 1,100 blessés, 1,000 disparus ;
Allemands : 300 tués, 1,000 blessés.

Les Allemands occupent Amiens le jour même. La citadelle
fait un simulacre de résistance, mais le commandant de place,
capitaine Vogel, ayant été tué sur les remparts, l'officier de mobiles qui le remplace capitule le 30 novembre.

Le jour même de la bataille, La Fère a capitulé. Manteuffel
juge dès lors la possession de la ligne de la Somme comme suffisamment assurée pour l'instant. Il en confie la garde au général
von Grœben, lequel, avec 6 bataillons, 8 escadrons et 3 batteries,
a pour mission de se maintenir sur une défensive très active, très
remuante, de pousser des pointes hardies sans se compromettre,
d'occuper temporairement et alternativement les localités les plus
importantes, de façon à nous maintenir partout en éveil et dans
l'incertitude, depuis Amiens jusqu'à Abbeville.

Se sentant libre d'inquiétudes de ce côté, au moins pour un certain temps, Manteuffel quitte Amiens le 30 novembre et se porte
avec le gros de son armée contre le général Briand. Ce dernier
devenait en effet gênant ; les 28 et 29 novembre, il avait fait subir
à Formerie et à Etrépagny deux échecs successifs aux troupes
d'observation du comte de Lippe et du prince Albrecht. Manteuffel
se dirige vers lui en deux colonnes : VIIIᵉ corps à droite sur la
route de Poix, Iᵉʳ corps à gauche sur la route de Gournay. Briand
se replie derrière l'Andelle ; mais bien qu'il n'ait guère que 20,000
hommes à opposer à près de 40,000, il omet de se concentrer. Ses
troupes éparpillées sont écrasées dans une série de petites rencontres, notamment à Buchy le 4 décembre. Ne se croyant plus
en état de tenir la campagne, ni même de défendre les villes, le
général Briand franchit la Seine à Rouen, qu'il abandonne sans
combat, puis se porte par la rive gauche à Honfleur, où il s'embarque pour le Havre. Les Allemands entrent à Rouen le 5 décembre
et lancent des colonnes sur Dieppe au nord et Pont-Audemer à
l'ouest ; ces deux dernières villes sont occupées sans résistance et
l'ennemi touche à la Manche. Mais le Havre ayant été mis par le

capitaine de vaisseau Mouchez à l'abri d'un coup de main, Manteuffel se borne à faire des démonstrations menaçantes sur ce
point cependant ardemment convoité. Le général allemand pres-
sent une prochaine tentative de l'armée du Nord ; il fait, en conséquence, réparer les voies ferrées dans la région Amiens-Rouen-
Creil-La Fère. Il assure ainsi la facilité de ses communications
avec ses lignes d'étapes et avec la IVe armée, en même temps que
le transport commode et rapide de la masse de ses troupes sur un
point quelconque de son théâtre d'opérations.

Pont-Noyelles (*l'Hallue*). — Cependant, l'armée française
battue à Amiens a été réorganisée et renforcée à l'abri des places
du nord ; le général Faidherbe, arrivé d'Algérie le 3 décembre, en
forme d'abord les 3 divisions Lecointe, Paulze d'Ivoy et Moulac,
puis, bientôt après, deux corps chacun à deux divisions : 22e, général Lecointe ; 23e, général Paulze d'Ivoy. Très inquiet pour le
Havre, Faidherbe reprend l'offensive afin de faire diversion aux
projets qu'il suppose à Manteuffel ; il reprend Ham par surprise le
10 décembre, fait le 12 et le 13 une démonstration contre La Fère.
Puis, avec le 22e corps, il se rabat brusquement à l'ouest et vient
par la rive gauche de la Somme et Villers-Bretonneux menacer
Amiens au sud. Von Grœben laisse une garnison dans la citadelle
et évacue en toute hâte la ville le 16 décembre ; il se retire sur
Montdidier.

Mais Manteuffel accourt de Rouen avec le VIIIe corps ; mal renseigné sur les manœuvres de Faidherbe, qu'il croit ou au nord de
la Somme ou en train de pousser par l'Oise une pointe sur Paris,
il a d'abord voulu rassembler ses troupes en un point central, à
Beauvais, l'intention du grand état-major allemand n'étant pas de
s'engager sérieusement sur la rive droite de la Somme. Néanmoins,
Manteuffel fait réoccuper Amiens dès le 18 par la brigade de cavalerie de Mirus. Il apprend alors que l'armée française, renonçant à
tenter un coup de main très chanceux contre Amiens, est passée le
17 de la rive gauche sur la rive droite de la Somme par les ponts de
Lamotte et de Corbie, à l'insu du corps allemand chargé de l'observer. Le VIIIe corps tout entier est alors dirigé sur Amiens, et Manteuffel appelle de Rouen les détachements disponibles du Ier corps.

Faidherbe s'est installé le 19 décembre au delà de l'Hallue ; son intention est de livrer une bataille défensive sur des positions avantageuses soigneusement reconnues, celles de la rive gauche. Il assure la sécurité de son flanc gauche en coupant les ponts de la Somme ; il agira ensuite par sa droite si l'issue du combat lui est favorable. Le 22ᵉ corps est établi sur tout le front de la position choisie, de Contay à Daours ; le 23ᵉ, moins solide, est à Corbie. Faidherbe prescrit qu'en cas de combat, le 22ᵉ corps se resserrera sur son centre pour faire place sur chaque aile à une division du 23ᵉ corps.

En attendant l'arrivée de ses renforts, Manteuffel a fait reconnaître dès le 20 décembre la position française. Il projette de renouveler la manœuvre de Saint-Privat ; ses troupes sortiront d'Amiens et viendront se prolonger devant l'armée française, de façon à en déborder la droite et à lui couper sa retraite vers les places du Nord. La 15ᵉ division, appuyée à droite par les fractions du Iᵉʳ corps, exécutera l'attaque de front ; la 16ᵉ division, s'élevant au nord, est chargée de l'attaque enveloppante ; une brigade de cavalerie flanque et prolonge cette gauche ; enfin la garnison d'Amiens, amenée derrière le centre, formera réserve. Manteuffel se décide à livrer bataille le 23 décembre. De grand matin, ses troupes sortent d'Amiens et s'engagent sur toutes les routes et chemins qui conduisent à l'Hallue.

A la vue des colonnes allemandes qui s'avancent sur leur gauche, les troupes françaises prennent leurs emplacements de combat. Mais la division Moulac [141] venant de Corbie arrive tardivement en ligne à notre gauche ; le 22ᵉ corps se trouve ainsi avoir à défendre seul un front démesurément étendu. Vers midi, la 15ᵉ division prussienne ouvre le feu et enlève sans bien grandes difficultés nos postes avancés de Bussy et de Querrieux, après quoi elle s'étend vers Fréchencourt, afin de prendre Pont-Noyelles à revers. Les renforts allemands amenés de Rouen par le chemin de fer arrivent sur Vecquemont et en face Daours avant même que l'action soit engagée à l'aile opposée. Vecquemont, puis Pont-Noyelles et Fréchencourt sont successivement emportés. A 3 heures, la 15ᵉ division essaie de gravir les hauteurs, mais sans succès. A ce moment seulement, la 16ᵉ division arrive en ligne, cherchant notre extrême droite. Elle s'empare de Béhencourt, de Beaucourt et même de Bavelincourt sans pouvoir entamer la manœuvre projetée, la droite française s'étendant au delà de Contay. Moins bien appuyée que d'habitude par son artillerie, l'infanterie allemande ne parvient pas à prendre pied sur les hauteurs. A la nuit tombante, Faidherbe tente un vigoureux retour offensif sur les villages de la vallée ; il échoue à Pont-Noyelles et perd Daours, mais il reprend Bavelincourt et se maintient à Contay sur la rive droite.

Le général français pensait recommencer la bataille le lendemain, en débouchant de Contay dans le flanc ennemi. Mais le froid rigoureux de la nuit achève de briser les forces de ses jeunes troupes ; trop fidèles à une vieille habitude, les Français sont restés au bivouac sur les plateaux, tandis que leurs adversaires se sont simplement cantonnés dans les nombreux villages de la vallée, rive droite. Le général Faidherbe juge donc à propos de se retirer avant l'arrivée des nombreux renforts que Manteuffel attend de Rouen et de Paris.

Les Allemands ne poursuivent pas et perdent le contact. A ce moment même, ils songeaient à organiser défensivement la 16ᵉ division en face de nous, tandis que la 15ᵉ manœuvrerait le 25 sur notre flanc gauche, vers Corbie, afin de menacer directement notre ligne de retraite.

Le 24 au soir, la majeure partie de l'armée du Nord arrive à Albert et environs ; les jours suivants, elle se porte derrière la Scarpe entre Arras et Douai.

Forces engagées. — Français : 35,000 hommes, 78 canons ; Allemands : 28,000 hommes, 108 canons.

Pertes. — Français : 1,000 tués ou blessés, 1,000 disparus ; Allemands : 1,000 tués, blessés ou disparus.

Bapaume. — Après Pont-Noyelles, Manteuffel lance le VIIIᵉ corps, von Gœben, sur les routes d'Arras et Cambrai, afin de s'assurer de notre disparition. Tranquillisé de ce côté, il démontre au grand état-major l'urgence de maîtriser toute la ligne de la Somme, non pour aller au delà, mais pour se garantir de ce côté

contre les incursions de nos armées de province. En conséquence,
le siège de Péronne est décidé : l'opération est confiée à la 3e division de réserve (Schuler von Senden), qui arrive, et partie de la 16e.
Dès le 28 décembre, la ville est investie et le bombardement commence. Le corps d'observation, face au nord, a son centre à
Bapaume; il se compose de la 15e division à Bapaume et environs,
de la division mixte du prince Albrecht à droite et de la division
de cavalerie von Grœben à gauche. Le général von Gœben exerce
le commandement de toutes les troupes allemandes de la région
pendant l'absence de Manteuffel, qu'une tentative offensive de nos
troupes de la Basse-Seine vient de rappeler à Rouen.

De son côté, Faidherbe a reconstitué autour de Douai son matériel et ses approvisionnements; il a laissé à ses troupes fatiguées
quelques jours de repos qui les ont remises en état de marcher. Le
général français estime que la chute de Péronne, son dernier
point de passage sur la Somme, lui rendrait impossible toute
opération ultérieure au sud de la rivière; toute la région nord jusqu'à la Scarpe serait, en effet, à la merci de l'ennemi. Il s'apprête,
en conséquence, à secourir la place et se met en mouvement
le 1er janvier 1871. Il veut percer sur Bapaume le 2, atteindre
Péronne le 3 et rejeter l'assiégeant au sud de la rivière.

A l'approche des Français, le général von Gœben, malgré
sa grande infériorité numérique, conçoit un plan extrêmement
présomptueux : il veut nous contenir de front devant Bapaume
pendant que la nombreuse cavalerie des deux ailes, convenablement appuyée, nous enveloppera à la fois par l'est et par l'ouest.

Dans la matinée du 2 janvier, le 22e corps français, formant la
droite, refoule de Bucquoy et d'Achiet les avant-postes ennemis.
Le 23e corps, moins heureux, est repoussé sur Ervillers après
avoir un instant occupé Béhagnies et Sapignies. Notre aile droite
se trouve ainsi très avancée; elle menace de près la route d'Albert.
Les Allemands demandent au corps de siège des renforts, qui sont
dirigés par le Transloy vers leur gauche, et le prince Albrecht
esquisse sur la route de Cambrai son mouvement enveloppant.

Le 3 janvier, vers 9 heures du matin, la division Derroja marche d'Achiet-le-Petit sur Grévillers; la division du Bessol débou-

che de Bihucourt et attaque Biefvillers ; la division Payen descend d'Ervillers sur Favreuil. A midi, les Allemands sont chassés de tous ces villages et se barricadent dans Bapaume. Faidherbe, illogique avec lui-même et pris d'un scrupule assez étrange dans sa situation de général en chef, Faidherbe hésite à employer le canon contre Bapaume, ville française, alors que, dix jours auparavant, il n'a pas hésité à incendier les villages de l'Hallue. Il aurait voulu envelopper la ville et faire tomber la défense en portant ses deux ailes en avant. Mais la division Robin, qui devait attaquer Beugnâtre et Frémicourt, a faibli prématurément et reculé sur Vaulx-Vraucourt. Le prince Albrecht est maître de la route de Cambrai.

Le 22e corps se porte donc seul en avant ; les faubourgs nord et ouest sont occupés par la division du Bessol, tandis que la division Derroja dépasse la route d'Albert et lance la brigade Pittié sur Thilloy-Ligny, point d'appui de la gauche allemande. A 4 heures, nous tenons Thilloy, mais Ligny résiste, et les réserves ennemies y accourent de Miraumont et du Transloy. A ce moment, les défenseurs de Bapaume reprennent Saint-Aubin et tiennent en respect, en avant de Favreuil, la division Payen, dont le flanc gauche est en l'air par suite du recul de Robin.

Faidherbe redoute pour la nuit le contact trop immédiat de ses jeunes soldats avec l'ennemi ; il fait évacuer Thilloy et Avesnes et se concentre sur la ligne Grévillers-Favreuil-Vaulx.

Pendant la nuit et de grand matin, les Prussiens, masqués par leur cavalerie, décampent à notre insu et rétrogradent sur Péronne et Albert. Au matin, le général Faidherbe prescrit de même la retraite sur Arras, ce que voyant, les Allemands, avisés par leur cavalerie, reviennent sur leurs pas, réoccupent Bapaume et reprennent de plus belle le siège de Péronne, qu'ils se disposaient à abandonner.

En définitive, le général von Gœben n'avait pas remporté la victoire à laquelle il prétendait, loin de là ; mais Faidherbe avait complètement manqué son but, le déblocus de Péronne, grâce à un excès de défiance de ses propres forces qui, « contre toute prévision » (P. d'Ivoy), le détermine à une retraite prématurée.

Forces engagées. — Français : 32,000 hommes, 90 canons ; Allemands : 25,000 hommes, 80 canons.

Pertes. — Français : 200 tués, 1,100 blessés, 800 disparus ; Allemands : 150 tués, 700 blessés, 250 disparus.

Saint-Quentin. — Faidherbe s'est arrêté à mi-chemin d'Arras, à Boisleux : il se renforce des deux brigades Pauly et Isnard et reprend ses projets, un peu tardivement, sur Péronne. Le 10, il est à Ervillers ; le 11, il arrive à Bapaume, que les Prussiens évacuent à son approche. Il y apprend que Péronne, désespérant d'être secouru, et bombardé à outrance, a capitulé le 10 janvier.

A la suite du succès qui leur livre sans conteste la ligne de la Somme, les Allemands reviennent sur la rive gauche ; ils se bornent à maintenir sur la rive droite de forts détachements et une nombreuse cavalerie chargés d'épier nos mouvements.

Le général français se tourne alors vers Amiens et fait mine de vouloir se joindre par Abbeville aux troupes de Normandie ; il atteint ainsi Albert et pousse de fortes reconnaissances vers l'Hallue. Mais les Allemands sont sur leurs gardes et ne s'en laissent pas imposer. Faidherbe, reconnaissant l'impossibilité de forcer la ligne de la Somme au centre ou de la tourner à l'ouest, se décide à la tourner à l'est. Il se propose de se porter au sud de Saint-Quentin, d'où il menacera ou détruira les voies ferrées de Compiègne, Reims et Laon ; quand les forces ennemies lui seront trop supérieures, il se rabattra au nord, sous le couvert de ses places, en les attirant à sa suite. Cette manœuvre, coïncidant avec une sortie de Trochu, retiendra loin de Paris la Iʳᵉ armée et peut-être une partie de la IVᵉ, en même temps qu'elle inquiétera sérieusement l'ennemi pour les voies ferrées de l'Oise et de l'Aisne.

Le 16 janvier, l'armée du Nord, alors ostensiblement à Albert, se détourne soudainement à l'est ; elle espère gagner de vitesse, et avant qu'il se soit concentré, l'ennemi qui guette tous ses mouvements. Malheureusement, cette marche de flanc, déjà très délicate par elle-même, est retardée par le verglas et un dégel subits, qui rendent dès le début la marche extrêmement pénible et surtout fort lente [145].

D'autre part, l'ennemi est très vigilant ; ses nombreuses reconnaissances ont renseigné von Gœben sur la direction que suit Faidherbe. Un coup de main prématuré, exécuté le 17 sur Saint-Quentin par la brigade Isnard, venant directement du Cateau, achève de fixer ses idées. Il en avise alors de Moltke, lequel lui expédie tout d'abord, par chemin de fer, une brigade d'infanterie de l'armée de la Meuse.

Von Gœben part d'Amiens et remonte la Somme par les deux rives, en drainant sur son passage toutes les troupes disponibles, qu'il entraine vers l'est dans nos traces. Il se propose de couper l'armée française à la fois des places du Nord et de la direction de l'Oise. Son aile gauche, Kümmer et von Grœben, rive droite, doit chercher à fermer au nord la route de Cambrai; son aile droite, Barnekow, Lippe et prince Albrecht, rive gauche, se prolonge même au delà de l'Oise et vers la route de Guise. La réserve, garnison d'Amiens, suit le centre sur la route de Ham.

Le 18 janvier, l'armée française approche de Saint-Quentin : elle aurait dû ce jour-là atteindre l'Oise en amont de La Fère. Mais le 22ᵉ corps, qui tient la droite, a ses arrières-gardes engagées et retardées à Beauvois et Vermand; il se dégage avec l'aide du 23ᵉ corps, passe par Grand-Séraucourt et vient s'établir au sud de Saint-Quentin. Le 23ᵉ corps, assez éprouvé, et les brigades Isnard et Pauly, restent sur la rive droite, face à l'ouest. Le général Faidherbe se voit serré de si près qu'il ne peut plus se reployer au nord; il se décide à accepter la bataille que l'ennemi, quoique fractionné comme lui en deux partis par la rivière et le canal, cherche résolument à lui imposer [146].

La bataille s'engage le 19 janvier, à 10 heures du matin, sur le front du 22ᵉ corps français. Barnekow attaque d'abord notre centre établi en avant du ravin de Grugies. Il rencontre une vigoureuse résistance et doit faire intervenir toute l'artillerie disponible. La gauche du 22ᵉ corps, division Derroja, menacée sur son flanc extérieur, a déjà dû fléchir en arrière quand la réserve prussienne intervient et force également la division du Bessol à reculer. Un assaut général de toute la ligne allemande pousse dans le ravin de Grugies les deux divisions françaises. Malgré de nombreux retours offensifs, celles-ci n'en peuvent plus déboucher. A 4 heures, le général Lecointe, voyant la cavalerie saxonne et les contingents de la IVe armée s'élever lentement sur son flanc gauche, se replie sur le faubourg d'Isle et profite d'un moment d'hésitation chez l'adversaire pour porter sur la rive droite son corps désorganisé.

A l'aile opposée, von Grœben, extrême gauche, prononçait vigoureusement son mouvement vers la route de Cambrai. Holnon, Selency et Fayet nous sont enlevés à 1 heure, et notre ligne de retraite se trouve sérieusement compromise. La brigade Pauly intervient et reprend Fayet. Pendant ce temps, la 15e division échouait devant la brigade Isnard, vigoureusement commandée et fortement établie à Francilly et dans les petits bois plus au sud. Von Gœben, accouru sur ce point du champ de bataille, doit faire attaquer Francilly de front et de flanc : 60 pièces en batterie à l'est de Savy concentrent leur feu sur notre front; enfin, une nouvelle réserve, arrivant par la route de Ham, remonte la Somme et s'élance sur Dallon. Devant cet effort concentrique, le 23e corps rétrograde sur les faubourgs, qu'il atteint vers 5 heures. Le combat se continue derrière des barricades et pendant une partie de la nuit dans les rues de la ville. Un peu tardivement, Faidherbe ordonne la retraite ; celle-ci est protégée par les brigades Pauly et Michelet et s'effectue sur le Cateau pour le 22e corps, sur Cambrai pour le 23e. Ce dernier corps n'a pu se dégager que fort péniblement et en laissant à l'ennemi de nombreux prisonniers, mais toute l'artillerie a été sauvée.

Forces engagées. — Français : 40,000 hommes, 100 canons; Allemands : 35,000 hommes, 160 canons.

Pertes. — Français : 3,000 tués ou blessés, 8,000 prisonniers ; Allemands : 500 tués, 2,000 blessés.

Dans la nuit du 19-20 janvier, von Gœben donne des ordres pour une poursuite active sur les trois directions de Cambrai, du Cateau et de Guise[147]. Mais, malgré leur épuisement, les troupes de Faidherbe se sont dérobées : elles ont fait 40 kilomètres sans reprendre haleine et se trouvent, dans la journée du 20, sous l'abri des places de l'Escaut et de la Scarpe avec presque tout leur matériel intact[148]. La cavalerie allemande arrivant trop tard, somme inutilement Cambrai et Landrecies. Von Gœben en revient alors à l'esprit de ses instructions et ramène son armée derrière la Somme ; il laisse sur la rive droite la cavalerie aux ailes, vers Albert et Saint-Quentin, et un fort détachement d'infanterie au centre, à Bapaume.

.Quant à Faidherbe, il avait de nouveau refait son armée et se disposait à reprendre l'offensive par Cambrai, quand il est arrêté par la nouvelle de l'armistice du 28 janvier. En prévision d'une reprise des hostilités, le 22e corps était embarqué du 18 au 22 février à Dunkerque et transporté à Cherbourg. Mais la campagne était terminée.

SUJETS DE RÉFLEXION

Français. — Avantages des régions fortifiées pour la défense du pays. — Indépendance non justifiée et fâcheux manque d'entente des deux groupes du Nord et de la Basse-Seine. — Faidherbe à la fois organisateur et général : sa grande liberté d'action, résultats relativement heureux. — Analogies caractéristiques entre les pointes successives de l'armée du Nord et les sorties d'une garnison assiégée. — Hardiesse des conceptions stratégiques ; manque de ténacité et de suite dans les opérations tactiques. — Caractère indécis de la plupart des rencontres. — Inconvénients du manque de cavalerie. — Habile retraite de Saint-Quentin, quoique tardive. — Caractère de la campagne : offensive stratégique résolue ; défensive tactique timide.

. *Allemands*. — Remarquable utilisation d'une position intérieure centrale contre les deux groupes français. — Extrême présomption des plans de bataille. — Rôle décevant de la cavalerie à Pont-Noyelles, Bapaume et Saint-Quentin. — Insuccès constant des larges mouvements enveloppants. — Inaptitude persistante à la poursuite. — Analogies entre Saint-Quentin et Sedan. — Caractère général de la campagne : défensive stratégique très active, audacieuse offensive tactique.

VI

ARMÉE DE L'EST

(1ʳᵉ armée de la Loire.)

Situation dans l'Est ; premières opérations.

Cambriels et Crouzat. — La retraite des troupes françaises battues à Frœschwiller a laissé l'Alsace et les Vosges sans autre défense que les garnisons assez médiocres de places elles-mêmes peu en état de résister. A la fin de septembre, le général Cambriels, échappé à la capitulation de Sedan (comme grièvement blessé), tente d'organiser la défense des défilés des Vosges avec quelques bataillons de mobiles et les francs-tireurs de la région ; il met également les deux places importantes de Belfort et Besançon en mesure de soutenir un siège.

Strasbourg est assiégé par un corps combiné prusso-badois aux ordres de Werder et capitule le 28 septembre. Les troupes de siège disponibles pour la guerre de campagne forment alors le XIVᵉ corps, à la tête duquel Werder s'avance par la trouée de Saales dans l'intention de gagner au plus vite la Haute-Seine et la Côte-d'Or. Les passages de la Meurthe sont forcés aux combats de Raon-l'Etape et de la Burgonce (6 octobre), et Werder atteint la Moselle à Epinal le 12 octobre, sur le flanc gauche de Cambriels, replié derrière la Vologne.

Cambriels n'a que 10,000 hommes de troupes improvisées répartis en trois faibles brigades : il ne peut s'opposer efficacement à la marche de l'invasion. Après le combat de Bruyères (11 octobre), voyant l'ennemi s'élever sur son flanc gauche, il abandonne la ligne de la Vologne comme il a abandonné la Meurthe. Il remonte en toute hâte les hautes vallées de la Moselle par Remiremont et, avant même que Werder ait atteint Vesoul, il arrive à Besançon le 15 octobre. Il renforce et réorganise rapidement ses troupes et en forme un corps, *l'Armée des Vosges*, qui à la fin d'octobre compte 25,000 hommes et 50 canons groupés en trois divisions d'infanterie.

Werder arrivant à Vesoul prend le parti de s'écarter de sa direction pour tenter un coup de main sur Besançon ; du 20 au 24 octobre, de nombreux combats sont livrés sur les deux rives de l'Ognon, au nord de Besançon, vers Etuz et Châtillon. Finalement, Werder rencontrant une résistance plus énergique qu'il ne l'avait prévu, revient sur Gray et reprend sa marche vers Dijon.

Mais la capitulation de Metz venait de rendre au grand état-major allemand la libre disposition des troupes de Frédéric-Charles ; de nouveaux ordres sont adressés à Werder, lui assignant une mission très complexe à remplir pour ainsi dire sur place. Avec son XIVᵉ corps et deux divisions de réserve, Werder doit, en substance, assiéger les places de l'Alsace, y compris Belfort, et couvrir le flanc gauche de la longue ligne d'opérations des grandes armées allemandes. En conséquence, les divisions de réserve sont dès le début affectées aux sièges, et le XIVᵉ corps s'établit en observation sur la Haute-Saône, de Gray à Vesoul. De sa position, dont l'ensemble est face au sud-est, le général allemand doit en outre, par des pointes hardies poussées à propos, empêcher l'organisation de nouvelles forces françaises dans la région Est. C'est ainsi que dès le 30 octobre il occupe momentanément Dijon à la suite du combat de Sainte-Apollinaire.

Sur ces entrefaites, Cambriels, fort souffrant de sa blessure, ne peut plus exercer ses fonctions ; le général Crouzat le remplace et prend, le 8 novembre, le commandement des troupes organisées à Besançon et environs. Indépendamment de celles-ci, se formaient à Beaune et à Autun deux autres groupes équivalents chacun d'abord à une division, l'un sous le général Cremer, l'autre sous le vieux général italien Garibaldi. Quelques jours plus tard, un ordre de la délégation de Tours appelle sur la Loire Crouzat et sa petite armée, laquelle est alors dénommée 20ᵉ corps.

Cremer et Garibaldi. — Vers le 15 novembre, les troupes actives opposées à Werder se réduisent donc à la division Cremer et au corps assez hétéroclite de Garibaldi [149]. En résumé, les Allemands se tiennent provisoirement sur la défensive et les Français ne sont guère en état de les inquiéter, d'autant plus que de notre côté le commandement est mal défini et que Cremer et Garibaldi ne s'entendent pas pour agir de concert [150].

Les opérations restent donc assez incohérentes jusqu'à ce qu'un but précis soit fixé et qu'intervienne une autorité supérieure.

A la fin de novembre, Garibaldi, à la tête de 15,000 hommes, se porte d'Autun sur Dijon, sans attendre Cremer, avec qui il doit combiner sa manœuvre ; il remporte un petit succès à Pasques, mais il est ensuite battu à Talant avant d'avoir atteint son objectif ; il revient à Autun. Ici, la brigade allemande Keller, qui le serrait de trop près, éprouve à son tour un échec (1er décembre) et se replie sur Dijon.

De son côté, Cremer s'est mis en route pour Dijon ; averti de la défaite du corps d'Autun, il rétrograde sur Nuits pour y attendre Garibaldi ; chemin faisant, il remporte un petit avantage à Châteauneuf, sur son flanc gauche. Il se maintient quelque temps à Nuits contre les tentatives assez molles des Allemands. Mais Garibaldi reste obstinément à Autun.

Le 18 décembre, Cremer isolé est attaqué plus vigoureusement par les Badois ; la division française fait une résistance honorable ; après quoi, se voyant menacé d'être enveloppé par ses deux ailes, Cremer ordonne la retraite sur Beaune. A la suite de ce combat de Nuits, qui coûte à chacun des deux partis 1,000 tués ou blessés, les Allemands reviennent à Dijon ; Cremer s'arrête à Beaune et Garibaldi s'immobilise à Autun.

A la fin de décembre, Werder a sous ses ordres environ 60,000 hommes, dont 15,000 devant Belfort et 45,000 hommes au corps d'observation ; Cremer et Garibaldi ont chacun 15,000 hommes.

Bourbaki contre Werder.

Projets. — Après Orléans (4 décembre), la 1re armée de la Loire s'est réorganisée autour de Bourges et Nevers. Elle était destinée d'abord, ou à se porter par Tours et Blois vers Chanzy, ou à marcher directement sur Paris par Montargis et Fontainebleau. Mais Bourbaki est hésitant : il n'a aucune confiance en ses troupes improvisées [151].

Malgré les objurgations de Chanzy, il n'ose se porter au secours de la 2ᵉ armée, laquelle doit par suite céder le terrain à Josnes et sur le Loir. Les retraites successives de Chanzy ont rendu impossible la jonction des deux armées de la Loire ; le retour subit de Frédéric-Charles à Orléans après les affaires de Vendôme rend irréalisable le projet de marche sur Paris.

La délégation de Bordeaux imagine alors de tenter une grande diversion susceptible de provoquer indirectement la levée du blocus de Paris. Il est décidé que Bourbaki, avec la 1ʳᵉ armée de la Loire devenant l'*armée de l'Est*, se portera dans l'est pour y menacer les lignes d'opérations des Allemands, faire lever le siège de Belfort et de là reconquérir l'Alsace, peut-être envahir l'Allemagne du sud.

Cette armée de l'Est se composera d'abord des :

15ᵉ corps, général Martineau des Chenez, successeur de Martin des Pallières, malade ;

18ᵉ corps, général Billot, remplaçant Bourbaki ;

20ᵉ corps, général Clinchant (évadé de Metz), successeur de Crouzat, disgracié ;

Une division de réserve, capitaine de vaisseau Pallu de la Barrière ; en tout 100,000 hommes et 300 canons.

Il s'y joindra plus tard :

Le 24ᵉ corps, général Bressolles, corps formé à Lyon ;

La division Cremer qui sera ralliée à Beaune.

Bourbaki disposera alors de près de 140,000 hommes et 400 canons, avec lesquels il lui sera possible d'écraser les 60,000 soldats de Werder.

L'entreprise tenue secrète et rapidement conduite pouvait donner de bons résultats, mais ces deux conditions ne se réalisent pas. Le projet d'opérations consistait à transporter par les voies rapides le 18ᵉ corps de Nevers à Chagny, le 20ᵉ et la réserve de Saincaize à Chalon-sur-Saône, le 24ᵉ directement de Lyon à Besançon.

La division Cremer couvrirait d'abord le flanc successivement à Dijon et à Gray, puis elle deviendrait extrême gauche de l'armée; elle serait remplacée entre Langres et Dijon par Garibaldi, spécialement chargé de couvrir la gauche et les derrières de l'armée qui remonterait l'Ognon. Enfin, et jusqu'à son relèvement par le 25e corps alors en formation, le 15e corps est laissé provisoirement à Bourges et Vierzon pour retenir l'attention des Allemands et masquer le départ; il prendra le chemin de fer à son tour, et rejoindra d'une seule traite, à Besançon, le gros de l'armée, dont il sera la droite.

Bourbaki voulait d'abord en finir avec Werder en s'interposant entre ce dernier et Belfort; pour cela, il allait dissimuler le plus longtemps possible, puis chercher à gagner de vitesse son adversaire et à atteindre la gauche allemande.

De la Loire à la Lisaine. — Malheureusement, les transports par chemin de fer se font avec une extrême lenteur, sans accord avec les compagnies et sans les précautions élémentaires indispensables; toutes les voies sont bientôt encombrées de trains en détresse; on n'avance plus, et, sur la ligne de ravitaillement même, les vivres font défaut dès le début. Nos soldats, entassés et immobilisés dans les wagons, souffrent cruellement du froid, de la disette et de la privation d'aliments chauds; dans certains trains, les hommes restent trois ou quatre jours sans pouvoir descendre de voiture, quelquefois sans avancer d'un pas.

Le mouvement a commencé le 20 décembre. Le 29 seulement, les 18e et 20e corps sont à peu près en entier à Chagny et Chalon; le 24e arrive à Besançon, le 15e va se mettre en route, Cremer est toujours à Beaune. Les jours suivants, l'armée resserre ses colonnes et se porte péniblement du front Chalon-Chagny sur celui Dôle-Auxonne, puis sur Pesmes; à partir d'ici, elle remontera les deux rives de l'Ognon jusqu'au sud de Villersexel, où elle reprendra les routes directes de Belfort.

La marche est considérablement retardée par la difficulté des ravitaillements, la rigueur de la saison et le mauvais état des chemins; le 8 janvier, les 24e, 20e et 18e corps sont arrivés au sud de Villersexel, à cheval sur l'Ognon et font face au nord-est. La

division Cremer quitte seulement Dijon. Le 15ᵉ corps commence
à débarquer à Clerval [152]. Le choix de ce dernier point, imposé
par le commandant supérieur de Besançon, général Rolland, va
avoir des conséquences très graves; outre que Clerval, localité
peu importante, n'offre aucune ressource d'aucune sorte, on n'y
trouve ni quais de débarquement, ni emplacements pouvant être
appropriés à cette destination; les trains non déchargés viennent
par suite s'accumuler indéfiniment sur la voie, de telle sorte que
celle-ci est complètement obstruée, annihilée, et que le matériel
est inutilisé et les ravitaillements impossibles.

A Garibaldi, dont on a porté l'effectif à 30,000 hommes au
moins, on confie la très importante mission de barrer, sur les
derrières de l'armée de l'Est, l'intervalle dangereux entre Dijon
et Langres, par lequel peuvent arriver les secours allemands
détachés des grandes armées sous Paris.

Les Allemands s'étaient attendus à voir marcher la 1ʳᵉ armée
de la Loire sur Paris. A cet effet, leur VIIᵉ corps avait été appelé
sur le Loing, tout prêt à se joindre à Frédéric-Charles. Mais la
vérité ne tarde pas à leur être en partie connue. Nos irrémédiables
lenteurs leur laissent le temps d'aviser : le IIᵉ corps est enlevé au
blocus de Paris et vient appuyer le VIIᵉ; les deux corps réunis
sont d'abord dirigés sur la haute Seine, de façon à pouvoir
intervenir soit vers le Jura, soit à l'ouest des Vosges, suivant la
direction, non encore bien dessinée, que prendra l'armée française.

A l'approche de Bourbaki, Werder a évacué Dijon le 27 décembre; il concentre le XIVᵉ corps à Vesoul. Notre mouvement
s'accusant vers l'est, le général allemand propose de lever le siège
de Belfort pour aller défendre l'Alsace; le grand état-major de
Versailles lui ordonne au contraire de tenir à tout prix devant
Belfort, et l'avise de la mise en route d'une armée de secours [153].
Celle-ci doit d'abord aller au plus pressé, tendre sur Vesoul pour
faire jonction avec le XIVᵉ corps; mais Werder ne l'attend pas.
Il rétrograde dans la direction de Belfort avant que Bourbaki, qui
approche de Villersexel, lui ait coupé les devants.

C'est à ce moment seulement que Werder est définitivement fixé
sur notre direction. Ses nombreuses reconnaissances lui appren-

nent que les deux armées se côtoient parallèlement. Il accélère son allure, et, pour gagner du temps et ralentir notre propre marche, il conçoit le projet de heurter notre flanc gauche.

C'est alors (9 janvier) qu'a lieu le combat de Villersexel, véritable affaire de flanc-garde pour les Allemands.

Le 9 au matin, l'avant-garde du général Schmeling (4ᵉ division de réserve) se présente devant Villersexel, occupé par des mobiles corses du 24ᵉ corps. Quoique surpris, ceux-ci tiennent bon et interdisent l'accès du pont de l'Ognon. Quelques compagnies allemandes se glissent alors par les passerelles mal gardées de la forge en aval, pénètrent dans le parc et le château et attaquent à revers les défenseurs de la ville et du pont. Les mobiles se retirent par la route de Villers-la-Ville vers 11 heures du matin.

A 1 heure, le 18ᵉ corps français se déploie sur les deux rives de l'Ognon, à hauteur de Marat ; il néglige Moimay et n'occupe qu'en partie le bois des Brosses. A 2 heures, le 20ᵉ corps, venant de Rougemont, attaque Villersexel par le sud. D'autre part, Werder envoie la division Schmeling à Villersexel et la brigade Goltz à Moimay, tandis que la forte division badoise continue sur Belfort. Dans le bois des Brosses, où l'ennemi s'est glissé, le combat est très vif jusqu'à 6 heures du soir ; à la fin de la journée, l'arrivée de quelques bataillons badois de renfort détermine de notre part l'abandon du bois et du village de Marat.

A Villersexel, la 4ᵉ division de réserve se maintient d'abord contre les attaques du 20ᵉ cerps, mais Schmeling ayant dû momentanément dégarnir le parc pour secourir Moimay, les Français y pénètrent et s'établissent dans le château, d'où il est ensuite impossible de les débusquer, et d'où ils dominent la ville et le pont.

La nuit venue, la bataille se continue sans résultat décisif dans les rues, dans le parc et même dans les salles du château, et, à 10 heures, tous les assauts des Allemands contre le parc étaient restés infructueux.

Werder considère le résultat cherché comme acquis, et, de plus, il a reconnu qu'il exécute devant nous une marche de flanc en longeant notre front. Il ordonne l'évacuation complète de

Villersexel et la reprise de la retraite par les fractions combattantes. Néanmoins, le combat de rues ne se termine définitivement qu'à 3 heures du matin. Les Allemands, remontant au nord, franchissent l'Ognon sur des ponts préparés à Aillevans, et reprennent le matin même leur marche vers la Lisaine.

Forces engagées. — Français : 50,000 hommes; Allemands : 25,000 hommes.

Pertes. — Français : 700 tués ou blessés et 300 prisonniers; Allemands : 600 tués ou blessés.

Le lendemain de son succès négatif de Villersexel, Bourbaki s'attendait à voir Werder renouveler son attaque; il prenait le parti de l'attendre. L'armée française, déjà très fatiguée, très éprouvée et encore mal concentrée, reste donc à peu près immobile durant trois jours, cependant bien précieux. Les 13 et 14 janvier, elle se rapproche lentement de la Lisaine et engage ses avant-gardes à Arcey.

Depuis Villersexel, elle a parcouru environ 20 kilomètres, et néanmoins son aile gauche est fort en retard. Elle est mal renseignée; le verglas couvre les routes, et nos cavaliers, qu'on a omis de pourvoir de ferrures à glace, traînent péniblement leurs chevaux par la bride à la queue des colonnes qu'ils devraient éclairer; l'artillerie ne peut avancer qu'à grand renfort de bras d'hommes, et les soldats eux-mêmes sont exténués[154].

Du côté opposé, Werder n'a pas hésité. Il a reconnu, à Villersexel, l'imminence du danger dont il est menacé. L'indécision et l'inaction de Bourbaki lui laissant la liberté d'agir, il se hâte d'en profiter pour se tirer d'un mauvais pas. Le 11, il est en sûreté à Héricourt; il renforce les hauteurs de la rive gauche de la Lisaine au moyen d'ouvrages de campagne, armés de pièces de fort calibre tirées du parc de siège. Avec les renforts qu'il emprunte au corps de blocus, Werder dispose d'environ 50,000 hommes.

Héricourt (*La Lisaine*). — Néanmoins, le commandant du XIV⁰ corps allemand n'est pas rassuré sur les suites de l'affaire qui se prépare. Le 14, il sollicite encore du grand état-major l'autorisation de lever le siège. De Moltke lui enjoint péremptoirement d'accepter la bataille derrière la Lisaine[155]. Werder espérait, au mieux-aller, tenir sur ses positions jusqu'à l'arrivée de Manteuffel dans le rayon d'action de Bourbaki. Sachant que les nécessités du ravitaillement liaient les Français au chemin de fer, il pensait que leur principal effort se porterait vers Montbéliard, et il avait accumulé de ce côté ses plus puissants moyens d'action. Les ponts de la Lisaine étaient détruits, la glace rompue ; les villages de la rive gauche étaient organisés défensivement, les monts Vaudois et Dannin étaient fortifiés et hérissés de batteries. Dès le 14, les troupes sont sur leurs emplacements respectifs : extrême droite sur la route de Lure, à Ronchamp, détachements du colonel Willisen ; à Chenebier, la brigade Degenfeld ; autour de Chagey et Luze, la brigade mixte de Goltz ; puis, jusqu'à Montbéliard, l'infanterie de la 4ᵉ division (landwehr) ; en réserve derrière le centre, deux brigades badoises, et enfin à l'extrême-gauche, sur les deux rives du Doubs, les détachements du général Debschitz.

Au contraire des prévisions de Werder, le plan de bataille de Bourbaki consistait en un mouvement de conversion à droite, le pivot étant à Montbéliard ; la bataille devait s'engager de proche en proche, corps par corps à partir du pivot, et de façon à rabattre largement la gauche française sur la droite allemande. Mais les corps encore les plus éloignés à l'ouest sont précisément ceux qui ont à s'avancer le plus à l'est ; en outre, Bourbaki, mal renseigné, croit que la droite allemande ne dépasse pas Chagey. Le projet de bataille était donc, en sens inverse eu égard aux belligérants, la réédition de celui de Saint-Privat avec ses données et ses erreurs, mais tentée par l'assaillant avec des moyens moins puissants et surtout sans la même confiance dans le succès. Le 15ᵉ corps est en face Montbéliard ; puis viennent le 24ᵉ et le 20ᵉ, ce dernier en liaison avec le 18ᵉ devant Héricourt. L'aile gauche chargée de la manœuvre enveloppante est formée du 18ᵉ corps et de la division Cremer ; celle-ci, extrême gauche, a reçu l'ordre précis de franchir la Lisaine à deux kilomètres en amont de Chagey. Quelques bataillons tirés de Besançon forment extrême droite sur les deux rives du Doubs au sud de Montbéliard.

Journée du 15. — Le programme français pour la journée du 15 janvier comportait l'occupation de la ligne brisée Montbéliard-Héricourt-Argiésans. Dans la matinée, les corps de droite enlèvent facilement les avant-lignes ennemies et forcent les landwehriens à repasser la Lisaine. Le 15ᵉ corps pénètre dans Montbéliard, mais ne peut s'emparer du château ; le 24ᵉ échoue dans toutes ses tentatives de s'établir sur la Lisaine ; le 20ᵉ, maître de Tavey, attend vainement pour agir sur Héricourt l'entrée en ligne de l'aile gauche. Le 18ᵉ corps, déjà trop en arrière et que peut-être on aurait dû attendre, est encore retardé par de nombreux à-coups provenant de la défectueuse organisation de ses colonnes ; quand il arrive à portée d'agir, il est trop tard pour obtenir un résultat le jour même. La division Cremer, partie de Lure dans la nuit et suivant l'itinéraire indiqué, se heurte vers Beverne aux colonnes en désordre du 18ᵉ corps ; pour se dégager, elle oblique plus au nord, arrive à Etobon et découvre la droite allemande, non à Chagey, mais à Chenebier. Avec beaucoup de résolution, Cremer attaque Chenebier, mais l'heure tardive ne lui permet pas d'obtenir un résultat.

Journée du 16. — Les attaques des corps de droite contre les retranchements allemands réussissent aussi peu que la veille ; le château de Montbéliard, Bethoncourt et Bussurel résistent facilement aux molles tentatives des 15ᵉ et 24ᵉ corps ; le 20ᵉ corps agit plus énergiquement sur Héricourt et fournit plusieurs assauts que la non-coopération du 18ᵉ corps et la grosse artillerie du Mont-Vaudois rendent infructueux [156]. A l'extrême gauche, la division Cremer, appuyée par la vigoureuse division Penhoat (du 18ᵉ corps), reprend sa tentative sur Chenebier et réussit à en chasser la brigade Degenfeld, qui recule à Chalonvillars. A ce moment, l'extrême aile droite de l'ennemi est coupée, la route de Belfort est ouverte : un vigoureux effort par Frahier et Essert d'une part, de la garnison de Belfort d'autre part, peut nous donner une victoire complète. Mais la garnison ne bouge pas : nos troupes n'en peuvent plus. Le gros du 18ᵉ corps n'ose se risquer à attaquer de front, et attend, pour agir plus au nord et soutenir Cremer épuisé, des ordres qui ne viennent pas. La manœuvre décisive, possible ce jour-là, est manquée [157] et l'ennemi n'a subi que des pertes insignifiantes [158].

Journée du 17. — Werder a fini par discerner le but de nos efforts. Dans la nuit du 16 au 17, il envoie sa réserve avec le général Keller à Chalonvillars. Avant le jour, Keller et Degenfeld attaquent Chenebier que défend la division Penhoat. Sur ce point, le combat se poursuit toute la journée avec des alternatives diverses ; enfin, à 3 heures, les Allemands sont repoussés, mais ils se maintiennent victorieusement à Frahier et nous barrent ainsi définitivement la route de Belfort. Sur les autres parties de notre front, on s'est borné à une stérile canonnade, à laquelle les Allemands, à court de munitions, ne répondent que faiblement.

Dans l'après-midi, le général en chef se porte enfin à la gauche ; il manifeste l'intention d'y appeler le gros de ses forces pour percer vigoureusement sur la route de Belfort. Il est trop tard. Ses lieutenants l'en dissuadent [159] ; il vient d'apprendre les mouvements de Manteuffel sur la Haute-Saône ; ses troupes, épuisées par les combats, par les bivouacs incessants, par la disette et un froid de —15° dans la neige, ses troupes sont manifestement incapables d'un effort sérieux. Il ne lui reste donc qu'à ordonner la retraite.

Forces engagées. — Français : 100,000 hommes, 300 canons ; Allemands : 45,000 hommes, 110 canons de campagne, 34 pièces de siège.

Pertes. — Français : 6,000 tués, blessés ou prisonniers ; Allemands : 700 tués, 1,500 blessés.

Retraite sur Besançon. — En ordonnant la retraite le 19 janvier au soir, Bourbaki ne croyait pas encore renoncer à la partie. Il espérait pouvoir s'arrêter autour d'Arcey, rétablir un certain ordre dans son armée, se ravitailler et prendre de nouvelles dispositions offensives. Il pensait aussi que Werder serait peut-être tenté de quitter ses fortes positions pour se jeter à sa poursuite, et qu'alors l'armée française aurait la faculté de l'accabler avec des forces numériques très supérieures [160].

Mais, d'une part, Werder assez éprouvé se garde bien de se compromettre. D'autre part, l'armée française, mal administrée, mal vêtue et mal nourrie, perd par le seul fait du passage de l'offensive à la défensive le peu de ressort moral qui lui reste. La débandade commence dès le premier jour ; d'Arcey, le mouvement rétrograde se continue irrésistiblement entre Ognon et Doubs jusque sur Besançon, mais avec une désespérante lenteur. Le 22 janvier seulement, après avoir parcouru soixante-dix kilomètres en cinq jours, le gros de l'armée arrive dans l'état le plus lamentable autour de Besançon. Ici, nos pauvres soldats mourants de faim et de froid avaient vaguement espéré rencontrer quelques adoucissements à leurs misères; il n'en est rien. De plus, le gouverneur, effrayé à la vue de cette cohue et inquiet pour ses propres approvisionnements dont il redoute le pillage, interdit rigoureusement l'accès de la ville à nos troupes; celles-ci continuent de bivouaquer misérablement dans la neige, sans feu ni pain, par un froid qui se maintient à — 14°.[161]..

Une division du 15° corps était en arrière-garde à Beaume-les-Dames. Le 24° corps entier avait été jeté dans le coude du Doubs, de Clerval à Blamont par Pont-de-Roide; il avait reçu la mission expresse de détruire et d'interdire les passages du cours d'eau et de défendre le plateau de Blamont et les montagnes du Lomont.

Cependant, Werder se conformant à des ordres supérieurs s'était mis à notre poursuite avec son XIV° corps, mais très prudemment. Le 20 janvier, il avait repris le contact. Il ne cesse dès lors de talonner nos traînards; il arrive le 22 par les deux rives de l'Ognon à hauteur de Villersexel, ses coureurs de gauche à l'Isle-sur-Doubs, ceux de droite donnant déjà la main à Manteuffel dans la région au sud de Vesoul.

Bourbaki avait compté faire face à l'ennemi en s'appuyant à Besançon; il croyait alors à une jonction directe de Manteuffel et Werder entre Belfort et Gray. Mais bientôt il apprend que l'armée allemande de secours a changé de direction et se porte au sud sur les routes de Lyon et de Genève; en même temps, son administration[162] et le commandement de Besançon l'avisent que les approvisionnements en vivres sont à peine suffisants pour sept jours. En réalité, les magasins contenaient de quoi faire subsister l'armée et la garnison pendant cinq semaines.

Quoi qu'il en soit, une retraite rapide s'imposait. Le général en chef hésite trois jours durant, du 23 au 25; il laisse ainsi à l'ennemi le temps de l'envelopper. Et cependant nos arrière-gardes ne tiennent nulle part ; il n'y a plus d'illusion à se faire. Dans la journée du 24, les troupes du 15ᵉ corps laissées à Beaume-les-Dames sont rejetées sur Besançon ; par suite de malentendus, d'ordres irrégulièrement transmis par l'état-major, le 24ᵉ corps abandonne ses positions du Lomont et se précipite en cohue vers le sud-ouest. Bourbaki lui ordonne de se reporter le lendemain en avant, à hauteur de Beaume et Clerval[163]. Il veut faire soutenir le 24ᵉ corps par le 18ᵉ ; mais celui-ci, retardé par le verglas, n'arrive pas, ce que voyant, le commandant du 24ᵉ corps prescrivait la retraite, qu'il ne pouvait guère empêcher, et la dirigeait de Pierrefontaine sur Pontarlier.

Bourbaki n'avait plus le choix ; il allait être cerné à Besançon comme Bazaine à Metz[164]. Dans les premiers jours qui suivent Héricourt, l'armée de l'Est ne perdant pas de temps aurait pu se dégager, tout au moins momentanément, soit par le nord, soit par le sud, peut-être même par l'ouest. Quand le général en chef se décide, il ne reste que la direction de Pontarlier ; l'armée se jetant dans la région la plus difficile et la moins hospitalière du Jura, doit donc chercher à se glisser entre les Allemands et la frontière suisse pour atteindre Lyon[165]. Le 26 janvier, Bourbaki met lui-même ses colonnes en mouvement sur Ornans et par toutes les routes et chemins de la Haute-Loue. Le soir du même jour, à la suite d'explications très aigres avec la délégation de Bordeaux[166], le général en chef tentait de se suicider. A ce même moment, le gouvernement se décidait à accepter la démission précédemment offerte par Bourbaki et donnait le commandement en chef au général Clinchant.

Opérations de Manteuffel.

Projets ; premières marches. — Dans les premiers jours de janvier, le grand état-major allemand, fixé sur Bourbaki, décidait la création d'une armée du Sud composée du corps Werder, du IIᵉ corps (Fransecky) détaché du blocus de Paris, et du VIIᵉ corps (Zastrow), jusque-là liaison entre Werder, Frédéric-Charles et les armées de blocus.

Fransecky remontait aussitôt l'Yonne et l'Armançon et se portait jusqu'à Nuits-sous-Ravières à hauteur de Zastrow, déjà concentré, ou à peu près, à hauteur de Châtillon-sur-Seine. Manteuffel était appelé d'Amiens et prenait le 13 février le commandement en chef de cette « armée du Sud », provisoirement restreinte à deux corps.

Les circonstances étaient pressantes; on savait Werder très compromis. Manteuffel prenait de suite son parti d'aller au plus court; il voulait se porter droit sur Vesoul en passant hardiment entre Dijon et Langres. Le IIe corps à droite détacherait sur Dijon une brigade qui se multiplierait pour amuser les 30,000 hommes de Garibaldi; le VIIe corps enverrait de même un détachement sur Langres pour en contenir la garnison, forte de 17.000 hommes. Profitant de ces démonstrations, le gros franchirait lestement le plateau de Langres et atteindrait la Saône entre Gray et Dampierre les 19 et 20 janvier; une fois là, on s'inspirerait des événements pour faire choix d'une nouvelle direction et entamer les opérations tactiques de concert avec le XIVe corps.

Ce plan très simple, mais fort audacieux [167], allait réussir grâce à l'inertie de la garnison de Langres et surtout de Garibaldi.

Le 13 janvier, les IIe et VIIe corps étaient largement cantonnés de l'Armançon à l'Aube sur l'arc relativement étendu Montbard-Recey-Aubepierre. Ils se mettent en mouvement en resserrant leurs têtes de colonne sur le front Selongey-Prauthoy-Longeau, qui est atteint les 16 et 17, puis sur celui Is-sur-Tille et Champlitte, atteint le 18; enfin, le 19, les avant-gardes sont à Gray et Dampierre-sur-Salon. Ce jour-là seulement, Garibaldi sort bruyamment de Dijon par le nord; il aperçoit de loin les colonnes du IIe corps prussien qui précipitent leur marche de flanc, s'imagine qu'il les fait fuir et rentre triomphalement à Dijon aux chants de la *Marseillaise*.

Depuis la veille, Manteuffel connaît le résultat inespéré de la bataille d'Héricourt. Le XIVe corps n'a plus besoin de son secours immédiat; Werder peut au contraire concourir efficacement à la poursuite des Français vaincus, en ne laissant devant Belfort que le strict nécessaire. Manteuffel lui adresse des instructions en ce

sens : quant à lui, il projette d'exécuter avec les IIe et VIIe corps
un changement de direction à droite qui le portera au sud sur les
communications et les lignes de retraite de Bourbaki ; il se propose
de prendre le contact avec nous, non au nord de l'Ognon, mais
au sud du Doubs, de façon à nous étreindre à Besançon, nouveau
Metz, si nous tentons de nous y défendre, ou à nous acculer à la
frontière, comme à Sedan, si nous essayons de lui échapper.

Dès le 20 janvier, Manteuffel se place face au sud : le IIe corps
pivote autour de Gray et pousse ses avant-gardes jusqu'à Pesmes
sur l'Ognon ; le VIIe corps converse à droite et arrive aux environs
de Gy. Le 21, le IIe corps occupe Dôle après un simulacre de
combat contre quelques mobiles : il y capture 230 wagons de
vivres et d'effets qui étaient destinés à nos troupes nues et affa-
mées, après quoi il s'engage sur la route de Poligny. Le VIIe corps
atteint également le Doubs le lendemain à Dampierre et escarmouche avec des détachements de la garnison de Besançon ; le
XIVe corps donne la main au VIIe par Rioz et étend sa droite vers
Marnay. L'armée du Sud est maintenant réunie sur l'arc Mont-
sous-Vaudrey-Dampierre-Rioz-Villersexel-l'Isle-sur-Doubs ; Manteuffel a ainsi sous la main 85,000 hommes et 300 canons. Ce
jour-là seulement, les malheureuses bandes de Bourbaki arrivent
à Besançon, déjà aux trois quarts entouré. Les jours suivants,
Manteuffel profite de l'inaction de Bourbaki : le XIVe corps reste
sur l'Ognon pour barrer les routes de Gray et Auxonne ; les deux
autres corps exécutent un nouveau changement de direction, cette
fois à gauche en pivotant sur le VIIe, afin de se diriger vers l'est.
Le 23, le VIIe corps est à Quingey, le IIe a ses têtes de colonne tout
près de Salins, à Arbois et Poligny. Nulle part, les troupes alle-
mandes ne rencontrent ni résistance ni obstacle sérieux : elles
avancent librement, sans éprouver d'autres difficultés que celles
inhérentes à la rigueur exceptionnelle de la saison et à l'âpreté de
la région.

En définitive, le 26 janvier, jour où l'armée française quitte enfin
Besançon pour essayer de gagner Pontarlier, et de là Mouthe et
Saint-Laurent, les positions des têtes de colonnes allemandes sont
les suivantes : à droite, le IIe corps, aile marchante, tient Arbois,

Salins, Pont d'Héry et pousse des reconnaissances au sud sur Champagnole ; le VIIe corps est à Quingey, Arc et Senans et pousse des pointes sur Besançon et Ornans ; le XIVe corps, plus étendu, a sa droite à Dampierre à l'ouest de Besançon, sa gauche à Laissey en amont de la place et son extrême gauche sur la Dessoubre. A partir de ce moment, le contact avec les colonnes françaises est immédiat et constant. Sans avoir combattu, Manteuffel n'a plus guère qu'à poursuivre.

Garibaldi à Dijon. — Pendant ce temps, Garibaldi disposant de 30,000 hommes au moins et de 90 canons restait inactif à Dijon sur les derrières de l'ennemi, dans une position unique et exceptionnellement favorable à l'exécution de vigoureux coups de main. Le général italien avait laissé passer sans l'inquiéter le gros de l'armée du Sud ; afin de le contenir, Manteuffel avait posté à Saint-Seine la brigade Kettler, en tout 4,500 hommes et deux batteries. Kettler ne voyant rien bouger, craint que Garibaldi se soit dérobé sur Auxonne et Dôle. En conséquence, il se rapproche de Dijon et livre les 21, 22 et 23 janvier de sanglants combats à Talant, Fontaine, Messigny et Pouilly ; il est écrasé par des forces très supérieures et fait des pertes relativement énormes [168], mais il a imposé par son attitude à Garibaldi, qui n'ose plus bouger. Ce dernier reste d'autant plus convaincu de l'importance du corps allemand que Kettler battu s'arrête et prend hardiment à Marsannay, à moins de 15 kilomètres de Dijon, une position qui lui permet d'observer en même temps Langres et Garibaldi : quoique vaincu, Kettler avait pleinement atteint son but, qui était de clouer à Dijon un corps français tout entier et d'assurer au général Manteuffel la liberté de ses manœuvres et la sécurité de ses derrières.

Tout en félicitant Garibaldi personnellement de ses faciles et trompeuses victoires, la délégation, plus clairvoyante que le vieux condottiere [169], n'en pressait pas moins celui-ci de se jeter au delà de la Saône sur les derrières de Manteuffel, afin de dégager Bourbaki. Soit apathie, soit aberration, le général ne bougeait pas ; enfin le 27 janvier, un ordre formel lui enjoint de se porter sur Dôle : une brigade pousse alors lentement jusqu'à Saint-Jean-de-Losne.

A la nouvelle qu'un armistice a été conclu le 28 janvier, mais qu'il n'est pas applicable à la Côte-d'Or, Garibaldi prend l'inexplicable et subite résolution d'évacuer le département; il.se retire par Chagny sur Lyon. C'est ainsi que dans les premiers jours de février, Kettler peut réoccuper Dijon et Beaune sans combat : il ne s'arrête qu'à la limite du département.

Marches sur Pontarlier; dénouement. — Dans les circonstances difficiles où il prenait le commandement en chef le 26 janvier, le général Clinchant ne pouvait rien faire d'autre que chercher à accélérer la retraite. Le 28 janvier, la masse confuse qui représentait l'armée française rayonnait à grande distance autour de Pontarlier : le gros du 18ᵉ corps sur la route d'Ornans jusqu'aux sources de la Loue; celui du 15ᵉ corps sur la route de Salins; le 20ᵉ corps sur celle de Champagnole; le 24ᵉ corps, passé le jour même sous le commandement du général Comagny (Thibaudin), était en partie mélangé avec les autres, en partie déjà sur la route de Mouthe. Le général Cremer, toujours très actif, avait fait l'arrière-garde de Besançon à Frasnes et lançait avec beaucoup d'à-propos des détachements aux cols de Bonnevaux et des Granges. Le même jour encore, Cremer en personne, faisant une traite de 80 kilomètres, portait sa cavalerie sur la route de Mouthe et l'y échelonnait depuis Foncine-le-Haut et les Planches jusqu'à Saint-Laurent et Morez en détachements chargés de garder et nous conserver les passages dangereux.

Du côté opposé, le corps Fransecky atteignait Champagnole et se proposait de marcher le 29 sur les Planches; le VIIᵉ corps était entre Salins et Ornans; la division Schmeling, gauche du XIVᵉ corps, à Nods; le détachement Debschitz, vers Morteau; le reste du corps Werder, partie devant Besançon, partie en réserve des IIᵉ et VIIᵉ corps à Arc et Senans.

Considérant où en sont les deux armées, Manteuffel veut précipiter le dénouement. Il prescrit pour le 29 janvier une marche concentrique de toutes ses troupes sur le point unique de Pontarlier : Schmeling et Debschitz par Saint-Gorgon et Arçon, Zastrow par Levier, Fransecky par Nozeroy et Frasnes. En détournant le IIᵉ corps de la direction de Saint-Laurent, le général allemand

nous laisse ainsi à son insu la chance de nous échapper à la suite
de Cremer par la route de Mouthe et les chemins du Risoux. Mais
Fransecky, obstiné dans son projet de la veille, prend sur lui de
détacher successivement sur son flanc aux Planches, à Bonnevaux
et aux Granges de fortes fractions qui suffisent à refouler les cavaliers de Cremer ou les débandés du 24ᵉ corps; les coureurs prussiens vont même jusque Jougne et ramassent chemin faisant des
centaines de traînards qui n'ont plus ni la force, ni la volonté de se
défendre. Pendant que le IIᵉ corps opère ainsi sur notre flanc, le
VIIᵉ nous pousse de front et nous entasse sur Pontarlier : il livre
au 20ᵒ corps à Chaffois et au 15ᵉ à Sombacourt deux combats
sérieux seulement en raison du grand nombre des prisonniers
français.

Dans Sombacourt, le général de division Dastugue[170] est surpris à la tombée de la nuit par un simple bataillon hanovrien et se
laisse capturer avec près de 3,000 hommes et toute son artillerie,
la seule que nous ayons perdue dans cette pénible retraite.

Dans cette soirée du 29 janvier, le général Clinchant reçoit de
Bordeaux une dépêche l'avisant de la conclusion de l'armistice.
Ignorant ce qui se passe à Versailles, la délégation s'est bornée à
transmettre aux généraux le texte intégral de la dépêche du gouvernement de Paris. Malheureusement, le négociateur français
Jules Favre, trop exclusivement préoccupé de Paris et pas assez
de la France, avait consenti avec une coupable légèreté à exclure
de l'armistice la région du Jura et Belfort; il y attachait sans
doute peu d'importance, car, chose plus impardonnable encore, en
même temps qu'il informait de l'armistice la délégation de Bordeaux, notre ministre des affaires étrangères oubliait de mentionner la grave restriction concernant nos malheureuses troupes de
l'est; il omettait même de dire que l'armistice n'était valable que
dans trois jours pour les autres armées de province[171].

Conformément aux ordres formels qui lui sont transmis, Clinchant fait donc suspendre les hostilités et parlemente avec les
chefs allemands. En attendant une solution définitive, nos soldats,
relativement heureux d'entrevoir la fin de leurs misères person-
nelles, s'arrêtent dans les pauvres cantonnements qui se rencon-

trent. Les Allemands eux-mêmes, avertis seulement par les généraux français, suspendent momentanément la poursuite.

Mais, dès le matin du 30, Manteuffel mieux renseigné fait reprendre la marche sur Pontarlier. Les officiers français protestent; on entretient ainsi des négociations toute la journée, ce qui ne ralentit en rien ni le mouvement des Allemands, ni celui des Français, qui s'acculent de plus en plus autour de Pontarlier. Nos soldats si cruellement déçus ne combattent plus et se laissent capturer par milliers.

Enfin, dans l'après-midi du 30, Clinchant décidément détrompé donne des ordres pour rabattre l'armée, le lendemain matin, derrière les Hautes-Joux et par les chemins de la combe de Saint-Point sur Mouthe et la Chapelle-aux-Bois. Il est trop tard : les seules routes encore ouvertes sont celles de la Suisse. Déjà, dans la journée du 31, avant toute convention et presque malgré les troupes helvétiques, des régiments entiers serrés de trop près franchissaient la frontière et déposaient leurs armes sur le territoire suisse.

Dans la nuit du 31 janvier-1er février, le général Clinchant signait aux Verrières avec le général suisse Herzog une convention exécutoire sans délai, aux termes de laquelle l'armée française était autorisée à entrer en Suisse, sous condition d'y déposer ses armes et d'y rester internée jusqu'à la paix [172]. Le passage régulier de la frontière commençait aussitôt par les trois routes des Verrières, des Fourgs et de Jougne. Le 18e corps couvrait le défilé de l'armée et contenait les Allemands aux environs de Pontarlier jusqu'à ce que, à court de munitions, il évacuait la ville et se jetait à son tour sur la route des Verrières.

La réserve Pallu de la Barrière restait postée à la Cluse; bien appuyée par le canon du fort de Joux, cette dernière troupe tenait vaillamment tête aux colonnes de plus en plus pressantes de l'ennemi et donnait le temps de faire filer en Suisse presque tout le matériel et toute l'artillerie. Pallu de la Barrière se dégageait ensuite dans la soirée, en tenant encore l'ennemi à bonne distance; ce combat de la Cluse était le dernier livré par les armées françaises en campagne. Le lendemain 2 février, l'armée allemande, poursuivant sa marche tout en ramassant les traînards, terminait son étape à la frontière suisse, sans avoir rencontré aucune résistance.

Environ 15,000 hommes appartenant surtout aux divisions Cremer, Longerue (du 15e corps) et Dariès (du 24e corps) avaient réussi à s'échapper soit par Mouthe avant l'enveloppement final, soit au dernier moment par les montagnes du Risoux. Cremer et quelques autres généraux les ralliaient à Gex.

Etaient entrés en Suisse : 90,000 hommes, 12,000 chevaux, 300 canons et 3,000 voitures. Les Allemands avaient fait 15,000 prisonniers, dont les généraux Dastugue et Minot, pris à Sombacourt. Deux divisions, à peu près 15,000 hommes, étaient restées à Besançon. L'armée de l'Est ayant compté au maximum 142,000 hommes, le nombre des tués et blessés était donc relativement minime, eu égard à l'importance de la catastrophe finale.

SUJETS DE RÉFLEXION

Français. — Direction excentrique non justifiée de la diversion tentée. — Direction meilleure de Dijon-Langres sur Nancy ou Bar-le-Duc, ou même sur Châlons–Reims. — Préoccupations exagérées touchant Belfort; sacrifices hors de proportion avec le résultat cherché de ce côté. — Nécessité d'étudier et préparer mûrement l'emploi des chemins de fer. — Lenteur persistante de nos marches, soit en avant, soit en arrière; perte d'un temps précieux à Villersexel et à Besançon. — Derrières assurés d'une façon incertaine; Garibaldi trop indépendant de Bourbaki. — Oubli des difficultés exceptionnelles inhérentes en hiver aux pays de montagnes. — Détails de préparation négligés : ferrures à glace, ravitaillements, vêtements, etc. — Chez le haut commandement, faiblesse du moral, manque de foi; attitude résignée, puis désespérée au moment le plus critique; contraste avec Ney en Russie. — Impuissance de l'administration de l'armée. — Inertie de la garnison de Belfort pendant les journées d'Héricourt. — Belle attitude et activité remarquable de quelques généraux subordonnés : Cambriels, Cremer, Pallu de la Barrière, Penhoat, etc. —

Honteuse affaire de Sombacourt; rapprochements avec Wissembourg. — Grave faute commise de ne pas renforcer Cremer, les 28 et 29 janvier, vers Saint-Laurent. — Analogies avec la campagne de Sedan. — Comparaisons avec la retraite de 1812.

Allemands. — Première position d'arrêt judicieusement choisie par Werder à Vesoul, puis retraite exécutée à propos, lestement et habilement. — Perplexités et craintes justifiées de Werder. — Rapide organisation d'une position défensive inexpugnable derrière la Lisaine. — Aptitudes militaires des troupes aguerries neutralisant la supériorité numérique des forces improvisées.

Conceptions successives de Manteuffel très hardies, bien appropriées aux circonstances; exécution résolue, coordination parfaite et méthodique des opérations respectives des différents corps. — Application répétée de l'enveloppement stratégique suivi de l'enveloppement tactique. — Témérité de telles opérations en face d'adversaires plus clairvoyants que Garibaldi, ou moins délabrés que l'armée de l'Est. — Succès exceptionnellement brillant obtenu par Manteuffel sans grande bataille.

VII

PARIS

———

Situation générale.

Français. — Après Sedan, la France n'a plus d'armée en campagne ; les armées de province n'existent pas encore. Un mois d'une campagne plus foudroyante que celle d'Iéna semble avoir mis la nation à la discrétion du vainqueur. En cet instant critique, les députés de Paris abattent l'Empire, le 4 septembre, s'emparent du pouvoir, proclament la République à l'hôtel de ville [173] et constituent entre eux un gouvernement dit *de la Défense nationale* dont le général Trochu accepte d'être le chef [174], et dont les membres, « nommés d'acclamation », sont « tous députés de Paris [174] ». Le général Le Flô est nommé ministre de la guerre.

Représentant ainsi bien plutôt la capitale et un parti seulement que le pays entier, ce nouveau gouvernement prend tout naturellement la funeste résolution de rester à Paris, menacé d'un siège prochain, et d'y maintenir tous les rouages quelconques du système d'administration précédent, exclusivement centralisateur. A ce moment, on considère d'ailleurs comme négligeable la résistance que peut offrir la province à l'invasion qui s'étend rapidement. Une simple délégation expédiée à Tours sera chargée de gouverner les départements, d'y créer, organiser et diriger les forces militaires en vue d'un objet unique et exclusif : secourir Paris.

En fait, la France et Paris vont avoir chacun leur gouvernement particulier, sans que ni l'étranger ni le pays lui-même reconnaissent explicitement la légalité d'aucun.

Le ministre improvisé des affaires étrangères, vice-président du gouvernement, Jules Favre, est allé à Ferrières au-devant de

Bismarck et a demandé un armistice, prélude de la paix (19-20 septembre). Il s'est heurté à des exigences excessives [176], inacceptables moins encore par un gouvernement nouveau mal affermi que par un pouvoir régulier : la continuation immédiate de la guerre nous est imposée, et l'investissement de Paris commence.

La tâche qui à ce moment incombe logiquement au gouvernement central peut donc se résumer en ceci :

Organiser à Paris des forces capables, d'abord, de résister à une offensive vraisemblable de l'assiégeant et, ensuite, de coopérer par de puissantes sorties à l'action des armées de province quand celles-ci seront en état de forcer, par l'extérieur, le blocus que les armées de Paris rompront à l'intérieur du cercle d'investissement.

Il convient de savoir que précédemment à cette entrevue de Ferrières qui n'a pas abouti, M. Jules Favre avait adressé le 6 septembre aux agents diplomatiques de la France à l'étranger une circulaire officielle et publique dans laquelle on devait plus tard relever amèrement certains passages tels que ceux-ci : « Nous ne céderons ni un pouce de notre territoire, ni une pierre de nos forteresses » ; puis, exaltant la garde nationale de Paris après avoir négligemment fait mention de l'armée régulière, le ministre s'écrie : « Nous avons surtout les poitrines de 300,000 combattants décidés à périr jusqu'au dernier. Après les forts, les remparts, *après les remparts, les barricades.* »

Allemands. — Les Allemands croient n'avoir plus qu'à venir signer la paix dans Paris même. Néanmoins la capitale leur impose plus encore que ne le comportent ses moyens de résistance et l'état de division politique des partis. Sûrs d'un succès qui ne peut en apparence se faire longtemps attendre, ils veulent procéder méthodiquement, avec précautions, ne rien livrer au hasard d'une redoutable explosion populaire : ils se p oposent en conséquence d'entourer la capitale, de l'investir comme Metz, en s'installant défensivement sur de bonnes positions hors portée du canon des forts, positions qu'ils renforceront rapidement, qu'ils mettront en état de refouler une tentative désespérée et sur lesquelles ils attendront patiemment une solution qui ne saurait tarder.

De la situation générale des deux partis, il va résulter :

1° Une période d'investissement, septembre et octobre, durant laquelle l'assiégeant s'installe tandis que l'assiégé s'organise et s'aguerrit;

2° Une période de sorties, novembre et décembre, durant laquelle les armées parisiennes et celles de province essaient de se donner la main au travers de l'assiégeant, lequel, déçu dans son espoir du début, s'apprête à employer les procédés d'un siège plus ou moins régulier ;

3° La période finale, celle de bombardement. Du côté français, toutes les tentatives pour percer ayant échoué, aussi bien à l'intérieur qu'à l'extérieur, on ne lutte plus qu'en désespéré, pour l'honneur des armes ou la satisfaction d'une opinion publique qui impose la direction de la guerre. Du côté de l'assiégeant, on est las d'attendre : on précipite par des moyens violents le dénouement fatal.

§ 1. — PÉRIODE DE L'INVESTISSEMENT

Forces et moyens opposés.

Français. — Aussitôt après les premières défaites du mois d'août, on avait envisagé la possibilité d'un siège de Paris, sans cependant croire celui-ci bien vraisemblable. Il avait fallu aviser non-seulement aux moyens militaires de défense, mais encore à se pourvoir du colossal approvisionnement de vivres nécessaire à une agglomération de deux millions d'habitants. En ceci comme en beaucoup d'autres circonstances qui ont été mal appréciées, le ministère Palikao avait déployé une activité aussi prodigieuse qu'intelligente, et il avait réussi : les subsistances de la population et de l'armée étaient assurées pour la durée présumée du siège, soit pour trois mois environ [177]; en réalité, il y en avait pour plus longtemps.

De même que le matériel de nos armées en campagne, l'outillage de guerre n'était pas parfait; mais il était, dès le début, fort respectable et suffisant pour l'effectif des troupes aptes à l'utiliser; plus tard, l'industrie civile devait produire au delà des besoins, au fur et à mesure que les recrues s'aguerriraient.

Au milieu de septembre, le matériel d'artillerie comprenait au total 3,200 pièces, dont 2,400 sur les remparts ou dans les ouvrages et 800 canons de campagne.

L'infanterie disposait de 500,000 fusils, dont 200,000 chassepots. Les munitions de toute nature étaient en abondance et la fabrication journalière devait dépasser la consommation.

Comme nombre, le personnel était plus que suffisant. On avait beaucoup d'hommes, trop d'hommes, et pas assez de soldats, le tout réparti en quatre grandes catégories : 1° troupes actives ; 2° garde mobile; 3° garde nationale sédentaire; 4° corps francs et corps auxiliaires.

Troupes actives : 90,000 hommes. — *a*) Environ 15,000 marins débarqués de notre inutile escadre et formant une excellente division spécialement affectée à la garde des forts :

b) Le 13ᵉ corps (général Vinoy), 28,000 hommes, revenu le 9 septembre à Paris de sa périlleuse excursion à Mézières et Rethel. Il n'avait qu'une solide brigade, général Guilhem, « la brigade des drapeaux » (35ᵉ et 42ᵉ régiments) venue de Rome. Les autres étaient formées de régiments de marche à chacun trois bataillons de six compagnies; chacun des bataillons provenait d'un dépôt d'un régiment de ligne ;

c) Le 14ᵉ corps (général Renault), 30,000 hommes, encore moins homogène que le 13ᵉ. Chacun de ses régiments avait été formé avec les nouveaux dépôts créés après la constitution du 13ᵉ corps, de telle sorte que parfois les 18 compagnies du régiment de marche avaient été tirées de 10, 12 ou même 18 régiments différents, à l'effectif desquels ces compagnies continuaient néanmoins à compter administrativement[178].

d) Un certain nombre d'autres unités de marche constituées avec des douaniers, des gendarmes, des gardes forestiers, des pompiers, des sergents de ville, des volontaires anciens soldats, etc..., en tout à peu près 12,000 hommes, excellente troupe qu'on aurait pu utiliser plus intelligemment en en tirant des sous-officiers pour les formations nouvelles ;

e) Quatre brigades de cavalerie, en tout neuf régiments de marche ;

f) Une flottille de la Seine comprenant 27 canonnières ou batteries flottantes aux ordres du capitaine de vaisseau Thomasset.

Garde nationale mobile. — 135,000 hommes répartis pour le cantonnement, le service et l'instruction en quatre groupes territoriaux comprenant chacun un nombre variable d'arrondissements :

a) Les mobiles de Paris, de retour de l'armée de Châlons, où ils s'étaient mutinés et où l'on avait renoncé à les utiliser quand il s'était agi de marcher à l'ennemi ;

b) 110,000 mobiles appelés des départements et organisés les uns en bataillons, les autres en régiments de trois bataillons ; on avait en outre 15 batteries servies par les meilleurs éléments.

Parisiens ou provinciaux, tous ces mobiles étaient aussi peu instruits les uns que les autres. Les premiers étaient, à cause de leur indiscipline avérée, une gêne plutôt qu'un appui, surtout dans Paris ; les seconds, logés chez l'habitant, laissés oisifs et mal conseillés, n'allaient pas tarder à se trouver en majeure partie dans le même cas [179]. La situation morale de cette troupe empire encore et tout esprit militaire en disparaît quand la nomination de ses officiers est livrée à l'élection (du 16 septembre au 19 décembre) [180].

Garde nationale sédentaire. — L'Empire avait limité à 60,000 le nombre des gardes nationaux parisiens et il n'avait distribué les armes qu'à bon escient, en mains sûres. Le gouvernement du 4 septembre, besoigneux de popularité, se montre plus large : il donne un fusil à qui se présente, et l'on arrive ainsi au chiffre énorme de 330,000 inscrits, parmi lesquels figurent 25,000 repris de justice, dont plus de 1,000 officiers [181]. La garde nationale a pour commandant en chef le général Tamisier ; elle est en fait subordonnée pour le service aux généraux commandant les neuf secteurs de la place.

Corps francs ; corps auxiliaires. — Les corps francs étaient nombreux (58) et de toutes armes; mais, à part de rares et glorieuses exceptions, ils ont tout comme dans les départements causé beaucoup plus d'ennuis que rendu de services.

A mentionner encore les diverses formations du génie auxiliaire et autres similaires, recrutées dans un personnel technique discipliné, d'une réelle valeur, aux ordres de MM. Viollet-le-Duc, Alphand, Ducros, Krantz, etc.

En résumé, le général Trochu, gouverneur de Paris, commandant de l'armée et chef du gouvernement de la France, dispose de moyens matériels extrêmement puissants et d'un personnel en apparence formidable, environ 550,000 hommes. En réalité, il ne peut guère compter au début que sur 50 ou 60,000 passables ou bons soldats, et son action militaire sera souvent subordonnée aux exigences d'une politique trop exclusivement parisienne et flottante comme le caprice populaire [182].

Une organisation extrêmement compliquée des rouages du commandement aggrave encore la situation. Outre le général-gouverneur et le ministre de la guerre, l'armée, la garde mobile, la garde nationale, ont chacune des chefs et états-majors distincts. Les forts ont tous un état-major complet; certains sont groupés par trois sous un commandement supérieur intermédiaire, tandis que d'autres relèvent directement de la place. La place de Paris elle-même est divisée en neuf secteurs commandés chacun par un officier général et dans lequel ce dernier a autorité directe et complète sur les troupes de toute catégorie qui y font simultanément le service ; chaque secteur a un état-major et des services spéciaux au grand complet, de telle sorte qu'il constitue à lui seul une place distincte [183]. Néanmoins, il y a encore, et en nombre inégal, des commandants supérieurs du génie, de l'artillerie, etc., pour tout ou partie de la place; à cela s'ajoutent les quatre commandements territoriaux de la garde mobile, indépendants les uns des autres. Plus tard, en novembre, seront encore créés des états-majors et commandements d'armées. Tous ces commandements, états-majors ou services latéraux ou superposés, chevauchent les uns sur les autres, s'enchevêtrent, ont des attributions communes en de mêmes points, bien qu'ils soient étrangers les uns aux autres : d'où tiraillements perpétuels, retards constants, responsabilités mal définies, entraves incessantes à la rapidité et à la bonne exécution du service et de toute opération quelconque et, en définitive, divergence des volontés et des efforts, alors qu'une véritable dictature militaire s'imposait.

Les fortifications de Paris, excellentes à l'époque de leur construction (1840-44), étaient notoirement insuffisantes en 1870, par suite des perfectionnements apportés à l'outillage de guerre. Dès le début de la campagne, le gouvernement impérial avait fait commencer de nombreux ouvrages avancés destinés à étendre la zone de protection des forts et de l'enceinte, et surtout à accroitre à l'extérieur le rayon de la défense active. Pour des causes multiples, entre autres procédés trop méthodiques du génie, révolution du 4 septembre, paresse et mauvaise volonté des ouvriers terrassiers [184], les travaux avaient été poussés mollement et parfois suspendus, si bien qu'au milieu de septembre, les redoutes des Hautes-Bruyères et du Moulin-Saquet sont seules à peu près terminées; celles de Châtillon et de Montretout sont juste assez avancées pour en imposer une occupation plus onéreuse qu'avantageuse.

Allemands. — Les forces allemandes qui ont à procéder à cette invraisemblable opération, l'investissement de Paris, sont numériquement très faibles, eu égard à l'énorme agglomération qu'il s'agit d'isoler violemment de l'extérieur. Elles appartiennent aux III⁰ et IV⁰ armées ; ce sont les vainqueurs de Sedan. La III⁰ armée, qui arrive sur Villeneuve-Saint-Georges et Corbeil, ne comprend pour l'instant que la 2⁰ division de cavalerie, les V⁰ et VI⁰ corps et le II⁰ bavarois ; en arrière approche la division wurtembergeoise, retenue quelques jours à la garde du grand quartier général. La IV⁰ armée, qui s'avance vers le front Montmorency-Aulnay-Chelles, est au complet : 5⁰ et 6⁰ divisions de cavalerie, IV⁰ corps, garde et XII⁰ corps. En résumé, cinq divisions de cavalerie et six corps et demi déjà bien affaiblis vont tenter d'envelopper Paris dans les journées des 17, 18 et 19 septembre.

Quelques jours plus tard, le 23 septembre, rejoindront les corps laissés sur la Meuse à l'escorte des prisonniers de Sedan, XI⁰ prussien, Iᵉʳ bavarois et 4ᵉ division de cavalerie. Enfin, en octobre, de nouvelles fractions arriveront de Metz et Strasbourg, 17ᵉ division de landwehr de la garde, de telle sorte qu'à la fin de la période d'investissement, fin d'octobre, l'assiégeant disposera sous Paris de 170,000 fantassins, 12,000 cavaliers et 680 pièces de campagne, soit en chiffres ronds 200,000 combattants, déduction faite des forces envoyées vers Orléans.

Exécution de l'enveloppement.

Les Allemands sont signalés le 15 septembre dans la banlieue de Paris. La cavalerie des généraux Champeron et Reyau se replie lentement sans s'engager; la division Reyau arrivée à Versailles est ensuite jetée au sud, vers la Loire.

Le général Trochu fait porter le corps Vinoy à l'est de la capitale, de Charenton à Vincennes ; le 14ᵉ corps, à peine organisé, vient s'établir en avant des forts du Sud, de Clamart à Ivry. Le lendemain 16, le général Ducrot, échappé des mains de l'ennemi, arrive de Pont-à-Mousson[185] et reçoit le commandement supérieur des 13ᵉ et 14ᵉ corps, au grand mécontentement de Vinoy, plus ancien, d'où malaise dans le haut commandement dès le premier jour[186]. Le gouverneur n'avait pas confiance en ses troupes improvisées : il aurait voulu les tenir sur la ligne des forts et ne pensait pas pouvoir contrarier l'investissement. Le général Ducrot est d'un avis contraire : il désire pousser en avant afin de conserver du champ à la défense extérieure et obliger l'ennemi à s'étendre démesurément en s'affaiblissant d'autant. Le 14ᵉ corps est alors concentré dans la journée du 17 sur le plateau de Châtillon. Ducrot s'apprête à heurter le flanc droit de la IIIᵉ armée allemande au cours de la longue et dangereuse marche de flanc que celle-ci doit exécuter pour se prolonger de Villeneuve-Saint-Georges à l'est, à Bougival à l'ouest.

Pour les Allemands, la manœuvre délicate commence le 17. En ce qui concerne la IVᵉ armée, qui n'a qu'à se porter droit devant elle, entre Marne et Oise, l'opération s'accomplit sans entrave : le 19 septembre, après d'insignifiantes escarmouches, son IVᵉ corps borde la Seine de Chatou à Epinay ; la garde lui fait suite sur les hauteurs de Montmagny et derrière la Mollette jusqu'à la forêt de Bondy ; le corps saxon est entre Aulnay et Chelles, sa gauche à la Marne ; les deux divisions de cavalerie indépendante, 5° et 6°, filant par Pontoise, ont franchi la Seine à Poissy et Triel et s'étendent par Neauphle jusqu'à Chevreuse.

La tâche dévolue à la III° armée est plus ardue. Précédés par la 2° division de cavalerie et flanqués à gauche par quelques escadrons de la 4°, ses trois corps s'avancent en trois colonnes parallèles, la gauche en avant. Ainsi, le soir du 17, le VI° corps a sa tête vers la Queue-en-Brie ; le V° corps a livré aux troupes de Vinoy les combats insignifiants de Montmesly et Créteil, puis il a jeté un pont à Villeneuve-Saint-Georges et se trouve établi en ce point sur les deux rives ; le II° bavarois a fait de même à Corbeil et arrive sur l'Orge à Brétigny.

Le lendemain, le VI° corps, servant de pivot, avance peu et s'arrête sur la ligne Villeneuve-le-Roi-Limeil-Boissy, tandis que les deux autres conversent sur lui ; à la fin de la journée, la colonne du V° corps s'allonge de Palaiseau à Villacoublay ; le II° bavarois descend directement au nord, prend la droite du V° corps et s'établit, également en colonne très dense, sur la route d'Orléans, de Montlhéry à la Croix-de-Bernis. Ainsi disposés chacun en profondeur et bien liés entre eux, les corps allemands sont à même de produire, en cas d'attaque, des efforts progressifs puissants et de s'appuyer réciproquement. Ce jour-là, quelques petits engagements ont lieu vers Villacoublay entre les avant-gardes du V° prussien et des avant-postes du 14° français.

Le 19 septembre au matin, le V° corps reprenait sa marche vers Versailles et le II° bavarois allait prendre la place du V° prussien quand s'engage le combat de Châtillon.

Châtillon (19 septembre). — Le général Ducrot veut profiter de l'occasion : il espère prendre l'ennemi en flagrant délit. Le 14° corps débouche de Clamart et Châtillon : à droite, la division Caussade se dirige sur Villacoublay ; à gauche, la division d'Hugues marche sur Petit-Bicêtre et le bois de Verrières ; au centre, une grande batterie de 70 pièces escortée par la brigade de cavalerie de Ber-

nis forme liaison et cherche à gagner la tête des ravins de la Bièvre ; la division Maussion est en réserve à Bagneux.

Les avant-gardes ou avant-postes prussiens font bonne contenance; les colonnes du V° corps arrêtent leur marche vers l'ouest
et font face au nord ; le II° bavarois hâte son mouvement régulier
par les bois de Verrières. Néanmoins, la division d'Hugues pro-
gresse et approche du Petit-Bicètre. Mais à l'aile opposée les
zouaves de la division Caussade, placés à l'extrême droite, sont
pris, sous les obus, d'une panique épouvantable. Un mouvement
débordant des Prussiens, ébauché sur les lisières des bois de Meudon, achève de tout gâter : la division entière s'enfuit dans le plus
grand désordre sur Clamart, laissant à découvert le flanc droit du
14° corps.

Ducrot doit ordonner la retraite ; celle-ci s'effectue d'abord en
bon ordre sous la protection de la grande batterie. Le général espérait au moins se maintenir autour de la redoute de Châtillon,
armée en toute hâte la veille. Mais il apprend que la division Caussade, évacuant Clamart, a continué sa fuite jusqu'à Paris, où elle
jette l'alarme; que par suite d'un malentendu (ordre mal transmis
par le chef d'état-major, général Appert), la division Maussion a
quitté Bagneux pour se replier sous le fort de Montrouge, que la
redoute elle-même n'est pas en état de recevoir une garnison : elle
manque complètement d'eau [187] et des moyens de s'en procurer. Il
se résigne à poursuivre son mouvement rétrograde, en abandonnant aux Bavarois la redoute et les huit pièces de position y
amenées la veille.

Forces engagées. — Français : 25.000 hommes, 76 canons;
Allemands : 20,000 hommes, 90 canons.

Pertes. — Français : 100 tués, 550 blessés, 8 canons; Allemands : 120 tués, 300 blessés.

Ce piteux résultat justifiait pleinement les appréhensions du
général Trochu. Aussi le gouverneur en revient-il à son premier
projet : se défendre sur la ligne des forts. Toutes les troupes,
même celles du 13° corps, se replient entre l'enceinte et les forts.
On abandonne les ouvrages ébauchés et, par crainte d'une attaque
de vive force sur le côté ouest dégarni de défenses, on fait sauter

précipitamment les ponts de la Seine, depuis Sèvres jusqu'à Saint-Denis ; on conserve néanmoins ceux de Neuilly et du chemin de fer d'Asnières, protégés à courte portée par le Mont-Valérien.

A la nouvelle de ce premier échec, une véritable panique se produit dans la capitale : on craint un assaut immédiat. Criant à la trahison, les mobiles parisiens formant la garnison du Mont-Valérien désertent leur poste et reviennent dans Paris. Heureusement, les Allemands ne s'aperçoivent de rien ; le général Le Flô a le temps de faire réoccuper le fort par des troupes plus sûres, des mobiles de la Loire-Inférieure.

Le 20 septembre, lendemain du combat de Châtillon, la III° armée allemande a son quartier général à Versailles ; par Bougival, elle donne la main à la droite de l'armée de la Meuse. Ses troupes sont placées : division wurtembergeoise entre Marne et Seine, de Noisy à Villeneuve ; VI° corps entre Seine et Bièvre ; II° bavarois entre la Bièvre et Sèvres ; V° corps, de Sèvres à Bougival.

Le cercle d'investissement est formé, mais bien fragilement constitué. Loin de songer à brusquer un assaut, ainsi que le redou-taient les Parisiens, les Allemands se préoccupent uniquement de renforcer leurs positions défensives, de les organiser, comme à Metz, au moyen d'une triple ligne : avant-postes, lignes de résis-tance, positions de réserve. Les fractions d'avant-postes seules sont bivouaquées, toutes les autres troupes sont cantonnées. L'alimen-tation est assurée simultanément par les arrivages d'Allemagne e par les réquisitions faites dans le large rayon d'action de la cava-lerie. Celle-ci couvre en même temps l'investissement à grande dis-tance vers Senlis, Beauvais, Gisors, Chartres, Etampes, etc. Dès la fin de septembre, les ballons et les pigeons voyageurs sont les seuls moyens de communication entre l'extérieur et Paris. Six se-maines vont alors s'écouler sans autre chose que des escarmouches et engagements tout à fait secondaires ou insignifiants.

Villejuif (22-23 septembre). — Sous l'impression d'un premier échec, les Français avaient rétrogradé un peu vite et loin ; d'autre part, les Allemands s'étaient peu souciés de venir se placer préci-pitamment à notre suite sous le canon des forts. Le gouverneur, revenu de ses premières émotions, ordonne de réoccuper sur le plateau de Villejuif les redoutes des Hautes-Bruyères et du Moulin-Saquet. Confiée au 13ᵉ corps, l'entreprise réussit parfaitement et sans grandes pertes. Les faibles postes ennemis se replient sur la ligne de défense Choisy-Thiais-Chevilly-l'Hay.

Chevilly (30 septembre). — Encouragé par ce petit succès, le général Vinoy veut pousser une pointe sur Choisy-le-Roi, dans l'intention de détruire le pont qu'on dit y avoir été établi par les Allemands ; en réalité, le pont en question était plus au sud, à hauteur de Limeil. Le général Trochu transforme le coup de main projeté en une grande reconnaissance offensive portant sur tout le secteur entre Bièvre et Seine, avec diversions sur les flancs vers Châtillon et Créteil. Il en établit lui-même le programme très détaillé et surtout très compliqué ; le 13ᵉ corps entier se trouve éparpillé sur une ligne immense ; ses diverses unités, divisions et brigades, sont disloquées et enchevêtrées les unes dans les autres. de telle sorte que la direction d'ensemble devient extrêmement difficile. L'exécution pèche dès le début, comme la conception. Sous prétexte de préparation par l'artillerie, les canons des forts ouvrent de grand matin un feu violent sur les points d'attaque choisis, mais le continuent pendant une demi-heure seulement, juste assez pour déceler nos intentions et renseigner un ennemi déjà mis sur ses gardes par d'autres préparatifs mal dissimulés. Puis les trois brigades Dumoulin, Guilhem et Blaise marchent respectivement contre l'Hay, Chevilly et Thiais-Choisy. Ainsi que cela se produira dans presque toutes nos tentatives, le premier choc nous est favorable : les avant-postes ennemis sont refoulés. Mais alors nous nous heurtons à la ligne de résistance, villages, murs, parcs, tranchées, formidablement et habilement organisée ; notre artillerie de campagne est impuissante ; les outils nous manquent pour faire brèche aux murs, notamment à Chevilly, devant lequel est tué le général Guilhem à la tête de la « brigade des drapeaux ». Tandis que nous combattons à découvert en plaine, l'infanterie allemande bien abritée nous accable à courte distance de feux rapides d'une extrême violence. Et nos colonnes n'ont aucune réserve à leur portée.

Dès 9 heures du matin, la retraite s'impose. A 10 heures, les colonnes d'attaque sont ralliées des deux côtés de Villejuif, sous la protection des redoutes voisines.

Les diversions trop mollement exécutées n'avaient servi à rien.

Forces engagées. — Français : 12,000 hommes ; Allemands : 10,000 hommes.

Pertes. — Français : 300 tués, 1,800 blessés ou disparus ; Allemands : 400 tués ou blessés.

On venait d'expérimenter d'une façon très cruelle la force et la puissance des lignes de l'assiégeant. Un instant on semble vouloir adopter le projet du général Tripier, projet qui consistait à opposer aux lignes fortifiées de l'assiégeant, pour en approcher et pouvoir les aborder à couvert, un système de travaux de contre-approches analogue à celui imaginé par les Russes sous Sébastopol. Il s'agissait en substance d'intervertir en partie les rôles : l'assiégé aurait attaqué d'après les moyens réguliers les forteresses improvisées de l'adversaire. Le procédé était lent, mais sûr, et surtout parfaitement adapté aux aptitudes de jeunes soldats à aguerrir, et en harmonie avec les immenses ressources matérielles dont on disposait dans Paris. Néanmoins, après un commencement d'exécution satisfaisant sur le plateau de Villejuif, on ajournait le projet Tripier pour n'y plus guère revenir que par intermittences.

Bagneux-Châtillon (13 octobre). — Dans les premiers jours d'octobre, de grands mouvements sont signalés dans la zone sud de l'investissement ; les Allemands en effet recevaient les corps attardés, les renforts d'Allemagne, et détachaient des fractions importantes contre les nouvelles formations françaises de la Loire. A Paris, on imagine que l'ennemi veut célébrer l'anniversaire d'Iéna et qu'il prépare dans ce but une grosse affaire pour le 14 octobre.

En conséquence, Trochu prescrit au général Vinoy d'exécuter sur le plateau de Châtillon une grande reconnaissance offensive. Dans la matinée du 13 octobre, les trois colonnes Pottier, Susbielle et La Mariouse se portent à l'attaque de Clamart, Châtillon et Bagneux. Clamart est assez facilement enlevé, mais la prise de Bagneux nous coûte de grosses pertes : bien qu'attaqué à la fois de front et de flanc, ce dernier village n'en doit pas moins être con-

quis péniblement, maison par maison, et avec l'aide des ressources spéciales du génie. Egalement abordé de la même façon, Châtillon résiste encore mieux : les Bavarois réussissent à se maintenir dans la partie sud.

Bientôt accourent de toutes parts les réserves allemandes. Le
général Vinoy juge alors impossible d'entamer la véritable ligne
de résistance située encore plus au sud ; à 3 heures, la retraite est
ordonnée, et nous évacuons les villages un instant conquis. Les
Allemands, qui s'apprêtaient à passer à l'offensive, se contentent
de nous poursuivre de leurs feux.

Forces engagées. — Français : 20,000 hommes, 80 canons ;
Allemands : 16,000 hommes, 100 canons.

Pertes. — Français : 100 tués, 300 blessés ; Allemands : 100
tués, 260 blessés.

La Malmaison (21 octobre). — Vers le milieu d'octobre, quand il
croit l'armée suffisamment organisée, le gouvernement arrête le
plan d'une grande sortie à opérer sur la Basse-Seine par Bezons.
Les préparatifs et l'exécution en sont confiés au général Ducrot.
Or, au sud de la presqu'île de Gennevilliers, les Allemands, favorisés par les couverts de Garches à Bougival, resserraient de jour
en jour leurs lignes d'investissement et peu à peu se rapprochaient
de Rueil et Nanterre, malgré le Mont-Valérien. Ducrot se propose
donc de refouler l'ennemi plus au sud afin de dégager d'un voisinage dangereux le flanc gauche de la sortie projetée : il profitera
de l'occasion pour essayer les troupes du 14º corps, qu'il doit emmener, et leur donner confiance et aplomb. Cette dernière considération l'amène à composer les forces destinées à cette première
opération avec des éléments sûrs et choisis empruntés à tous les
régiments : il a ainsi 10,000 bons soldats qu'il fait en outre appuyer
par de l'artillerie en proportion inusitée (100 pièces).

L'affaire s'engage le 21 octobre, à 1 heure seulement, et après
une préparation plus intempestive que suffisante faite par la grosse
artillerie du Mont-Valérien ; le Vº corps allemand était sur ses
gardes, grâce aux signaux habituels du Mont-Valérien, visibles
pour les deux armées, et bientôt devenus compréhensibles pour
les Allemands [155].

Quatre petites colonnes sont lancées : à droite, général Ber-thaut, sur la Malmaison ; au centre, général Noel, sur les hau-teurs de la Jonchère ; à gauche, colonel Cholleton, sur le château de Buzenval ; à l'extréme-gauche, le général Martenot surveille Montretout. Comme d'habitude, nous réussissons d'abord : la Malmaison et Buzenval sont pris, Bougival est menacé de près, les avant-postes prussiens sont rejetés sur la ligne de résistance, sur la berge opposée du ravin de Saint-Cucufa hérissée d'abatis. Nos faibles troupes, dont le premier élan est brisé, ne peuvent forcer les obstacles accumulés sur ce terrain boisé et difficile. L'alarme est cependant très grande à Versailles, où le quartier général fait ses préparatifs de fuite. Tout le Ve corps prussien est sur ses positions de combat, la landwehr de la garde accourt de Saint-Germain ; le IVe corps, posté de l'autre côté de la Seine, canonne la plaine de Rueil sur nos derrières. Bientôt la Malmaison et Buzenval nous sont repris, et nos deux ailes sont menacées par les manœuvres débordantes de l'adversaire. A 5 heures, Ducrot ordonne la retraite. L'ennemi réinstalle ses avant-postes sur leurs emplacements du matin, mais ne cherche plus à les pousser au delà.

Forces engagées. — Français : 11,000 hommes, 100 canons ; Alle-mands : 15,000 hommes, 80 canons.

Pertes. — Français : 150 tués, 400 blessés : Allemands : 150 tués, 250 blessés.

A la suite de cette affaire, Ducrot continue activement ses pré-paratifs de sortie dans la presqu'île de Gennevilliers, et, chose rare dans cette guerre, sans que l'ennemi en soit averti.

Le Bourget (28 et 30 octobre). Quelques jours plus tard ont lieu les deux combats du Bourget remarquables à la fois au point de vue purement tactique et par leurs graves conséquences politiques et militaires.

Jusqu'alors aucune affaire sérieuse ne s'était engagée sur le front de la IVe armée prussienne. Dans cette zone, les positions alleman-des étaient couvertes partie par la Seine, partie par les inondations soigneusement organisées de la plaine Saint-Denis, et enfin par la forêt de Bondy : d'ailleurs, une sortie dans cette direction ne me-nait à rien pour l'instant. D'autre part, nos ouvrages du front est et du camp retranché de Saint-Denis, mieux placés que ceux du front sud, imposaient plus de respect à l'ennemi. Celui-ci avait d'ailleurs porté de ce côté des effectifs relativement restreints, eu égard à l'étendue du périmètre à garder; les avant-postes étaient sur la Molette, et la ligne de résistance sur la Morée.

En face, un corps français de 21 bataillons de jeunes troupes, sous le général Carré de Bellemare, occupait le secteur compris entre le canal de l'Ourcq et la Briche.

Le 28 octobre, le général de Bellemare tente de son propre mouvement un coup de main sur les avant-postes ennemis. Le bataillon parisien des francs-tireurs de la presse tombe à l'improviste sur le village du Bourget et en chasse après un court et brillant engagement la compagnie de grand'garde qui l'occupe. C'était une conquête inutile, difficile à conserver : construit tout en longueur, ne présentant qu'un front étroit vers l'ennemi, en flèche dans les positions de l'assiègeant, le Bourget se prêtait extrêmement mal à la défense française [189]. Aussi le général Trochu, fort mécontent, était d'avis de l'évacuer. Mais il lui fallait compter avec l'opinion publique peu éclairée : le facile succès inopiné des francs-tireurs de la presse avait grisé la population parisienne, « qui n'aurait pas manqué de crier à la trahison si l'on eût voulu la détromper » (Jules Favre). Trochu temporise donc et ne prend que des demi-mesures ; le général de Bellemare reste au Bourget avec des moyens insuffisants.

D'autre part, les Allemands faisant de la reprise du Bourget une question d'amour-propre canonnaient furieusement le village dans la soirée du 28 et la journée du 29, mais sans résultat. Le 30, une division d'infanterie de la garde, fractionnée en petites colonnes partant de Dugny, Pont-Iblon et Blanc-Mesnil, dirige vers la position contestée une triple attaque concentrique sur le front nord et sur les deux flancs. La troupe assaillante est bien flanquée à droite et à gauche par les forces massées dans ce but à Garges et derrière le canal de l'Ourcq ; l'artillerie renouvelle la préparation. Enfin les colonnes d'infanterie, renonçant aux formations compactes qui leur ont tant coûté à Saint-Privat, inaugurent en entrant dans la zone des feux efficaces la nouvelle méthode de combat imaginée par le colonel de Waldersee, lequel en dirige lui-même cette première application : ordre déployé sur trois lignes minces peu vulnérables échelonnées en profondeur, tirailleurs, soutiens, réserves ; marche par bonds successifs alternant avec le feu, en portant les ailes en avant, de façon à les rendre graduellement débordantes ; utilisation des moindres couverts par les tirailleurs, qui se groupent derrière ces abris ou se couchent en terrain nu, font le coup de feu et se dispersent pour traverser les espaces dangereux ; renforcements successifs afin d'obtenir une poussée constante en avant, etc.

Malgré la vigueur de la défense, le Bourget, écrasé sous les obus et enveloppé de toutes parts par l'infanterie, nous est repris dès 11 heures du matin. Le corps de Saint-Denis revient sur ses positions de l'avant-veille, tandis que le vainqueur s'occupe activement de transformer sa conquête en une véritable forteresse.

Forces engagées. — 8,000 à 9,000 hommes de chaque côté.

Pertes. — Français : 500 tués ou blessés, plus 1,000 prisonniers presque tous mobiles de Paris (quartier des Batignolles) ; Allemands : 150 tués, 300 blessés.

Le lendemain 31 octobre, malgré les puériles précautions prises pour dissimuler les mauvaises nouvelles, Paris apprend à la fois l'échec du Bourget, la capitulation de Metz et l'imminence de la conclusion d'un armistice prélude de la paix [190], c'est-à-dire l'aveu officiel et public de l'impuissance et de la défaite de la capitale. Une insurrection formidable éclate : des bataillons de la garde nationale se mutinent, s'emparent de Trochu et des ministres qu'ils détiennent pendant plusieurs heures prisonniers à l'Hôtel de Ville [191]. Les bataillons restés fidèles finissent par avoir le dessus et délivrent le gouvernement, mais celui-ci n'ose sévir contre les émeutiers [192] et donne une preuve fâcheuse de sa faiblesse en se soumettant à un plébiscite parisien. Le 3 novembre, le vote favorable de l'immense majorité des électeurs lui procurait un semblant de sanction légale.

Mais l'émeute n'en avait pas moins produit son effet au camp allemand. Les négociations entamées à Versailles le 31 octobre entre M. Thiers et Bismarck, en vue de la conclusion de l'armistice, étaient rompues le 6 novembre. De moins en moins confiant dans la stabilité du gouvernement avec lequel il négociait, Bismarck voulait des garanties solides : il était subitement passé des conditions simplement dures à des exigences pour nous inacceptables avant complet épuisement [193].

§ 2. — PÉRIODE DES SORTIES

Forces et moyens opposés.

Français. — Obligé de continuer la guerre et en apparence fortifié par le plébiscite parisien, le gouvernement de la Défense nationale réorganise, à la date du 8 novembre, en vue d'opérations ultérieures actives, les forces militaires dont il dispose. Il est formé trois armées et un corps de Saint-Denis.

1re armée, garde nationale épurée : l'effectif de la troupe d'opétions est arrêté à 130,000 hommes. Le commandement en est donné au général Clément Thomas, un revenant de 1848 [194], en remplacement du général Tamisier, jugé trop faible. Mission : garder l'enceinte, maintenir l'ordre à l'intérieur, et, le cas échéant, fournir pour l'extérieur des bataillons de marche constitués avec les éléments les plus jeunes et les plus valides.

2e armée, général Ducrot, chargée des opérations actives en campagne, des sorties, et formée avec les anciens 13e et 14e corps renforcés d'un certain nombre de bataillons de mobiles. Effectif : 100,000 hommes et 300 canons, le tout réparti en trois corps : 1er corps, Blanchard, à 3 divisions ; 2e corps, Renault, à 3 divisions ; 3e corps, d'Exéa, à 2 divisions. Il y avait, en outre, la faible division de cavalerie Champeron.

3e armée, général Vinoy, 6 divisions d'infanterie et une division de cavalerie, en tout 70,000 hommes, la plupart appartenant à la garde nationale mobile. Cette armée était plus spécialement destinée aux diversions, aux fausses attaques ; elle était mal pourvue en artillerie.

Corps de Saint-Denis, vice-amiral La Roncière le Noury, remplaçant de Bellemare. Effectif : environ 35,000 hommes, régiments de marche, mobiles, marins, francs-tireurs, etc.

Les mobiles non encadrés dans ces formations, soit environ 60,000 hommes, étaient pour la plupart répartis dans les forts.

L'autorité militaire disposait donc au total d'environ 420,000 hommes bien armés. Il restait, en outre, 200,000 anciens gardes nationaux, mais moins bien organisés et plus dangereux qu'utiles : c'était la future armée de la Commune.

Allemands. — Si les forces improvisées de la défense ont pris en deux mois une certaine consistance, les moyens agressifs et de résistance de l'assiégeant, d'abord assez précaires, se sont considérablement accrus. Les lignes d'investissement sont formidablement organisées et presque inexpugnables : le seul accroissement de la valeur défensive des positions allemandes compense largement la plus-value quelconque acquise par les armées de Paris. Les communications entre les divers secteurs sont faciles, nombreuses et rapides ; on a multiplié les télégraphes, les observatoires, les chemins militaires ; pour les seuls besoins du siège, 53 ponts ont été ou seront jetés sur la Seine, la Marne et l'Oise. Le IIᵉ corps, général Fransecky, parti de Metz dès le 23 octobre et le 2 novembre en deux échelons, commence à arriver le 2 novembre ; il est placé en réserve du VIᵉ corps dans le secteur en apparence le plus menacé, entre Seine et Bièvre. L'effectif des troupes allemandes s'est ainsi élevé peu à peu au chiffre de 235,000 soldats aguerris.

Projets opposés.

Français. — Vers la mi-octobre et après de longues discussions, le gouvernement avait donné définitivement son approbation à un projet de sortie par le nord-ouest. Il s'agissait de jeter vers la Basse-Seine une armée de 60,000 hommes, munie d'une nombreuse artillerie, pour aller rejoindre à Rouen une armée de secours qu'on espérait y trouver réunie, y rallier de nombreux convois de vivres préparés d'avance, et ramener ce ravitaillement à Paris en forçant à nouveau les lignes de l'assiégeant [195].

Le général Ducrot, chargé de l'opération, voulait rassembler son armée dans la presqu'île de Gennevilliers, organisée en conséquence ; il serait flanqué à gauche par le Mont-Valérien, à droite par le corps de Saint-Denis, protégé en outre, sur son front, par des batteries fixes de gros calibre. Il jetterait brusquement ses ponts de campagne à Bezons, déboucherait dans la presqu'île de Houilles, gagnerait les hauteurs de Sannois, et de là filerait rapidement vers Rouen par Pontoise et les Andelys. La richesse du pays à traverser le dispenserait d'emmener des convois encombrants ; le front d'investissement à aborder, étant en apparence le plus fort naturellement, était le moins bien garni et défendu par l'assiégeant.

Avis était donné de ces dispositions à la Délégation de Tours [196].

Cette grande opération, longuement et minutieusement préparée, paraissait être en bonne voie ; le général Ducrot pensait pouvoir passer à l'exécution du 15 au 20 novembre, quand parvient à Paris la nouvelle de l'éphémère et bien stérile succès de Coulmiers. L'opinion publique impose encore une fois sa volonté : elle réclame impérieusement une sortie allant au-devant de l'armée victorieuse de la Loire. Le général Trochu croit devoir céder [197] : il modifie radicalement son projet, afin de tendre directement la main à d'Aurelle de Paladines, supposé venir du sud.

Après mûr examen, on renonce cependant à déboucher droit au sud par Villejuif dans les plaines nues de la Beauce : l'ennemi, très fort dans cette zone, y aurait trop beau jeu contre des troupes peu aguerries. On se décide pour le sud-est, l'entre-Seine et Marne. Dans ce secteur, l'ennemi paraît être moins défiant, il y a moins de troupes qu'ailleurs, et, s'il veut renforcer celles-ci, il lui faut franchir l'obstacle de la Marne d'un côté, de la Seine de l'autre. Ducrot veut donc déboucher sur la rive gauche de la Marne par Joinville et Noisy, sous la protection de grandes batteries à établir sur ses deux flancs, dans la presqu'île de Saint-Maur et au plateau d'Avron. Il espère pouvoir accabler rapidement l'ennemi numériquement très inférieur (les 3 brigades wurtembergeoises et une brigade saxonne), arriver le même jour à hauteur

de Lagny, et se rabattre ensuite au sud, en rase campagne, pour
faire sa jonction avec d'Aurelle.

Ce nouveau projet étant définitivement approuvé, et les circonstances étant de plus en plus pressantes, Ducrot s'occupe aussitôt
de préparer l'opération en faisant refluer à l'est de Paris les troupes et les immenses moyens matériels si laborieusement accumulés depuis le 15 octobre dans la presqu'ile de Gennevilliers, à
l'ouest.

Allemands. — Les Allemands, déçus dans leurs magnifiques et
présomptueuses espérances du début, se sont vite lassés de leur
attitude trop expectante. Ils cherchent les moyens de hâter la
capitulation et font des préparatifs en vue d'opérations régulières
de siège. Les objectifs désignés sont les forts de Montrouge,
Vanves et Issy, et ensuite le saillant sud-ouest de l'enceinte, le
Point-du-Jour. Une attaque secondaire est projetée sur le camp
retranché de Saint-Denis. On commence dès le mois d'octobre à
construire les batteries de position : Villacoublay est désigné
comme emplacement des grands parcs de l'attaque principale.
Cette opération gigantesque, le siège régulier de Paris, nécessitait
un matériel immense, matériel technique et fort lourd qu'il fallait
amener d'Allemagne. Or, la grande voie ferrée Paris-Strasbourg,
déjà encombrée par les transports d'autre nature, ne peut être
utilisée que jusqu'au tunnel mis hors de service de Nanteuil, au
sud de Meaux. De ce point aux parcs de Villacoublay, c'est-à-dire
sur un parcours de 70 kilomètres, le transport doit se faire par
voitures et sur les routes de terre. Aussi l'exécution en est-elle
excessivement lente. Vers le 15 novembre, quand les Parisiens se
disposent à opérer offensivement, les Allemands n'ont pu encore
rassembler que les pièces strictement nécessaires pour l'ouverture
du feu : les munitions traînent sur les routes ou sont encore au
fond de l'Allemagne. En quelques semaines, les attelages de
réquisition, puis ceux de l'armée, ont été épuisés et ruinés.

Afin de n'y plus revenir, constatons que, finalement et en dépit
de sa ténacité, le grand état-major allemand abandonnera définitivement son projet de siège régulier vers le milieu de décembre,

pour s'en tenir à un simple bombardement des forts et des parties vulnérables de la ville.

Les sorties.

Villiers-Cœuilly (30 novembre). — Tous les préparatifs de la sortie étant terminés, le gouverneur fixe au 29 novembre le départ pour la Loire de la 2ᵉ armée ; Ducrot est muni d'un décret le nommant généralissime des armées de la Loire et de Paris réu-. nies[198].

Le 28 au soir, les troupes de sortie sont concentrées à l'est de Charenton-Vincennes, prêtes à prendre la campagne ; les convois sont réduits au plus strict minimum. La division Susbielle, momentanément détachée du 2ᵉ corps, est au sud de Charenton, entre Seine et Marne ; elle a pour mission d'arrêter les renforts prussiens qui viendraient de la rive gauche de la Seine, puis de tendre la main par Ormesson à la droite de la 2ᵉ armée ; celle-ci est immédiatement flanquée par de fortes batteries construites dans la presqu'île de Saint-Maur. A l'aile opposée, les marins de l'amiral Saisset et la division d'Hugues (de la 3ᵉ armée) occupent le mont Avron ; dans la nuit du 28-29, le colonel Stoffel y installe une grande batterie de 60 pièces de gros calibre destinée à battre et interdire à l'ennemi le passage de la Marne en amont de la gauche de Ducrot. Aux cinq divisions restantes de la 3ᵉ armée et au corps de Saint-Denis, il est ordonné de faire dans la journée du 29 des fausses attaques sur les autres points du périmètre d'investissement : à Choisy, à Thiais, à l'Hay, à Buzenval, à la Malmaison, sur Chatou et Houilles, à Epinay, vers Drancy. On espérait par là tromper ou retenir les Allemands assez longtemps pour permettre à Ducrot de faire la trouée et de s'éloigner avant que les troupes ennemies placées à droite de la Marne et à gauche de la Seine aient pu intervenir.

Pour la bataille principale, celle à engager par la 2ᵉ armée, les 1ᵉʳ et 2ᵉ corps doivent attaquer de front le plateau de Villiers-Cœuilly, tandis que le 3ᵉ corps passant à Neuilly agira sur les derrières et dans le flanc droit de l'ennemi.

A ce moment, l'espace entre Marne et Seine, de Noisy à Ville neuve-Saint-Georges, n'est gardé que par une brigade saxonne à droite, la division wurtembergeoise, à partir de Villiers. Mais certains indices, entre autres la bataille de Beaune-la-Rolande, ont mis l'ennemi en éveil; les Allemands se proposent de résister d'abord passivement sur leurs positions organisées, puis, une fois nos intentions dévoilées, de porter les troupes des secteurs voisins sur les points attaqués. Les circonstances vont les favoriser.

Au jour fixé pour l'opération, 29 novembre, les ponts de Joinville ne peuvent être lancés; les dispositions techniques ont été mal prises par les services spéciaux. Afin de ne pas surexciter l'opinion publique, on met l'accident sur le compte d'une crue subite de la Marne. Le contre-ordre est donné, mais trop tard et très vaguement. La plupart des diversions ont lieu en pure perte; celle tentée sur l'Hay, quoique arrêtée dès 10 heures du matin, nous coûte près d'un millier d'hommes appartenant pour la plupart au 110ᵉ régiment. D'après ces fausses attaques et les mouvements préliminaires de la 2ᵉ armée elle-même, l'ennemi se rend facilement compte de nos intentions; il envoie la 24ᵉ division à Noisy-le-Grand et fait serrer sur Villeneuve-Saint-Georges le IIᵉ corps et partie du VIᵉ.

Le 30 au matin, Ducrot réussit à jeter en moins de deux heures les quatre divisions disponibles des 1ᵉʳ et 2ᵉ corps dans la boucle Joinville-Bry-Champigny. Les circonstances étant pressantes, nous attaquons à 9 heures, sans attendre l'effet de l'artillerie; les avant-lignes ennemies sont facilement enlevées à Champigny, au four à chaux, au Plant et à Bry. Nous pouvons nous déployer. Les Wurtembergeois reculent sur les parcs organisés de Cœuilly et de Villiers, et les Saxons s'avancent de Noisy sur notre flanc gauche.

Vers 11 heures, toute la ligne française, enfin formée, se porte à l'attaque des plateaux, le 1ᵉʳ corps à droite, le 2ᵉ à gauche. Les crêtes sont enlevées, mais bientôt nos progrès sur les plateaux deviennent très lents, et finalement nous sommes arrêtés à bonne portée devant la position de combat allemande Noisy-Villiers-Cœuilly-Chenevières. Dans le 1ᵉʳ corps, la division Faron, mal appuyée par la division Malroy, vient se briser contre les murs du parc de Cœuilly ; un peu avant 3 heures, le commandant du corps d'armée ordonne la retraite sur Champigny. A gauche, le 2ᵉ corps est encore plus malheureux devant le parc de Villiers ; la division Maussion, menacée sur son flanc par les Saxons progressant de Noisy vers Bry, doit se replier derrière la division Berthaut qui, elle-même, ne se maintient plus sur le bord occidental du plateau que grâce à l'appui d'une grande batterie de 108 pièces qu'il eût été bien préférable de faire agir dès le début ; le général Renault est mortellement blessé. Il est alors près de 3 heures ; Ducrot considère la journée comme finie et fort compromise et se borne à entretenir la canonnade.

Nos échecs sont la conséquence des hésitations et des retards du 3ᵉ corps, que l'on a attendu en vain. Ducrot avait prescrit formellement au général d'Exéa de tomber par Neuilly et Noisy sur le flanc et les derrières de la position de Villiers. Le général d'Exéa a suspendu d'abord la construction des ponts, puis le passage des troupes, et quand enfin, à 2 heures, la division Bellemare est portée sur la rive gauche, cette division tourne le dos à l'objectif indiqué et se rabat à droite sur Bry au lieu de pousser sur Noisy. L'attaque de flanc est donc définitivement manquée ; il en est de même de l'attaque combinée [199]. A 4 heures, la division Bellemare renouvelle, pour son compte, les infructueuses attaques de front du 2ᵉ corps sur Villiers, mais sans meilleur résultat. Les 1ᵉʳ et 2ᵉ corps, déjà désorganisés et non informés de l'effort du général Bellemare à Bry, ne peuvent coopérer efficacement à l'action nouvelle et imprévue qui s'engage [200]. Ils sont bientôt contenus, du reste, par les réserves allemandes qui arrivent de toutes parts.

La nuit venue, le général en chef retire ses troupes sur la ligne Champigny-four à chaux-Bry en laissant ses avant-postes sur les crêtes qui nous appartiennent et dont il prescrit la mise en état de défense. Ces derniers ordres sont incomplètement exécutés, surtout vers Bry, que la division Bellemare évacue la nuit, à l'insu du général en chef, pour se reporter sur la rive droite de la Marne.

Forces engagées. — Français : 70,000 hommes, 288 canons de campagne ; Allemands : 40,000 hommes, 186 canons.

Pertes. — Français : 4,000 tués, blessés ou disparus ; Allemands : 1,700 tués ou blessés.

Dans cette même journée, la division Susbielle, d'abord victorieuse à Mesly et Montmesly, était accablée sous des forces supérieures venues par Villeneuve ; finalement, elle était rejetée sur Créteil avec perte de plus de 1,200 hommes. Sa retraite avait été facilitée par l'intervention un peu tardive de l'amiral Pothuau (3e armée), qui renouvelait sur Choisy la diversion de la veille et occupait momentanément la gare aux bœufs. Au nord de Paris, l'amiral La Roncière le Noury escarmouche devant Drancy et enlève brillamment Epinay aux avant-postes ennemis. Ce dernier petit succès, fort exagéré et annoncé à la légère, donne lieu dans les départements à une confusion regrettable entre Epinay-sur-Seine et Epinay-sur-Orge près Longjumeau, non loin de la route d'Orléans, par laquelle les armées de la Loire attendaient Ducrot [201].

Champigny Bry (2 décembre). — Aux yeux des généraux expérimentés, l'affaire du 30 novembre était pour nous une défaite ; l'opération projetée était irrévocablement manquée [202]. En effet, les Allemands allaient certainement accourir en masses dans le secteur menacé. Il était donc bien évident que les positions que nos troupes fraîches, pleines d'entrain, numériquement supérieures, n'avaient pu enlever le 30 novembre seraient inexpugnables une fois défendues par des troupes plus nombreuses, exaltées par leurs succès, moralement et physiquement mieux partagées que nos malheureux soldats improvisés, condamnés à passer les plus dures nuits d'un hiver exceptionnellement rigoureux dans des bivouacs sans feu, sans abri, sans même une couverture, avec du pain gelé pour toute nourriture.

Mais, dans Paris, on chantait victoire [203]. En exécutant de suite cette retraite qui s'imposait, on aurait déchaîné une nouvelle insurrection : une fois encore, il fallait, en présence de l'ennemi, subordonner l'action militaire aux exigences de la politique.

Le gouverneur et le général en chef se décident à maintenir la 2e armée sur le champ de bataille ; en prévision d'un retour offensif imminent, les troupes se fortifient sur leurs emplacements.

La journée du 1er décembre s'écoule sans combat. Du côté français, on relève les blessés, on enterre les morts, on creuse des tranchées, on réorganise quelque peu les corps les plus décimés, on renouvelle les approvisionnements. Aux deux ailes, Champigny et Bry sont organisés défensivement; mais on en néglige les abords.

Du côté allemand, on se garde bien de provoquer ce jour-là une nouvelle lutte : l'ennemi a tout intérêt à gagner vingt-quatre heures, afin de se mettre en état d'intervertir les rôles, de passer à l'offensive. Les IVe et IIIe armées appuient l'une à gauche, l'autre à droite, et poussent leurs corps extrêmes entre la Marne et la Seine, sur les ailes des Wurtembergeois. Pour la bataille à livrer le 2 décembre, le général Fransecky reçoit le commandement supérieur du secteur. Le soir du 1er décembre, il a à sa disposition : à droite, vers Noisy-Villiers, les trois quarts du corps saxon; au centre, à Villiers-Cœuilly, la division wurtemburgeoise ; à gauche, à Cœuilly - Chenevières - Ormesson - Mesly, presque tout son IIe corps et des fractions du VIe.

Dans la nuit du 1er au 2 décembre, le froid augmente encore : le thermomètre descend à — 10°; nos pauvres soldats souffrent cruellement, et leur vigilance aux avant-postes laisse beaucoup à désirer.

Le 2 décembre, dès 6 heures et demie du matin, c'est-à-dire avant le jour, les Allemands se ruent inopinément et avec ensemble sur toutes les parties de notre front. A la droite française, la surprise des avant-postes est complète ; la division Faron est repliée dans Champigny, dont l'ennemi occupe aussitôt les premières maisons, et d'où il ne nous sera plus possible de le débusquer. Vers le four à chaux, une brigade de la division Malroy lâche pied et s'enfuit jusqu'aux ponts de la Marne. Enfin, à notre gauche, les Saxons arrivent par les parcs nord non encore occupés, pénètrent dans Bry sans que leur approche ait été signalée ; ils s'installent dans les maisons de la lisière, pendant qu'une formidable artillerie, mise en batterie de Villiers à Noisy, crible d'obus les positions françaises.

La bataille engagée dans de telles conditions ne pouvait que mal finir. Par instants, nous parvenons cependant à rétablir le combat. Malgré de coûteux assauts très bien conduits, les Allemands ne peuvent progresser davantage ni dans Bry, ni dans Champigny, mais notre centre, trop affaibli par la panique du matin, a dû fléchir. Dès le début, Ducrot a appelé à lui en toute hâte les divisions Susbielle et Bellemare. Susbielle accourt de Créteil et relève dans Champigny les troupes épuisées du 1er corps. La division Bellemare emploie sept heures à venir du rond-point de Plaisance; vers 3 heures seulement, elle relève à Bry le 2e corps. D'autre part, la puissante artillerie placée dans la presqu'île de Saint-Maur pour appuyer et couvrir notre droite a, sans raison et prématurément, cessé son feu et ramené ses pièces en arrière. Par suite, la gauche allemande peut s'avancer librement vers Champigny[204].

A ce moment, les Allemands suspendent leurs attaques des villages; nous nous retrouvons à peu de chose près sur le même terrain que le matin. La bataille se termine de part et d'autre par une canonnade qui ne cesse qu'à la nuit tombante et dont les pièces françaises placées en contre-bas ont beaucoup à souffrir.

Forces engagées. — environ 65,000 hommes de chaque côté.

Pertes. — Français : 5,000 tués, blessés ou disparus; Allemands : 3,500 tués, blessés ou disparus.

Pertes totales du 29 novembre au 2 décembre. — Français : 2,000 tués, 8,000 blessés, 2,000 disparus ; Allemands : 1,200 tués, 4,000 blessés, 1.000 disparus.

Couverte par les divisions Susbielle et Bellemare, la 2e armée passe une quatrième nuit des plus glaciales au bivouac. Le gouverneur a reçu des dépêches pressantes concernant l'armée de la Loire. On se propose de tenter un nouvel effort le lendemain, dans l'espoir, cependant peu fondé, de joindre enfin d'Aurelle. Mais le 3 au matin, quand Ducrot, visitant ses bivouacs, se rend bien compte de l'état déplorable de son armée, force lui est de ne plus envisager que la question purement militaire du moment. Afin d'éviter un désastre imminent, il ordonne la retraite immédiate. Pour protéger celle-ci et faire diversion, l'artillerie recommence à tirer sur les positions ennemies. Les Allemands, qui peut-être auraient pu nous jeter à la Marne, ou bien s'en laissent imposer et ne s'aperçoivent pas de notre manœuvre, que favorise d'ailleurs un brouillard très épais et persistant, ou bien sont eux-mêmes trop éprouvés pour vouloir risquer une troisième bataille sans nouveaux renforts. Quoi qu'il en soit, notre mouvement rétrograde s'opère en bon ordre relatif et sans nouvel engagement. Dans la nuit du 3 au 4 décembre, les arrière-gardes de la 2º armée repassaient sur la rive droite de la Marne.

Le Bourget (21 décembre). — Les batailles de la Marne ne nous ont, en définitive, affaiblis que de 12,000 hommes, et les pertes matérielles sont presque nulles. Malheureusement, le moral est plus gravement atteint ; les solennelles et trop nombreuses proclamations des autorités militaires et civiles avaient fait concevoir à la masse de la population des espérances exagérées. Aussi la déception est-elle profonde, et, de même qu'après l'échec du Bourget, les mauvaises nouvelles de la province viennent assombrir encore davantage la situation ; le 5 décembre, de Moltke informe le général Trochu que l'armée de la Loire est défaite et qu'Orléans est réoccupé par les Allemands[205]. Une nouvelle tentative de sortie, qui était projetée pour le 7 décembre, n'avait dès lors plus sa raison d'être ; on l'ajournait donc, et, en attendant des circonstances meilleures, le gouverneur réorganisait encore une fois ses forces militaires.

Les généraux Blanchard et Malroy quittent l'armée de Ducrot pour passer à celle de Vinoy. Des trois corps de la 2º armée, on en forme seulement deux, plus une division de réserve : 1ᵉʳ corps, général de Maussion ; 2º corps, général d'Exea ; division de réserve, général Faron.

La 3º armée (Vinoy) comprend deux masses : 1º les quatre divisions de Beaufort, de Liniers, d'Hugues et Malroy, sur la rive droite et à l'est ; 2º le corps Blanchard, formé à trois divisions, sur la rive gauche et au sud.

Dans la 1ʳᵉ armée, garde nationale, on s'occupe de constituer, avec des éléments choisis, des régiments de guerre destinés à marcher ultérieurement avec les divisions actives.

Cette réorganisation terminée, le gouverneur combine une nouvelle opération dont le but final ne paraît pas avoir été bien nettement défini. Alors qu'on a tenu précédemment à éviter les plaines découvertes du sud de Paris, on veut cette fois-ci agir dans la plaine nue et inondée du nord-est, contre les formidables lignes du secteur du Bourget, occupé par la garde prussienne. Le général Trochu dirigera lui-même l'action principale contre le front le Bourget-le Drancy-Groslay avec l'armée de Ducrot, renforcée à gauche par le corps de Saint-Denis ; le gouverneur espère attirer l'ennemi en plaine, à portée de la puissante artillerie des forts, et pouvoir utiliser lui-même la puissance propre, devenue réelle, de sa nouvelle artillerie de campagne. La diversion la plus importante sera faite par Vinoy sur Ville-Evrard et Maison-Blanche. Les deux opérations seront appuyées et flanquées par les troupes et la grosse artillerie de l'amiral Saisset, toujours au mont Avron.

Comme d'habitude, il survient des retards dans la préparation. Nos projets sont éventés ; les Allemands, ayant l'éveil, font serrer les corps voisins sur la garde prussienne. Enfin, le 21 décembre, de grand matin, nos pièces de position et nos wagons blindés achèvent de fixer l'ennemi en exécutant pendant seulement vingt minutes un tir très violent sur le Bourget. Après ce semblant de préparation, plus nuisible qu'utile, les troupes de l'amiral La Roncière s'élancent en deux colonnes à l'attaque du Bourget : à droite, le général Lavoignet, par la grande route, contre la partie sud du village ; à gauche, le capitaine de frégate Lamothe-Thenet contre la partie ouest ; la brigade Hanrion est en réserve à la Courneuve.

La colonne Lavoignet ne peut dépasser la voie ferrée. La brigade Hanrion vient la renforcer : toutes deux, dépourvues d'artillerie, restent clouées au sol sous la grêle de balles qui jaillit des murs crénelés des lisières. L'artillerie de l'aile gauche de Ducrot avancée sur le flanc n'ose ouvrir le feu, de crainte d'atteindre la colonne Lamothe-Thenet. Celle-ci a d'abord remporté un beau succès : elle a franchi la Mollette, s'est rabattue à droite et a enlevé brillamment toute la partie du village à l'ouest de la route et au nord du ruisseau. Mais là s'arrêtent ses progrès : une lutte à bout portant s'engage d'un côté à l'autre de la route, des renforts allemands arrivent par le nord et l'est. Pour comble de malheur, les pièces d'Aubervilliers et nos batteries de campagne voulant favoriser un nouvel effort des brigades Lavoignet et Hanrion, criblent bien mal à propos de leurs obus le village et les combattants des deux partis. En outre, les marins de Lamothe-Thenet sont particulièrement atteints par les projectiles prussiens lancés de Dugny ; ils sont presque entourés par les réserves accourues de Pont-Iblon et Blanc-Mesnil. Les trois brigades de l'amiral La Roncière doivent reculer : vers 11 heures, elles se replient sur la Courneuve.

Pendant les combats du Bourget, Ducrot s'était avancé au delà de Bondy et Drancy ; d'après le plan convenu, il devait attendre la prise du Bourget et pivoter ensuite sur ce dernier point d'appui pour s'élever au nord. L'échec de la gauche entrainait donc la ruine du projet ; en effet, dans l'après-midi, Trochu donnait l'ordre de suspendre le mouvement. Le soir, toute l'armée ayant ses avant-postes sur la ligne Groslay-Drancy-Courneuve, restait au bivouac dans la plaine.

Pertes. — Français : 1,200 tués, blessés ou disparus ; Allemands : 500 tués, blessés ou disparus.

Le général Trochu quittant Paris avait fait espérer une grande bataille et une victoire : il n'avait eu qu'une escarmouche, et il se repliait. Redoutant les suites de ce nouvel insuccès du Bourget, le gouvernement n'osait avouer la défaite, bien plus morale que militaire. C'est pourquoi les troupes sont maintenues sur place jusqu'à la fin du mois ; afin de les occuper et de faire une diversion quelconque, on reprend dans cette zone le projet du général Tripier : des cheminements sont creusés et dirigés sur les positions ennemies ; mais de très fortes gelés surviennent, le thermomètre descend à — 14° : il est impossible de travailler la terre. Les troupes souffrent horriblement, les cas de congélation s'accusent par milliers toutes les nuits ; en dix jours et sans combat, l'armée de Ducrot s'affaiblit de 20,000 hommes [203]. Il faut se résigner, abandonner les travaux commencés et renoncer définitivement à enlever le Bourget : dans les derniers jours du mois, les troupes sont ramenées sur la ligne des forts et cantonnées dans les villages.

Ville-Evrard (21 décembre). — La diversion confiée au général Vinoy avait d'abord réussi en partie. A droite la brigade Blaise de la division Malroy, à gauche la brigade Salmon de la division d'Hugues enlèvent facilement les postes avancés de Ville-Evrard et de la Maison-Blanche et s'y installent. Mais l'artillerie ennemie de la rive gauche de la Marne empêche d'aller au delà et d'atteindre le pont de Gournay, objectif indiqué. La nuit approchant, le général Vinoy ne juge pas à propos d'évacuer de suite les localités enlevées : il remet au lendemain à exécuter la retraite que lui prescrit Trochu. Malheureusement, les troupes françaises se gardent mal : pendant la soirée, vers 7 heures, elles sont surprises dans l'obscurité par une brigade saxonne envoyée de la position de combat allemande. La Maison-Blanche est reprise presque sans résistance. Dans Ville-Evrard, l'échauffourée est plus sanglante : l'assaillant arrive à l'improviste dans les cours ; des soldats ennemis blottis dans les caves pendant le combat du matin en sortent et surgissent inopinément dans nos rangs. Bref, le combat à tâtons et à bout portant dure jusqu'à minuit ; nous finissons par mettre l'ennemi dehors, mais nous avons perdu 800 hommes, parmi lesquels le général Blaise, tué.

Le 22 au matin, les troupes de Vinoy reviennent sous le canon des forts.

§ 3. — PÉRIODE DU BOMBARDEMENT

Le bombardement. — La journée du 21 décembre termine, après moins d'un mois d'effort, la période des opérations actives de l'assiégé. Les combats toujours suivis de la retraite, les fatigues inutiles, les souffrances physiques des bivouacs et, plus encore, les déceptions morales ont hâtivement brisé l'élan et la puissance offensive des armées improvisées de la capitale.

D'autre part, les Allemands veulent en finir et précipiter la crise. Les difficultés techniques les ont empêchés d'entamer un siège régulier, ils recourent au bombardement. Ils pourront ainsi tirer parti des batteries ou autres travaux précédemment préparés en vue du projet abandonné.

La IVᵉ armée disposait depuis la capitulation de Soissons (15 octobre) de la ligne Epernay-Reims-Soissons; elle a donc plus de facilité que la IIIᵉ pour rassembler le matériel nécessaire. En conséquence, elle est désignée pour entamer le bombardement; ses premiers objectifs sont le mont Avron et les forts de l'Est.

Le 27 décembre au matin, le feu est ouvert par près de 80 pièces de position en batterie sur les deux rives de la Marne, de Montfermeil à Noisy-le-Grand; notre position avancée du mont Avron, battue par des feux croisés, devient vite intenable.

Le lendemain 28, à la tombée de la nuit, le général Trochu en ordonne le désarmement et l'évacuation. Cette opération laborieuse s'exécute habilement. Au jour, le colonel Stoffel avait pu retirer et ramener en arrière toute son artillerie. A partir de ce moment, ce plateau, sillonné de feux croisés aussi bien par l'artillerie de nos forts que par les batteries allemandes, reste à l'état de zone neutre inoccupée entre les deux partis; de rares patrouilles seules s'y aventurent.

L'artillerie ennemie dirige alors ses feux sur les trois forts de Nogent, Rosny et Noisy, mais sans résultat bien positif; elle allonge ensuite son tir et essaie de battre la zone en arrière, entre les forts et Paris, afin de chasser nos troupes de leurs cantonnements.

Sur le front sud, beaucoup plus vulnérable, se faisaient en même temps des préparatifs très importants destinés, dans la pensée des Allemands, à produire beaucoup plus d'effet.

Le 5 janvier au matin, 125 pièces établies sur les hauteurs de Bagneux, Châtillon, Meudon et Saint-Cloud entament la canonnade contre les forts de Montrouge, Vanves et Issy, et bombardent la partie sud de la ville, rive gauche. Les forts et l'enceinte elle-même ripostent vigoureusement et avec un certain succès, eu égard au peu de portée relative de notre artillerie de place.

Les forts souffrent beaucoup, notamment Issy, et sont au bout de quelques jours assez délabrés; heureusement, l'ennemi ne paraît pas désireux de se porter à une attaque de vive force.

Quant aux dégâts accomplis dans Paris même par les 3,700 obus qui s'y abattent du 5 au 26 janvier, ils sont très peu importants, et même, si on les compare à ceux causés dans les places de province, ils sont tout à fait insignifiants (victimes dans la population civile : 100 tués, 300 blessés). Le bombardement ne produit donc nullement le grand effet sur lequel comptait l'assiégeant pour hâter la reddition.

Enfin, sur le front nord, le bombardement commence le 21 janvier seulement, mais avec plus de violence. Exécuté par 130 pièces, il est dirigé sur les ouvrages du camp retranché de Saint-Denis et sur cette dernière ville. De même que sur les autres fronts, il se continue jusqu'à la conclusion de l'armistice, sans avoir produit un résultat en proportion avec la puissance des moyens mis en action.

Le canon allemand était donc impuissant contre Paris, mais, au point de vue du résultat final, il n'y avait là pour nous qu'une puérile satisfaction d'amour-propre. Il allait falloir compter avec la famine; officiellement, le rationnement avait été ordonné trop tard, en janvier, alors qu'il ne restait plus guère à rationner.

En face de la famine imminente, la responsabilité du gouvernement devenait énorme et se transformait; une solution s'imposait à bref délai si l'on voulait éviter de se trouver brusquement en présence de deux millions d'affamés et s'épargner une catastrophe inouïe dans l'histoire [207]. Sans trop oser le dire tout haut, chacun sentait que la fin était proche. Et cependant la population se raccrochait à un espoir mal défini; plus que jamais, elle récriminait contre son gouvernement; elle accusait celui-ci d'inertie, lui reprochait de ne pas savoir mettre en branle les forces immenses dont il disposait et utiliser les dévouements qui s'offraient. D'ailleurs, la garde nationale, c'est-à-dire la partie vraiment parisienne des forces militaires, ne s'était pas encore mesurée avec les Allemands; jusqu'alors, elle s'était bornée à manifester du haut des remparts son enthousiasme passager ou son mécontentement latent; on voulait la voir à l'œuvre [208]; elle-même demandait à essayer sa force. Bref, on réclamait une sortie « torrentielle ».

Les chefs du gouvernement et de l'armée ne se faisaient aucune illusion sur l'inanité d'une tentative désespérée, ni sur l'opportunité d'amener la garde nationale en rase campagne. Néanmoins, afin d'éviter des malheurs plus grands et de sauver au moins l'honneur des armes, ils consentent à un suprême effort, lequel sera fait dans le secteur de Buzenval et sur Versailles même, le grand quartier général ennemi.

Montretout-Buzenval (Mont-Valérien), 19 janvier. — L'opération est fixée au 19 janvier. Elle sera dirigée par le gouverneur en personne et exécutée par 90,000 hommes, dont 42,000 gardes nationaux. Les attaques seront conduites par les plus hautes personnalités militaires : Ducrot, Vinoy et Bellemare.

La veille, le 18 janvier, le roi Guillaume a été proclamé *empereur allemand* à Versailles, dans le palais même de Louis XIV.

Il fallait d'abord amener le gros de l'armée d'opérations dans la presqu'île de Gennevilliers, par les seuls ponts restants de Neuilly et d'Asnières, puis y organiser en régiments provisoires les bataillons désignés de la garde nationale, et enfin répartir ces régiments dans les divisions de l'armée active. Ces opérations préliminaires, commencées le 17, ne se terminent à peu près que dans la nuit du 18-19, c'est-à-dire trop tard pour permettre à chacun, chefs et soldats, de se reconnaître.

Le gouverneur donne comme d'habitude des instructions très minutieuses, et cependant malheureusement incomplètes en certains points importants. Il sera formé trois colonnes ;

1° A droite, Ducrot avec 33,000 hommes, dont 18,000 gardes nationaux, doit partir de Rueil. Objectifs : parc de Buzenval et Bergerie à l'ouest ;

2° Au centre, Bellemare, avec 34,000 hommes, dont 16,000 gardes nationaux, marchera de la Fouilleuse sur le château de Buzenval, le parc et la Bergerie à l'est ;

3° A gauche, Vinoy, avec 22,000 hommes, dont 8,000 gardes nationaux, partira de la Briqueterie pour enlever Montretout, puis Garches et le parc de Saint-Cloud.

Les points de rassemblement devaient être atteints avant le

jour; les trois colonnes s'élanceraient simultanément, à un signal donné à 6 heures par le canon du Mont-Valérien. Sur l'ordre exprès du gouverneur, l'artillerie n'emmène que des pièces de 7 et de 12, relativement lourdes, mais puissantes, à l'exclusion des pièces légères de 4, jugées inefficaces contre les retranchements allemands.

Malheureusement, les dispositions de marche ont été mal ordonnées ou mal calculées. On n'a pas défini leurs itinéraires respectifs aux diverses fractions qui d'abord traversent la Seine, puis se rendent aux points de rassemblement, où elles auraient dû en principe arriver avant le soir du 18. Il en résulte des croisements, des à-coups, des contre-temps et un encombrement d'autant plus complet qu'un malencontreux dégel subit a rendu les terres impraticables. Aussi, le 19 au matin, la colonne Vinoy est seule à son poste, mais sans son artillerie qui est fourvoyée à la queue de la colonne du centre. Le général Ducrot, le plus attardé, fait prévenir inutilement le gouverneur que la colonne de droite ne pourra entrer en ligne avant 9 heures : sa dépêche ne parvient pas. Trochu lui-même est pris dans l'encombrement du pont de Neuilly et ne peut gagner à temps le Mont-Valérien, ni pour donner, ni pour retarder le signal; quand il arrive à 7 heures, le commandant du fort, général Noël, justement inquiet, vient de faire tirer les trois coups de canon convenus.

C'est dans ces conditions déplorables que s'engage la dernière bataille, d'abord avec la seule colonne de gauche appuyée, vers 8 heures, par Bellemare, et enfin, de 9 heures à midi seulement, par les divisions de Ducrot arrivant successivement.

Le général Vinoy aborde brusquement la première ligne prussienne : celle-ci est surprise, elle n'a pas été avertie par notre intempestive canonnade habituelle. Notre infanterie enlève la redoute de Montretout et gagne lestement les premières villas de Saint-Cloud. Vinoy ne peut aller plus loin : il lui faudrait de l'artillerie. Or, la sienne est ou bien égarée à la queue d'autres troupes, ou bien embourbée dans les terres à trop grande distance pour pouvoir battre efficacement la 2ᵉ ligne ennemie. Sauf que nous progressons encore un peu vers Garches quand arrive

Bellemare, le combat d'infanterie reste stationnaire dans cette zone jusqu'à la fin de l'action.

La colonne du centre enlève le château de Buzenval et pénètre dans la partie nord-est du parc, où viennent bientôt s'entasser pêle-mêle les diverses unités. Elle aussi doit s'arrêter : l'artillerie, trop lourde pour avancer en pleins champs sur un sol détrempé, ne peut agir en arrière du parc contre les murs organisés de la maison Craon et de la Bergerie.

Cependant, vers 10 heures, arrivent contre la face ouest du parc et la porte de Long-Boyau les troupes les plus avancées de Ducrot. De même que les troupes qui ont opéré à l'est, elles réussissent à pénétrer dans ce parc; mais tous leurs efforts, bien que combinés avec ceux de Bellemare et utilement secondés par le génie, restent impuissants contre le mur dit de Long-Boyau. Pendant ce temps, le reste de la colonne Ducrot s'engageait plus à droite et jusqu'à la Malmaison contre la gauche du V⁰ prussien et la landwehr de la garde; le général Susbielle pénétrait bien dans le parc de la Malmaison, mais les batteries de la rive droite le prenant de flanc et celles de la rive gauche le battant de front l'empêchent d'en déboucher.

Les Allemands ont à ce moment sur la ligne de résistance : au centre, tout leur V⁰ corps; à droite, d'importantes fractions du II⁰ bavarois; à leur gauche, la landwher de la garde; à l'extrême gauche, dans la boucle de Croissy, l'artillerie du IV⁰ corps.

De notre côté, le combat, soutenu presque exclusivement par l'infanterie, dégénère en tireries désordonnées. Les troupes sont épuisées et rebutées; beaucoup de gardes nationaux n'ont pas tenu ce qu'ils ont promis; la plupart sont affolés, s'enfuient ou tirent dans toutes les directions [209]. Dans le parc de Buzenval surtout, la confusion est à son comble; nos troupes de ligne, fusillées à la fois par les mobilisés et par les Allemands, ainsi prises entre deux feux, commencent à lâcher pied.

Vers 3 heures, les Allemands essaient assez timidement de passer à l'offensive, de Montretout à Buzenval. Heureusement, quelques troupes fraîches nous arrivent encore : nous réussissons à contenir jusqu'à la nuit la marche d'un ennemi que ses propres progrès amènent enfin sous le feu de notre peu maniable artillerie immobilisée en arrière.

Dans la soirée, le général Trochu ordonne la retraite définitive, la dernière. Celle-ci s'effectue en désordre et se transforme dans l'obscurité en une véritable déroute [210]. Mais les Allemands, satisfaits d'avoir reconquis leurs positions, ne poursuivent pas. Un bataillon de mobiles de la Loire-Inférieure, commandant de Lareinty, a été oublié dans une villa de Saint-Cloud et ne s'est pas aperçu du mouvement rétrograde : le 20 au matin, il est cerné et bientôt contraint de mettre bas les armes.

Forces engagés. — Français : environ 80,000 hommes; Allemands : 23,000 hommes, 84 canons.

Pertes. — Français : 700 tués, 2,800 blessés, 500 disparus (dont pour la garde nationale : 240 tués, 1,100 blessés, 100 disparus); Allemands : 200 tués, 400 blessés, 100 disparus.

Cette défaite dernière a dans Paris la conséquence habituelle : l'émeute. Les fautes évidentes commises par Trochu permettaient à la population parisienne de glisser légèrement sur les défaillances non moins constatées de la garde nationale : aussi s'en prenait-on exclusivement au gouverneur. Le 22 janvier, l'insurrection éclate dans les rues de Paris. Pour la calmer, le général Trochu, tout en restant le chef du gouvernement, consent à faire le sacrifice que le ministère lui a demandé en vain au lendemain du 21 décembre : il renonce aux fonctions de commandant des armées. Il est remplacé par le général Vinoy [211]; les opérations militaires étaient du reste terminées.

L'armistice.

Il sautait aux yeux que la résistance par les armes était arrivée à son terme. Une question encore plus grave que celle de la défense proprement dite se posait et dominait toutes les autres : le 1er février, Paris aurait consommé ses derniers vivres. Donc, si l'on voulait éviter une affreuse famine, il fallait avant cette date avoir commencé la difficile et gigantesque opération du ravitaillement.

Le gouvernement se résignait à négocier.

Le 23 janvier, le ministre Jules Favre demandait une entrevue à Bismarck [212]. Les négociations entamées et poursuivies les jours suivants à Versaillles aboutissaient d'abord à une suspension d'armes spéciale à Paris et exécutoire à partir du 26 à minuit (26-27).

Le 28 janvier était signé un armistice *général* de vingt et un jours, ayant pour objet de permettre l'élection et la réunion d'une Assemblée nationale appelée à se prononcer sur la question de paix ou de guerre. Cette convention comportait la capitulation de Paris : elle était exécutoire à compter du jour même pour la ville, du 31 janvier seulement pour les départements ; elle était valable, sauf renouvellement, jusqu'au 19 février à midi (date prorogée plus tard jusqu'au 12 mars).

Les conditions pour Paris sont : l'armée est prisonnière de guerre ; elle sera désarmée, mais restera consignée dans la ville jusqu'à la reprise des hostilités (ou jusqu'à la paix) ; en vue du maintien de l'ordre intérieur, la garde nationale [213] et une division active de 12,000 hommes [214] conserveront leurs armes ; les forts et le matériel militaire seront livrés aux Allemands ; la ville paiera une contribution de guerre de deux cents millions.

Malheureusement, ce ministre provisoire qui ne se préoccupe guère que de Paris et engage néanmoins si arbitrairement une nation entière dont il ignore la situation, ce ministre traite avec une inconcevable légèreté les affaires de la province. Il consent à ce que le Doubs, le Jura, la Côte-d'Or et Belfort soient exceptés de l'armistice et il omet ensuite de mentionner cette importante clause restrictive dans l'impérative communication officielle qu'il adresse au nom du gouvernement à la Délégation de Bordeaux. Cette imprudente concession et ce déplorable oubli nous coûtent l'armée de l'Est. En outre, le tracé consenti de la ligne de démarcation entre armées belligérantes nous enlève des territoires encore occupés par nos forces militaires, et donne à l'ennemi des positions pour lui très avantageuses dans le cas d'une reprise des hostilités [215].

Les Allemands prennent possession des forts dans la journée du 29 janvier.

Matériel livré à l'ennemi par Paris : 605 pièces de campagne,

1,371 pièces de place, 1,200 caissons, 177,000 fusils dont 150,000 chassepots, 3 millions et demi de cartouches pour chassepot, 200,000 obus, 100,000 bombes, 7,000 quintaux de poudre, etc.

Pertes du siège de Paris en personnel :

Français : armée, marine et mobile : 3,600 tués, 15,000 blessés, 4,500 disparus ; garde nationale : 250 tués, 1,200 blessés, 300 disparus ; population civile : 100 tués, 300 blessés ; totales en nombres ronds : 4,000 tués, 16,500 blessés, 5,000 disparus.

Allemands : 12,100 tués, blessés ou disparus.

SUJETS DE RÉFLEXION

Français. — Etrangeté de ce fait : deux millions d'individus, dont 500,000 en armes, étreints invinciblement par 230,000 ennemis. — Manque de foi du gouverneur : son attitude résignée ; trop de science, pas assez d'audace. — Fausse situation de Trochu, nommé par l'empereur, acclamé par la révolution : son trop de condescendance pour l'opinion publique mal éclairée. — Opportunité d'une dictature militaire : belle occasion manquée. — Divergences dans le gouvernement ; diffusion dans les commandements militaires. — Graves conséquences du maintien du gouvernement à Paris. — Entraves créées à l'autorité : beaucoup de bruit, trop de proclamations. — Inutilisation relative d'une véritable armée de mobiles, bien plus nécessaires dans les départements. — Grave faute commise au début de ne pas contrarier l'investissement avec toutes les forces disponibles. — Défense extérieure reprise trop tard ; trop peu d'extension à la fortification improvisée. — Lenteurs, hésitations et imprévoyances dans les préparatifs des actions. — Emploi généralement inopportun de l'artillerie des ouvrages dans les opérations extérieures. — Un assiégé irrésolu peut surprendre, mais non percer. — Durée de la résistance d'une très grande ville : simple question de subsistances. — Rôle négatif ou effacé de la population parisienne dans la défense effective. — En fait, non-application à Paris de la loi

mobilisant les hommes de moins de 35 ans, ni des lois posté-
rieures mises en vigueur dans les départements [216]. — Inaction de
Paris au moment des plus grands efforts des armées de province,
fin décembre et commencement de janvier. — Erreur commise
de solidariser dans les négociations la France encore en armes
avec sa capitale à bout. — Comparaison des pertes de la population civile avec celles des autres villes bombardées. — Insi-
gnifiance des pertes de la garde nationale comparées à celles de
l'armée.

Allemands. — Passivité systématique de l'assiégeant : celui-ci
ignore la situation vraie et l'impuissance de l'assiégé au début [217].
— Habile et rapide organisation défensive des lignes d'investissement : leur puissance progressive de l'intérieur à l'extérieur ;
leur importance croissante avec le temps. — Emploi opportun
et jeu bien compris des réserves des secteurs voisins de celui
attaqué. — Avantages de la disposition enveloppante pour repousser une tentative de trouée. — Contre une très grande ville,
inefficacité du bombardement et impossibilité matérielle de faire
un siège régulier.

VIII

LES PLACES ; LA GUERRE DE PARTISANS

§ 1. — STRASBOURG

Situation et préliminaires. — De même que presque toutes les autres forteresses françaises, notre grande place de Strasbourg n'est guère en état de soutenir la lutte contre les engins de guerre modernes [218]. Elle n'a aucun ouvrage extérieur ; sur les instances pressantes de Ducrot [219], on a bien décidé de construire des forts détachés, mais des raisons d'économie ont fait ajourner l'exécution à l'année 1871. En outre, même en juillet 1870, on s'y prend tardivement pour faire les préparatifs les plus élémentaires d'une défense qui est cependant à prévoir plus que partout ailleurs.

Le général Uhrich, tiré du cadre de réserve, est nommé sur sa demande au commandement supérieur de Strasbourg. Le 21 juillet, il arrive de Phalsbourg : il fait exécuter précipitamment les travaux les plus urgents. Mais beaucoup d'accessoires nécessaires à une défense rapprochée, les palissades par exemple, font défaut, et d'autre part, le général ne se met pas assez énergiquement en mesure de soutenir une lutte extérieure, une défense active en dehors et au delà des fortifications. Les abords sont tellement obstrués et masqués par les maisons et les rideaux d'arbres qu'en « bien des points du rempart, on ne peut découvrir à plus de cent mètres en avant ». (UHRICH lui-même.) Et cependant on néglige de dégager au moins les glacis.

La garnison est nombreuse, 23,000 hommes armés, mais en grande partie de qualité médiocre. Elle comprend : 9,000 soldats exercés, dont le 87e de ligne entier, colonel Blot ; des fuyards du 6 août organisés aussitôt en deux régiments de marche, l'un d'infanterie sous le lieutenant-colonel Rollet, l'autre de cavalerie sous le major Serlay ; 3,000 gardes mobiles ; 3,000 gardes nationaux sédentaires ; environ 500 douaniers ; enfin 130 marins amenés par le contre-amiral Exelmans et destinés à la flottille du Rhin, flottille dont le matériel n'était heureusement pas arrivé.

La population et l'armée ont des vivres pour trois mois. Les armes portatives, les munitions d'infanterie et d'artillerie sont en abondance ; les fusées percutantes seules sont en quantité insuffisante. Le matériel de l'artillerie comprend 250 pièces en batterie, plus un millier d'autres bouches à feu de tous modèles provenant principalement du parc de siège en dépôt depuis longtemps à Strasbourg et dont on ne saura tirer aucun parti.

Le général Uhrich divise la défense en quatre secteurs qu'il confie à ses principaux lieutenants : au nord, contre-amiral Exelmans ; à l'ouest, colonel Blot ; au sud, général Frigola, remplacé bientôt par le général Barral ; citadelle, général Moreno.

Aussitôt après Frœschwiller, la division badoise Beyer est dirigée vers Strasbourg ; dès le 8 août, les cavaliers allemands sont signalés autour de la place. Les jours suivants, l'ennemi ébauche l'investissement ; les 9 et 10 août, de petits engagements ont lieu, notamment au nord-ouest, entre ses avant-gardes et de faibles sorties lancées au dehors sans but précis et sans liaison entre elles. Le 14 août, le général de Werder vient prendre le commandement de l'armée de siège : la garnison de Rastadt, la division de landwehr de la garde, la division de réserve Tresckow, une brigade de cavalerie arrivent successivement devant la place sur la rive gauche, ou renforcent la garnison de Kehl sur la rive droite. Le 20 août, Werder aura à sa disposition 60,000 hommes, dont 9,000 de troupes techniques, 350 bouches à feu de siège et 90 pièces de campagne. C'est avec ces puissants moyens qu'il complète et parfait peu à peu l'investissement, opération qui, malgré l'absence d'ouvrages extérieurs, est rendue particulièrement lente et difficile par la situation hydrographique exceptionnelle de Strasbourg ; néanmoins, le défenseur n'intervient pas pour la contrarier : il se laisse passivement étreindre.

Opérations. — L'ennemi a fait à plusieurs reprises les vaines

sommations d'usage : Uhrich a répondu non moins banalement.
Pendant la nuit du 15 au 16 août, l'artillerie badoise lance quelques obus sur la ville. En se voyant menacé de si près, le général
Uhrich fait sortir deux fortes reconnaissances. La première, commandée par le colonel Fiévée (des pontonniers), se porte le 16 au
matin vers Illkirch, au sud : elle est surprise dans sa marche même,
mise en déroute et perd trois canons sur quatre qu'elle a emmenés ;
le colonel Fiévée est mortellement blessé. La colonne Blot qui
opère au nord, vers Schiltigheim, n'est guère moins malheureuse.

Le 19 août, les batteries de Kehl canonnent la citadelle : celle-
ci riposte, mais sans produire grand résultat, ce qui n'en motive
pas moins des réclamations de Werder, se plaignant que les Français aient osé bombarder une ville ouverte.

Durant ces préliminaires, l'assiégeant a construit assez tranquillement ses batteries de siège au nord-ouest de la ville.

Le 23 août, il entame le bombardement avec son artillerie de
campagne et 100 pièces de gros calibre. La place de Kehl participe à l'action avec 30 pièces : elle anéantit presque la citadelle,
dans laquelle elle fait sauter un petit arsenal et avec celui-ci
35,000 de ces fusées percutantes si précieuses pour nous et qu'on
avait eu l'incroyable négligence d'y laisser ainsi exposées aux
premiers coups. C'etait presque tout notre approvisionnement en
accessoires de cette nature : la perte était irréparable.

Le bombardement continue nuit et jour les 24, 25 et 26 août
avec une intensité régulièrement croissante. La place répond
faiblement, sauf cependant la citadelle, dont les batteries plus
puissantes tiennent mieux tête à celles de l'ennemi. Quelques
petites sorties échouent encore ; il est trop tard maintenant pour
ressaisir la défense extérieure, les nombreux couverts boisés qui
environnent la place ne profitent plus guère qu'à l'assiégeant.

Le 26, Werder renouvelle ses sommations et Uhrich son refus
de capituler. Le général allemand est à court de munitions ; il
ralentit son feu et le réserve principalement pour la nuit.

Werder a reconnu l'inefficacité du bombardement comme seul
moyen d'action ; malgré son impatience d'en finir au plus vite, il
lui faut se résoudre à un siège en règle. Il se décide à opérer dans

le secteur nord-ouest, des deux côtés de la route de Saverne à la porte de Pierres ; il y établit ses parcs et profite de la nuit pour lancer dans cette zone de nombreuses reconnaissances très rapprochées de nous, mais peu gênées d'ailleurs par l'assiégé.

Dans la nuit du 29-30 août, la première parallèle est ouverte, sans que le défenseur y mette obstacle, à 600 mètres seulement des glacis et sur un développement de 2 kilomètres et demi, entre Schiltigheim et le canal de la Brüsche. Au jour, 90 pièces ouvrent le feu sur le front choisi pour l'attaque, le front nord-ouest (11-12).

Malgré cette courte distance, la riposte de la place reste impuissante. Les pionniers allemands continuent leurs cheminements assez régulièrement et ouvrent la seconde parallèle dans la nuit du 1er au 2 septembre, à 350 mètres des glacis. Le général Uhrich ordonne alors une grande sortie ; le 2 septembre, trois colonnes sont dirigées sur le centre et les deux ailes des attaques. Mais elles n'agissent pas avec la simultanéité voulue ; d'ailleurs, les précautions premières ont été mal prises, l'ennemi est sur ses gardes et nous attend à courte portée dans ses tranchées. Aussi l'échec est complet : nous subissons de grosses pertes et nous sommes refoulés dans la place. Une nouvelle tentative faite le lendemain ne réussit pas mieux, et le bombardement toujours ininterrompu redouble encore d'intensité les jours suivants ; c'est alors que la riche bibliothèque et quantité de monuments remarquables sont incendiés ou détruits.

L'ouverture de la troisième parallèle a lieu dans la nuit du 11-12 septembre : les travaux sont poussés si activement et sont si peu entravés que l'assiégeant peut en déboucher dans la nuit du 13-14. Le 19, il couronne la crête du glacis, fusille presque à bout portant les défenseurs du parapet, et commence les travaux de franchissement du fossé. Le lendemain 20, il pénètre par la brèche dans une lunette que l'assiégé a prématurément évacuée. A partir de ce moment, l'ennemi avance vers le corps de place méthodiquement et lentement, mais sûrement ; le 26, des brèches sont faites aux deux bastions attaqués, 11 et 12 ; elles ne sont cependant pas praticables à des colonnes d'assaut.

D'autre part, l'artillerie de la place est hors de combat ou décidément impuissante. Comme stupéfié sous la grêle de projectiles qui l'accaole jour et nuit depuis six semaines, l'assiégé semble avoir renoncé à la lutte et attendre stoïquement et passivement la fatale solution. Le commandant supérieur lui-même est dérouté par la violence du bombardement et l'extrême puissance de l'artillerie ennemie. Les mauvaises nouvelles de l'extérieur qui parviennent coup sur coup, les dissensions politiques dans la ville même, l'état de défiance réciproque entre autorités militaires et autorités civiles, la lassitude d'une résistance qui apparaît maintenant sans but possible, tout cela achève de ruiner le moral de l'assiégé ; dès le 18 septembre, la commission municipale invite formellement le gouverneur à traiter d'une « capitulation ».

Le 27 septembre, alors que les Allemands menacent de donner l'assaut, le général Uhrich demande à négocier.

La capitulation est signée et exécutée le 28 septembre. Les conditions sont, en substance, les mêmes que celles stipulées pour la reddition de Sedan, l'état-major allemand ayant décidé que la capitulation du 2 septembre servirait de type pour toutes celles à venir [220].

Pertes. — Français : militaires : 600 tués, 2,200 blessés, 18,000 prisonniers valides dont 4 officiers généraux ; population civile : 300 tués, 1,100 blessés. Allemands : 200 tués, 800 blessés.

Nous livrions en outre 1,200 canons de tous modèles, 200,000 armes à feu portatives, des munitions en quantité considérable, plusieurs milliers de voitures, etc.

A remarquer que les pertes de la population strasbourgeoise en tués et blessés dépassent le total de celles de toutes les autres places bombardées, y compris Paris.

Même observation pour les pertes matérielles. 24 maisons seulement ont totalement échappé aux dégâts causés par les projectiles et les incendies. L'ennemi a lancé 200,000 projectiles dont 60,000 bombes ; l'assiégé n'a tiré que 50,000 coups de canon.

SUJETS DE RÉFLEXION

Français. — Fortifications d'un autre temps, non en harmonie avec les moyens d'agression. — Préparation tardive et insuffisante de la défense. — Médiocre qualité d'une partie de la garnison. — Non utilisation de la remarquable situation hydrographique de la place. — Investissement non contrarié : absence de défense active. — Passivité de la place vis-à-vis des travaux réguliers de l'assiégeant. — Sorties trop peu fréquentes, insignifiantes, mal coordonnées entre elles. — Inobservation des règlements : défense incomplète, capitulation prématurée, non destruction du matériel, stipulations de faveur pour les officiers[221], etc. (Uhrich lui-même va chercher des récompenses à Tours au lieu de suivre simplement le sort de ses soldats). — Stoïcisme et abnégation de la masse de la population : ses pertes relativement très fortes.

Allemands. — Enorme supériorité des moyens d'action en artillerie et troupes. — Hardiesse et promptitude des travaux. — Résultats peu concluants du bombardement de la ville. — Faiblesse relative des pertes subies.

§ 2. — BELFORT

Situation et préliminaires. — Parmi les sièges de 1870-1871, celui de Belfort présente une physionomie toute spéciale, un caractère particulier. Cela tient surtout à la situation relativement favorisée de la place, qui, à proprement dire, n'est pas simplement une forteresse, mais bien un camp retranché constitué par une série d'ouvrages détachés permettant et même imposant la défense extérieure.

Outre l'enceinte et la puissante citadelle appelée *le Château* qui s'y rattache au sud, les fortications comprennent : sur la rive gauche de la Savoureuse, à l'est, les forts de la Miotte et de la Justice construits par Haxo en 1815 et reliés à la place par des escarpements organisés en retranchements continus ; au sud-est, les redoutes des Hautes et des Basses-Perches sur une hauteur qui domine légèrement le Château à 1,200 mètres de distance. Puis, sur la rive droite, sont le fort nouveau des Barres et la redoute de Bellevue. Cette dernière ainsi que les ouvrages des Perches sont inachevés au moment de la déclaration de guerre ; les commandants successifs de Belfort, Chargère, Cambriels, Crouzat, se hâtent d'en compléter provisoirement la mise en état de défense. Le secteur sud-ouest étant médiocrement protégé par Bellevue, on le renforce en organisant défensivement les bâtiments de la gare.

Le 19 octobre, Gambetta nomme commandant supérieur et gouverneur de Belfort le chef de bataillon du génie Denfert-Rochereau, lequel, à cette occasion, est promu successivement lieutenant-colonel et colonel en l'espace de douze jours. Denfert connaît bien la place qui lui est confiée ; il y est employé depuis 1865 en qualité de chef du génie ; mais il n'a jamais exercé un commandement de troupes.

La garnison compte 17,500 hommes, la plupart appartenant à des dépôts ou à la garde mobile. Les approvisionnements en vivres sont suffisants pour 6 mois ; la population civile est d'ailleurs réduite par l'émigration à moins de 4,000 habitants. L'artillerie dispose de 360 canons dont 150 rayés ; les munitions de bonne qualité et les armes portatives sont en. abondance ; il existe en outre un stock considérable de munitions d'artillerie datant des approvisionnements naguère constitués par Vauban.

Afin de maintenir le plus longtemps possible l'ennemi éloigné du noyau central et l'obliger ainsi à étendre et affaiblir ses lignes d'investissement, le gouverneur fait occuper les localités et positions environnantes, notamment Bessoncourt, Cravanche, le haut du Mont, Essert, Danjoutin et Pérouse. Malheureusement, le mauvais temps persistant et le peu de solidité de nos troupes inexpérimentées ne permettent pas de s'organiser sur ces points aussi complètement qu'il l'aurait fallu.

Le 3 novembre, apparaissent les premières troupes de la division de réserve Tresckow, désignée par Werder pour assiéger Belfort. Les jours suivants, l'ennemi tâte la place et procède lentement à l'investissement, lequel reste d'ailleurs incomplet jusqu'après la bataille d'Héricourt. A partir du 10 novembre, ont lieu journellement de chauds combats de plus en plus sérieux au fur et à mesure que l'ennemi se rapproche et se resserre sur nous. Nous perdons d'abord Bessoncourt et Chèvremont, puis Cravanche,

Essert et le haut du Mont les 22 et 23 novembre, et enfin Bavilliers le 28. Nous n'en avons pas moins gagné un mois.

Opérations. — Maitre du Mont et de la côte d'Essert, l'assiégant y construit ses batteries et entame le bombardement le 2 décembre avec 76 pièces de gros calibre. Tout en continuant à nous débusquer péniblement et de proche en proche de nos positions avancées, Tresckow dirige ses plus grands efforts contre Bellevue, qui est réellement notre point faible : de là, en effet, l'ennemi aurait pu prendre les Perches à revers, réduire facilement les deux ouvrages et de cette nouvelle position, battre directement et à courte portée le Château, la véritable clef du camp retranché. Mais Bellevue résiste beaucoup mieux qu'on n'était fondé à l'espérer ; les Allemands perdent tout le mois de décembre en vaines tentatives de ce côté. Le bombardement lui-même, malgré son intensité continue, ne provoque que bien peu de défaillances dans la ville et parmi les troupes.

Voyant le peu de résultat de ses premières opérations, Tresckow modifie ses projets : il se décide à attaquer directement les Perches. C'était vouloir prendre le taureau par les cornes. Dans la nuit du 8-9 janvier, les Allemands se jettent sur Danjoutin, en surprennent la garnison et s'installent définitivement dans le village après y avoir capturé 800 prisonniers. Les ouvrages des Perches tiennent bon, mais ce n'en était pas moins là un très grave échec pour la défense.

Heureusement pour Belfort, l'armée de Bourbaki approchait. Tresckow obligé de se garder du côté de Besançon voyait diminuer chaque jour les forces et moyens déjà insuffisants dont il disposait. Au moment des batailles d'Héricourt, son impuissance s'accuse encore davantage ; il détache à l'appui de Werder tout ce qui ne lui est pas rigoureusement indispensable au maintien du blocus, personnel et matériel, de telle sorte que ses efforts se bornent à déguiser sa propre attitude défensive. Malheureusement, la garnison de Belfort ne sait pas profiter de cette situation précaire de l'assiégeant pour tendre la main à Bourbaki ou tout au moins se dégager elle-même et produire une diversion utile quelconque ;

durant ces journées décisives, elle ne fait que de petites démonstrations sans portée.

Après Héricourt, l'effectif de Tresckow est porté à 25,000 hommes ; son matériel est accru en proportion et comprend bientôt
170 canons Le général prussien reprend alors ses projets contre
le Château et, comme préliminaires, contre les Perches. Dans la
nuit du 20-21 janvier, le village de Pérouse, symétrique à Danjoutin, est enlevé aux postes français. Dès le surlendemain, la première parallèle est ouverte devant les deux ouvrages des Perches,
à 800 mètres au plus de nos avancées. Mais sur ce terrain
rocheux, battu en outre par le canon de la Justice et de Bellevue,
les travaux n'avancent que très lentement : on est obligé d'aller
chercher au loin les terres nécessaires. Aussi Tresckow impa-
tienté essaie de brusquer les choses. Dans la nuit du 26-27 janvier,
il lance de la parallèle une attaque de vive force contre les deux
redoutes ; l'assaillant parvient très bravement jusque dans les fossés
mais finalement il échoue après avoir perdu 500 tués, blessés ou
prisonniers.

  Les Allemands sont donc contraints de s'en tenir à leurs travaux réguliers. Ceux-ci sont plus difficiles que jamais, contrariés
qu'ils sont tour à tour par le clair de lune et la gelée, la pluie et le
dégel. Enfin, la 2° parallèle est ouverte dans la nuit du 31 janvier-
1er février ; l'assiégeant parvient à établir à courte distance de
puissantes batteries qui en peu de jours rendent les Perches intena-
bles. Le 6 février Denfert se décide à évacuer les deux redoutes ;
l'opération se fait la nuit et à l'insu de l'ennemi : une seule compagnie était laissée en arrière pour observer. Cette dernière troupe
elle-même se retire sans faire de résistance quand, le 8 février,
l'ennemi étonné débouche par ses travaux dans les fossés des
ouvrages abandonnés.

L'assiégeant utilise immédiatement sa conquête inespérée pour
continuer ses cheminements, dirigés cette fois contre le Château :
les ailes de sa 3° parallèle s'appuient à ces redoutes conquises que
l'assiégé aurait dû détruire en les évacuant.

Cependant, on savait à cette époque que partout ailleurs les
hostilités avaient pris fin. A tout hasard, Denfert propose à

Tresckow de conclure un armistice particulier. L'ennemi s'y refuse et demande la reddition. Le bombardement continue donc encore jusqu'au 13 février : à ce moment, l'ennemi dispose de 205 pièces de siège et 54 canons de campagne.

Ce jour-là, le canon cesse enfin de se faire entendre. Tresckow transmet à Denfert une dépêche du gouvernement français portant que le colonel est autorisé à rendre la place et à sortir avec libre garnison et les honneurs de la guerre [222]. Naturellement, le gouverneur demande des instructions plus régulières que celles transmises d'une façon si étrange : l'un de ses officiers est à cet effet autorisé à sortir.

Le 16 février, d'après autorisation spéciale du ministre de la guerre expressément basée sur une demande antérieure et motivée de Denfert, la convention entraînant la reddition de la place est conclue. La garnison doit sortir avec les honneurs de la guerre et emmener son matériel mobile et son armement propre.

Les troupes de Denfert partent en deux colonnes les 17 et 18 février. Elles laissent dans la place : 340 canons, 22,000 fusils, 130,000 projectiles d'artillerie, une grande quantité d'autres munitions, des vivres pour six semaines, etc. Tout ce matériel et ces approvisionnements, restés intacts, sont livrés aux Allemands en même temps que la place, le 18 février, dans l'après-midi.

Le siège avait duré 103 jours dont 73 d'un bombardement rarement interrompu. Les batteries ennemies avaient lancé 400,000 projectiles et les nôtres, 80,000 seulement.

Pertes. — Français : militaires : 4,700 tués, blessés ou prisonniers; population civile : 60 tués, 250 blessés ; Allemands : 2,100 tués, blessés ou prisonniers.

Pour résumer le siège de Belfort, il suffirait presque de constater le résultat obtenu : au moment de la reddition, l'assiégeant se trouve juste aussi avancé qu'il l'aurait été dès le premier jour sans le recours de l'assiégé à la défense éloignée et pied à pied.

Néanmoins, la défense a été, tout comme celle de Strasbourg, l'objet d'admirations enthousiastes trop hâtives ou de critiques passionnées. Celles-ci procèdent de la politique ; celles-là d'une comparaison irréfléchie avec la conduite de nos autres places.

Mais, si l'on veut bien considérer qu'aucune de nos villes soi-disant fortes ne se trouvait dans des conditions aussi avantageuses que Belfort, on conclura facilement que le défenseur a simplement accompli son devoir [223], qu'il lui eût été difficile, sans encourir un blâme sévère, d'opérer autrement qu'il ne l'a fait, et qu'en dernier lieu, au moment de l'évacuation, il aurait pu finir mieux en observant plus strictement les prescriptions des règlements militaires.

SUJETS DE RÉFLEXION

Français. — Situation privilégiée de Belfort : très forte garnison, vivres et munitions en abondance, ouvrages extérieurs, population civile très réduite, etc... — Démonstration de l'utilité et de la nécessité des ouvrages détachés — « Modèle de belle défense éloignée » (colonel Prévost). — Fâcheuse inaction pendant la bataille d'Héricourt [224]. — Inobservation des règlements : non-destruction des ouvrages abandonnés (les Perches) ; non-destruction du matériel et des approvisionnements laissés en arrière.

Allemands. — Faiblesse relative du corps de siège. — Manque de suite dans les opérations. — Mauvais choix du point d'attaque définitif. — Inefficacité du bombardement contre une population militaire. — Audace et succès relatif des opérations de nuit.

§ 3. — LES PETITES PLACES

Places rendues.

La Petite-Pierre (Lützelstein), 8 août. — Commandant provisoire : sergent-major Boeltz [225]. Après le départ du corps de Failly, ce poste fortifié n'était préparé en rien à se défendre. Il se trouvait à la Petite-Pierre : une trentaine d'hommes, cinq pièces lisses, peu de munitions d'artillerie et une quantité très restreinte de cartouches d'infanterie. Boeltz détruit son matériel et évacue le fort dans la nuit du 8 août ; guidé par un garde forestier, il parvient à rejoindre heureusement avec son petit détachement la garnison de Phalsbourg.

Les Wurtembergeois prennent possession de la Petite-Pierre le 10 août.

Lichtemberg (10 août). — Commandant : sous-lieutenant Archer, du 96ᵉ ; 3 officiers, 213 hommes dont 2 artilleurs, 7 vieux canons. Bombardée les 9 et 10 août par trois batteries wurtembergeoises de campagne, la place riposte de son mieux et met hors de combat 36 Allemands dont un lieutenant-colonel tué. La garnison elle-même a 33 blessés. Le sous-lieutenant Archer, voyant l'impossibilité de tenir plus longtemps avec ses faibles ressources, détruit son matériel et ses armes, et capitule le 10 août.

Marsal (14 août). — 600 hommes, 60 canons, 3,000 fusils. La garnison n'a ni un artilleur, ni personne en état de faire le service des pièces. Elle réussit à tirer un seul coup de canon, après quoi elle capitule devant le IIᵉ corps bavarois.

Vitry (25 août). — Commandant : capitaine Hamen, de l'état-major des places ; un millier de mobiles de la Marne non encore armés, ni même habillés ; 17 canons. Les autorités civiles ont télégraphié au général de Palikao pour lui demander à ne pas se défendre : le ministre prescrit d'évacuer la place, laquelle est rendue à deux escadrons de la 4ᵉ division de cavalerie allemande.

Le capitaine Hamen avait à l'avance fait filer sur Sainte-Menehould ses mobiles, pour la plupart sans armes ou vêtus d'effets civils. La petite colonne est rejointe par la cavalerie allemande, attaquée et capturée après une charge aussi meurtrière pour les nôtres que parfaitement inutile. Quelques instants plus tard a lieu le massacre de Passavant, provoqué, paraît-il, par une tentative d'évasion des prisonniers : 32 mobiles sont ainsi tués et une centaine d'autres blessés, sans pouvoir se défendre.

C'était la première rencontre des mobiles français avec les soldats allemands.

Citadelle de Laon (9 septembre). — Commandant : général Théremin d'Hame ; 2,000 mobiles, 25 canons. De même qu'à Vitry et dans le même but, les autorités civiles, maire et préfet, s'adressent au ministre de la guerre, lequel répond d'agir « devant la sommation de l'ennemi suivant les nécessités de la situation ». Le général capitule à l'approche de la 6ᵉ division de cavalerie, prince Guillaume de Mecklembourg.

Au moment où les Allemands pénètrent dans la citadelle, l'explosion, très probablement fortuite [226], d'une poudrière tue ou blesse 200 Français et 100 Allemands : le général Théremin et le prince Guillaume sont tous deux grièvement atteints. Presque heureusement pour sa mémoire, le commandant français succombe à ses blessures quelques jours plus tard.

Toul (23 septembre). — Commandant : major de cavalerie Hück ; 2,500 hommes parmi lesquels 15 artilleurs, 71 canons en batterie. Le IVᵉ corps allemand (IIᵉ armée) tente les 16 et 17 août deux coups de main qui échouent. La place essuie ensuite deux bombardements successifs exécutés, l'un le 23 août par l'artillerie de campagne de la IIIᵉ armée, l'autre du 10 au 12 septembre par la 17ᵉ division, grand-duc de Mecklembourg, détachée à cet effet du blocus de Metz. Ce moyen ne réussissant pas, les Allemands font venir de Mayence un matériel de siège ; ils y joignent les mortiers français pris à Marsal. Ils ont ainsi 62 pièces de gros calibre avec lesquels ils entament le 22 septembre un bombardement extrêmement violent qui dure deux jours entiers. La place capitule le 23 septembre, bien que ses remparts soient à peu près intacts et qu'elle ait encore des vivres et fourrages pour deux mois ; elle avait reçu 12,000 obus, la population civile comptait 12 tués.

Toul était pour l'ennemi une très importante conquête qui lui donnait le libre emploi de la grande ligne ferrée Paris-Strasbourg, ligne qui lui était presque indispensable pour poursuivre l'invasion de la France. Les Allemands abandonnent dès lors la construction, d'ailleurs peu avancée, d'un tronçon de voie ferrée commencé depuis le 28 août et destiné à relier directement Fontenoy-sur-Moselle à Commercy sur la Meuse en contournant la forteresse.

Soissons (15 octobre). — Commandant : lieutenant-colonel de Noue ; 5,000 hommes, 130 pièces dont 47 rayées, 8,000 fusils. La ville de Soissons a la même importance que Toul : elle barre la ligne Reims-Paris. Les Allemands amènent l'artillerie rendue disponible par la reddition de Toul et bombardent la place les 12, 13

et 14 octobre ; 17 habitants sont tués. Le commandant se plaint
naïvement aux Allemands que ceux-ci n'emploient pas les procédés classiques de siège ; il demande ensuite à négocier et capitule
dans la nuit du 15-16, en livrant comme Toul un matériel presque
intact.

Schlestadt (25 octobre). — Commandant : chef de bataillon de
Reinach ; 5,000 hommes, 120 canons, 7,000 fusils. La ville est
investie par la division de réserve Schmeling, puis bombardée du
19 au 24 octobre par 56 pièces de siège. Le 25 au matin, le commandant capitule précipitamment ; il demande et obtient l'entrée
immédiate de l'ennemi, dans le but de mettre fin à une sédition
militaire et populaire qu'il n'a pas su apaiser et qui lui fait redouter une catastrophe. La place avait reçu 10,000 projectiles d'artillerie.

Verdun (8 novembre). — Commandant supérieur : général de
brigade Guérin de Waldersbach du cadre de réserve (par intérim,
général de division Marmier [227]) ; 6,000 hommes, 140 canons. Le
XII⁰ corps, prince Georges de Saxe, tente inutilement d'enlever
Verdun d'un coup de main le 24 août. Un bombardement peu
sérieux a lieu le 26 septembre. Mais les 13, 14 et 15 octobre, la
place est foudroyée durant cinquante-quatre heures par 62 pièces
françaises tirées de Sedan et 6 pièces prussiennes de campagne.
Néanmoins, elle résiste aux sommations ; le siège se transforme
alors en simple blocus, durant lequel la garnison exécute deux
sorties heureuses, les 20 et 28 octobre. Quelques jours plus tard,
la nouvelle de la chute de Metz et l'arrivée devant Verdun d'un
grand parc de siège de 140 pièces déterminent la capitulation, le
8 novembre.

Cette convention stipulait une condition toute spéciale : la place
et son matériel de guerre étaient remis aux Allemands « sous la
condition expresse de faire retour à la France à la conclusion de
la paix ». Après la guerre, le conseil d'enquête appelé à émettre
son avis sur la capitulation déclarait que le général de Waldersbach avait excédé ses droits et « qu'il n'appartient pas à un commandant de place de prévoir les conséquences d'une guerre et les
conditions d'un traité de paix qui peuvent annuler les clauses sti-

pulées dans une capitulation ». Quoi qu'il en soit, les Allemands respectaient la clause en question : le matériel militaire, évalué à plusieurs millions, faisait retour à la France en septembre 1873.

Neufbrisach (10 novembre). — Commandant supérieur : lieutenant-colonel Lostie de Kerhor, de l'état-major des places ; 5,000 hommes dont deux bataillons du 74e, 108 canons, 6,000 fusils. La place est bombardée sans interruption du 2 au 10 novembre par le corps de siège qui vient de prendre Schlestadt. L'ouvrage détaché, fort Mortier, capitaine Castelli du 74e, est accablé sous le feu de 23 pièces de gros calibre ; les cinq pièces lisses dont il dispose ayant été mises hors de service dès les premiers coups échangés, le capitaine Castelli capitule séparément le 7 novembre avec ses 200 hommes. Dans la place elle-même, une mutinerie de la garde mobile et l'inertie du 74e décident le commandant supérieur à négocier. La capitulation est conclue et exécutée le 10 novembre.

Thionville (24 novembre). — Commandant supérieur : colonel Turnier, de l'état-major des places ; 4,200 hommes, 200 canons. Durant les opérations de Bazaine, Thionville repousse plusieurs tentatives peu sérieuses des Allemands. Ce n'est qu'après la chute de Metz que la place est réellement bloquée, puis assiégée par le général Kameke et la 14e division d'infanterie. Les 22, 23 et 24 novembre, elle est bombardée durant cinquante-trois heures par 85 pièces, dont 24 de campagne. Elle reçoit 25,000 projectiles d'artillerie. Le colonel Turnier capitule prématurément le 24 novembre.

La Fère (27 novembre). — Commandant supérieur : capitaine de frégate Planche ; 2,500 hommes, 70 canons. La Fère est un grand établissement de l'artillerie ; c'est la bifurcation des voies ferrées de Reims à Creil et Amiens. La place était donc d'une grande importance, aussi bien en vue du siège de Paris par les Allemands que des opérations des deux partis dans le Nord. Elle est investie le 15 novembre par des détachements de l'armée de Manteuffel et bombardée le 25 par 32 pièces. Malgré les protestations des habitants, le commandant capitule le 27 novembre, le

jour même de la première défaite de notre armée du Nord, à
Amiens.

Citadelle d'Amiens (30 novembre). — Commandant : capitaine
Vogel ; 400 mobiles, 30 canons. Après la retraite du général
Farre, les Allemands occupent la ville d'Amiens. Le commandant
de la citadelle refuse de se rendre ; la fusillade s'engage à courte
distance, d'un côté à l'autre de l'esplanade, pendant que les Allemands apprêtent leurs batteries dans'la ville même. Mais, le
29 novembre, le capitaine Vogel est tué d'une balle, sur les
remparts. Son successeur, un officier d'artillerie de la mobile
d'Amiens, s'empresse de capituler le 30 novembre.

Phalsbourg (12 décembre). — Commandant : chef de bataillon
Taillant ; 1,300 hommes, 65 canons. La place subit, les 10 et
14 août, un violent bombardement exécuté avec 60 pièces par le
XIe corps prussien ; après quoi, le siège se réduit presque à un
simple blocus. De temps à autre, les Allemands lancent dans
la ville quelques obus et, de son côté, la garnison fait de petites
sorties.

A la fin de novembre, les provisions de vivres étant près d'être
épuisées, le commandant Taillant demande la libre sortie de la
garnison. L'ennemi s'y refusant, la résistance est continuée jusqu'à la dernière limite. Le 12 décembre, la place n'ayant plus de
pain, le commandant détruit à fond tout son matériel, fait ouvrir
les portes et prévient l'ennemi qu'il se rend à discrétion.

La défense de Phalsbourg est l'une des rares de la guerre
de 1870-1871 qui aient mérité et reçu des éloges sans restriction [2:8].

Montmédy (13 décembre). — Commandants : capitaine Reboul,
de l'état-major des places, puis commandant Teyssier, chef de
bataillon du génie ; 3,000 hommes, dont un millier d'infirmiers
expédiés à la fin d'août en prévision des prochains besoins des
armées de Mac-Mahon et de Bazaine ; 65 canons, dont 8 rayés.
Le 5 septembre échoue devant Montmédy une tentative de la
garde prussienne, dirigée par le général prince de Hohenlohe ; le
bombardement par l'artillerie de campagne est manifestement
inefficace. Les Allemands s'éloignent le jour même ; la place

n'est même plus bloquée. Aussi la garnison en profite pour exécuter dans les environs quelques coups de main heureux. Dans la nuit du 10 au 11 octobre, 230 des nôtres poussent hardiment jusqu'à Stenay et y capturent un même nombre d'Allemands, parmi lesquels le colonel commandant d'étapes.

Après la prise de Thionville, le général Kameke vient assiéger Montmédy avec sa 14e division. Les 12 et 13 décembre, la place est bombardée par 68 pièces dont 44 de siège. Le commandant capitule le 13 décembre ; les Allemands disposent dès lors du chemin de fer des Ardennes jusqu'à Mézières. Dans la nuit qui suit la reddition, la garnison prisonnière ayant été bivouaquée à proximité de la frontière belge, parvient presque tout entière à s'échapper.

Mézières (1er janvier 1871). — Commandant supérieur : général Mazel ; 2,000 hommes ; 130 canons dont plus de la moitié ancien modèle. Après la bataille de Sedan, Mézières profite d'un armistice particulier conclu d'abord pour huit jours, puis prolongé successivement jusqu'au 20 octobre. Cette convention avait pour double but : 1° de permettre la libre évacuation par Mézières et la Belgique des trains sanitaires de blessés ; 2° le ravitaillement en vivres, par les soins de l'autorité militaire française, des prisonniers parqués dans la presqu'île d'Iges. Elle comportait la suspension des hostilités dans un rayon de 25 kilomètres et la neutralisation jusqu'à Sedan, Givet et Hirson des sections de voies ferrées qui rayonnent autour de Mézières.

Après la prise de Montmédy, le général Kameke vient assiéger Mézières. Le 31 décembre, 98 pièces dont 68 de siège commencent un bombardement exceptionnellement violent. Le lendemain, 1er janvier, la ville proprement dite étant presque détruite, le commandant capitule : le chemin de fer des Ardennes est complètement libre pour les Allemands. La place avait reçu 12,000 gros projectiles ; la population civile, réduite à 4,000 habitants, comptait 53 tués.

Rocroy (5 janvier). — 300 hommes, 72 canons de vieux types. La 14e division venant du siège de Mézières se rendait à l'armée du Sud ; elle s'arrête le 4 janvier autour de Rocroy qu'elle bombarde ce jour-là et le lendemain avec ses batteries de campagne. Désespérant d'obtenir un résultat immédiat et devant hâter son mouvement vers le sud, l'ennemi se remettait en marche le 5 au soir quand il est avisé par un dernier parlementaire que le commandant demande à capituler. L'arrière-garde doit faire demi-tour pour venir prendre possession de la place. Ce succès facile ne coûtait « aucune perte » aux Allemands.

Péronne (10 janvier). — Commandant : chef de bataillon du génie Garnier ; 3,500 hommes, 50 canons. En raison des opérations engagées dans le nord, Péronne acquérait une grande importance : pour les Allemands, sa possession entraînait celle de toute la ligne de la Somme prolongée d'Amiens à La Fère ; pour les Français, c'était un sûr passage permanent d'une rive à l'autre de la rivière. Le 28 décembre, l'ennemi bombarde la place avec l'artillerie de campagne du VIII° corps, mais sans obtenir le résultat espéré. Les Allemands rassemblent alors des moyens plus puissants : du 2 au 9 janvier, le bombardement est continué sans interruption avec les grosses pièces françaises tirées de la citadelle d'Amiens. La ville était à demi détruite ; Faidherbe avec l'armée de secours venait d'échouer à Bapaume : le commandant perd prématurément tout espoir et capitule le 10 janvier. Péronne avait reçu 30,000 projectiles d'artillerie.

Longwy (25 janvier). — Commandant : lieutenant-colonel Massaroli ; 4,000 hommes, 130 canons. A cause de sa position excentrique, Longwy préoccupe d'abord fort peu les Allemands. Mais quelques excursions heureuses de la garnison, le trouble que jette celle-ci dans l'exploitation des voies ferrées voisines, rappellent de ce côté l'attention et les forces de l'ennemi. Du 19 au 23 janvier, Longwy est bombardé par 90 pièces qui lancent sur la ville 28,000 projectiles. La population civile presque tout entière est passée en Belgique : néanmoins, le commandant capitule le 24 janvier.

Bitche (16 mars). — Commandant : chef de bataillon Teyssier ; 2,000 hommes, 53 canons ; les vivres provenant des approvisionnements de l'armée du Rhin excèdent les besoins. La place est investie dès le 8 août ; en trois bombardements successifs, les 8 et 23 août, puis du 11 au 22 septembre, elle reçoit 20.000 obus. Mais elle tient bon et le commandant résiste avec la plus grande énergie. Le siège se transforme alors en un simple blocus jusqu'à la conclusion de la convention de Ferrières, 11 mars, en vertu de laquelle le gouvernement français ordonne au commandant Teyssier de rendre aux Allemands cette place qui a cessé d'être française. Le 26 mars, la garnison évacuait Bitche en emmenant ses armes et ses bagages et sans consentir à recevoir de l'ennemi les honneurs de la guerre qui lui étaient offerts. Sa résistance prolongée avait pendant toute la durée de la guerre interdit aux Allemands l'emploi du chemin de fer de Sarreguemines à Niederbroun.

Places attaquées ou menacées et non rendues.

Langres. — Commandants successifs : généraux Arbelot et Meyère. La garnison eut un effectif variant entre 6,000 et 18,000 hommes, à cause des très nombreux réfugiés et des corps francs qui y cherchèrent ou un asile ou un point d'appui. A la fin de décembre, le corps Werder s'apprêtait à faire le siège de Langres quand survient l'armée de Bourbaki sur la Saône : les Allemands ont alors autre chose et mieux à faire. Pas plus que Dijon sous Garibaldi, ou Belfort avec Denfert, Langres n'a donné à nos opérations générales dans l'Est l'appui que l'on était fondé à en attendre.

D'autres places françaises ont vu l'ennemi, mais sans guère en venir elles-mêmes aux mains avec lui. Ainsi, *Besançon* et *Auxonne* ont été comme noyées dans le grand tumulte des opérations de janvier, sans pour cela être investies : lors de la conclusion de la convention additionnelle à l'armistice (15 février), il est tracé autour de ces deux places fortes une ligne spéciale de démarcation entre belligérants. *Givet*, aussi inutile que Longwy, n'est que soumise à un blocus intermittent, ou plutôt à une sorte de surveillance assez peu gênante. Enfin, à la suite de la bataille de Saint-Quentin, les places de *Landrecies* et *Cambrai* sont, durant plusieurs heures, menacées par la cavalerie de von Goëben ; Landrecies reçoit même quelques obus tirés par les batteries à cheval pour appuyer les vaines sommations des avant-gardes allemandes.

OBSERVATIONS

« Les nombreuses capitulations de la guerre franco-allemande de 1870-1871 contiennent en général les conditions suivantes :

» 1° L'armée vaincue (ou la garnison) est prisonnière de guerre ;

» 2° Sont exceptés les officiers et fonctionnaires *qui s'engagent sur l'honneur et par écrit à ne rien faire et à ne rien dire* contre les intérêts de l'Allemagne pendant la durée de la guerre ;

» 3° Remise de tout le matériel ;

» 4° Remise de la place ;

» 5° Les médecins restent pour soigner les blessés. » (Capitaine GUELLE, *Précis des lois de la guerre.*)

Sauf de très rares exceptions, les commandants de place ont fait preuve d'une insigne faiblesse. Ils paraissent avoir été déroutés et prématurément découragés par les événements extérieurs surtout, puis par l'imprévu des procédés allemands. Presque tous ont enfreint ou inobservé en tout ou en partie les prescriptions cependant très précises des règlements militaires : quand l'on étudie les sièges dans leur ordre chronologique, il n'est pas nécessaire de réfléchir longuement pour découvrir quelques-unes des désastreuses conséquences de cette manière de faire.

Beaucoup de commandants de place prétextent ou invoquent comme circonstances atténuantes les souffrances, les instances des populations, quelquefois les séditions ou le mauvais vouloir des autorités civiles. Il est à remarquer, cependant, que les villes dont la population a émigré, telles que Montmédy et Longwy, ou les postes exclusivement militaires, tels que Lichtemberg et le fort Mortier, ne tiennent pas plus que les autres et acceptent les mêmes conditions.

Les pertes subies par les agglomérations civiles sont relativement considérables si on les compare à celles de la grande forteresse de la France, de Paris, dont le bruyant stoïcisme sous les obus allemands a été tant exalté. Ainsi, 25,000 tués par suite du bombardement donneraient pour Paris exactement la même proportion qu'à Mézières ou Belfort. Or, la capitale en compte 100.

SUJETS DE RÉFLEXION

Français. — Fortifications et armement surannés. — Médiocre qualité des garnisons; leur insubordination fréquente. — Faiblesse du commandement. — Ignorance ou non application de la défense éloignée. — Non préparation ou inefficacité de la défense rapprochée. — Sauf très rares exceptions, constante inobservation des règlements; relations fréquentes et oiseuses avec l'ennemi; influence des événements extérieurs; capitulations prématurées; stipulations de faveur pour les officiers [220]; non destruction des matériels de guerre. — Conséquence la plus immédiate de cette dernière négligence : emploi de notre matériel contre les autres places françaises. — Les petites places ou les places mal entretenues présentent plus d'inconvénients que d'avantages.

Allemands. — Faiblesse relative des effectifs employés dans les sièges. — Invariabilité du procédé : le bombardement. — Inaptitude constatée à faire un siège régulier. — Dédain pour les places secondaires qui ne commandent pas les voies ferrées.

§ 4. — LES PARTISANS

Généralités.

Le cadre de la présente étude ne permet pas de donner ici un historique, même succinct, de la guerre de partisans en 1870-71. Bornons-nous à exposer la question des francs-tireurs dans son ensemble, puis l'épisode le plus saillant, l'épisode du pont de Fontenoy, et enfin la résistance ébauchée dans les Vosges.

L'extrait ci-après du livre de M. Amédée Le Faure résume et précise admirablement ce qu'ont été et ce que doivent être les francs-tireurs ou belligérants similaires :

« L'histoire des francs-tireurs (de 1870-71) est encore à écrire aujourd'hui, et il est profondément regrettable qu'un livre sincère et exact n'ait pas été publié sur cet important sujet.

» Les excès commis par la plupart des compagnies franches ont été si nombreux, les actes de défaillance malheureusement si fréquents, qu'une réprobation presque unanime s'est attachée à ce nom de francs-tireurs. Ces individus bariolés, ornés de plumes noires, terribles surtout pour les populations, très empressés à fuir les lieux où s'échangeaient des coups de fusil, ont amené cette conviction qu'il n'y avait aucun service à espérer des compagnies franches et qu'il était indispensable pour l'avenir de ne plus autoriser leur formation. Nous ne pensons pas que ce jugement soit rationnel. Il s'appuie, il est vrai, sur l'expérience de la dernière guerre, mais il est hors de doute qu'outre leur mode de recrutement désastreux, les francs-tireurs ont toujours et partout été mal employés. On s'en est servi comme d'éclaireurs, et il est bien certain que des troupes régulières sont plus aptes à ce service.

» Mais pour couper les lignes de communication de l'ennemi, pour entraîner les populations, pour grouper toutes les forces éparses, pour agir énergiquement enfin en arrière, la question des francs-tireurs mérite un examen plus sérieux. L'exemple du pont de Fontenoy n'est-il pas bien fait pour montrer ce que peuvent quelques hommes résolus ? Il ne faut pas se hâter de conclure, lorsqu'on réfléchit aux conséquences qu'aurait pu avoir la destruction du tunnel de Saverne.

» Qu'opposer aux troupes d'étapes ? Des régiments réguliers ? Cela n'est pas admissible. Faut-il donc se borner à combattre par masses, et ne pas inquiéter les lignes de communication de l'ennemi ! Que d'occasions cependant ! Que de coups de main à tenter lorsque ces troupes d'étapes s'étendent sur un espace de plus de 300 kilomètres ! Que de services à rendre à la défense !

» La rigueur excessive déployée par les Allemands à l'égard des francs-tireurs ne montre-t-elle pas ce que l'on peut attendre des compagnies franches, le jour où aux soldats de hasard on substituera des hommes énergiques, disciplinés, sévèrement choisis, conduits par des officiers et ne cherchant dans cette guerre d'aventures que l'occasion de servir leur pays ?

» L'exemple du commandant Bernard prouve qu'il y a intérêt pour nous à étudier la question de près. »

Un épisode.

Le pont de Fontenoy. — Au mois de novembre 1870, un ordre de la Délégation de Tours institue à Neufchâteau un comité militaire chargé de la défense du département des Vosges, et étendant en outre son action sur les départements de la Meuse et de la Meurthe. Le sous-préfet de Neufchâteau, M. Victor Martin, est nommé « chef militaire » et président de ce comité, lequel se met immédiatement à l'œuvre.

Comme forces organisées, on voulait créer un corps franc dénommé *Chasseurs des Vosges, Avant-garde de la Délivrance*, qui serait commandé par le capitaine de partisans Bernard, envoyé à cet effet de Tours par M. Gambetta. Avec le concours de M. Coumès, sous-lieutenant du 93°, évadé de Metz, et des agents locaux des forêts et des ponts et chaussées, le comité était parvenu au commencement de décembre à armer et réunir environ 80 hommes à Lamarche, son centre d'opérations.

Un premier succès à Contrexéville (2 décembre), où Coumès enlève 17 Allemands, attire au corps franc de nombreuses recrues. Quelques jours plus tard, dans la nuit du 6-7 décembre, nouveau coup de main heureux : avec 60 hommes résolus, le commandant Bernard va au-devant d'une forte colonne ennemie envoyée d'Epinal, la surprend avant le jour dans le village de Dombrot, et lui met hors de combat une centaine d'hommes. A la suite de cette affaire et en prévision d'un puissant retour offensif des Allemands, le petit corps quitte Lamarche et va s'installer plus au nord dans l'inaccessible forêt de Boëne, où il crée le camp de la Délivrance (ou de la Vacheresse). Il était temps : la garnison allemande de Mirecourt, environ 1,200 fantassins ou cavaliers avec une batterie, accourait sur Lamarche.

A cette nouvelle, quelques groupes de partisans organisés peu à peu dans les localités environnantes viennent rejoindre l'Avant-garde. Le capitaine Bernard a ainsi 250 hommes avec lesquels il se porte hardiment, le 11 décembre, à la rencontre de l'ennemi jusqu'au delà et à l'est de Lamarche. Il est moins heureux que le 6 : débordé sur ses deux ailes, il est forcé de battre précipitamment en retraite à travers bois, non cependant sans avoir fait subir à l'ennemi des pertes évaluées à plusieurs centaines d'hommes.

Cet échec amène un arrêt dans les opérations. Le corps franc fortifie son camp de Boëne, y réunit ses approvisionnements, barricade les avenues de la forêt et surtout s'occupe de renforcer son effectif. Mais il se heurte au mauvais vouloir constant du général Arbelot, commandant supérieur à Langres : les armes, les munitions font défaut.

Dans la première quinzaine de janvier 1871, le nouveau commandant de Langres, général Meyère, consent enfin à venir quelque peu en aide à l'Avant-garde : il lui envoie des cartouches et de la poudre et lui adjoint un bataillon de mobiles du Gard. D'autre part, le comité lui-même recrutait de nombreux volontaires, soldats et officiers, et parmi ceux-ci un conducteur des ponts et chaussées, M. Adamistre, dont les connaissances techniques et le vigoureux savoir-faire devaient être très précieux dans les opérations futures. A la date du 15 janvier, le corps franc proprement dit comprenait les six compagnies Bernard, Coumès, Adamistre, Maillère, Richard et Magnin ; le capitaine Bernard, nommé chef de bataillon, exerçait le commandement supérieur, mais avec bien peu d'autorité [230].

C'est alors qu'après mûre délibération, le comité décide de mettre hors de service la voie ferrée Paris-Strasbourg, principale ligne de ravitaillement des grandes armées allemandes engagées au cœur de la France. Il suffisait pour cela de détruire un ouvrage d'art, pont, tunnel ou viaduc : c'est le pont de Fontenoy-sur-Moselle, entre Toul et Liverdun, qui est définitivement choisi comme objectif. La distance du camp de Boëne à Fontenoy est de 90 kilomètres. Le chef de la section Frouard-Commercy, M. Alexandre, fournit les plans et les indications verbales nécessaires : on sait que dans la première pile, rive droite, des chambres de mine ont été ménagées lors de la construction du pont et qu'il suffit pour découvrir le puits qui y accède d'enlever cinquante centimètres du ballast du tablier. Les Allemands ignorent ces détails.

Pour réussir, il fallait opérer vite et à l'insu de l'ennemi. Or, la saison était des plus rigoureuses ; les chemins frayés, et à plus forte raison les mauvais sentiers, étaient presque impraticables. Dans la région à traverser, des troupes d'étapes allemandes occupaient Neufchâteau, Colombey, Vaucouleurs, Commercy, Toul, Pont-Saint-Vincent et Mirecourt ; l'ennemi avait été mis en éveil par de précédentes tentatives isolées contre les tunnels de Foug et Pagny ; ses nombreuses patrouilles sillonnaient incessamment le pays.

D'après le plan convenu avant le départ, le corps franc seul doit se porter à Fontenoy ; le bataillon de mobiles s'en séparera à Lahayevaux pour aller faire une démonstration vers Foug ; un sous-officier aidé de quelques hommes ira couper le télégraphe entre Commercy et Toul. Les trois opérations : destruction du pont, diversion de Foug et rupture du télégraphe, devront avoir lieu simultanément dans la nuit du 20-21 janvier, à minuit. Les forces restant disponibles au camp pousseront de bruyantes reconnaissances dans les vallées du Mouzon et de la Meuse, vers Vrécourt et Bourmont.

Tout étant ainsi réglé, la petite colonne du commandant Bernard quitte le camp de Boene le 18 janvier, à midi. Outre les 800 mobiles du Gard, elle se compose de 13 officiers et 284 francs-tireurs choisis, d'un chariot de vivres, munitions et outils et de 4 chevaux de bât portant 200 kilogrammes de poudre. Elle arrive à Vaudoncourt à 9 heures du soir, se repose jusqu'à minuit et atteint la ferme-école de Lahayevaux le 19, à 9 heures du matin, après un premier parcours de 40 kilomètres sur le verglas, dans la neige et par un froid de 20 degrés. Survient alors une vive alerte : les Allemands ont été avisés du départ de la Vacheresse, où les partisans n'ont laissé que peu de monde à la garde du camp. On renonce dès lors à faire la démonstration de Foug : le bataillon de mobiles est renvoyé ostensiblement au camp ; l'opération de Fontenoy est retardée de 24 heures et fixée à la nuit du 21-22 ; enfin les chasseurs eux-mêmes restent soigneusement blottis dans la ferme-école toute la journée du 20 janvier.

A 6 heures du soir, l'obscurité étant profonde, la marche est reprise dans le plus grand silence. Cheminant par les tranchées des bois, le corps de partisans fait 35 kilomètres et s'arrête, le 21 janvier, à 3 heures du matin, à la ferme de Saint-Fiacre. Il en repart à 3 heures du soir, c'est-à-dire en plein jour; à 6 heures, il atteint la Moselle à Pierre-la-Treiche. A cette distance de Toul, cette dernière marche était extrêmement imprudente, mais le temps pressait, et cependant il va survenir encore de nouveaux contre-temps. A Pierre-la-Treiche, le matériel sur lequel on comptait pour passer de suite sur la rive droite n'est prêt qu'à 10 heures du soir : c'est un bac improvisé à l'aide de deux barques de pêcheurs. Le commandant Bernard ajourne ensuite le départ à minuit, sans motif. A 2 heures du matin seulement, la petite colonne est tout entière sur la rive droite. Elle précipite en vain son mouvement : elle n'atteint Fontenoy qu'à 6 heures du matin, et le jour va poindre quand les rôles sont distribués à chacune des compaguies.

Les Prussiens avaient établi un poste à la gare. Les francs-tireurs des compagnies Coumès et Magnin se glissent de ce côté, massacrent sans bruit les sentinelles et surprennent le poste, qui, après une courte résistance, se laisse désarmer; on coupe aussitôt le télégraphe. Pendant ce temps, deux autres compagnies occupent et fouillent le village, où elles capturent encore quelques Allemands endormis. Enfin, la compagnie Adamistre s'élance sur le pont et commence vivement à déblayer le ballast.

Le plan à la main, on découvre le puits aboutissant aux chambres de mine, mais non sans de pénibles et décourageants tâtonnements; la poudre est descendue en place, on rejette le ballast dans le puits, les mèches sont allumées, puis la petite troupe se replie au pas de course dans Fontenoy. Un instant après, à 7 h. 30 du matin (22 janvier 1871), le pont saute en laissant une brèche de 40 mètres. Ce chemin de fer, qui est indispensable aux Allemands et qui ne sert qu'à eux, est pour longtemps hors de service.

Ayant accompli sa mission, le corps franc n'avait pas de temps à perdre s'il voulait échapper aux garnisons allemandes des environs. Il exécute à travers la forêt de Haye une retraite rapide; il franchit la Moselle sur la glace, en aval de Maron, et arrive aux Gimeys à midi. En vingt heures, par un froid excessif, il a parcouru 40 kilomètres en terrain boisé et montueux, livré un combat et franchi deux fois la Moselle. Il repart à 5 heures du soir et atteint Hondreville le 23, à 3 heures du matin; la nuit du 23-24, il est à Vandeléville ; enfin, le 24 janvier, à 7 heures du soir, il se fait reconnaître à Bulgnéville par les avant-postes du camp de Boene.

En six jours, l'Avant-garde avait parcouru 182 kilomètres, presque toujours en dehors des chemins frayés. L'expédition ne lui coûtait pas un seul homme.

C'était son dernier succès. Quelques jours plus tard, l'armistice est conclu. L'Avant-garde reçoit du gouvernement français l'ordre de quitter son camp de Boene et de se replier à Châlon-sur-Saône, en deçà de la ligne de démarcation.

L'Avant-garde évacuait donc ses positions le 8 février; munie de sauf-conduits allemands, elle traversait le territoire envahi en passant par Jussey, Gray, Pesmes, Dôle. A partir de Pesmes et jusqu'à la ligne de démarcation, les honneurs militaires lui sont rendus par les Allemands [231].

Dans les premiers jours de mars, le corps des Chasseurs des Vosges, Avant-garde de la Délivrance, était dissous à Chambéry, où il avait été transféré pour former l'avant-garde du corps d'armée du général Cremer.

Dans les Vosges. — En 1868, le maréchal Niel avait étudié et même avait ébauché la création sur place de corps de francs-tireurs qui auraient été spécialement affectés à la défense locale des Vosges. Quelques vestiges de cette organisation rudimentaire permirent dès les débuts de l'invasion de constituer dans la région vosgienne de nombreux, trop nombreux groupes de partisans, notamment entre Ill, Meurthe et Haute-Moselle.

Dans la nuit du 28-29 août 1870, une cinquantaine d'hommes déterminés, commandés par le lieutenant Koenig, partent de Mulhouse, franchissent le Rhin à Chalampé et débarquent en territoire badois à 3 h. 1/2 du matin. Ils coupent, à Nuembourg, la voie ferrée Bâle-Karlsruhe, détruisent les télégraphes et ramènent sur la rive française sept bateaux allemands; ceux-ci sont, du reste, repris dès le lendemain par un bataillon badois accouru en toute hâte de Fribourg. Des deux côtés, on s'exagéra singulièrement l'importance et les suites de cet incident. Bade crut à une invasion française. Le 1er septembre, au moment où l'armée de Mac-Mahon agonisait à Sedan, le ministre Palikao enlevait une dernière fois les applaudissements du Corps législatif en disant : « Voici la dépêche que je reçois à l'instant : Un corps franc a envahi le territoire badois. Le train badois manque aujourd'hui. »

A la fin de septembre, de nombreuses compagnies rayonnaient autour de Saint-Dié, ou s'échelonnaient dans les hautes vallées de la Moselle, vers Epinal, Remiremont, Bruyères, Gérardmer, etc. Les commandants Bourras, Varaigne, Perrin, Brisach, Keller, et même une jeune femme, Mlle Antoinette Lix [232], essayaient d'organiser quelque peu régulièrement la défense des défilés vosgiens. Malheureusement, chacun des autres, et ces autres étaient nombreux, agissait à peu près pour son compte et suivait sa fantaisie. Non seulement la direction d'ensemble faisait défaut, mais encore la discipline : très souvent, des bandes accourues on ne sait d'où, parfaitement étrangères aux Vosges, se firent remarquer exclusivement par leurs excès vis-à-vis de nos populations. Quand arrive Cambriels, il est trop tard pour remédier en temps utile à cet état de choses : le moment d'agir est venu.

C'est à ces forces éparses et sans lien que vient se heurter Werder, conquérant de Strasbourg. Malgré le peu de solidité de la plupart d'entre eux et l'isolement d'efforts sans but précis, les francs-tireurs n'en causent pas moins de sérieux embarras aux colonnes ennemies engagées dans la région montagneuse et boisée. Aussi le général allemand marque son passage par l'incendie de nombreux villages et les exécutions militaires fréquentes et multiples, à tout propos et sans propos : à lui seul et en deux mois, le corps Werder fusille davantage que toutes les autres armées allemandes réunies pendant l'entière durée de la guerre.

En définitive, la marche de l'invasion est inquiétée et désagréablement gênée, mais elle n'est guère retardée. Quand la soi-disant armée française des Vosges se replie sur Besançon, les résistances locales armées, de plus en plus rudement châtiées, disparaissent peu à peu sur presque tous les points.

A en juger d'après le grand effet moral produit sur l'ennemi par les francs-tireurs des Vosges, il n'en reste pas moins acquis qu'il eût été relativement facile, d'abord d'enrayer l'invasion de ce côté, ensuite de tenir sur un qui-vive perpétuel les troupes d'étapes chargées de la garde des communications, et enfin d'inquiéter et de couper celles-ci à tout propos et en maints endroits. Et cela pouvait se faire sans exiger aucun de ces immenses efforts déployés si laborieusement à cette époque dans les plaines découvertes de la Beauce, ce pire champ de bataille imposé à nos armées improvisées. Mais dans les Vosges comme sur les théâtres plus importants, il nous a manqué la préparation d'abord, l'unité de direction ensuite.

« ... Si la nature du pays se prête admirablement aux opérations de petits corps isolés et indépendants les uns des autres, il importe toutefois que ces opérations soient reliées ensemble et dirigées vers un but commun, en rapport avec le plan général du commandant de l'armée. Chaque chef de corps franc eût dû tenir sa mission du commandement [233] et conserver d'ailleurs toute initiative dans les moyens d'exécution. Il n'en fut pas ainsi. L'autorité supérieure se désintéressa presque totalement des francs-tireurs et ceux-ci, la direction générale leur manquant, furent condamnés à la stérilité. » (*La Défense des Vosges en* 1870, par un ancien officier de chasseurs à pied.)

IX

SUR MER

Situation et projets opposés.

Français. — Le plan de campagne français comportait une puissante diversion tentée sur les côtes de la mer du Nord et de la
Baltique par un corps de débarquement (le 12ᵉ) et les flottes des
vice-amiraux Bouet-Willaumez et la Roncière, le Noury. Toutes
ces forces devaient être placées sous le commandement supérieur
soit du général Trochu, soit du général Bourbaki, soit en dernier
lieu du prince Napoléon. On comptait vaguement qu'à l'approche
des troupes françaises, le Hanovre s'insurgerait et que le Danemark déclarerait la guerre à la Prusse.

Nous n'étions pas plus préparés à la guerre maritime qu'à une
campagne sur nos frontières de terre. Dès le début, les déceptions
se multiplient ; on s'aperçoit bientôt que nous ne pourrons guère
profiter de l'occasion unique et magnifique qui nous est donnée
d'accabler la jeune marine allemande. On perd beaucoup de temps,
après quoi, au lieu de deux flottes puissantes, nous ne pouvons
mettre en mer dans les premiers jours des hostilités qu'une escadre
de sept navires cuirassés et deux avisos aux ordres de Bouet-
Willaumez. L'imprévoyance se décèle partout : les équipages sont
incomplets, les approvisionnements insuffisants, et nos engins de
guerre ne sont pas en harmonie avec le but à atteindre et avec les
conditions particulières de la navigation le long des côtes ennemies. Où il aurait fallu des bâtiments puissamment armés en
artillerie, mais légers et d'un faible tirant d'eau, nous n'envoyons
que de gros cuirassés fort coûteux, extrêmement difficiles et lents
à manier dans les eaux allemandes, peu profondes et pour eux très

dangereuses. En outre, les premières batailles nous obligent à réserver toutes nos forces de terre pour la défense de notre propre territoire : aussi le corps expéditionnaire, d'ailleurs fort incomplet (10,000 hommes au lieu de 40,000), n'est même pas embarqué. La division d'infanterie de marine elle-même est bientôt envoyée au camp de Châlons.

Détail caractéristique : nos amiraux appareillent avant d'avoir pu recevoir les cartes marines des mers si dangereuses où ils vont opérer.

Allemands. — L'opération projetée par les Français était tellement indiquée que les Allemands prenaient précipitamment des mesures en conséquence. L'ennemi ne se sentait pas en état de lutter contre la puissance navale que l'on supposait encore à la France. Aussi les dispositions qu'il adopte sont purement défensives : les navires de guerre se réfugient dans la rade profonde de la Jahde et à Wilhemshafen; les navires marchands regagnent en toute hâte les ports nationaux ou neutres les plus voisins. Ceci fait, l'entrée de toutes les rades, ports et baies est barrée par des estacades flanquées de redoutes; tous les feux sont éteints, les signaux et balises disparaissent, les côtes et ilots se hérissent de batteries, et quand la flotte française arrive dans les mers dangereuses du nord de l'Allemagne, elle ne peut s'y mouvoir que de jour et au prix de précautions infinies. En outre, de nombreuses forces militaires placées sous le haut commandement du général Vogel de Falkenstein sont disposées à l'intérieur des terres, mais à petite distance des côtes, de préférence aux points de croisement ou à portée des voies ferrées, de façon à pouvoir converger et arriver rapidement sur les points signalés comme menacés.

OPÉRATIONS

Le 24 juillet, après une brillante revue passée par l'impératrice régente, l'escadre Bouet-Willaumez quitte Cherbourg. L'amiral espérait rencontrer en mer la flotte prussienne; son espoir est déçu, les signaux anglais de Douvres ont annoncé sa marche, toutes les embarcations allemandes ont disparu.

Bouet attend dans le Cattégat des instructions et surtout l'approche du corps de débarquement que doit apporter la flotte de transport de l'amiral La Roncière. Le 5 août, il reçoit l'ordre de bloquer les ports baltiques sous réserve expresse du « respect le plus absolu pour les villes ouvertes ». Grâce à l'aide dévouée des pilotes danois, la lourde flotte française franchit, avec un bonheur inespéré, les passes peu profondes du Grand-Belt ; elle se fait voir devant Kiel, Neustadt et Wismar, revient à Marstall, en repart le 8 août et se montre devant Colberg, puis revient se ravitailler dans la baie danoise de Kioje, au sud de Copenhague.

Ces pérégrinations assez infructueuses avaient tout au moins permis de reconnaître les points favorables à un débarquement. Mais le corps annoncé ne venant pas, l'amiral, pour faire enfin quelque chose, projette de bombarder Dantzig et Colberg. De sa flotte, il forme deux escadres : l'une (Bouet lui-même) à l'est de l'île Rugen, l'autre (contre-amiral Dieudonné) à l'ouest. Le blocus est signifié à tous les ports de la Baltique.

Mais rien de sérieux ne se fait. D'ailleurs, l'amiral est rendu indécis par les dépêches souvent contradictoires, puis par les nouvelles décourageantes qu'il reçoit de France [231]. Il se présente devant Colberg, le seul point pour nous attaquable, dans l'intention de bombarder ce port militaire, conformément à ses instructions.

Colberg est non seulement forteresse de terre et établissement de la marine, mais encore station balnéaire importante. A la vue de cette masse de population civile accourue sur les jetées pour voir de près une flotte de guerre, Bouet-Willaumez est pris d'un scrupule subit et prend une résolution plus subite encore ; il vire de bord et s'éloigne sans avoir tiré un seul coup de canon.

Les appréhensions allemandes se sont vite dissipées, d'autant plus que ni le Hanovre, ni le Danemark ne veulent bouger. Dès le commencement d'août, une partie des troupes du général Falkenstein ont pu être dirigées vers la France. Les canonnières et autres embarcations légères s'enhardissent peu à peu, sortent de leurs refuges, se glissent le long des côtes presque sous nos yeux et viennent la nuit causer de pénibles alertes à nos cuirassés. Notre flotte souffre beaucoup et fatigue en pure perte, jusqu'à ce que, fin septembre, l'amiral reçoive l'ordre de repasser le Grand-Belt et de revenir dans la mer du Nord. Ainsi se terminait l'inutile campagne de la Baltique.

Dans la mer du Nord, les opérations étaient tout aussi stériles, quoique peut-être moins périlleuses. Le vice-amiral Fourichon arrive le 12 août dans les parages de Héligoland avec une seconde escadre de huit cuirassés. Après avoir en vain provoqué l'escadre prussienne sagement blottie au fond de la baie de la Jahde, lui aussi doit se borner à bloquer les ports et à saisir de temps à autre un bâtiment marchand trop audacieux. Au bout d'un mois, Fourichon est forcé de retourner à Cherbourg pour s'y réapprovisionner en charbon. C'est alors qu'il est nommé ministre de la marine ; il est remplacé dans le commandement de son escadre par le vice-amiral de Gueydon.

Le nouveau ministre décide de restreindre le blocus à la mer du Nord. Les deux escadres Bouet et Gueydon alterneront entre elles, l'une surveillant les côtes, l'autre se ravitaillant ou se réparant soit à Dunkerque, soit à Cherbourg. Cette façon d'agir donnait de bons résultats inespérés ; chaque fois qu'une des deux escadres levait l'ancre, son tour de service accompli, les navires marchands ne manquaient pas de s'échapper de leurs refuges et se faisaient invariablement capturer par l'escadre de relèvement. Ces pauvres prises ne suffisaient cependant pas pour compenser le véritable échec moral que subissait notre puissance navale.

Sur les mers étrangères, notre rôle était tout aussi passif. Le seul réel fait tactique de guerre maritime à relever est le combat de l'aviso français le *Bouvet* et de la canonnière prussienne le *Météore*, le 12 novembre 1870, dans la mer des Antilles, en vue de la Havane. Après avoir échangé qeulques coups de canon qui les désemparèrent en partie l'un et l'autre, les deux navires essayaient de continuer la lutte dans les eaux neutres de la Havane, mais les autorités espagnoles s'interposaient et exigeaient la cessation du combat.

A citer cependant encore une action d'une audace remarquable. En décembre, la frégate prussienne en bois l'*Augusta* osait s'aventurer dans la mer du Nord; elle échappait à nos croisières, mettait en émoi nos ports de la Manche et de l'Océan [235], et finalement, le 4 janvier 1871, elle se glissait dans l'estuaire de la Gironde et y capturait le paquebot poste et deux autres embarcations. Elle s'enfuyait alors à Vigo, d'où, étroitement bloquée, elle ne sortait qu'à la paix.

SUJETS DE RÉFLEXION

Français. — En haut lieu, négligence et extrème imprévoyance. — Retards au début; belle occasion manquée. — Inintelligence des premières mesures adoptées; conception plus logique de l'amiral Fourichon, mais résultats négatifs au point de vue militaire. — Etrange faiblesse de l'amiral Bouet. — Nécessité d'avoir un matériel naval en harmonie avec le régime des théâtres éventuels d'opérations. — Gros navires fatalement impuissants, inertes et vulnérables.

Allemands. — Prudence très justifiée des forces navales. — Judicieuse préparation de la défense des côtes. — Invulnérabilité et supériorité relatives du matériel léger; facilité et fréquence de son emploi. — Hardiesse de la campagne de *l'Augusta*.

LA PAIX

Les élections stipulées par l'armistice du 28 janvier ont lieu dans toute la France le 8 février. L'Assemblée nationale se réunit à Bordeaux le 12 [236]. Dans sa séance du 17, elle confie à M. Thiers les fonctions et le titre de chef du pouvoir exécutif et la mission de reprendre avec Bismarck les négociations antérieures [237]. Entre temps et afin de pouvoir se prononcer en connaissance de cause sur la question paix ou guerre, l'assemblée se fait rendre un compte aussi détaillé que possible des ressources militaires que possède encore la France en vue d'une continuation de la lutte contre l'Allemagne ; elle consulte les généraux pour savoir les chances favorables qui nous restent [238]. L'enquête semble avoir amené les députés à conclure à notre impuissance définitive, à accepter la défaite.

. Les pénibles débats de Versailles aboutissent le 26 février à la signature des préliminaires de paix [239], lesquels sont ratifiés le 1er mars par l'Assemblée nationale [240]. On en connait les clauses essentielles : cession de l'Alsace-Lorraine, paiement de cinq milliards, occupation du territoire jusqu'à acquittement complet de cette énorme rançon, etc. Belfort nous reste, mais, en échange, 30,000 Prussiens ont la puérile satisfaction de venir camper dans les rues d'une partie de Paris durant quarante-huit heures, du 1er au 3 mars au matin.

Le traité définitif est conclu le 10 mai 1871, à Francfort-sur-le-Mein ; l'Assemblée nationale le ratifie le 20 mai [241].

Le 15 septembre 1873 seulement, trois ans un mois et dix jours après l'invasion de l'Alsace, le dernier corps allemand, commandé par Manteuffel, évacuait Verdun, gage extrême ; trois jours plus tard, 16 septembre, il repassait la nouvelle frontière, entre Doncourt et Gravelotte.

X

RÉSUMÉ

L'Empire.

Préliminaires. — Au commencement de juillet 1870, tout était à la paix en Europe. L'incident du Saint-Gothard était clos ; le plébiscite du 8 mai paraissait avoir rassuré les amis de l'Empire napoléonien ; le ministre français E. Ollivier déclarait au Corps législatif que jamais la paix n'avait été plus assurée et, comme sanction à ses paroles, il consentait à réduire de 100,000 à 90,000 jeunes soldats le contingent de l'année. L'empereur Napoléon III était de plus en plus souffrant ; la cour impériale s'amusait néanmoins à Saint-Cloud. Le roi de Prusse prenait les eaux à Ems : Bismarck se reposait à Varzin ; son intérimaire aux affaires étrangères, M. de Thile, partait lui-même le 3 juillet pour Carlsbad. L'ambassadeur français à Berlin, M. Benedetti, l'ambassadeur prussien à Paris, baron de Werther, étaient en congé.

Quinze jours plus tard, tout était à la guerre. La France et l'Allemagne étaient aux prises. L'Autriche et le Danemark ne demandaient qu'à s'engager, mais voulaient juger les premiers coups. L'Italie cherchait avidement de quel côté étaient ses plus grands intérêts et à qui vouer sa reconnaissance. La Russie s'apprêtait à tomber sur l'Autriche au premier mouvement de celle-ci. La Belgique et la Suisse mobilisaient leurs armées afin de faire respecter leur neutralité. L'Angleterre voyait méconnaître et échouer sa médiation. L'Espagne, premier prétexte du conflit en cours, continuait de chercher un roi.

Et cependant la lutte allait se circonscrire entre la France et l'Allemagne.

Ces deux dernières puissances se trouvaient en guerre, non pas

sans savoir le pourquoi, mais presque sans pouvoir dire ce pourquoi. La soi-disant cause de la rupture était si peu sérieuse qu'elle
ne devait jamais être remise en question, ni par le vainqueur, ni
par le vaincu. Tout s'était fiévreusement réglé par le télégraphe.
On avait négocié et discuté, s'il est permis d'employer ces termes,
un peu partout, si ce n'est entre et dans les cabinets : à Sigma-
ringen, en chemin de fer, sur la promenade publique d'Ems, dans
la cour d'une gare, dans les couloirs d'une Chambre, sur des télégrammes chiffrés, etc... L'officielle déclaration de guerre du
19 juillet est l'unique pièce vraiment diplomatique du dossier.

Quoique surprise par la soudaineté de l'agression, l'Allemagne
rangée sous le drapeau prussien est préparée à se ruer tout entière
sur la France. Celle-ci n'est même pas en état de se défendre :
son armée de première ligne est numériquement insuffisante,
mal outillée ; l'armée de seconde ligne n'existe qu'en imagination ;
nos forteresses ne sont que de « criants anachronismes ». (LECOMTE.)
Cependant l'attitude très nette des premiers jours est en raison
inverse des moyens des belligérants. Nous sommes pour l'offensive immédiate et triomphante ; on pense fêter le 15 août à Berlin ;
on le crie très fort, peut-être sans grande conviction et un peu
pour s'étourdir. L'Allemagne se replie sur elle-même, se concentre ; elle admet qu'elle aura tout d'abord à subir notre offensive ;
elle fait la part du feu, laisse momentanément à notre discrétion
ses provinces rhénanes, et se couvre du Rhin comme d'un rideau
derrière lequel elle apprête et va assurer ses coups.

Et cette circonspection de l'Allemagne est motivée. Nous avons
deux corps d'armée toujours prêts : le 2e au camp de Châlons, la
garde à Paris. Nous pouvons en trois ou quatre jours jeter brusquement 50.000 soldats d'élite entre notre frontière et le Rhin,
saisir ou défendre les passages du grand fleuve, annihiler les
chemins de fer de la rive gauche. Tous nos approvisionnements
(d'ailleurs insuffisants) sont sur la frontière, audacieusement et
même bien imprudemment accumulés dans de petites villes
ouvertes : les boulangeries et manutentions à Sarreguemines et
Wissembourg, les vivres à Forbach, les fourrages à Lunéville,
etc... Tout indique et prescrit l'offensive : les succès présumés du

début vont être d'un poids considérable dans la balance ; ils peuvent déterminer les hésitants et réparer en partie les fautes diplomatiques commises.

Deux semaines s'écoulent. Nous ne bougeons pas. Nos faibles régiments du temps de paix sont jetés, arrêtés et égrenés le long de la frontière où l'on a tout à organiser, unités, services, commandements, magasins, etc..., toutes choses qui auraient dû être la préoccupation du temps de paix. Le désarroi est grand : notre impuissance crève les yeux des plus optimistes, mais seulement à l'armée. On se résigne à attendre, on prend son parti de ces demi-mesures qui vont être l'une des caractéristiques persistantes de cette guerre. Le commandement est du reste mal défini ou insuffisant : personne ne décide. Le plan de campagne, purement offensif, est peu ou point connu de ceux qui doivent l'exécuter et manque d'élasticité tout en étant très vague. Quant à la défensive, on n'y a même pas songé : c'eût été manquer de patriotisme qu'oser en parler.

Etonnés de notre inaction, nos adversaires sont revenus de leur premier émoi. La grosse machine essayée en 1866 et soigneusement entretenue et perfectionnée depuis a été remise en mouvement très régulièrement et sans secousse. La guerre, « cette industrie nationale de la Prusse » (Bonnal), est acclamée sans grande hésitation par l'Allemagne entière. Toute la partie virile de la population accourt sous le drapeau des Hohenzollern : ce n'est plus une armée, c'est la nation elle-même, « la nation armée », qui va déborder au delà de ses frontières, immigrer en France, comme aux temps des grandes conquêtes barbares, sous la conduite immédiate de ses rois, de ses princes, de ses ministres. La masse des troupes, cette fois bien concentrée, traverse le Rhin en chemin de fer et vient s'étaler de ce fleuve à la Moselle, se déployer à l'aise presque sous nos yeux. Grâce à notre attitude passive, l'ennemi a toute initiative : il ne peut que prendre l'offensive. Au commencement d'août, la situation est tout aussi nette, aussi tranchée qu'au début, mais elle est renversée.

Premières défaites. — Les hostilités commencent. La première affaire sérieuse a lieu le 4 août ; c'est pour nous une surprise et une défaite : Wissembourg. A cette nouvelle, le public français s'étonne : il croyait si fermement n'avoir à enregistrer que des victoires! Toutefois, il ne s'émeut pas outre mesure : on observe avec un certain et légitime orgueil que 7,000 Français ont tenu tête durant six heures à des forces sextuples. Que sera-ce à forces égales? Car, à ce moment encore, bien peu en dehors de l'armée soupçonnent la cause de notre inaction forcée. Le fait même de la surprise sert d'argument concluant aux optimistes pour expliquer notre petit nombre. L'état-major lui-même n'en est guère plus troublé qu'auparavant.

Deux jours plus tard, nous essuyons simultanément deux défaites véritables à tous égards, à Frœschwiller et à Forbach, aux deux extrémités de notre immense ligne de bataille. Cette fois, le doute n'est plus permis : c'est l'invasion. Toutes les illusions tombent : on passe sans transition de la plus extrême présomption au plus profond découragement. La retraite est échevelée, exécutée sans plan ni réflexion, au hasard de la fuite, car c'en est une. L'aile droite écrasée à Frœschwiller ne s'arrête qu'à 300 kilomètres de là, au camp de Châlons, abandonnant ainsi les lignes de défense successives des Vosges, de la Sarre, de la Moselle, de la Meuse et de l'Argonne. Le gros de l'armée, qui n'a même pas vu l'ennemi, se replie très effaré et comme instinctivement sous le canon de Metz, après avoir hésité un instant à se défendre derrière la Nied. Heureusement, l'ennemi n'ose ou ne sait poursuivre.

A Paris, l'émotion est encore bien autrement exagérée que dans les quartiers généraux. Huit jours auparavant, on criait à tue-tête « à Berlin » : il faut maintenant envisager l'éventualité d'un siège. La superbe jactance des jours précédents a disparu. Mais Paris ne veut pas s'être trompé : on commence à chercher des traîtres et, en attendant, on injurie et affaiblit le commandement. L'Empire est ébranlé. Le cabinet Ollivier est renversé et il y est substitué, sous le général Palikao, un ministère plus militant dit fort expressivement « de défense nationale ».

Metz. — L'armée du Rhin cherche à se reconnaître à l'est de Metz. Mais le haut commandement est, plus encore que les troupes, démoralisé par l'échec de Forbach, échec en lui-même assez peu grave et très réparable : c'est la retraite désordonnée, et non la défaite, qui a tout gâté.

On ne sait que faire : il ne faut plus songer à l'offensive ; on ne sait comment se défendre, et l'on hésite à continuer le mouvement rétrograde. Il semble que déjà à ce moment le camp retranché de Metz exerce sur tous son attractive et funeste influence : on y trouve une sécurité immédiate relative à laquelle il est pénible de renoncer pour se lancer de nouveau dans l'inconnu. L'état-major s'absorbe ainsi en atermoiements et demi-mesures; quand il prendra plus ou moins nettement un parti décisif, celui de la retraite sur Verdun, le moment favorable sera passé. Contradiction bien caractéristique de l'état des esprits : tandis qu'on accélère éperdument sur Châlons la retraite des troupes d'Alsace, on appelle du camp à Metz le corps Canrobert [242].

Pendant ce temps, les armées allemandes, étonnées des immenses conséquences de leurs succès si chèrement achetés, s'avancent prudemment dans le vide créé par notre folle retraite. Elles ébauchent une vaste conversion à droite dont leur Iʳᵉ armée est le pivot; celle-ci pointe sur Metz; la masse des IIᵉ et IIIᵉ armées se dirigeant sur la Moselle en amont maintient séparées les deux grandes fractions de l'armée française. Si nous continuons vers Verdun, de Moltke espère atteindre la Meuse en même temps que nous, peut-être avant. Les circonstances vont, à son insu, le mieux servir.

Imposé par l'opinion publique vraiment mal inspirée, le maréchal Bazaine a reçu des mains débiles de son souverain le commandement suprême de la plus belle armée qu'ait jamais eue la France. Le maréchal ne sait se servir de cet admirable et puissant outil : il sent son insuffisance, n'ose l'avouer, hésite et tend au pire parti de tous, celui de ne rien faire. C'est à regret et presque malgré lui qu'il se résout à quitter Metz et à continuer la marche vers Verdun. Après avoir retardé jusqu'au dernier moment et sous tous les prétextes cette opération devenue très délicate, ses collaborateurs et lui en préparent l'exécution avec une légèreté, une ignorance incroyable des règles techniques les plus élémentaires. Nos colonnes sont entassées et presque immobilisées dans les défilés de la Moselle; et cependant les minutes valaient des heures, et les heures, des jours. Car, plus au sud, l'ennemi franchissait la Moselle en même temps que nous, sur nos propres ponts, presque sous le canon de Metz, en contact avec notre aile extrême. Il exécutait en ce moment, avec l'aplomb que donne l'inconscience du danger, avec la plus extrême audace, la même manœuvre que Napoléon lui-même n'avait exécutée qu'avec une prudence infinie autour d'Ulm.

Nous en arrivons à la période la plus solennelle de la campagne. Tout ce qui a précédé n'est que secondaire, n'a rien décidé; tout ce qui suivra les journées de Metz ne sera que la conséquence de celles-ci. Malheureusement le commandant de l'armée française ne soupçonne pas la gravité de cette situation : il manque de discernement et surtout de volonté. Il continue à flotter indécis; il paraît avoir été obsédé de cette préoccupation étrange : comment atteindre Verdun sans quitter Metz? Problème insoluble pour nous, mais que nos adversaires, étonnamment favorisés, allaient résoudre pour leur compte.

Le 14 août, l'armée allemande, quoique vaincue, retarde notre marche à Borny; le 16, elle la suspend à Rezonville, sans cependant remporter la victoire; le 18, elle l'arrête définitivement rien qu'en écrasant l'une de nos ailes. Bazaine a accepté le 14 une bataille inutile; il a manqué le 16 l'occasion inespérée d'écraser avec ses forces très supérieures les têtes de colonnes allemandes; le 17, au lieu de filer en toute hâte, il exécute l'invraisemblable manœuvre qu'auraient précisément souhaitée les Allemands; enfin, le 18, son armée soutient sans qu'il s'en doute la plus grande bataille qui ait été livrée depuis des siècles entre deux nations. Ce jour-là encore, il pouvait anéantir les troupes ennemies restées sur la rive droite, puis percer sur Thionville et au nord, comme il devait le tenter huit jours plus tard. Il se laisse ensuite envelopper et investir par des forces à peine numériquement supérieures aux siennes.

Le maréchal ne fait plus pour s'échapper que de molles tentatives, mal préparées, peu raisonnées. Les 26 et 27 août, il manque encore l'occasion de percer l'armée de blocus affaiblie de deux corps. Sans foi dans le succès, sans volonté de vaincre, il renouvelle le 31 août-1er septembre la vaine tentative du 26. A la tête des plus admirables soldats du monde, il se résigne positivement à attendre que des armées à improviser par la France envahie lui envoient des fuyards. Puis surgissent coup sur coup les événements militaires de Sedan, les événements politiques de Paris.

Peut-être sans avoir conscience de l'énormité de ses actes, Bazaine méconnaît ses devoirs de chef d'armée et de Français; il rève politique au lieu de faire son métier de soldat. Tandis qu'il dissimule vis-à-vis de ses lieutenants, il parlemente mystérieusement avec l'Allemand, qui préfère le mystifier que le combattre. Puis, quand il a épuisé ses vivres, il livre à l'ennemi ses drapeaux, ses canons, son armée anémiée, et Metz.

Châlons-Sedan. — Pendant que Bazaine se laissait bloquer à Metz, un autre drame se déroulait à quelques marches plus à l'ouest, sur la Meuse.

Avec les troupes venues d'Alsace, avec le corps primitivement destiné à la diversion sur les côtes baltiques, avec des régiments de marche, on avait formé au camp de Châlons une armée encore belle, mais bien inférieure à celle du Rhin. L'empereur, arrivé de Metz le 17 août, en avait donné le commandement au maréchal de Mac-Mahon. Dans la situation où l'on se trouvait, le but qui s'imposait à première vue était la jonction de toutes nos forces. Bazaine ne pouvant seul venir de Metz, il fallait aller à lui, et cela au plus court, par Verdun. C'est ce que voulait résolument le ministre de la guerre, général de Palikao; c'est ce que, dans un intérêt dynastique, voulait la régence. Mais c'est aussi ce que Mac-Mahon jugeait impossible et plus qu'imprudent.

Le maréchal ne pensait pouvoir, ni gagner de vitesse les armées allemandes en défilant au nord sur leur flanc droit, ni percer au travers pour donner la main à Bazaine plus ou moins loin de Metz. Il jugeait plus convenable de revenir sur Paris, où son armée, assez mal en point, s'aguerrirait, achèverait de s'organiser, et où, même battue, elle serait assez forte pour rendre impossible l'investissement de la capitale. Mac-Mahon était très perplexe. D'un côté, il sentait peser sur lui la responsabilité d'un désastre

imminent de Bazaine, peut-être une accusation plus grave.
D'autre part, il avait à subir un plan qu'il n'avait pas conçu, qu'il
n'approuvait pas, dont il jugeait sainement les graves inconvénients militaires.

Ce plan de Palikao était audacieux, mais non absolument
irréalisable ; une vigoureuse exécution aurait pu en atténuer les
défauts de conception. Il semble donc que cette exécution eût dû
être confiée à quelqu'un ayant la foi, une foi robuste, ayant pleine
confiance dans le résultat, à l'auteur même du projet, à Palikao,
qui ne demandait pas mieux et qui n'était certes pas plus qu'un
autre incapable de réussir. L'impératrice-régente ne jugea pas à
propos de se séparer d'un ministre aussi actif, en quelques jours
devenu indispensable. Et Mac-Mahon ne pouvait que difficilement,
dans ces circonstances douloureuses, se dérober de lui-même. Une
dernière dépêche de Bazaine triompha des hésitations du maréchal : celui-ci céda et s'engagea définitivement le 23 août sur les
routes de la Meuse.

Que se passe-t-il entre Metz et Châlons ? Au lendemain de Saint-
Privat, les Allemands ont formé une IV° armée sous le prince
royal de Saxe. Leur III° armée, arrêtée un instant sur la Meuse et
la Haute-Moselle pendant les grandes batailles sous Metz, a repris
sa marche offensive vers Vitry. Elle tient la gauche et forme
échelon très concentré en avant ; la IV° armée, occupant un front
très étendu, est à sa droite, à deux journées en arrière. L'ensemble forme donc tenaille. Un immense rideau de cavalerie couvre
et éclaire le front et les flancs des deux armées.

Le grand état-major s'avance ainsi à la recherche de Mac-Mahon. C'est le 26 août seulement, un peu tard, et grâce à la légèreté
de la presse française, qu'il a des données positives concernant
notre armée de Châlons, en marche vers son flanc droit. Les corps
ennemis, jusque-là face à l'ouest, exécutent aussitôt un à-droite et
marchent rapidement vers le nord. La IV° armée, devenant ainsi
échelon avancé, était au début de cette manœuvre dans une situation vraiment critique. Mac-Mahon, alors convenablement concentré, pouvait fort bien l'écraser en détail tout en gagnant la
Meuse.

Mais l'armée de Châlons n'était pas manœuvrière. Elle était mal administrée surtout, mal disciplinée, peu entrainée. Alors qu'il eût fallu courir plutôt que marcher, elle ne pouvait que se trainer péniblement sur les routes et mauvais chemins de l'Argonne, quand elle ne piétinait pas sur place par suite des nouvelles tergiversations du haut commandement ou des erreurs des lieutenants du maréchal. Celui-ci songeait bien plutôt à éviter l'ennemi qu'à le heurter : franchir la Meuse sans combat était son premier désir. Pour cela, il obliquait de plus en plus au nord ; mais il allongeait ainsi le trajet dangereux et rendait fatalement à son adversaire plus rapide la possibilité de l'atteindre sur la rive gauche.

C'est ce qui arriva en partie. Le 5ᵉ corps fut honteusement surpris et désorganisé à Beaumont ; le 7ᵉ n'osa le secourir, n'en fut pas moins désagrégé et même se sépara du gros de l'armée en s'enfuyant à Sedan. Le maréchal, déjà à Carignan, revient alors vers la Meuse ; il n'a pas de nouvelles de Bazaine, qu'il croyait rencontrer aux environs de Montmédy. Par contre, un corps de renfort, le 13ᵉ, lui arrive à Mézières. Il est mal renseigné sur l'ennemi et sur la situation ; il croit pouvoir laisser reprendre haleine à ses troupes avant de s'arrêter à un nouveau parti. Il s'immobilise à Sedan.

Le 1ᵉʳ septembre, l'armée française y est écrasée entre les IVᵉ et IIIᵉ armées allemandes arrivant en masses par les deux rives de la Meuse. Coupée à la fois de Montmédy et de Mézières, laissée par suite d'accidents fortuits à peu près sans direction dans cette journée décisive, elle est en entier prise ou détruite.

La campagne n'était ouverte que depuis un mois, et la France n'avait plus d'armée. 600,000 Allemands étaient déjà sur son territoire : leur nombre va doubler.

La Défense nationale.

La situation. — Le 3 septembre, on apprend à Paris le désastre de Sedan. Le lendemain, le Corps législatif est envahi par l'émeute : l'Empire tombe. Les députés de Paris proclament la

République et s'érigent d'eux-mêmes en un « gouvernement de la Défense nationale » ayant pour chef le général Trochu, déjà gouverneur militaire nommé par l'empereur. Le siège de la capitale n'est plus qu'une question de jours ; néanmoins, le nouveau gouvernement décide de rester dans Paris. Il juge qu'une modeste Délégation, qu'il suppose devoir rester docile à ses inspirations, suffira pour le reste du pays et pour imposer aux départements de se sacrifier, non pour la France, mais pour la grande ville. Le général Trochu, qui, lui, n'était pas député de Paris, devait plus tard déplorer amèrement la faute ainsi commise.

Après Sedan, il se produit dans les opérations militaires une sorte de répit, de temps d'arrêt. De notre côté, la lutte est momentanément et forcément suspendue, peut-être terminée, faute de combattants. Les Allemands espèrent en avoir fini avec les batailles ; ils s'avancent processionnellement vers Paris, vivant largement, marchant à leur aise, en gens se croyant sûrs du pays et d'eux-mêmes. En réalité, des deux côtés, on s'attendait à une paix prochaine. Cette première illusion dure peu : les conférences de Ferrières n'aboutissent pas, la capitale est investie presque sans difficultés, la guerre en province se prépare.

La Délégation chargée d'organiser cette guerre en province s'est installée à Tours. Elle est restée personnifiée en deux hommes (qui n'apparaissent cependant qu'au commencement d'octobre) : Gambetta et son délégué, M. de Freycinet. Elle déploie pendant quatre mois une activité tout aussi remarquable, mais tout aussi méconnue, que précédemment celle du ministère Palikao durant vingt-quatre jours de pouvoir. La Délégation a tout à créer, tout à produire, « même l'instrument de la production » ; elle y réussit en grande partie.

Le succès final ne devait cependant pas couronner ses efforts, et cela pour des causes multiples, au premier rang desquelles il convient d'indiquer de suite la suivante : le perpétuel souci exclusif qu'on a pris du sort de Paris, autour duquel gravitent tous les efforts de la province. Débloquer Paris à tout prix a été, durant cette guerre, plus qu'une idée fixe, une véritable obsession chez les Français. En limitant de la sorte, et d'une façon très précise, le théâtre de la guerre, nous faisions le jeu de l'envahisseur, lequel n'avait qu'à se maintenir tranquillement dans une position que nous lui faisions centrale pour écraser séparément nos diverses armées. Et c'est ce qu'il se borna à faire, trop heureux de n'avoir pas à compromettre les grands résultats déjà acquis par lui.

Commençons par résumer les efforts de la province, efforts dirigés vers un seul objectif : Paris.

Loire. — Tout d'abord, un 15e corps s'organise à Orléans ; il renferme encore quelques éléments de l'ancienne armée, tirés d'Afrique et des dépôts. Le commandement en est donné à un vétéran, le général de la Motterouge, en remplacement de celui de la garde nationale parisienne.

Les Allemands, entassés autour de la capitale, doivent rayonner au large pour refaire leurs approvisionnements ; leurs incursions dans la riche Beauce deviennent gênantes pour notre réorganisation. De la Motterouge reçoit l'ordre de refouler les avant-gardes ennemies : il ne comprend pas ce qu'on lui demande, exécute mal, se fait battre en détail et attire l'ennemi à sa suite dans Orléans qu'il devait couvrir.

Gambetta le destitue et le remplace par un autre vétéran, d'Aurelle de Paladines. Conformément à leur plan d'ensemble, adopté tacitement après Sedan, les Allemands restreignent leur offensive : ils ne poussent pas au delà d'Orléans.

Sous son nouveau chef, doué de réels talents d'organisateur, l'armée française de la Loire peut donc se créer au camp de Salbris. Dès qu'elle présente une consistance suffisante, le ministre décide le général, non sans peine, à prendre l'offensive. Nous dérogeons ainsi à nos habitudes : pour une fois, nous attaquons, et, pour une fois, le succès nous sourit. Les Bavarois luttant, il est vrai, dans la proportion d'un contre trois, sont battus à Coulmiers, et nous réoccupons Orléans. Néanmoins, notre victoire n'est pas complète ; la cavalerie, commandée, elle aussi, par un vieux général, n'a pas compris son rôle : nous ne poursuivons pas. Nous avions donc simplement conquis une belle étape sur la route de Paris, étape sans suivantes, car le général français, au lieu de chercher à reprendre au plus tôt le contact, revient en arrière et se retranche à Orléans. Les objurgations de la Délégation ne parviendront à l'arracher de son camp que lorsqu'il sera trop tard, quand Frédéric-Charles, vainqueur de Metz, aura triplé les forces qui nous sont opposées.

Aussi, l'entente si nécessaire a disparu : les rapports entre le gouvernement et d'Aurelle s'aigrissent de plus en plus. Le premier veut agir, le second veut attendre ; en définitive, on est amené à ne faire ni l'un ni l'autre. Peut-être trop respectueuse à ce moment du vainqueur de Coulmiers, la Délégation prend directement une sorte de commandement partiel et latéral. Nous avons 200,000 hommes, qu'un chef à la fois intelligent et résolu, Chanzy par exemple (c'était son avis), pouvait jeter en bloc sur un adversaire tâtonnant et encore éparpillé. Au lieu de fournir ce puissant effort sur une direction unique avec toutes nos forces réunies et bien concentrées, on opère sur un front immense et dans des directions successives avec des fractions mal appuyées, trop largement espacées, presque indépendantes les unes des autres. Singulière et pénible situation acceptée, provoquée par lui-même : le commandant en chef nominal se borne à juger et surtout à critiquer les coups.

Nous laissons se dessiner l'enveloppement stratégique, exécuté inconsciemment peut-être, mais avec vigueur, par un ennemi d'abord assez mal renseigné. Etant données les causes énoncées et l'extrême dispersion de nos corps, le résultat tactique était facile à prévoir : la droite française est battue à Beaune et refoulée vers Gien ; la gauche, écrasée à Loigny, recule sur Patay et Coulmiers, cherche en vain à se ressouder au centre et s'éloigne à l'ouest vers Beaugency-Marchenoir ; le centre n'a soutenu ni la droite ni la gauche, il est battu pour son compte à Poupry, et, dans une bataille continue de quatre jours, il est bousculé dans la forêt et vient dans le plus effroyable désordre encombrer les abords d'Orléans. Ce camp retranché, objet des prédilections de d'Aurelle, nous permet à peine d'écouler au delà du fleuve le flot d'une déroute lamentable qui se prolonge en Sologne. Les Allemands réoccupent formidablement Orléans, tandis que les trois tronçons de notre malheureuse armée essaient de se reconnaitre, les uns vers Vierzon, l'autre vers Josnes.

Le général d'Aurelle est relevé de son commandement et remplacé par Bourbaki, venu du Nord. L'aile gauche sous Chanzy forme une 2ᵉ armée de la Loire, armée issue de la défaite de la masse principale, comme celle de Châlons procédait de l'armée du Rhin. Rien n'empêchait cette aile de franchir la Loire à Beaugency ou Blois et de rallier Bourbaki à Vierzon, mais en cette occasion encore on songeait avant tout à Paris, dont Chanzy pouvait ne pas trop s'éloigner. Peut-être ne réfléchissait-on pas que, pour permettre plus tard une nouvelle jonction des deux masses, il nous faudrait de grandes victoires auxquelles nous n'étions plus habitués, tout comme il en aurait fallu ou à Mac-Mahon ou à Bazaine pour reconstituer l'armée du Rhin.

Vainqueurs à Orléans, les Allemands paraissent encore une fois décidés à ne pas aller plus loin : sur les deux rives, en amont et en aval, de forts détachements nous observent plutôt qu'ils ne poursuivent. Mais tandis que Bourbaki, reprenant les errements de d'Aurelle, immobilise la 1ʳᵉ armée de la Loire dans les boues de la Sologne, Chanzy, quelque peu abandonné à lui-même, se révèle brusquement comme chef d'armée. Etabli entre la Loire et la forêt de Marchenoir, Chanzy arrête le gros détachement (fraction d'armée) envoyé contre lui, oppose une résistance aussi tenace que bien conduite et inflige à l'ennemi surpris des pertes dont celui-ci est désaccoutumé depuis trois mois. Frédéric-Charles accourt d'Orléans à l'aide de son lieutenant Mecklembourg ; Chanzy lui échappe habilement, gagne deux marches et fait de nouveau front sur le Loir. L'issue des combats de Vendôme et environs ne nous est pas favorable : nos jeunes troupes ont donné tout ce qu'elles peuvent. Le général français sait prendre à temps un parti décisif : presque à l'insu de l'ennemi, quoique sous ses yeux, il esquive de nouveau l'étreinte mortelle dont il est menacé ; il gagne une nouvelle ligne de défense, la Sarthe et le Mans.

Frédéric-Charles, inquiet de quelques vagues mouvements de Bourbaki, renonce à continuer ses opérations actives contre

Chanzy, qu'il considère du reste comme étant à peu près hors de de cause. Mais il n'en était pas ainsi.

A peine arrivé au Mans et en attendant une plus complète réorganisation de la masse de son armée, Chanzy réapparaît avec ses colonnes mobiles dans la région entre Loir et Sarthe et jusqu'à Vendôme même. L'activité relative des colonnes françaises, la ténacité imprévue de leur chef, les difficultés des multiples combats partiels en un pays si propre à la guerre de chicanes et d'embuscades, enfin la rigueur de la saison elle-même, tout cela produit chez les troupes allemandes une impression de découragement ; on sent chez elles venir la lassitude de la guerre, les effectifs fondent à vue d'œil, les soldats prussiens sont rebutés, abrutis de fatigues dont on ne voit jamais la fin ; encore un peu de temps, et l'état moral ne vaudra guère mieux que l'état physique.

Le grand état-major ennemi comprend la nécessité d'en finir avec Chanzy. Il se résigne à tenter un coup décisif dans cet Ouest qui ne lui dit rien qui vaille. Justement Frédéric-Charles peut dégarnir Orléans : Bourbaki, renonçant à la marche sur Paris, s'éloigne vers l'est. On ne peut s'empêcher de constater ici cette inexprimable fatalité : la seule fois qu'une de nos armées se décide enfin à une opération n'ayant pas directement Paris pour objectif, opération en principe très sainement conçue et très réalisable, son mouvement, sa manœuvre, qui allait jeter tant de trouble chez l'ennemi, permet précisément à celui-ci d'anéantir la plus redoutable de nos armées de province.

Au commencement de 1871, les troupes réunies de Frédéric-Charles et Mecklembourg d'une part, notre 2e armée de la Loire d'autre part, se retrouvent aux prises. Cette fois, Chanzy paraît avoir, à l'inverse de nos autres généraux, péché par excès de confiance et de hardiesse. Ses colonnes mobiles sont écrasées successivement dans une série d'affaires partielles et non concordantes. Leurs débris viennent jeter le désordre et des éléments de désagrégation dans l'armée elle-même, qui, au jour le plus décisif, est mal assise et quelque peu dissociée sur ses positions en avant du Mans. Bien qu'un même décousu se remarque également chez l'ennemi victorieux, celui-ci se propose cependant de capturer d'un seul coup de filet toute la 2e armée : c'est pourquoi Frédéric-Charles s'étend démesurément.

Il en résulte, le 11 janvier, une grande bataille improvisée, faite de combats partiels presque indépendants les uns des autres. Nous nous maintenions quand même à peu près partout, lorsque le soir une déplorable panique de malheureux mobilisés mal armés entraîne de la droite à la gauche l'abandon successif de nos postes les plus importants sur les routes directes du Mans. La retraite s'impose encore une fois si l'on veut échapper à une catastrophe qui serait, comme résultat, le pendant de Sedan. Chanzy se résigne. Quoique gravement malade lui-même, il prépare le mouvement rétrograde avec son énergie et son habileté accoutumées; mais, toujours préoccupé de Paris, il se porte dans la direction extrêmement dangereuse d'Alençon, au nord. La Délégation intervient à temps et le fait revenir droit à l'ouest, sur la Mayenne, à Laval, où le trouve l'armistice.

Nord. — Une petite armée s'est formée dans le Nord, presque en dehors de la Délégation, avec des dépôts, des mobiles et les mobilisés de la région; elle est en partie encadrée par les évadés de Sedan et Metz. Son faible effectif, peu différent de celui de l'ennemi qui lui est opposé, ne lui permet pas d'exercer une influence considérable sur l'ensemble des opérations de la défense nationale. Mais, peut-être à cause de ce faible effectif, elle se meut très activement, porte des coups rapides et se dérobe lestement.

Nous livrons une première bataille sur la rive gauche de la Somme; nous sommes pour cette fois très inférieurs en nombre : nous cédons le terrain. L'ennemi y gagne Amiens, mais il ne peut, ne veut ou n'ose poursuivre; sur ce théâtre restreint, il ne vise qu'à se maintenir à peu près défensivement entre deux groupes français que nous n'avons pas la bonne idée de réunir.

En décembre, Faidherbe vient prendre le commandement. A la fois général et administrateur, il a vite refait l'armée du Nord : il la ramène sur les deux rives de la Somme et essaie de reprendre Amiens. L'ennemi est un instant déconcerté par la rapidité et l'imprévu de nos mouvements. Il accourt en forces, et, comme pour nous faire payer cher son premier désarroi, il tente de donner à Pont-Noyelles une réédition de Saint-Privat : il échoue dans sa manœuvre. Mais Faidherbe n'a pas les qualités de ténacité et l'énergie de Chanzy ; il calcule plus qu'il n'improvise ; sa tactique, mal raisonnée pour les circonstances, seconde mal sa stratégie très hardie. Le lendemain de Pont-Noyelles, il décampe, va reprendre haleine derrière ses places fortes, puis reparaît huit jours plus tard à Bapaume. L'ennemi, très ébranlé, s'apprête à céder ; mais, là encore, Faidherbe renonce prématurément à la lutte. La région fortifiée du nord l'attire. Il a l'air de considérer sa petite armée comme une garnison assiégée qui exécute de fugitives sorties invariablement suivies d'un libre retour sous le canon des forts.

Enfin, vers la mi-janvier, dernière irruption de l'armée du Nord. L'objectif de la manœuvre paraît être en substance le suivant : attirer sur soi le plus possible des forces allemandes afin de seconder une suprême tentative des armées parisiennes. Cette fois, Faidherbe n'arrive pas à dissimuler ses mouvements préliminaires : il est presque cerné à Saint-Quentin, il subit sa première défaite véritable et ne parvient à s'échapper encore une fois que grâce au trop de présomption de l'ennemi, qui a prétendu l'envelopper prématurément avec des forces insuffisantes.

L'armée française termine sa campagne par une belle et rapide retraite, mais c'en est fini des opérations actives sur ce théâtre. L'armistice est mis à profit pour concentrer en Bretagne et au sud de la Loire ce qui nous reste de moyens de défense, et, si la guerre avait dû reprendre, nos places du nord restaient livrées à leurs seules ressources propres.

Est. — Revenons à la 1re armée de la Loire, laissée aux environs de Bourges et Vierzon. Celle-ci n'a pu aller à Chanzy, qui, lui, pouvait venir à elle ; elle n'a pu percer seule sur Montargis, comme la Délégation l'aurait voulu. On s'arrête alors à un projet qui diffère des précédents dans sa donnée essentielle. Laissant pour l'instant de côté l'éternel objectif de Paris, l'armée de Bourbaki fera une grande diversion dans l'est. L'idée est bonne ; le plan est bien conçu dans son ensemble, mais il pèche dans le détail. On attache une importance exagérée à Belfort, et le désir immodéré de débloquer cette place, qui n'est nullement compromise pour l'instant, va nous jeter trop à l'est, dans une région très inhospitalière pendant la saison rigoureuse. Deux mois plus tôt, une telle opération avait toutes chances de réussir; le succès était encore possible en décembre, mais il exigeait avant tout promptitude et secret.

On le sentait, et comme nous avions des chemins de fer, on eut l'idée bien naturelle de s'en servir. Mais l'exécution eut lieu sans plus de discernement qu'au mois d'août entre Châlons et Metz, qu'à la fin d'octobre entre Salbris et Blois. Dans ce cas plus particulier de la campagne de l'Est, le transport des approvisionnements et du gros matériel aurait dû primer tous les autres. Mais l'état-major n'y prit pas garde, et c'est l'inverse qui fut fait. On s'occupa d'abord des troupes, et, dans la zone peu riche où l'on s'engageait, la pénurie de vivres se fit sentir dès le début; plus tard, les voies ferrées se trouvèrent encombrées et les approvisionnements ne purent arriver. Il a été constaté en outre que le transport des troupes eût été plus vite fait à pied; celles-ci se seraient fortifiées durant les étapes, se seraient allégées à temps de leurs malingres, et leur moral comme leur physique aurait échappé au fatal énervement des longues stations en wagon.

Assez longtemps, l'ennemi discerne mal ce qui se passe, mais, en raison de la trop longue durée de notre mouvement, la vérité finit par transpirer, et, aussi à cause de notre lenteur, l'état-major allemand a le temps d'aviser. Néanmoins, il est quelque peu pris au dépourvu; Werder est fort troublé, et pour la seconde fois seulement depuis le commencement de la guerre, pour la première fois avant d'avoir combattu, les Allemands battent en retraite. Malheureusement, Bourbaki ne peut les suivre que péniblement : nous constatons cette fois par nous-mêmes que les difficultés du terrain et de l'hiver sont moins préjudiciables au défenseur qu'à l'assaillant. Werder reprend quelque assurance : il nous tâte audacieusement à Villersexel. Nous remportons là un petit succès tactique, mais succès stérile et sans lendemain qui nous arrête autant que l'eût pu faire une défaite ordinaire, ce qui permet à l'Allemand de se dérober assez à temps pour se préparer à mieux faire. Quand nous nous retrouvons en présence, une faute grave a été commise : nous nous sommes mis dans le cas d'être obligés d'attaquer l'ennemi dans une position choisie par lui et fortifiée avec soin.

Alors a lieu la longue bataille d'Héricourt. Si Bourbaki eût eu sous la main ses anciennes troupes, la garde impériale et ses généraux, la victoire était à lui.

Mais il n'en est pas ainsi, loin de là. Le général français n'a que des troupes improvisées, des mobiles anémiés, brisés par le froid, la faim et les fatigues : il est mal secondé par ses lieutenants ; et, durant trois jours de bataille, Belfort, pour lequel la France compromet sa dernière armée, Belfort, à deux lieues de nos 100,000 soldats, ne bouge pas.

Bourbaki ordonne la retraite : c'est la fin de son armée. La débandade commence avec le recul ; la cohue, talonnée par Werder, atteint néanmoins Besançon. Ici, on croit n'avoir pas de vivres et un nouveau et très gros danger apparaît à l'ouest. Une armée ennemie tout entière s'est glissée entre Langres et Dijon sans que l'Italien Garibaldi, qui répond de la sécurité de nos derrières, ait rien fait pour l'arrêter. Manteuffel bornait en premier lieu toute son ambition à joindre et secourir Werder ; c'est pourquoi il marchait droit et au plus vite à l'est. Mais à la nouvelle d'Héricourt, il tourne brusquement au sud, afin de nous couper la retraite, car c'est uniquement de retraite qu'il s'agit maintenant pour nous. L'armée française n'a pas un instant à perdre ; en restant à Besançon, elle accepte un nouveau Metz à brève échéance ; en s'attardant sur les routes, elle risque un nouveau Sedan.

Elle en perd cependant. On hésite, on récrimine, on discute : « la souffrance avait aigri les cœurs et les disposait à l'injustice. » (DE FREYCINET.) Le commandant en chef n'est plus obéi ; des corps entiers lâchent pied à la moindre alerte. Brisé par six mois d'émotions inouïes, plus découragé que ses propres soldats, Bourbaki engage sa malheureuse armée sur les routes de Pontarlier, les dernières qui nous restent, puis il tente de se tuer.

Clinchant lui succède et s'efforce à tout prix d'accélérer la fuite ; mais on est en contact immédiat à la fois avec Manteuffel et avec Werder ; l'éternel « mouvement de capricorne » nous enserre de plus en plus étroitement. Cependant, on touche à Pontarlier avant que le cercle soit complètement fermé ; il nous reste quelques rares chances d'échapper en filant au sud, le long de la frontière suisse. Mais un arrêt se produit, de notre côté seulement. Un armistice vient d'être signé ; on se croit sauvé. Quand on apprend que la plus compromise de nos armées a été expressément exceptée de la convention, il est trop tard, nous sommes complètement enveloppés : devant nous et sur nos flancs, les Allemands ; derrière, la frontière.

L'armée de Clinchant passe en Suisse et y dépose ses armes.

Paris. — Résumons plus brièvement l'action de la capitale, action infiniment moins intéressante au point de vue militaire que celle de la province.

Après Sedan, l'ennemi rendu très audacieux projette une opération jusque-là considérée par tous comme invraisemblable : l'investissement de Paris. Il nous suppose absolument hors d'état de l'entraver. Ses deux longues colonnes, d'une armée chacune, défilent donc devant nos défenses et entament avec une parfaite tranquillité une double marche de flanc extrèmement téméraire. Ducrot voudrait s'y opposer avec toutes nos forces ; mais le gouverneur est moins confiant [243] et déclare ne pas vouloir mettre « tous ses œufs dans le même panier ». Il ne confie à son second que des moyens insuffisants, des troupes à peine organisées, tandis que les moins mauvaises, celles du 13e corps, sont par excès de prudence ou pour des raisons mesquines, très malhabilement réservées. Ducrot est battu à Châtillon.

Il se produit alors un singulier phénomène. Tandis que les Allemands étonnés d'une attitude agressive qu'ils ne prévoyaient pas s'en tiennent à une défensive systématique et se hâtent de fortifier leurs positions, la population parisienne et le gouvernement lui-même sont pris d'une terreur indicible : on redoute un assaut immédiat de l'enceinte même. La défense se replie en toute hâte derrière la fortification permanente. Le calme se rétablit cependant peu à peu ; une confiance relative renaît, et l'on s'occupe activement d'organiser les moyens de rompre ce blocus qu'on a si peu contrarié.

Ces moyens ne manquent pas. On a déjà engouffré dans la capitale ce qui reste à la France de forces à peu près organisées, les 13e et 14e corps ; les départements ont envoyé 100,000 de leurs mobiles, alors que dans Paris même on n'a pas encore appliqué les lois militaires successivement votées. On a donc de quoi bien faire et l'on peut exiger beaucoup. Mais à Paris, la véritable armée, ligne et mobile, est prise entre deux feux, entre l'ennemi de l'intérieur et celui de l'extérieur, et ce dernier n'est pas toujours le plus redouté. Le commandement militaire n'a pas les coudées franches ; il consent à trop s'expliquer et il parle trop et mieux qu'il n'agit. La politique influe bien plus sur ses actes que les nécessités de la stratégie ou de la tactique. En outre, le gouverneur ne croit pas au succès final ; il ne se bat que pour l'honneur.

Des sorties partielles ont lieu ; il y manque en général la soudaineté, la rapidité indispensables au succès de telles affaires. Elles échouent ; et à l'intérieur, le peuple gronde quand le canon du dehors se tait. A la suite de l'échec en lui-même insignifiant du Bourget, le gouvernement, de plus en plus discrédité, manque d'être emporté par la Commune.

Cependant, les troupes se sont peu à peu aguerries. Les grandes sorties se préparent ; on veut pousser dehors l'armée qu'on a eu le tort de laisser ou d'amener au dedans. L'unité d'un plan immuable fait défaut ; alors qu'on se proposait de percer à l'ouest, on est amené à combattre à l'est. Ainsi l'ont voulu ceux qui ne se battent pas.

C'est dans ces conditions générales qu'ont lieu les batailles de la Marne. Nous sommes vaincus. Ces nouvelles défaites s'ajoutant à bien d'autres sont attribuées comme celles-ci à l'inexorable fatalité qui nous poursuit, quand ce n'est à la trahison. En réalité, c'est notre impuissance organique qui continue de se manifester : il faisait froid pour l'ennemi comme pour nous ; un Napoléon aurait eu ses ponts prêts à temps, malgré une crue si insignifiante qu'elle en est restée problématique ; la malhabile conduite du 3e corps, celle du 1er corps, l'inaction de l'artillerie de Saint-Maur sont le fait des états-majors ou d'un commandement défectueux ; et la fatalité n'a rien à voir, après des leçons comme celles de Wissembourg et de Beaumont, dans la surprise de nos avant-postes, le 2 décembre au matin. Ducrot, le plus clairvoyant et le plus hardi des lieutenants de Trochu. s'en rend très bien compte ; à partir de ce moment, lui, qui était l'âme de la défense, n'est plus, comme tant d'autres parmi les meilleurs, qu'un combattant simplement résigné et obéissant. La foi fait défaut partout.

Et cependant, les meurtrières batailles de la Marne, livrées en même temps que celles d'Orléans, ont produit un grand effet moral sur l'ennemi, lequel, ayant beaucoup à perdre et peu à gagner, propose implicitement de traiter. Ses ouvertures ne sont pas accueillies ; on projette, on tente comme pour s'étourdir de nouvelles opérations sans but clairement défini, presque sans issue possible. A quoi, militairement parlant, voulait-on en venir en se portant sur le Bourget, puis en dernier lieu sur la partie la plus forte des travaux d'investissement, sur Buzenval ? Qu'aurait-on fait d'une victoire d'un jour remportée dans de telles conditions ?

Avec la nouvelle année vient le bombardement, opération secondaire exécutée en désespoir de cause et sans système bien arrêté par un assiégeant qui a dû, pour raison d'impuissance, renoncer aux procédés réguliers. Les Allemands pensent que ce bombardement hâtera le « moment psychologique ». Ils se trompent, les résultats obtenus sont à tous égards insignifiants.

Enfin, quand les vivres vont absolument manquer, le gouvernement consent à regret à donner à la garde nationale la satisfaction bruyamment réclamée de lui montrer une bonne fois l'ennemi du dehors. C'est ainsi que nous avons Buzenval, cette dernière, inutile et lamentable défaite prévue par tous les militaires et venue à point pour consacrer le nouvel empereur allemand.

Après quoi, les fuyards de Buzenval s'insurgent, puis Paris capitule.

Par une interprétation au moins excessive de son rôle dans la nation, Paris entraîne sciemment dans sa chute le pays entier, la véritable Défense nationale encore debout. La France met bas les armes ; la garde nationale parisienne conserve les siennes et va savamment préparer la Commune.

Les Places. — L'influence des places fortes a été des plus insignifiantes, en tant que résultat technique. Dans leur invasion rapide, les Allemands distinguent d'abord les forteresses suffisantes pour constituer à elles seules des objectifs dignes d'un grand effort militaire : Strasbourg, Metz, Paris. Puis ils s'attachent à celles qui, par leur situation, obstruent les voies ferrées dont ils veulent faire usage : successivement Toul, Vitry, Soissons, Schlestadt, plus tard La Fère, Péronne, Mézières. Les autres ne viennent qu'après, et mêmes certaines restent complètement dédaignées, noyées dans le flot de l'invasion : Langres, Auxonne, Besançon, Givet.

Ces nombreuses places n'étaient pas en mesure de résister autant qu'il aurait convenu, mais, en général et bien que l'assiégeant ait montré peu d'aptitude, la défense est encore restée au-dessous des moyens. L'ennemi apparaît, toujours relativement faible, lance plus ou moins d'obus, et des garnisons numériquement plus fortes que l'assiégeant capitulent au bout de quelques jours, parfois de quelques heures, sans cependant avoir subi des pertes tant soit peu sérieuses. Deux places seulement ont eu les honneurs d'attaques régulières. Elles ont gagné aux comparaisons : leur défense a été très exaltée. Et cependant, les commandants supérieurs Uhrich et Denfert n'ont pas même satisfait aux prescriptions les plus formelles d'un règlement très précis, prescriptions dont l'application n'eût entraîné pour nous que des avantages, pour l'ennemi que des inconvénients ou des pertes réelles.

La guerre de partisans n'a rien produit de décisif. On ne s'y était pas préparé, pas même en idée, pas plus qu'à la défensive dont elle procède immédiatement, et l'on s'y est pris trop tard. Le peu qui a été fait suffit pour confirmer cette vérité que toute force armée doit relever du commandement régulier, que sans l'unité de direction, il n'y a que désordres, chaos et, au mieux aller, efforts infructueux.

Sur mer, nous avons perdu une occasion que nous ne retrouverons plus jamais. Là comme pour la guerre continentale, la préparation manquait, puis le commandement principal s'est montré d'abord hésitant, puis déconcerté ; en fin de compte, les résultats ont été nuls. Et cependant, on pouvait faire quelque chose. Involontairement, on fait un rapprochement entre ce qui s'est passé et ce qu'aurait pu accomplir dans la Baltique un Jean Bart ou un Duguay-Trouin. Après de tels débuts, on fit ce qui certainement était le mieux. On renonça à la guerre maritime ; nos soldats et nos généraux étant prisonniers en Allemagne, les marins remplacèrent les premiers dans les camps retranchés, forts et batteries, tandis que les amiraux prenaient le commandement des corps d'armée, des divisions d'infanterie ou des secteurs de Paris.

Observations générales.

Un caractère tout spécial de la guerre de 1870-71, c'est une division bien tranchée en deux parties, sous tous les rapports absolument distinctes : Empire et Défense nationale. Puis, dans chacune de ces parties elles-mêmes, une subdivision des opérations françaises en séries qui n'ont presque aucune corrélation entre elles, qui sont chacune une sorte de petit tout complet.

Un auteur allemand le remarque : « On peut prendre à son choix une opération partielle et en faire l'historique parfait sans même mentionner les autres événements. » (Général von HANNECKEN.) C'est-à-dire qu'il nous a manqué l'unité de direction et la convergence des efforts, conditions du succès encore plus indispensables en stratégie qu'en tactique, puisque celle-là précède et engendre celle-ci.

« Ces luttes partielles sont désavantageuses pour l'envahi et avantageuses pour l'envahisseur, qui a surtout à redouter une action d'ensemble. » (Idem.) Nous voyons, en effet, mais surtout dans la seconde partie de la guerre, les armées allemandes qui étaient engagées simultanément sur plusieurs théâtres d'opérations rester néanmoins solidement appuyées les unes aux autres, soutenues par la puissante réserve centrale et commune entassée autour de Metz et de Paris, tandis que des quatre points cardinaux nous opérons obstinément, et par soubresauts isolés, sur une périphérie immense.

De Metz, la IIe armée allemande envoie 50,000 hommes à portée du prince de Saxe, un instant compromis vers Dun. Les armées qui observent plutôt qu'elles n'assiègent la capitale recueillent von der Thann, battu par d'Aurelle, renforcent tour à tour Manteuffel et Gœben trop faibles devant Faidherbe, secourent Werder menacé par Bourbaki, etc... De notre côté et à partir de l'entrée en campagne, Mac-Mahon, de la Motterouge, d'Aurelle, Chanzy, Faidherbe, Bourbaki n'ont à compter chacun que sur eux-mêmes ; les difficultés croissent tout naturellement d'autant plus qu'ils se rapprochent du but et, dès le premier échec, c'est la retraite désordonnée et désastreuse qui s'impose, entraînant presque toujours des suites irrémédiables. Cette situation est encore plus frappante en ce qui concerne les armées de Paris.

Essayons de dégager la cause initiale de cette divergence de nos efforts. Chez nous, l'habitude d'une centralisation excessive, la place disproportionnée et irraisonnée consentie pour Paris dans la nation au détriment de celle-ci, nous ont entraînés et fait persister dans la faute la plus grave qui restait à commettre au premier jour de l'invasion. Dans la France envahie, on n'a vu que sa capitale, ce qui n'empêche que cette préoccupation et les conséquences en découlant n'ont pas été toujours d'une logique parfaite, tant s'en faut.

C'est cette préoccupation qui, après Frœschwiller, détermine le retour à Châlons de Mac-Mahon et de Failly, qui pouvaient plus facilement et surtout plus rapidement rallier Bazaine à Metz. Et cependant, en attirant à leur suite la IIIᵉ armée allemande, les corps d'Alsace exposaient bien plus Paris qu'ils ne le couvraient : c'est aux troupes que l'ennemi en voulait avec raison et non à des murailles, qui seraient tombées d'elles-mêmes. Puis, quand le mal est fait, c'est la crainte d'un soulèvement parisien qui pousse en sens inverse l'armée de Châlons dans le gouffre de Sedan.

Après cela, le siège de la grande ville étant imminent, on y jette ce qui nous reste de soldats ; les départements, cependant plus à la merci de l'envahisseur, font à Paris le sacrifice de leurs cent mille mobiles les premiers prêts, une véritable armée. « En considérant leur capitale comme une grande place forte quelconque, suffisamment approvisionnée pour tenir quatre à cinq mois ; en la laissant abandonnée à elle-même pendant ce temps, les

Français auraient pu avoir des chances sérieuses de succès, tant que Metz tenait. » (Von Hannecken.) La ville était parfaitement en état de tenir par elle-même ; le contraire serait invraisemblable. Les Parisiens y auraient suffi si le pouvoir avait voulu l'exiger ; le matériel, comme le personnel, était inépuisable. Mais il fallait résolument tirer parti de toutes les ressources, utiliser toutes les bonnes volontés qui, au début, s'offraient, enfin appliquer la loi. On ne l'osa pas, et moins on osa plus il fallut de ménagements et plus l'action commune fut entravée.

Même en supposant, ce qui n'est guère admissible, que l'entrée de Paris eût pu être forcée soit par l'effet d'un siège régulier, soit à la suite d'un assaut brusqué, la lutte intérieure pouvait revêtir son maximum d'intensité. Songe-t-on combien pour les Allemands il eût été long et difficile d'enlever cet « océan de maisons » ? « Ce qu'eût fait cette population, unanime dans un élan désespéré contre l'étranger, on peut l'imaginer par ce qu'*une faible portion*, désavouée, abandonnée du plus grand nombre, a fait en 1871 contre des Français. » (Déposition du colonel de Montagut.)

L'erreur commise de croire le sort de la France lié à la résistance de Paris en a engendré d'autres : le gouvernement a pris l'incroyable parti de rester dans une ville investie, isolée du monde [244]. Dès lors, la Défense nationale se trouvait par le fait et littéralement scindée en deux, divisée, alors que plus que jamais l'unité et l'union s'imposaient. C'est de l'extérieur qu'aurait dû venir l'impulsion unique et suprême.

Il est vrai qu'on niait la possibilité de faire quelque chose de sérieux dans les départements. C'était surtout l'avis de Trochu, et ce qui est le plus douloureusement curieux, c'est que, tout en restant à Paris, le chef du gouvernement et de l'armée n'avait guère plus de confiance dans ses propres moyens immédiats. Mais, alors, pourquoi ces cent mille mobiles dont on privait la province ? Le seul but poursuivi plus tard fut de les faire sortir après les avoir organisés et instruits. Il était bien plus simple de de les laisser dehors et de les réunir et instruire n'importe où, sauf à Paris.

Une dernière citation bien propre à fixer l'état des meilleurs

esprits eux-mêmes touchant Paris. Après le Mans, Chanzy écrit
à la Délégation : « Si le suprême bonheur de sauver Paris nous
échappe, je n'ai pas oublié qu'*après lui, il y a encore la France,*
dont il faut sauver l'existence et l'honneur... [245]. » Et ce n'est
même pas ce que pensait le négociateur de l'armistice du
28 janvier.

Il est, dans la guerre franco-allemande, un autre côté caractéristique qui, à dessein, a été laissé dans l'ombre dans le récit proprement dit. C'est celui qui a été le plus exploité par l'histoire fan-
taisiste et passionnée ou les œuvres d'imagination : la cruauté, la
barbarie des Allemands. Il y a, en effet, beaucoup à dire et à
discuter sur cette question, mais nous ne voulons l'envisager ici
que comme situation militaire, causes et résultats, afin d'en pouvoir déduire un certain enseignement en vue de l'avenir.

C'est sous la Défense nationale que la guerre prend cette cou-
leur de rigueur systématique dont les départements envahis ont
tant souffert. « Je voudrais montrer le caractère nouveau, ineffa-
çable, que prenait de plus en plus cette invasion allemande. Jusque-là, on n'était point sorti des règles militaires. Maintenant, à
mesure que les Prussiens s'avançaient en France, la lutte commençait à changer de nature et devenait farouche... C'était l'esprit
de la guerre de Trente Ans se réveillant en plein xixᵉ siècle. Dès
le mois d'octobre, ce système éclatait dans toute sa violence partout où passait l'invasion... » (DE MAZADE.) Or, à cette époque, et
même en septembre, dès qu'on eut perdu l'espoir d'une paix prochaine, la situation militaire des Allemands n'était pas sans
causer à ceux-ci de sérieuses inquiétudes. « Après Sedan, l'armée
française tout entière était anéantie ou paralysée par le blocus;
mais, quelques semaines plus tard, toute l'armée allemande était
immobilisée devant les grandes forteresses, Strasbourg, Metz,
Paris... La situation militaire des Allemands sous Paris était
inouïe. Leurs communications avec la mère-patrie passaient par
une étroite bande de territoire où toutes les places tenaient; elles
n'étaient assurées que grâce au dénuement absolu des ressources
défensives de la France. » (Général VON HANNECKEN.) Cette situation pouvait brusquement changer, et les Allemands ne se faisaient

pas d'illusions là-dessus. Ces armées de province qu'ils avaient d'abord dédaignées, ils ne tardaient pas à les voir partout, même plus redoutables qu'elles ne l'étaient réellement.

C'est alors qu'ils inaugurèrent le système de la « guerre de terreur » : c'est surtout Werder qui donna le signal et poussa les choses le plus à l'extrême. Ils brûlèrent les villages hostiles, fusillèrent impitoyablement tout combattant suspect, les francs-tireurs principalement, qui, il faut bien le reconnaître, n'étaient pas toujours parfaitement en règle avec ce qu'on appelle les lois de la guerre. Ces exécutions s'accomplissaient ostensiblement, bruyamment ; l'ennemi ne se faisait pas faute d'en publier et exagérer lui-même les horreurs, et l'effet était produit : le malheureux envahi, terrorisé, se tenait coi.

Cette conduite était donc chez l'Allemand le résultat d'un calcul que lui suggéraient la plus élémentaire prudence, le souci de l'existence de ses soldats, et surtout la crainte d'un vaste soulèvement populaire dont il connaissait bien la puissance pour l'avoir expérimenté contre nous en 1813.

Les Allemands nous ont durement rappelé ceci : c'est que *nous ne sommes plus aux temps chevaleresques ;* la guerre est devenue une chose des plus positives, c'est une affaire. Il faut d'autant plus réussir que c'est une très grosse affaire, que les risques et enjeux sont énormes et d'une nature autre que naguère, où tout se terminait par des mariages princiers. Or, c'est à la guerre surtout que nécessité fait loi.

Sur ce sujet irritant à froid, il ne convient pas d'insister ici plus longuement. Songeons seulement à méditer nos propres faits et gestes dans les pays où nous avons dû nous imposer à des populations hostiles à l'envahisseur : entre le souci très légitime de la vie du plus humble de nos soldats et des rigueurs qui peuvent paraître barbares, nous n'avons jamais hésité, ce qui ne veut nullement dire que les Allemands n'ont pas dépassé la mesure en 1870.

En ce qui concerne les bombardements, on doit convenir que ce procédé, qui n'est pas du tout nouveau, est tout à fait conforme, quant à ses conséquences, à l'esprit des lois de la guerre ; atteindre pleinement le but, imposer sa volonté, en faisant le moins de mal possible, le mal nécessaire seulement. Et, à ce point de vue, chacun des deux belligérants y trouve son compte. Le 22 janvier 1871, le général Faidherbe, écrivant au maire de Péronne, reconnaît que le bombardement de cette dernière ville a été, en somme, plus humain qu'un siège régulier qui aurait coûté vingt fois plus de sang. Il accuse seulement les Prussiens de déloyauté pour manque aux usages de la guerre admis tacitement entre civilisés.

Or, les usages sont choses qui, avec le temps et les progrès de la science, se transforment fatalement partout ailleurs que dans les milieux routiniers. Au surplus, en envisageant cette question du bombardement des places et aussi la précédente, souvenons-nous du second siège de Paris en 1871.

Si nos conceptions stratégiques et tactiques ont rarement été justes, l'exécution, qui aurait pu dans une large mesure en corriger ou atténuer les défauts, a été bien plus défectueuse encore. Et cela, grâce surtout à l'impuissance du commandement, sans préjudice des vices de l'organisation et de l'insuffisance de l'administration.

Presque invariablement, il a manqué au haut commandement français la stabilité, l'autorité incontestée, l'indépendance technique; ou bien ce commandement a été, en raison de sa constitution même, amoindri, méconnu, surtout mal secondé; dans de telles conditions, il s'est trouvé au-dessous de sa tâche.

On ne peut donner ici que des faits et de rares citations empruntées à de hautes compétences.

Du 17 au 24 juillet, c'est Bazaine qui commande en Lorraine : il ignore complètement quel est le plan d'opérations, celui-ci étant resté secret entre l'empereur, Mac-Mahon, Le Bœuf et peut-être Frossard. Le major général Le Bœuf exerce ensuite le commandement pendant quatre jours. Jusqu'à l'arrivée de l'empereur, 28 juillet, Mac-Mahon en Alsace ne relève de personne. Le 5 août, il est censé formé deux commandements attribués à Mac-Mahon et à Bazaine, dont un troisième, celui de la garde, reste indépendant ; Mac-Mahon n'a pas d'état-major d'armée, et Bazaine subit tout naturellement les inspirations de l'empereur, resté sur les lieux avec son major général. Quelques jours plus tard, Bazaine est effectivement nommé commandant de l'armée du Rhin, mais on lui impose un chef d'état-major avec lequel il ne peut s'entendre ; il a sous lui un maréchal qui, général en chef en Crimée, l'a eu lui-même sous ses ordres comme colonel ; jusqu'au 16 août, l'empereur est présent. Enfin, le 17 août, on a la singulière idée de faire choix pour les armées impériales d'un généralissime qui, presque bloqué, n'a déjà plus sa liberté d'action.

Passons à l'armée de Châlons. Mac-Mahon, seul responsable, devrait seul commander. En réalité, il est dans les hautes sphères le seul qui obéisse : l'empereur conseille, la régente supplie, le ministre Palikao adjure, Paris menace. On arrive au 1er septembre : il y a là, à l'armée, un commandant en chef désigné que nul, y compris le maréchal, ne soupçonne exister. Mac-Mahon mis hors de combat transmet fort judicieusement le commandement à celui de ses lieutenants qui lui inspire le plus confiance, à Ducrot. Deux heures plus tard, Wimpfen réclame et prend ce commandement. En pleine bataille, le grand état-major reste tranquillement dans Sedan et ne juge pas à propos de se mettre à la disposition du nouveau chef de l'armée. A la fin de la journée, Wimpfen se démet, mais aucun des chefs de corps d'armée ne voulant d'un commandement illusoire, le souverain, qui n'est déjà plus qu'un prisonnier, intervient de nouveau et maintient Wimpfen en fonctions.

A l'armée de la Loire et jusque sur le champ de bataille de Coulmiers, le général d'Aurelle « dirige » deux corps d'armée et n'en commande qu'un seul. Devenu après Coulmiers commandant en chef de ces deux corps, il est chargé de « la direction stratégique » de plusieurs autres. Quelle qu'en soit la raison, il ne fait aucun plan, ne prépare aucun des projets qu'il doit exécuter ; il n'est même pas tenu au courant de la situation générale. Durant les engagements décisifs autour d'Orléans, d'Aurelle n'est plus guère que simple spectateur.

La 2e armée de la Loire fait exception : son chef conserve une liberté d'action suffisante, ce qui tendrait à démontrer que la fâcheuse situation envisagée jusqu'ici tient quelque peu à la personne même, au caractère et aux aptitudes du général. En outre, vis-à-vis de ses subordonnés, Chanzy commande réellement et s'impose.

Dans l'armée de l'Est, Bourbaki semble se défier de son chef d'état-major et de son intendant général[246]. Il a auprès de lui, à son propre quartier général, un sous-délégué civil du ministre (M. de Serres) ; certains de ses lieutenants correspondent pardessus sa tête avec le ministre, même pour des affaires se rapportant directement aux opérations ; enfin, le général chargé de garder sa propre ligne d'opérations n'est pas sous ses ordres.

Dans le nord, Farre et Paulze d'Ivoy sont indépendants l'un de l'autre et en désaccord sur le champ de bataille même d'Amiens. Le même désaccord latent se maintient entre Faidherbe et Paulze d'Ivoy durant toute la campagne.

Sur de petits théâtres, les chefs de partis voisins ne s'entendent pas : Cambriels et Garibaldi, Cremer et Garibaldi, Briand et Loysel, etc., sans compter les chefs de corps francs.

A Paris, le généralissime Trochu est accaparé par la politique, ballotté par le gouvernement qu'il préside, invité à se démettre après le Bourget (22 décembre), en fait destitué après Buzenval. Quand il peut s'occuper des choses militaires, son temps est absorbé par le soin de ramener la concorde parmi les trop nombreux lieutenants qu'il s'est donnés, égaux entre eux comme situation[247]. Ducrot, commandant en chef des 13e et 14e corps, est en froid avec Vinoy, qui, plus ancien, a été placé sous ses ordres ; aussi le 13e corps est-il peu employé par Ducrot. Même désaccord pour d'autres causes d'un ordre plus élevé entre Trochu lui-même et Ducrot après les batailles de la Marne. Durant celles-ci, sous le feu, on voit un général ne pas se soucier d'aider Ducrot à se tirer d'un mauvais pas, parce qu'il n'est pas le subordonné du commandant de la 2e armée.

Simple contraste : tandis que le commandement est dans les armées françaises si changeant et si mal assis, si contrecarré ou imparfait, nous voyons dans le camp de nos adversaires toutes les plus hautes personnalités de l'Allemagne, civiles et militaires, généraux, princes et ministres, groupés étroitement autour d'un souverain dont l'autorité, consacrée par le succès, étayée sur le savoir militaire incontesté d'un chef d'état-major immuable et obéi, ne souffre ni n'éveille même l'idée d'une contestation quelconque. Il peut y avoir, et il y a en effet, des divergences entre les commandants de second degré, mais l'unité de direction n'en reste pas moins assurée et constante. Aucun des chefs d'armée n'en est à ses débuts. En outre, la politique seconde, complète immédiatetement et sur place l'action militaire, au lieu de l'entraver comme c'est le cas chez nous.

Cela ne veut nullement dire que le grand état-major allemand ait été impeccable. De ce côté aussi, il a été commis de grandes fautes : s'il leur manque le relief donné aux nôtres, c'est d'abord parce qu'elles ont été suivies de la victoire quand même, et ensuite parce qu'elles sont moins graves; c'est l'histoire de l'armée française en 1859.

Ceci amène à faire une observation importante en complète contradiction avec ce qui s'est souvent dit et écrit et se croit beaucoup : c'est qu'en fait d'art ou science de la guerre, les Allemands n'ont rien inventé. Leur grand état-major, ayant pour chef un travailleur obstiné, un savant des plus méthodiques, s'est borné à copier à peu près servilement Napoléon Ier. Il est facile de s'en convaincre en rapprochant les opérations relatées ici de celles du Consulat et de l'Empire.

Presque toutes les conceptions du général de Moltke se ressemblent au fond, quelque différentes que soient les circonstances; elles manquent de variété, ce qui n'indique pas précisément un grand génie. En dehors des produits uniformes sortis de ce moule invariable, on ne trouve guère de conceptions originales à recommander. Par exemple, un Napoléon n'aurait jamais imposé deux objectifs simultanés à Manteuffel dans le nord, ni à Frédéric-Charles à Orléans : dans ces deux cas, la médiocrité relative des résultats obtenus est une preuve concluante.

Les mêmes remarques s'appliquent à la tactique, sauf cependant qu'ici, les Allemands ont su adapter. « Les Prussiens reprennent aussi toutes les méthodes de Napoléon Ier, tous nos règlements, tout ce que nous avons oublié, tout ce que la paresse et l'incapa-

cité de nos chefs leur avaient fait négliger d'apprendre... Il
faut le dire et ne pas craindre de le répéter : les Prussiens ont peu
inventé, ils ont pris les anciennes méthodes et les règlements de
la France ; il les ont étudiés, les ont modifiés quand c'était nécessaire, et ils les ont exécutés. Chez nous, on les ignorait : on se
contentait de croire que puisque Napoléon avait été vainqueur,
nous devions l'être encore... » (Dussieux.)

Mais ce qui a le plus incontestablement fait défaut de notre
côté, *c'est la foi :* en Lorraine comme en Champagne, autour
d'Orléans et de Besançon comme à Paris, on se bat sans espérer
le succès, sans *bien vouloir ce que l'on veut;* nous n'osons plus
assez et nous doutons trop. C'est là l'un des traits principaux
de la physionomie de cette guerre de 1870-71 ; il est indispensable
de le bien marquer. A chaque instant, quand on se retrace les
événements, on arrive, par un raisonnement tout spontané, à songer à l'active ténacité de Masséna à Gênes, à la force de caractère
de Ney en Russie, à l'âpre et redoutable énergie de Davout, etc.,
et aussi à regretter amèrement que Chanzy et Faidherbe, qui
rappellent ces chefs d'armée de la grande époque, n'aient pas été
mis en lumière quelques mois plus tôt.

Il faut se souvenir encore que le commandement proprement dit
a été bien mal secondé par les services spéciaux [248] et notamment par l'administration. Ici encore, nous nous bornons à rappeler des faits.

En aucune circonstance, nous avons déjà eu occasion de le
remarquer, les généraux n'ont pu concevoir et préparer d'après
une connaissance suffisante de leurs moyens. Jamais ils n'ont pu
être renseignés, même approximativement, sur le contenu de
leurs magasins, caissons ou fourgons. Nous avons vu qu'à Paris
même, où cependant le temps ne manquait pas pour recenser,
l'échéance fatale, en ce qui concerne l'épuisement des vivres,
varia plusieurs fois en plusieurs semaines[249]. A Metz, le 13 août,
l'intendant en chef annonce qu'il existe, en pain, blé, farines et
biscuit, de quoi assurer pendant 23 *à* 28 *jours* la nourriture de
200,000 hommes. Le 28 août, il déclare dans un rapport écrit qu'il
reste du blé pour 15 jours, de la farine pour 15 et de la viande

pour 6 ; *dix semaines plus tard,* durant les dernières négociations, il retrouve tout à coup pour 4 jours de vivres, alors qu'il croit avoir livré son dernier morceau de pain.

Des faits analogues comme désordre se produisent à l'armée de Châlons, à tel point qu'on a pu dire de certaines journées que c'était l'intendance qui commandait la marche. Sous Paris même, entre les deux batailles de la Marne, nos troupes souffrent d'une véritable disette : les généraux ne parviennent pas à obtenir les distributions de vivres les plus urgentes.

La pire situation à ce point de vue est celle de l'armée de l'Est. Au moment le plus critique, à Besançon, l'intendant général annonce qu'il n'a pas de vivres, ce qui du reste allait créer pour lui une très grosse responsabilité ; mais le plus inexplicable, c'est que l'administration avait en magasin de quoi faire subsister l'armée et Besançon durant un mois, et elle l'ignorait. Cette soi-disant pénurie de vivres est l'une des principales causes qui déterminèrent la retraite précipitée sur Pontarlier, au moment même où se négociait à Versailles un armistice qui, dans d'autres conditions, pouvait sauver l'armée de l'Est.

Une remarque qu'il est très important de faire quand on recherche les causes vraies de nos persistants échecs, c'est que si notre infériorité numérique des débuts explique certaines de nos défaites, elle ne les explique pas toutes. A Rezonville, à Noisseville, la supériorité numérique de Bazaine était écrasante : elle ne servit à rien. A Forbach et même à Saint-Privat, ce n'est pas le nombre qui a décidé du résultat. Et cependant les soldats de l'armée du Rhin valaient au moins ceux de l'adversaire.

Plus tard, dans la seconde partie de la guerre, la proportion numérique entre belligérants fut inversée ; mais alors vinrent s'ajouter du côté français de nouvelles causes matérielles de faiblesse : « Lorsque nous avions des soldats instruits, nous avons été battus faute d'en avoir assez, et lorsque nous avons eu assez de soldats, nous avons été battus faute d'instruction. » (Commandant Bonnet.) Ici, c'est à notre organisation elle-même, à nos institutions militaires préexistantes qu'il faut s'en prendre. On ne pouvait, au cours même de la guerre, improviser des réformes aussi

radicales que celles reconnues nécessaires et, surtout, il n'était
pas possible d'en précipiter le résultat.

Dans cette guerre de 1870-71, guerre de sept mois, nous nous
sommes trouvés les moins forts : nous avons été vaincus. L'Europe,
et plus que l'Europe, nous a tranquillement laissé terrasser. Ceux
qui n'étaient pas contre nous n'étaient pas pour nous. Au mois de
janvier 1871, le czar répondait à Guillaume qui lui annonçait notre
défaite définitive et en même temps, il est vrai, le rétablissement
de la paix : « Je partage votre joie. » Le président des Etats-Unis
d'Amérique se félicitait officiellement du triomphe de l'Allemagne. Quinze jours après Sedan, l'armée italienne prenait la place
de nos soldats à Rome. Un mois plus tard, la Russie dénonçait le
traité de Paris, scellé du sang de cent mille Français morts en
Crimée ; l'Europe entière approuvait. — Voilà les faits indéniables.

Quelques sujets de conclusions.

« Les fautes individuelles, qu'on ne peut s'empêcher de constater
quand, par leurs conséquences, elles appartiennent à l'histoire, ne
sont point la vraie cause de nos désastres. Ceux-ci relèvent d'une
cause plus générale, plus puissante, à côté de laquelle les autres
n'apparaissent que comme des accidents particuliers, contingent
obligé de toutes les grandes entreprises humaines. J'irai plus loin :
ces fautes individuelles ne sont que la conséquence nécessaire de
cette cause plus générale. » (DE FREYCINET. *La Guerre en province.*

Ne pas trop espérer des alliances, surtout si nous ne sommes
pas manifestement très forts. Ne compter absolument que sur
nous-mêmes, mais y compter fermement. « Nous méprisions trop
l'ennemi autrefois, il ne faut pas nous mépriser aujourd'hui ; il
faut avoir confiance en nous. » (DUSSIEUX.) « Le sentiment de nos
forces les augmente. » (VAUVENARGUES.) « Il est plus glorieux de se
relever après une grande chute que de n'être jamais tombé. »
(FÉNELON).

Nécessité de nous prémunir contre les désillusions. Matériellement et surtout moralement, prévoir des débuts malheureux toujours possibles, des revers momentanés. La victoire définitive

restera au plus tenace ; mais défions-nous de la brusquerie des revirements, de nos excès d'appréciation dans la défaite comme dans la victoire.

Le génie inné est rare, s'il existe ; le savoir, aidé d'un grand bon sens, peut en tenir lieu. Exemple : de Moltke. « Celui qui a un grand sens sait beaucoup. » (Vauvenargues.) Le travail et le savoir personnels s'imposent à tous.

L'armée du temps de paix ne doit être qu'une vaste école de guerre, l'école de *toute la nation ;* l'armée du temps de guerre *est la nation elle-même.* Ces deux notions étroitement connexes devraient former la base de toutes les conceptions que nous nous faisons de l'armée nationale ; mieux comprises, elles devraient précipiter la disparition à tout jamais du vieil et absurde antagonisme latent entre *civils et militaires.*

« On peut apprendre la guerre de deux façons, la première en la faisant, la seconde en l'étudiant... Les essais de l'homme de guerre se font avec le sang ; ses erreurs coûtent la vie à ses semblables. » (Général Ambert.)

« Même dans les conflits de la force matérielle, c'est l'intelligence qui reste maîtresse. » (Gambetta.)

« Dans les guerres prochaines, il pourra très bien arriver qu'un général en chef ayant plus de 200,000 hommes à sa disposition n'ait jamais commandé un corps d'armée devant l'ennemi. Il faudra donc qu'il se soit formé dans les livres par l'étude incessante des campagnes... » (Commandant Bonnet.)

« L'histoire est la source dans laquelle vous devez puiser sans cesse. » (Instructions du maréchal de Belle-Isle à son fils, le colonel comte de Gisors.) « L'enseignement de l'histoire, trop délaissé dans nos écoles, devrait faire la base de notre éducation nationale. » (Michelet.)

« L'histoire, c'est la vérité, la vérité qui dit le mal comme le bien, les succès comme les revers, les fautes commises comme les belles actions, qui ne cache rien pour ne pas inspirer la défiance et *qui cherche surtout à instruire sérieusement les générations de l'avenir...* » (Colonel Vial, *Histoire abrégée des campagnes modernes.*) « Les actions mémorables des histoires relèvent l'esprit ;

étant lues avec discrétion, elles aident à former le jugement. »
(DESCARTES.)

« Défendre la patrie est non une charge, mais un devoir... ;
qu'il soit bien entendu que lorsqu'en France un citoyen est né, il
est né un soldat. » (DE FREYCINET.)

« Il n'est tels remparts que des poitrines d'hommes. » (RABELAIS.)

« Il faut rétablir au plus tôt, dans nos armées, *la loi du travail*.
Il faut remettre en honneur ce grand principe que le savoir fait la
dignité et la force du commandement... Il faut introduire *la loi du
progrès* là où les préjugés ou la routine n'ont que trop régné...
L'armée n'est pas une caste dans l'Etat... L'armée est nationale
et la nation entière doit en scruter minutieusement tous les
détails... Qu'on fasse disparaître cette opposition surannée entre
l'esprit civil et l'esprit militaire, mais que le second s'inspire
constamment du premier, qui est, après tout, l'esprit de la nation
même... C'est au sein même des nations que les idées nouvelles
s'élaborent; c'est dans ce réservoir commun que les corporations,
si grandes qu'elles soient, doivent venir se retremper et se fortifier
si elles veulent conserver leur jeunesse. Celles qui prétendent à
vivre dans l'isolement ne tardent pas à se dessécher et à périr, et
un jour où la nation a besoin, comme en 1870, de s'appuyer sur
l'arbre qu'elle croit sain et vigoureux, elle ne trouve sous sa main
qu'un bois mort qui l'entraîne dans sa chute. » (DE FREYCINET, *La
Guerre en province,* ouvrage écrit en 1871.)

PARTIE COMPLÉMENTAIRE

I

Armée du Rhin.

1. « Napoléon III ne put même prendre le rôle de médiateur armé, le seul qui aurait pu maintenir le prestige de notre pays, ébranlé par cette guerre à laquelle il n'avait pas pris part. Il fut question un instant de former sinon une armée, du moins un corps d'armée assez considérable, mais on dut s'arrêter devant l'impossibilité absolue d'organiser quoi que ce soit... Des motifs d'économie, la nécessité de subvenir aux dépenses de l'expédition du Mexique en matériel, en personnel et surtout en argent avait mis le Ministre de la guerre hors d'état d'organiser, dans un délai suffisant, des forces tant soit peu importantes. Il fallut subir la grandeur de la Prusse et se résigner à l'ingratitude certaine de l'Italie, qui allait devoir la sienne à d'autres qu'à nous... » (Général Thoumas).

2. Le 7 août 1866, Bismarck disait à un officieux personnage :

« Avant quinze jours, nous aurons la guerre sur le Rhin, si la France persiste dans ses revendications territoriales. Elle nous demande ce que nous ne pouvons ni ne voulons lui donner. La Prusse ne cédera pas un pouce du sol germanique ; nous ne le pourrions pas sans soulever contre nous l'Allemagne tout entière, et, s'il le faut, nous la soulèverons plutôt contre la France que contre nous. »

3. Entre autres, le général Ducrot, commandant la division militaire à Strasbourg, puis le lieutenant-colonel Stoffel, notre attaché militaire à Berlin, qui écrit en 1868 :

« Résumé des divers éléments de supériorité particuliers à l'armée prussienne : sentiment profond et salutaire que le principe du service militaire obligatoire répand dans l'armée, qui renferme toute la partie virile, toutes les intelligences, toutes les forces vives du pays et qui se regarde comme la nation en armes ; niveau intellectuel de l'armée plus élevé qu'en aucun autre pays... ; à tous les degrés de la hiérarchie, sentiment du devoir beaucoup plus développé qu'en France ; services spéciaux organisés à demeure, avec le plus grand soin, et sans diminution du nombre des combattants... ; matériel d'artillerie de campagne bien supérieur au nôtre comme justesse, portée et rapidité du tir... D'une part, on voit une nation pleine de sève et d'énergie, instruite comme aucune autre en Europe, privée, à la vérité, de

toute qualité aimable et généreuse, mais douée des qualités les plus solides, ambitieuse à l'excès, sans scrupules, audacieuse, façonnée tout entière
au régime militaire. D'autre part, un homme qui, pendant vingt ans comme
prince prussien et pendant dix ans comme régent ou comme roi, a donné
tous ses soins à l'armée avec une sollicitude, une passion, une bonne
humeur telles qu'il en a fait un instrument redoutable. C'est cette armée
qui a vaincu à Sadowa. Ce spectacle est tellement saisissant qu'on ne peut
qu'accuser d'aberration ou d'une coupable légèreté les étrangers, qu'il aurait
dû frapper bien avant 1866... En Prusse, nation et armée révèlent un esprit,
une énergie, une discipline une instruction qui en feront pour nous, le cas
échéant, de redoutables adversaires... »

La reine de Hollande à Napoléon III, le 18 juillet 1866 :

« Vous vous faites d'étranges illusions ! Votre prestige a plus diminué
dans cette dernière quinzaine que pendant toute la durée du règne. Vous
permettez de détruire les faibles, vous laissez grandir outre mesure l'inso-
lence et la brutalité de votre plus proche voisin... Je regrette que vous ne
voyiez pas le danger d'une puissante Allemagne et d'une puissante Italie.
C'est la dynastie qui est menacée et c'est elle qui en subira les suites. Je le
dis, parce que telle est la vérité, que vous reconnaitrez plus tard... La
Vénétie cédée, il fallait secourir l'Autriche, marcher sur le Rhin, imposer
vos conditions. Laisser égorger l'Autriche, c'est plus qu'un crime. c'est une
faute. Peut-être est-ce ma dernière lettre. Cependant, je croirais manquer à
une ancienne et sérieuse amitié si je ne disais une dernière fois toute la
vérité. Je ne pense pas qu'elle soit écoutée, mais je veux pouvoir me répéter un jour que j'ai tout fait pour prévenir la ruine de ce qui m'avait inspiré tant de foi et d'affection. »

Au lendemain de Sadowa, alors qu'il était question de réformes,
le général Trochu publiait un livre : *L'Armée française en* 1867,
dans lequel il faisait ressortir clairement et hardiment les défauts
de notre organisation. Ces vérités furent mal accueillies ; on trouva
qu'il était très inopportun de dévoiler les imperfections de l'armée
française. On dédaigna les conseils et on laissa dans l'ombre le
conseiller, quoique celui-ci eût été chaudement recommandé à
l'empereur par le maréchal Niel mourant.

4. Napoléon III eut connaissance de la candidature Hohenzollern dès le 31 mars 1869. Dans ce cas particulier, le gouvernement prussien ne songeait très probablement pas à nous être dé-
sagréable, le prince Léopold, d'une branche catholique de Hohenzollern, étant petit-fils par son père d'Antoinette Murat, par sa

mère, de Stéphanie de Beauharnais et, par suite, allié de l'empereur des Français au même degré que parent du roi Guillaume.

5. La nouvelle est lancée par le journal *les Débats* dans les premiers jours de juillet 1870. Le député Cochery demande à interpeller le gouvernement à ce propos; la discussion est acceptée pour le 6 juillet. Ce jour-là, le ministre des affaires étrangères prononce à la tribune du Corps législatif les graves paroles suivantes :

« ... Le peuple espagnol ne s'est point encore prononcé et nous ne connaissons pas les détails vrais d'une négociation qui nous a été cachée... ... Mais nous ne croyons pas que le respect des droits d'un peuple voisin nous oblige à souffrir qu'une puissance étrangère, en plaçant un de ses princes sur le trône de Charles-Quint, puisse déranger à notre détriment l'équilibre actuel des forces en Europe et mettre en péril les intérêts et l'honneur de la France. Cette éventualité, nous en avons le ferme espoir, ne se réalisera pas. Pour l'empêcher, nous comptons à la fois sur la sagesse du peuple allemand et sur l'amitié du peuple espagnol. S'il en était autrement, forts de votre appui et de celui de la nation, nous saurions remplir notre devoir sans hésitation et sans faiblesse. »

6. Le ministre des affaires étrangères, duc de Gramont, à l'ambassadeur français Benedetti, 12 juillet :

« Pour que cette renonciation produise son effet, il est nécessaire que le roi de Prusse s'y associe et nous donne l'assurance qu'il n'autorisera pas de nouveau cette candidature. Veuillez vous rendre immédiatement auprès du roi pour lui demander cette déclaration. »

Réponse Benedetti, 13 juillet :

« J'ai demandé au roi de vouloir bien me permettre de vous annoncer en son nom que si le prince de Hohenzollern revenait à son projet, Sa Majesté interposerait son autorité et y mettrait obstacle. Le roi a absolument refusé de m'autoriser à vous transmettre une semblable déclaration. J'ai vivement insisté, mais sans réussir à modifier ses dispositions. Le roi a terminé en me disant qu'il ne pouvait ni ne voulait prendre un pareil engagement, et qu'il devait, pour cette éventualité comme pour toute autre, se réserver la faculté de consulter les circonstances... »

7. « En exécution des ordres qu'il a reçus de son gouvernement, le soussigné, chargé d'affaires de France, a l'honneur de porter la communication suivante à la connaissance de Son Excellence le ministre des affaires étrangères de Sa Majesté le roi de Prusse :

» Le gouvernement de Sa Majesté l'empereur des Français ne pouvant considérer le projet d'élever un prince prussien sur le trône d'Espagne que comme une entreprise dirigée contre la sécurité territoriale de la France, s'est trouvé dans la nécessité de demander à Sa Majesté le roi de Prusse l'assurance qu'une semblable combinaison ne pouvait s'accomplir avec son approbation.

» Le roi de Prusse ayant refusé de donner cette assurance et ayant au contraire fait entendre à l'ambassadeur de Sa Majesté l'empereur des Français que, pour cette éventualité comme pour toutes les autres, il voulait se réserver la faculté de prendre conseil des circonstances, le gouvernement impérial a dû voir dans cette déclaration du roi des arrière-pensées qui menaçaient la France aussi bien que l'équilibre tout entier de l'Europe. Cette déclaration a été encore aggravée par la nouvelle transmise aux cabinets, du refus de recevoir l'ambassadeur de l'empereur et d'entrer avec lui dans aucune nouvelle explication.

» En conséquence, le gouvernement français a cru devoir s'occuper immédiatement de défendre son honneur et ses intérêts blessés et il a résolu à cet effet de prendre toutes les mesures prescrites par la situation qui lui est faite et de se considérer dès à présent comme en état de guerre avec la Prusse.

» Berlin, le 19 juillet 1870.

» Signé : LE SOURD. »

8. Le chassepot était étudié depuis dix ans à l'Ecole de tir de Vincennes.

9. Les premières études sur les mitrailleuses datent de 1860. Après des essais répétés à Meudon, l'empereur adoptait en 1866 seulement le modèle définitif proposé par le commandant de Reffye. Durant les deux années suivantes, on construisait dans le plus grand mystère environ trente batteries, lesquelles furent remisées au Mont-Valérien tellement discrètement qu'au moment de la guerre, quelques généraux et trois ou quatre officiers supérieurs seulement connaissaient le mécanisme et la manœuvre du nouvel engin.

10. En 1868, M. Krüpp avait offert au gouvernement français de lui fabriquer toutes les bouches à feu dont nous aurions besoin. Ses propositions furent rejetées pour raison d'économies.

11. Le matériel en canons et caissons était suffisant pour constituer près de cinq cents batteries rayées, mais le personnel et surtout les chevaux manquaient.

12. En comptant la garde, il existait, en 1870, huit grands commandements assez improprement dénommés corps d'armée. C'était une organisation territoriale subdivisée elle-même en vingt-cinq divisions militaires, celles-ci étant simples circonscriptions et non divisions actives, unités tactiques. Les seules divisions actives d'infanterie existant dès le temps de paix étaient constituées en vue de nécessités politiques. C'étaient :

Les deux divisions de la garde ;
Les quatre divisions de l'armée de Paris ;
Les trois divisions de l'armée de Lyon.

Les grands commandements au moment de la guerre étaient :

La garde. — Paris-Versailles. Maréchal Bazaine ;
1er corps. — Paris. Maréchal Canrobert ;
2e corps. — Lille. Général Ladmirault ;
3e corps. — Nancy. Général de Failly ;
4e corps. — Lyon. Général Cousin de Palikao ;
5e corps — Tours. Maréchal Baraguay-d'Hilliers ;
6e corps. — Toulouse. Général Trochu ;
7o corps. — Alger. Maréchal de Mac-Mahon.

Composition de l'armée française en 1870.

Infanterie :

100 régiments de ligne à 3 bataillons actifs ;
20 bataillons de chasseurs ;
3 régiments de zouaves à 3 bataillons actifs ;
3 régiments de tirailleurs algériens (turcos) à 3 bataillons ;
1 régiment étranger à 3 bataillons ;
3 bataillons d'infanterie légère d'Afrique.

De la garde :

1 bataillon de chasseurs ;
4 régiments de voltigeurs à 3 bataillons actifs ;
1 régiment de zouaves à 2 bataillons actifs ;
3 régiments de grenadiers à 3 bataillons actifs.

Génie :

3 régiments à 2 bataillons actifs de 8 compagnies.

Artillerie :

15 régiments montés à 8 batteries actives ;
4 régiments à cheval à 8 batteries actives ;
1 régiment de pontonniers à 14 compagnies ;
2 régiments du train d'artillerie.

De la garde :
1 régiment monté à 6 batteries actives ;
1 régiment à cheval à 6 batteries actives.

Cavalerie :

10 régiments de cuirassiers à 4 escadrons actifs ;
12 régiments de dragons à 4 escadrons actifs ;
 8 régiments de lanciers à 4 escadrons actifs ;
12 régiments de chasseurs à 5 escadrons actifs ;
 8 régiments de hussards à 5 escadrons actifs ;
 3 régiments de spahis.

De la garde :
1 régiment de cuirassiers à 5 escadrons ;
1 régiment de carabiniers à 5 escadrons ;
1 régiment de lanciers à 5 escadrons ;
1 régiment de dragons à 5 escadrons ;
1 régiment de guides à 5 escadrons ;
1 régiment de chasseurs à 5 escadrons ;
1 escadron de cent-gardes.

Train des équipages :

3 régiments à chacun 14 compagnies.

13. « A cette époque (1868), il n'était pas de mode parmi les officiers d'étudier leur métier, et ce n'étaient pas les meilleurs qui étaient le mieux vus des chefs. » (Général THOUMAS.)

« ... L'inspection générale annuelle, qui a été longtemps le grand moyen de conservation des principes dans l'armée, perdit toute valeur et devint une simple formalité, se terminant toujours par des félicitations banales et d'inévitables témoignages de satisfaction... Les officiers sérieux et dévoués, mécontents, étaient fatigués du métier... Presque personne dans l'armée ne s'occupait d'études militaires un peu élevées : c'était s'exposer à être mal noté que de travailler avec application... A quoi bon, après tout, travailler et apprendre les sciences militaires ? Le travail et l'étude ne servaient pas à l'avancement. Les grades au choix étaient donnés presque exclusivement à la faveur. On a lu depuis, dans les papiers trouvés aux Tuileries, des recommandations faites par l'impératrice en faveur de certains officiers et ainsi conçues : « *bon danseur... danseur intrépide...* » Les officiers qui n'avaient pas de recommandation puissante n'avançaient pas, ne pouvaient

pas avancer. Le découragement s'emparait d'eux. Les uns, sûrs d'arriver quand même, ne faisaient que le strict nécessaire ; les autres, certains de n'arriver à rien, faisaient de même ... La paresse était à l'ordre du jour. — Un esprit de routine obstiné dominait partout ... et cependant on changeait constamment certaines choses, les uniformes, les coiffures, les plumets ... C'était le mouvement de l'écureuil dans sa cage. On parlait sans cesse de progrès et quand on avait remplacé une tunique par une jaquette, ou un pompon par une aigrette ridicule, on croyait avoir fait quelque chose ... »
(Dussieux.)

Passons au jugement de nos adversaires. Voici ce que dit le grand état-major allemand :

« La situation intérieure de l'armée française avait également a souffrir de graves défectuosités. Le soldat français n'était plus tel qu'il s'était montré en Crimée et en Italie. La loi sur les rengagements, l'exonération et la dotation avaient surtout exercé sur lui une pernicieuse influence en ouvrant un trop large accès aux remplacements. C'est ainsi par exemple que le contingent de 75,000 hommes (1re portion) de la classe de 1869 comptait à lui seul 42,000 remplaçants dont la qualité ne faisait que décroître à mesure que se prolongeait leur séjour sous les drapeaux, ainsi que l'expérience le démontrait... Il en résultait que, de son côté, le corps des sous-officiers avait également perdu de sa valeur. Dans beaucoup de régiments, on trouvait des gradés qui remplissaient leurs fonctions sans aucun espoir de soulagement ou d'avancement... »

Et à propos des officiers :

« Un système prédominant de favoritisme, qui ne s'arrêtait même pas devant des personnalités compromises, décourageait avec raison les précieux serviteurs et ne leur laissait que de faibles perspectives d'avenir... Ce système de favoritisme avait introduit jusque dans les hauts grades de nombreux éléments inférieurs à leurs positions... — De même que tous ses compatriotes, l'officier français possède, à côté d'un juste sentiment de sa valeur, une tendance à déprécier que les voisins. Son éducation a eu constamment pour but de lui persuader que la France est de beaucoup supérieure à toutes les autres nations. Quand l'élève-officier parcourt les galeries dorées de Versailles, ses regards ne rencontrent presque exclusivement que des tableaux de batailles représentant tous des victoires françaises. Il voit se dérouler les longues files de ces héros qui ont planté dans presque toutes les capitales l'emblème de la France, que ce soit l'oriflamme, le lis, l'aigle ou le drapeau tricolore. C'est ainsi que l'histoire militaire de la France devient une série ininterrompue de triomphes, une épopée dans laquelle les revers toujours considérés comme de peu d'importance ne sont expliqués que par des circonstances incidentes ou par la trahison. Rechercher la vérité serait une peine inutile : *la faire connaître constituerait un manque de patriotisme.* — Il n'y a donc rien d'étonnant à ce que le jeune officier ne se préoccupe que fort peu des autres peuples... L'étranger parle sa langue ; il vient chez lui pour prendre exemple et imiter... »

14. Cependant une réglementation des transports militaires avait été minutieusement préparée en 1851 par une commission que présidait le général Oudinot : ce travail tomba dans l'oubli à tel point qu'on ne le communiqua même pas à une nouvelle commission appelée par le maréchal Niel à étudier la même question en 1869. Cette fois et sous la vigoureuse impulsion du ministre, un règlement provisoire fut élaboré et mis en essai à la date du 1er juillet 1869. La même commission, présidée par le général Guiod, devait se réunir le 1er janvier 1870 pour faire à son œuvre les retouches indiquées par l'expérience et rendre définitif le règlement provisoire. Mais dans l'intervalle Niel mourut (août 1869) : la plupart de ses projets et réformes, pour ne pas dire tous, furent abandonnés par son successeur.

15. « En France, il y a eu deux essais d'organisation des transports militaires : l'un considérable, avant la guerre, par les soins de M. le maréchal Niel, l'autre tardif, au moment où la guerre finissait, par les soins de M. de Freycinet (décret du 28 janvier 1871) » (JACQMIN).

« Les chemins de fer constituent une arme de plus aux mains de l'homme de guerre, mais ils ne le dispensent en rien des études générales qui lui sont indispensables, souvent même ils lui imposent des devoirs nouveaux. » (JACQMIN.)

16. Le maréchal de Saint-Arnaud à l'empereur, — Gallipoli, 26 mai 1854 :

«... Je le dis avec douleur à Votre Majesté, nous ne sommes pas constitués ni en état de faire la guerre, tels que nous sommes aujourd'hui. Nous n'avons que 24 pièces d'artillerie attelées, prêtes à faire feu, et 500 chevaux, tant des chasseurs d'Afrique que du 6e dragons. Le reste, personnel et matériel, est arrêté en mer par les vents du Nord et arrivera Dieu sait quand. Notre situation est encore plus triste sous le rapport des approvisionnements. J'ai pour dix jours de biscuit : il m'en faudrait pour trois mois au moins. On a cru que je plaisantais quand je demandais trois millions de rations... et on m'en proposait un million ; il est impossible d'être plus loin de compte. On ne fait pas la guerre sans pain, sans souliers, sans marmites et sans bidons. On me laisse avec deux cent cinquante paires de souliers et les réserves des corps, quarante marmites et environ deux cent cinquante bidons... C'est le résultat de la précipitation avec laquelle tout cela a dû être fait. On a embarqué les hommes sur des bateaux à vapeur, et les approvisionnements, le matériel, les chevaux, sur des bateaux à voiles. Les hommes arrivent, mais ce qui leur est indispensable ici, ils ne le trouvent pas... »

Le même à son frère :

« ... Tout arrive ici par pièces et par morceaux, les canons sans leurs affuts et leurs chevaux, des chevaux sans leurs pièces et caissons. J'ai 42 pièces attelées au lieu de 100, 1,000 chevaux dépareillés et de tous corps au lieu de six régiments formant 3,000 chevaux... ».

17. Napoléon III au ministre de la guerre — Alexandrie, 29 mai 1859 :

« ... Ce qui me désole dans l'organisation de l'armée, c'est que nous avons toujours l'air, en présence d'autres armées, et même de l'armée sarde, d'enfants qui n'ont jamais fait la guerre,.. Ce n'est pas un reproche que je vous fais. Je l'adresse au système général qui fait qu'en France nous ne sommes jamais prêts pour la guerre... »

Le même aux officiers de l'armée d'Italie, au banquet du 15 août 1859 :

« ... Vous allez reprendre les occupations de la paix... que le souvenir des obstacles surmontés, des périls évités, des imperfections signalées, reviennent souvent à votre mémoire, car, pour tout militaire, le souvenir, c'est la science même... »

Trochu (alors général de brigade) disait :

« On a pu voir une armée de sans-culottes descendre en Italie sans chemises ni souliers, mais ce qui ne s'était jamais vu encore, c'est une armée française marchant à l'ennemi sans cartouches et sans canons. »

« ... C'est ainsi qu'en 1859, des régiments ne reçurent leurs réserves qu'à la veille de la bataille de Solferino... et l'artillerie de l'armée n'atteignit qu'à la même époque son chiffre total de bouches à feu. » (Général THOUMAS.)

Le général Le Bœuf, commandant l'artillerie de l'armée, écrit le 1er mai 1859 :

« Les corps Canrobert et Niel ne seront pas pourvus de leur artillerie avant le 5 mai... Dans peu de jours, la partie des parcs afférents aux cartouches d'infanterie pourra être attelée... »

18. « Les instructions ministérielles de 1867 et 1868 (édictées par le maréchal Niel) établissent la défensive comme principe... Les mêmes instructions attribuent à la cavalerie un rôle spécial en avant des champs de bataille et cependant il a fallu des ordres formels de l'empereur et du maréchal Bazaine pour obtenir qu'elle éclairât le terrain, même à une distance

de quelques kilomètres... L'artillerie possédait à un haut degré la mobilité et l'habitude des manœuvres, mais la lenteur des autres armes venait aussi annihiler ses avantages... »

« La campagne d'Italie avait permis de constater par expérience que les troupes françaises possèdent peu d'aptitude pour la marche. En Prusse, on n'était pas sans se souvenir que l'armée impériale n'avait pas parcouru en moyenne plus de huit kilomètres par jour, depuis la victoire de Magenta jusqu'à la bataille de Solférino... » (Grand état-major allemand.)

La charge du soldat d'infanterie était, comme aujourd'hui (1891), excessive.

« ... Le fantassin, si leste, si bon marcheur autrefois, était devenu plus lourd que le soldat allemand. Déjà les Prussiens avaient observé la lenteur de nos marches en Italie en 1859, et avaient observé que, de Magenta à Solferino, nous n'avions fait que huit kilomètres par jour, et ils s'en souvinrent en 1870. » (DUSSIEUX.)

19. « C'est en se basant sur l'excellence de leur fusil que les Français paraissent avoir été conduits à donner une importance toute spéciale à la défensive, toujours très favorable à l'action des feux, mais peu en rapport avec l'élan naturel des Français... » (Grand état-major allemand.)

20. Pas plus que les autres armes, la cavalerie n'avait tenu compte des progrès réalisés. Elle en était encore aux règlements tactiques de 1829 et 1832. Sauf dans la garde et dans les cuirassiers, elle venait de recevoir la carabine chassepot.

21. « Les guerres d'Afrique avaient habitué presque tous les officiers et généraux à ne compter que sur la baïonnette ou sur le sabre des soldats et les avaient gâtés par des succès trop faciles. » (DUSSIEUX.)

22. « Certains hommes appartenant aux régiments de zouaves, placés dans la réserve dans les départements du Nord, ont dû traverser toute la France pour aller s'embarquer à Marseille, se faire armer et équiper à Coléah, Oran et Philippeville, et revenir combattre au point même d'où ils étaient partis. Ils avaient fait inutilement 2,000 kilomètres de chemin de fer, deux traversées de deux jours au moins chacune... » (général VINOY.)

23. Général Michel au ministre, — Belfort, 21 juillet :

« Suis arrivé à Belfort; pas trouvé ma brigade; pas trouvé général de division... que dois-je faire? Sais pas où sont mes régiments.. »

Et cette brigade était une brigade de cavalerie !

24. « Débrouillez-vous, répond-on comme jadis à tous ceux qui envoient au Ministre de la guerre ces télégrammes de détresse, débrouillez-vous, mots odieux qui pouvaient avoir leur raison d'être en Afrique... Mais au premier jour d'une guerre prévue depuis quatre ans et déclarée avec tant de hauteur... nous dire : « Débrouillez-vous ! » Ah ! c'est vraiment trop fort ! » (Commandant FAY.)

25. « Le 18 juillet 1870, un détachement du 53ᵉ partait de Lille pour rejoindre son régiment à Belfort, n'arrivait au dépôt à Gap que le 28, ayant eu cinq étapes à faire à pied ; il n'en repartait qu'un mois après, le 30 août, était arrêté à Lyon parce qu'on ne savait plus où était la portion principale, était dirigé sur Orléans dans les premiers jours d'octobre, pour concourir à la formation du 27ᵉ de marche, y arrivait le 11 et était forcé de se battre avant d'avoir même retrouvé son nouveau corps. Parti le 18 juillet, il n'entrait en ligne que trois mois après, et le 53ᵉ, auquel il avait d'abord été destiné, avait déjà disparu dans la tourmente. » (Général DERRÉCAGAIX.)

26. « Dès le troisième ou quatrième jour (juillet), toutes les gares du réseau français ont été successivement encombrées de soldats isolés appartenant à tous les régiments de l'armée, groupés par les intendants sous les ordres de quelques sous-officiers. Ces derniers, sans autorité sur les détachements d'hommes inconnus qui leur étaient confiés, partaient en laissant tout le long du chemin une partie de leurs hommes égarés. Ces hommes ont constitué de suite une masse flottante vivant dans les buffets improvisés des gares par les soins et aux frais de personnes bienveillantes et ne retrouvant jamais leur corps. A la fin du mois d'août, la gare de Reims a eu à défendre ses wagons contre les tentatives de pillage faite par une bande de 4,000 à 5,000 de ces hommes, fléau des armées et de leur pays, et qui, après avoir de bonne foi cherché leurs régiments, s'étaient facilement habitués à l'idée de ne plus les retrouver. » (JACQMIN.)

27. « La plus grande confusion ne tarda pas à régner dans la gare de Metz... Souvent les camions de la compagnie portèrent à de très grandes distances de la gare des marchandises qui, mises à terre, étaient rechargées et reconduites à la gare pour être expédiées par chemin de fer à une gare au delà. On déchargeait en gare du foin pour le conduire aux magasins de la ville, et à la même heure, les mêmes magasins envoyaient du foin en gare pour faire des expéditions... Chaque service considérait la gare comme sa chose. »

« ... Tout le monde commandait, et les compagnies de chemins de fer se sont constamment trouvées en présence d'ordres contradictoires ou d'une exécution impossible... A l'arrivée à Metz et à Strasbourg régnait un désordre dont ne peuvent se faire une idée les personnes qui ne l'ont point vu ... Chacun agissait dans une sphère restreinte, sans se préoccuper de ce qui se passait dans la sphère voisine. « J'expédie parce qu'on me dit d'expé-
» dier, nous disait un fonctionnaire, je n'ai pas à m'occuper de ce qui se

« passera à l'arrivée »... Il a été commis à cet égard de véritables fautes : on a voulu faire faire par chemin de fer des transports qui par des routes de terre se seraient exécutés plus sûrement, plus rapidement même. » (JACQMIN.)

Se sont précisément trouvés dans ce dernier cas les transports de troupes du corps Canrobert allant de Châlons à Metz, de l'armée de la Loire allant de Salbris à Blois, de la plus grande partie de l'armée de l'Est, etc....

L'effarement général était tel que, même à l'autre extrémité de la France, on en venait à imaginer les mesures les plus stupéfiantes. Le général commandant à Marseille télégraphie :

« J'ai ici 9,000 réservistes : je ne sais qu'en faire. Pour me dégager, je vais les expédier sur l'Algérie au moyen des navires qui sont dans le port. »

Et il allait le faire comme il le disait, mais on put l'arrêter à temps. Parmi ces 9,000 hommes se trouvaient la plupart des infirmiers destinés à l'armée du Rhin et dont celle-ci manquait absolument pour le moment.

28. Bazaine au ministre, — Metz, 18 juillet :

« Il résulte des entretiens que j'ai eus avec M. l'intendant général de l'armée que les approvisionnements de toute sorte seront insuffisants quand les effectifs seront au complet. »

De Failly à Bazaine, — Bitche, 18 juillet :

« Nous avons besoin de tout sous tous les rapports... »

L'intendant général au ministre — Metz, 20 juillet :

« Il n'y a à Metz ni sucre, ni café, ni riz, ni eau-de-vie, ni sel, peu de lard et de biscuit... »

Frossard au ministre, — Saint-Avold, 21 juillet :

« Le dépôt envoie d'énormes paquets de cartes inutiles pour le moment... n'avons pas une carte pour la frontière de France... »

L'intendant général au ministre, — Metz, 25 juillet :

« ... Partout on réclame du matériel, voitures d'ambulance, cantines d'infirmerie, voitures du train, gamelles, bidons, marmites, etc..., dont je suis absolument dépourvu. Pas un corps d'armée n'a le personnel strictement nécessaire au service... »

L'intendant du 3ᵉ corps au ministre, — Metz, 24 juillet :

« Le 3ᵉ corps quitte Metz demain. Je n'ai ni infirmiers, ni ouvriers d'administration, ni caissons d'ambulance, ni fours de campagne, ni train, ni instruments de pesage... »

Général Félix Douay au ministre, — Belfort, 31 juillet :

« Le 7ᵉ corps n'a aucun approvisionnement du service des subsistances. Il vit au jour le jour... »

29. L'invention du fusil Dreyse tel qu'il existait en 1870 date de 1827. Vers 1840, l'inventeur l'avait offert au gouvernement français, qui, après examen, le refusa.

30. « Cette organisation des chemins de fer n'était point secrète. Les bases principales en sont inscrites dans des documents imprimés, et l'on pouvait se les procurer facilement à Berlin ou à Vienne, à Paris même. » (JACQMIN.)

31. Grand quartier général du roi, — Mayence, 3 août 1870.

« Afin d'assurer la régularité des rapports entre les commandants d'armée et le grand quartier général, il est nécessaire :

» 1º Que non seulement chaque commandant d'armée rende compte immédiatement par le télégraphe de toutes les circonstances qui pourraient avoir de la gravité, mais encore que, dans le cas où rien de nouveau ne serait à signaler, il le fasse connaître télégraphiquement au moins deux fois par jour. Ces rapports seront, en règle générale, envoyés le matin et dans l'après-midi ;

» 2º Que chaque dépêche de service porte à côté de la date l'heure à laquelle elle a été écrite ;

» 3º Que dans les réponses à des communications émanées du grand quartier général, on ait toujours soin de relater le numéro de ces dernières.

» *Le quartier maître général,*
» Signé : VON PODBIELSKI. »

32. A Maxau n'existait qu'un pont de bateaux, mais très important à cause de sa situation stratégique et parce qu'il donnait passage au tronçon de voie ferrée reliant les grandes lignes des deux rives du Rhin. Aussi, dès le début de la guerre, les Allemands y élevèrent une tête de pont, rive gauche, et de nombreux ouvrages de campagne suffisants pour le garantir d'un coup de main.

33. Destruction du pont de Kehl.

« Les Allemands faisaient sauter, le 22 juillet, la pile portant la travée tournante du grand pont de Kehl du côté de la rive badoise. La grande masse de métal qui constituait cette travée tournante fut violemment tordue, et elle demeura en partie appuyée sur les ruines de la pile et le fond du lit du fleuve. » (JACQMIN.)

34. *Moniteur* du 3 août 1870 :

. « Notre armée a pris l'offensive, franchi la frontière et envahi le territoire de la Prusse... »

35. « Le souvenir des invasions de 1814 et de 1815 ne vivait plus que dans le souvenir de quelques vieillards. On regardait la guerre comme un mal lointain dont les bourgeois n'avaient pas à souffrir directement, ou comme la besogne d'une armée dont on suivrait avec un intérêt patriotique les opérations glorieuses, mais dont on n'avait à s'occuper que pour distribuer l'éloge et la critique... » (Général THOUMAS).

« Le militarisme est la plaie de l'époque. Il n'y a pas d'armée sans esprit militaire, nous dit-on. Alors nous voulons une armée qui n'en soit pas une. » (Corps législatif, 1867, M. Jules SIMON.)

« Je suis convaincu que la nation la plus puissante est celle qui serait le plus près du désarmement. » (Corps législatif, 1868, M. Jules FAVRE).

« Les militaires sacrifient tout à un point de vue spécial... On nous dit qu'il faut que la France soit embastionnée, cuirassée. Ma conscience proteste contre de telles propositions. Tout cela est de l'ancienne politique, de la politique de haine ; ce n'est pas de la politique d'expansion, d'abandon. » (Corps législatif, 1869, Jules FAVRE répondant au maréchal NIEL.)

36. La cavalerie manquait de fourrages ; elle se tenait pour cette raison à proximité du chemin de fer qui allait lui en amener.

37. Dernier télégramme d'Abel Douay, 4 août.

« Je suis absolument dépourvu de cartes. »

38. Dans l'après-midi du 5 août, Mac-Mahon expédie, à de Failly, qui la reçoit à 2 heures, une dépêche se terminant ainsi :

« En résumé, envoyez le plus tôt possible une de vos divisions à Philipsbourg (entre Bitche et Reichshoffen) et tenez les autres prêtes à marcher. »

Un peu plus tard, le même jour, le maréchal atténue le sens précis de cette première dépêche par cette autre :

« Faites-moi connaître quel jour et où vous me rallierez ; il est indispensable que nous réglions nos opérations. »

De Failly répond :

« La division de Lespart est seule à Bitche et partira le 6 au matin pour vous rejoindre ; les autres divisions suivront aussitôt leur arrivée successive à Bitche. »

39. « Dans la soirée du 4 août, on avait perdu tout contact avec les troupes battues à Wissembourg. » (Grand état-major allemand.)

40. C'était un bataillon du 48e de ligne.

41. « Les gros bagages français qui avaient reçu l'ordre le matin de s'avancer de Reichshoffen sur Frœschwiller n'avaient pas reçu de contre-ordre et continuaient tranquillement leur étape eu sens inverse de la retraite. » (Lecomte.)

41 bis. Un officier supérieur du 1er corps écrit le 11 août.

« ... Nous sommes en déroute, quelque chose de navrant : l'absence d'ordres, l'indiscipline, les fatigues de toutes sortes : privation de sommeil et de nourriture, la pluie sur le dos, jour et nuit au bivouac, sans abri depuis huit jours (les bagages des officiers avaient été perdus) ; voilà où nous en sommes. Où allons-nous ? nous fuyons... vers quel point ?... » (Cité par le général Thoumas.)

42. Le maréchal Le Bœuf à de Failly, 10 août, 10 heures du soir.

« Dans le cas où vous vous verriez devancer à Nancy par l'ennemi, pour ne pas vous mettre dans la nécessité de lutter contre des forces supérieures, vous devriez, tout en continuant votre marche, prendre une direction plus à gauche, vers Langres par exemple. Cette éventualité venant à se réaliser, vous auriez à la faire connaître à l'empereur. — De Nancy, l'empereur vous appellera à Metz ou vous indiquera votre retraite soit sur Châlons, soit sur Paris. »

L'empereur à de Failly, 12 août, 9 heures du matin :

« Marchez sur Toul aussi vite que possible. Suivant les circonstances, vous serez appelé à Metz ou dirigé sur Châlons. Accusez réception. »

Bazaine à de Failly, 12 août, 3 h. 35 du soir :

« Vous avez reçu ce matin l'ordre de vous diriger sur Toul. L'empereur annule cet ordre et vous prescrit de vous diriger sur Paris en suivant la route qui vous paraîtra la plus convenable. Accusez réception. »

43. L'empereur à Félix Douay, 7 août, matin :

« ... Jetez si vous le pouvez une division dans Strasbourg, et avec les deux autres couvrez Belfort. »

Or, le général n'avait sous la main que la division Liébert.

44. « Le général Douay ne crut pouvoir se retirer assez vite sur Belfort, et il ordonna une retraite, qui, par sa précipitation, prit le caractère d'une fuite et en eut bientôt tous les fâcheux effets. » (LECOMTE.)

« Les hommes arrivés à leurs bivouacs de Mulhouse le 6, après-midi, touchèrent leurs vivres à 8 heures du soir seulement, et le bois le lende-main 7 août à 8 heures et demie du matin. Cette irrégularité des distributions avait fait de l'ivresse l'état normal du soldat. qui buvait à jeun pour trom-per sa faim. Le dimanche 7 août, à 9 heures, les marmites étaient au feu et les soldats se réjouissaient déjà à l'espoir d'une soupe réconfortante, quand arriva l'ordre de lever les camps et de partir sur-le-champ... Les ordres de marche donnés avec trop de précipitation furent mal exécutés ; les troupes se trouvèrent toutes massées près du pont du canal n'ayant d'autres débou-chés qu'un passage de 5 mètres... Les troupes exténuées ne s'établirent au bivouac qu'à 8 heures Elles étaient réduites de moitié par les traînards. Un régiment avait semé en route 700 fusils et 800 sacs... La nuit, un nouveau télégramme arriva, recommandant aux maires d'enjoindre à leurs adminis-trés de sauver ce qu'ils avaient de plus précieux, l'ennemi étant proche. Le départ, fixé pour 5 heures du matin, eut lieu à 4 heures. Les troupes n'avaient pas été prévenues à temps de ce changement... L'indignation ne connut plus de bornes quand on songea à tout le mal qu'avait causé l'imprudente dépêche du sous-préfet de Schlestadt...; la ruine et la panique folle avaient en une nuit ravagé 12 lieues d'une riche contrée. Il ne manquait à un si grand désastre que la présence même de l'ennemi pour l'excuser. Cette fausse dépêche, qui avait déterminé une retraite si précipitée, allait avoir son contre-coup dans l'armée, qui pardonne difficilement le ridicule d'une fausse manœuvre. Les troupes arrivèrent presque de nuit aux campements qu'on leur avait choisis autour de Belfort, et, quand on apprit que toutes ces marches forcées étaient en pure perte, on s'en prit aux chefs : « Si l'on » avait fui devant un ennemi imaginaire, quelle eût donc été la déroute » devant une attaque sérieuse ? Et voilà les généraux qu'on leur avait » donnés pour les conduire contre les Prussiens ! » Tels étaient les propos qui se débitaient au bivouac du lundi soir 8 août. » (UN VOLONTAIRE de l'armée du Rhin.)

45. Frossard à Bazaine, 6 août, 1 h. 25 du soir :

« Je suis fortement engagé tant sur la route et dans les bois que sur les hauteurs de Spicheren. C'est une bataille. »

46. Frossard à Bazaine, 6 août, 5 h. 45 du soir :

« Je me trouve très gravement compromis. Envoyez-moi des troupes très vite, par tous les moyens. »

Frossard à Bazaine, 6 août, 6 h. 35 du soir :

« Je suis attaqué de tous les côtés. Pressez le plus possible le mouvement de vos troupes. »

47. Frossard à Bazaine, 6 août, 7 h. 25 du soir :

« Nous sommes tournés par Wehrden ; je porte tout mon monde sur les hauteurs. »

48. « La division Montaudon, qu'un fil télégraphique reliait au quartier général, et qui était la plus rapprochée du 2ᵉ corps, ne reçoit ni instructions ni ordres à l'heure où il en était envoyé aux autres divisions du 3ᵉ corps. » (Rapport RIVIÈRE.)

49. A la nouvelle des deux défaites si peu prévues de Frœschwiller et Forbach, l'état-major français perdit complètement la tête.

« A Metz et dans les hautes sphères militaires, ce fut un anéantissement mêlé d'effroi... Pendant quelques heures le désarroi fut complet... » (*Spectateur militaire.*)

Même effarement à Paris. L'impératrice-régente accourt de Saint-Cloud. Sous le coup de la première émotion, les Chambres, en vacances depuis le 23 juillet, sont convoquées précipitamment pour le surlendemain 9 août. La capitale est mise en état de siège. La première séance du Corps législatif est des plus tumultueuses. L'opposition, s'engouant de Bazaine, déclare que, vu « l'insuffisance absolue du commandement en chef, il faut que toutes les forces soient concentrées entre les mains d'un seul homme qui ne soit pas l'empereur ». Bref, le ministère Emile Ollivier est renversé et remplacé dès le lendemain 10 août par un ministère dit « de défense nationale », essentiellement militaire, présidé par un nouveau ministre de la guerre, général Cousin de Montauban, comte de Palikao. C'est à ce ministère Palikao, auquel on n'a pas toujours rendu justice, que Paris doit, entre autres choses, d'avoir été approvisionné en vue d'un siège dont bien peu de personnes n'entrevoyaient alors ni la longue durée, ni peut-être même pas la possibilité.

50. Le général Decaen à Bazaine, 9 août, 10 heures du matin :

« Je vous prie en grâce de ne pas me faire faire de mouvements aujourd'hui. Les hommes sont rendus de fatigue ; la soupe n'est pas mangée et il faudrait encore y renoncer ce soir. Ils sont arrivés hier à 11 h. 1/2 du soir avec une pluie battante, manquant de moral (je regrette de le dire). Il leur faut un peu de repos et de la soupe ce soir... »

51. Même avant cette désignation, Bazaine et Jarras étaient en mauvais termes.

« ... Le maréchal m'a tenu dès le commencement systématiquement à l'écart sans me faire part de ses projets, qui ne m'étaient connus qu'au moment où il me donnait des ordres pour en assurer l'exécution, de telle sorte que je n'avais pas le temps de les étudier et de proposer ensuite les mesures de détail. Pour être constamment en mesure, en état de remplir ses fonctions dans toute leur étendue, le chef d'état-major a besoin d'une autorité qu'il ne peut tenir que de la confiance du commandement... » (Procès Bazaine, déposition du général JARRAS.)

Après les preuves d'incapacité notoire données dès les premiers jours de la campagne par l'empereur et son major général, maréchal Le Bœuf, l'opinion publique très surexcitée ne voulait plus supporter à la tête de l'armée ni l'un ni l'autre. Peut-être parce qu'il était en demi-disgrâce depuis le Mexique, le maréchal Bazaine fut aveuglément imposé au choix de l'empereur à la fois par cette opinion publique et par le Corps législatif. C'est ainsi que le souverain se vit obligé de céder la place à ce dignitaire, à qui, trois années auparavant, il avait ostensiblement fait refuser les honneurs militaires à son débarquement à Toulon.

« De tous les chefs de l'armée du Rhin, le maréchal Bazaine paraissait désigné comme le seul capable d'inspirer confiance. Cependant, si l'on avait songé au rôle qu'il venait de jouer au Mexique, à la triste réputation qu'il en avait retirée, à son inaction le jour de Spicheren, on eût compris que, dans une pareille crise, il n'offrait pas comme homme des garanties suffisantes.

» Quant au nouveau chef d'état-major général, c'était, il est vrai, un homme laborieux et rigide, mais un esprit étroit, d'une rigueur blessante, incapable de combiner un plan d'opérations et qui avait passé sa vie, même en campagne, à harceler ses secrétaires et à délayer les ordres des généraux dans un style aussi diffus que verbeux. De plus, il était imposé au nouveau commandant en chef, qui avait ses capacités en médiocre estime. » (*Spectateur militaire*, V. D.)

52. Bazaine à l'empereur, 13 août :

« Le général Coffinières, qui est en ce moment avec moi, m'affirme que, malgré toute la diligence possible, les ponts seront à peine prêts demain matin. »

53. Du même au même, 13 août, 9 heures du soir :

« L'ennemi paraissant se rapprocher de nous et vouloir surveiller nos mouvements de telle façon que le passage sur la rive gauche pourrait entrainer un combat défavorable pour nous, il est préférable, soit de l'attendre dans nos lignes, soit d'aller à lui par un mouvement général d'offensive. »

54. L'empereur à Bazaine, 13 août :

« Il n'y a pas un moment à perdre pour faire le mouvement arrêté... »

55. Dès le 14 août, le général Coffinières de Nordeck, commandant supérieur de la place de Metz, conseillait au gouverneur de la banque d'enterrer ses valeurs et lui tenait ce singulier langage :

« Avant quatre jours, l'ennemi sera dans Metz... »

56. « ...Les seuls convois de l'administration, indépendamment des bagages, auraient occupé sur une file une longueur de plus de 40 kilomètres... Quant à l'armée, on trouve qu'en suivant une seule route et en marchant en colonne serrée par demi-section, les voitures par deux, elle aurait occupé, avec les convois, un développement de 200 kilomètres environ ou 50 lieues .. » (Rapport RIVIÈRE.)

57. « Il est vraiment pénible de penser que, parmi tous les ponts situés aux abords de Metz, on ne détruisit que celui qui pouvait nous servir. » (Rapport RIVIÈRE.)

58. « Des demandes réitérées furent adressées au général en chef, dans la journée du 13 et dans la matinée du 14, par les habitants de Novéant et Ars pour que l'autorisation fût donnée de détruire les ponts. Aux deux premières dépêches, on répondit : « Attendez. » Une troisième resta sans réponse. » (Rapport RIVIÈRE.)

59. Dans son mémoire justificatif, le maréchal Bazaine critique la décision prise par Ladmirault :

« A la guerre, il n'y a rien d'absolu : les circonstances doivent modifier les déterminations ; et certes il eût mieux valu, dans le cas présent, que les divisions du 4e corps ne vinssent pas au canon. »

60. « Le 1er corps d'armée se trouva à un moment donné dans une position des plus critiques. L'ennemi ne cessait de prolonger son aile gauche, grâce à sa supériorité numérique, et menaçait d'envelopper les troupes allemandes. » (Capitaine HOFFBAUER.)

61. Ordre de Bazaine le soir du 15 août :

« La soupe sera mangée demain matin à 4 heures. On se tiendra prêt à se mettre en route à 4 h. 1/2 en ayant les chevaux sellés et les tentes abattues. Les 2ᵉ et 6ᵉ corps doivent avoir 30,000 hommes devant eux; ils s'attendent à être attaqués demain... »

62. Bazaine à Le Bœuf, le 16 août, à 5 heures du matin :

« ... Le danger est pour nous du côté de Gorze, sur la gauche des 2ᵉ et 6ᵉ corps. »

63. Ordre de Frédéric-Charles pour le 16 août :

« L'armée française a commencé sa retraite vers la Meuse. Dès demain, la IIᵉ armée va suivre l'adversaire dans la direction de cette rivière... »

64. L'armée, à la sortie de Metz, emmenait avec elle 3,390 voitures portant 750,000 rations pour les hommes et 200,000 d'avoine... Dans Verdun, 600,000 rations attendaient l'armée... » (Rapport RIVIÈRE.)

Le seul convoi du grand quartier général, arrivé le soir du 16 août à Gravelotte, portait à ce moment 173,000 rations de pain et 136,000 rations de farine.

65. On a brûlé sur la route de Gravelotte, entre autres denrées : 50,000 rations de biscuit et 625,000 rations de sel. Dès le début de l'investissement, le sel a fait défaut dans Metz. C'était pour les troupes une cruelle privation; on n'y remédia que bien imparfaitement en réservant exclusivement pour la préparation de la soupe l'eau de la fontaine saline de Bellecroix; mais celle-ci ne suffisait pas pour tous. Remarquer que Metz est tout proche des grandes salines de Lorraine; c'est la ville de France où les magasins auraient dû être le mieux et le plus facilement pourvus de cet indispensable condiment, qui a manqué dans presque tous les sièges d'une certaine durée, à toutes les époques.

66. Canrobert à Bazaine, 17 août :

« ...Je demande à Votre Excellence de ne pas oublier que je n'ai plus de cartouches, plus de munitions d'artillerie; qu'en dehors de la viande que je fais acheter sur place, je n'ai pas d'approvisionnement. Je la prie de me faire expédier tout ce qui me manque le plus tôt possible. Nous ferons bien sans cela; nous ferions mieux si nous étions bien approvisionnés... »

67. Ordre pour la garde prussienne, 18 août, 11 h. 30 du matin :

« L'ennemi paraît être en bataille sur la ligne de hauteurs qui s'étend du bois de Vaux au delà de Leipzig. La garde hâtera son mouvement par Verneville et le prolongera jusqu'à Amanvillers, d'où elle prononcera, de concert avec le IX⁰ corps, une vigoureuse attaque contre la droite ennemie...

» FRÉDÉRIC-CHARLES. »

68. Canrobert à Bazaine, 18 août, 5 heures du soir :

« ... Un feu d'artillerie considérable a presque éteint le nôtre. Les munitions me manquent... »

69. Parti de Pont-à-Mousson le 18, de grand matin, le II⁰ corps avait parcouru 38 kilomètres, par une chaleur accablante, avant de déboucher sur le champ de bataille.

70. Bazaine à l'empereur, 18 août, 7 h. 50 du soir :

« J'arrive du plateau. L'attaque a été vive. En ce moment, le feu cesse. Nos troupes sont constamment restées sur leurs positions. »

« Du quartier général pas plus que des plateaux du Saint-Quentin, ou n'entendait le canon de Saint-Privat... Le maréchal ne dut pas se douter de l'importance de cette bataille... Rassuré par le calme extraordinaire du commandant en chef et n'entendant d'ailleurs rien, à cause du vent, absolument rien de l'effroyable canonnade du plateau d'Amanvillers, chacun se félicitait déjà autour du maréchal du succès de la journée, lorsqu'on apprit, tout à coup, par des aides de camp de Canrobert et de Ladmirault accourus à Plappeville, que notre droite... » (Commandant FAY.)

71. Dans la soirée du 18, des officiers du 6⁰ corps viennent rendre compte de la situation à Bazaine. Celui-ci, parlant du mouvement rétrograde, leur répond :

« Ne vous chagrinez pas; ce mouvement devait être fait demain matin. Vous le faites douze heures plus tôt, voilà tout... »

72. Le ministre de la guerre au Corps législatif, séance du 20 août :

« ...Il résulte de dépêches authentiques qu'au lieu d'avoir remporté un avantage, trois des corps d'armée prussiens, réunis contre le maréchal Bazaine, ont été précipités dans les carrières de Jaumont. »

Selon toute probabilité, il s'agissait simplement de Steinmetz et du ravin de la Mance.

73. Bazaine à l'empereur, le 19 août :

« Tout indique que l'armée prussienne va tâter la place de Metz. Je compte toujours prendre la direction du Nord et me rabattre ensuite, par Montmédy, sur la route de Sainte-Menehould à Châlons, si elle n'est pas fortement occupée. Dans le cas contraire, je continuerai sur Sedan et même Mézières, pour gagner Châlons... »

74. « La déposition du général Coffinières indique qu'il avait connaissance de la marche du maréchal de Mac-Mahon. Il en fut question, le 26 au matin, entre le maréchal Bazaine et les deux généraux Coffinières et Soleille. Tous les trois gardèrent le silence à ce sujet dans le conseil de guerre de Grimont... Tous les autres membres de la conférence (les commandants de corps d'armée) déclarent unanimement qu'il n'a pas été fait mention devant eux du maréchal de Mac-Mahon ni de son armée. » (Rapport RIVIÈRE.)

75. Rapport du général Soleille à Bazaine, 22 août :

« ...Toutes les batteries de combat sont complètement réapprovisionnées ; tous les parcs, moins celui du 6º corps, qui n'a jamais rejoint l'armée, sont complets... A la suite des journées des 16 et 18, les troupes ont pu croire un moment que les munitions leur feraient défaut ; pour relever leur moral, je pense qu'il ne serait pas inutile que l'armée sût qu'elle est aujourd'hui complètement réapprovisionnée et prête à marcher... »

Au conseil de Grimont, le 26 août, le même général dit :

« ...Il ne faut pas se dissimuler que l'armée du Rhin n'a de munitions que pour une bataille... Risquer un combat pour percer les lignes ennemies et entreprendre une marche pour rallier Paris ou tout autre point, ce serait s'exposer à se trouver désarmé au milieu des armées prussiennes... »

L'armée disposait à ce moment même de 100,466 obus chargés, c'est-à-dire de quoi livrer quatre batailles comme Saint-Privat.

76. Bazaine à Mac-Mahon, dépêche venue de Metz, partie de Thionville le 27 et remise à Mac-Mahon à Raucourt le 29 août :

« Mes communications sont coupées, mais faiblement. Nous pourrons passer quand nous voudrons ; nous vous attendons. »

77. Le matin de Skalitz (28 juin 1866), les VIIIº et VIº corps autrichiens employèrent aussi intempestivement leurs musiques militaires, et les Prussiens de Steinmetz en tirèrent les mêmes indications qu'en août 1870. Le maréchal Bazaine ou, à son défaut, ses lieutenants auraient dû connaître et se rappeler ce fait.

78. Mémoire justificatif de Bazaine :

« Ne recevant aucune communication officielle de l'installation du nouveau pouvoir exécutif, j'écrivis au prince Frédéric-Charles pour lui demander *franchement* la signification et l'importance des événements qui seraient survenus... »

Réponse de Frédéric-Charles, 16 septembre :

« *A Monsieur le maréchal* de l'Empire *Bazaine.*

« Les renseignements que vous désirez avoir sur le développement des événements en France, je vous les communique volontiers ainsi qu'il suit :... Du reste, Votre Excellence me trouvera *prêt et autorisé* à lui faire toutes les communications qu'elle désirera. »

79. Déposition du conducteur de la voiture destinée au transport des officiers parlementaires au quartier du maréchal, au Ban-Saint-Martin :

« Je n'ai jamais passé quatre jours sans avoir à conduire des officiers allemands au quartier du maréchal. J'estime que, pendant mes trente-six jours de service, ce fait s'est produit douze fois au moins. Il m'est arrivé deux fois de conduire au Ban-Saint-Martin deux parlementaires dans la même journée... »

80. Séance du conseil d'enquête, 12 avril 1872 :

« ... Le conseil blâme le maréchal d'avoir entretenu avec l'ennemi des relations qui n'ont abouti qu'à une capitulation sans exemple dans l'histoire... »

81. Ancien médecin, ancien carrier, ancien journaliste et combattant de 1848, Régnier était un aventurier sans mandat qui s'était mis en tête de rétablir à la fois la paix et l'Empire. Prétextant une prochaine visite à l'empereur à Wilhelmshœhe, il s'était fait remettre, par une personne restée inconnue de l'entourage de l'impératrice, une photographie d'Hastings (résidence de l'impératrice en Angleterre) portant la signature et quelques mots du prince impérial dédiés à Napoléon III. Régnier imagine alors de se servir de ce singulier document comme de pouvoirs à lui conférés par la régente. Il est bien accueilli au quartier général allemand de Ferrières, y confère avec Bismarck et en obtient un laissez-passer pour Metz. Le 23 septembre au soir, il se présente aux avant-postes de l'armée française à Moulins. Introduit auprès

du maréchal Bazaine, accueilli par ce dernier avec une facilité surprenante, il se pose comme envoyé de l'impératrice régente et déclare que le premier objet de sa mission à Metz est de proposer, soit au maréchal Canrobert, soit au général Bourbaki, de se rendre en Angleterre pour se mettre à la disposition de la régence, seul pouvoir légal reconnu par les Allemands, avec lesquels l'impératrice se disposerait à négocier. Canrobert refuse de partir, mais Bourbaki moins défiant accepte. Déguisé en médecin luxembourgeois et muni d'un laissez-passer prussien, Bourbaki quitte Metz le 25 septembre avec Régnier. Tandis que ce dernier retourne à Ferrières, Bourbaki se rend auprès de l'impératrice : celle-ci est stupéfaite de voir en Angleterre et en un pareil moment le commandant de la garde impériale. Elle déclare d'ailleurs que dans la crainte de paralyser la Défense nationale, elle ne veut en rien intervenir, et qu'en tout cas la régence ne saurait consentir à engager des pourparlers sur la base préliminaire ostensiblement publiée par Bismarck : le démembrement de la France. Bourbaki reconnaît qu'il a été prodigieusement mystifié ; il revient en Belgique, d'où il tente, mais en vain, de rentrer à Metz par le Luxembourg. C'est alors qu'il se met à la disposition du gouvernement de la Défense nationale, lequel lui donne le commandement des forces du Nord.

Quant à Régnier, il continue encore un certain temps de servir d'intermédiaire entre Bazaine et Bismarck, puis il disparaît de la scène quand la reddition de Metz est devenue imminente.

82. Du 12 septembre au 8 octobre, les chevaux de l'armée consomment 17,000 quintaux de blé. Ce gaspillage a été amèrement reproché au maréchal ; on a pourtant remarqué qu'il n'y avait en cela qu'une simple transformation de vivres, opération qui n'excède pas les pouvoirs discrétionnaires d'un général en chef investi, seul juge des mesures à prendre pour prolonger la résistance. La ration de pain est abaissée le 15 septembre à 500 grammes pour l'armée avec ration de viande de cheval de 400 au lieu de 300 grammes ; le 9 octobre, les deux rations pain et viande sont respectivement fixées à 300 et 700 grammes. La population civile

est rationnée à 500 grammes de pain le 24 septembre seulement, à 400 grammes le 14 octobre.

Au mois d'août, la place n'était pas pourvue de ses approvisionnements de siège. Le gouverneur ne se préoccupait cependant pas de faire entrer en ville les subsistances et denrées qui à cette époque de l'année abondent dans le voisinage de Metz. Non seulement il ne provoquait pas le départ des bouches inutiles, mais il laissait affluer en ville les populations des environs fuyant devant l'invasion. Bien mieux, on n'avait pas songé dans cette extrémité à supprimer les octrois, de telle sorte que les gens des campagnes qui, affolés pendant les batailles des 14, 16 et 18 août, accouraient avec d'énormes provisions, presque toutes leurs ressources, ne purent les faire entrer faute d'argent.

83. Rapport du gouverneur Coffinières à Bazaine, 7 octobre.

« ... Les autorités civiles me déclarent qu'elles n'ont du blé que pour dix jours. Les magasins de la place ne renferment plus depuis ce matin que 832,479 rations de pain ; or, le nombre des rationnaires étant de 160,000, nous n'avons plus de pain que pour cinq jours. Si Votre Excellence jugeait à propos de réduire la ration de pain à 300 grammes, nous pourrions vivre encore huit jours en portant d'ailleurs la ration de viande à 1,000 grammes... La fusion des ressources de la ville avec les nôtres pourrait tout au plus faire gagner un jour... »

Depuis le commencement jusqu'à la fin de la guerre, le service des subsistances a été incapable de préciser exactement, ni même approximativement, quels sont les approvisionnements dont peuvent disposer les généraux. Le 24 octobre, l'intendant en chef Lebrun déclare qu'il vient de distribuer pour le jour même ses derniers vivres ; le surlendemain 26, il fait connaître qu'il lui reste du pain pour quatre jours.

L'état-major allemand s'était préoccupé d'assurer le ravitaillement immédiat au moment de la capitulation. Le 25 octobre, Frédéric-Charles lui-même montrait au général Changarnier un long convoi de vivres sur rails destiné à Metz ; instruit de cette circonstance, le maréchal Bazaine aurait donc pu, sans craindre les suites de la famine, attendre jusqu'à la dernière extrémité, deux ou trois jours de plus.

Le 29 octobre, l'administration allemande mettait à la disposition immédiate de la municipalité de Metz 1,000 quintaux de farine et 3,000 moutons.

84. ### Capitulation de Metz.

Entre les soussignés, le chef d'état-major de l'armée française sous Metz et le chef d'état-major de l'armée prussienne devant Metz, tous deux munis des pleins pouvoirs de Son Excellence le maréchal Bazaine, commandant en chef, et du général en chef Son Altesse Royale le prince Frédéric-Charles de Prusse, la présente convention a été conclue.

ARTICLE PREMIER. — L'armée française sous les ordres du maréchal Bazaine sera prisonnière de guerre.

ART. 2. — La forteresse de Metz, avec tous les forts, le matériel de guerre, les approvisionnements de toute espèce et tout ce qui est propriété de l'Etat, seront rendus à l'armée prussienne dans l'état où tout cela se trouve au moment de la signature de cette convention. Samedi 29 octobre, à midi, les forts de Saint-Quentin, Plappeville, Saint-Julien, Queuleu, Saint-Privat, ainsi que la porte Mazelle, route de Strasbourg, seront remis aux troupes prussiennes. Ce même jour, mais à 10 heures du matin, des officiers d'artillerie et du génie avec quelques sous-officiers seront admis dans lesdits forts pour occuper les magasins à poudre et pour éventer les mines.

ART. 3. — Les armes, ainsi que tout le matériel de l'armée, consistant en drapeaux, aigles, canons, mitrailleuses, chevaux, caisses de guerre, équipages de l'armée, munitions, etc., seront laissés à Metz et dans les forts à des commissaires militaires institués par M. le maréchal Bazaine pour être remis immédiatement à des commissaires prussiens. Les troupes, sans armes, seront conduites, rangées d'après leurs régiments ou corps, et en ordre militaire, aux lieux qui seront indiqués pour chaque corps. Les officiers rentreront alors librement dans l'intérieur du camp retranché ou à Metz sous la condition de s'engager sur l'honneur à ne pas quitter la place sans l'ordre du commandant prussien. Les troupes seront alors conduites par leurs sous-officiers aux emplacements de bivouacs. Les soldats conserveront leurs sacs, leurs effets et les objets de campement, tentes, couvertures, marmites, etc.

ART. 4. — Tous les généraux et officiers ainsi que les employés militaires ayant rang d'officier qui engageront leur parole d'honneur par écrit de ne pas porter les armes contre l'Allemagne et de n'agir d'aucune manière contre ses intérêts jusqu'à la fin de la guerre actuelle ne seront pas faits prisonniers de guerre. Les officiers et employés qui accepteront cette condition conserveront leurs armes et les objets qui leur appartiennent personnellement. Pour reconnaître le courage dont ont fait preuve pendant la durée de la campagne les troupes de l'armée et de la garnison, il est en outre permis aux officiers qui opteront pour la captivité d'emporter avec eux leurs épées ou sabres, ainsi que tout ce qui leur appartient personnellement.

ART. 5. — Les médecins militaires sans exception resteront en arrière pour prendre soin des blessés ; ils seront traités d'après la convention de Genève. Il en sera de même du personnel des hôpitaux.

Art. 6. — Les questions de détail concernant principalement les intérêts de la ville seront traitées dans un appendice qui aura la même valeur que les présentes.

Art. 7. — Tout article qui pourra présenter des doutes sera toujours interprété en faveur de l'armée française.

Fait au château de Frescaty, le 27 octobre 1870.

Ont signé : L. Jarras, Von Stiehle.

85. Par sa turbulence et ses velléités d'indépendance manifestées dès le début de la guerre, le général Steinmetz portait ombrage aux autres commandants d'armée, les princes prussiens : on lui en voulait en outre de ses insuccès du 18 août. Sa situation vis-à-vis de Frédéric-Charles ne fit qu'empirer, quand il se vit le 19 août placer sous les ordres de ce dernier. Le 15 septembre, le chef de la Ire armée fut disgracié et relégué au gouvernement général de Posen. Son emploi resta vacant jusqu'à la fin de l'investissement, jusqu'au 27 octobre, date à laquelle Manteuffel fut nommé commandant en chef de la Ire armée.

86. Ordre du général de Moltke, 9 août 1870 :

« ... La cavalerie sera envoyée à une grande distance en avant pour couvrir la marche. Elle poussera ses avant-gardes fort loin, de manière à donner aux armées le temps de se concentrer, s'il y a lieu... »

II

Armée de Châlons.

87. Les 8e, 9e, 10e et 11e corps n'ont jamais été constitués. Ils devaient, dans le principe, être formés avec des régiments de marche, eux-mêmes organisés avec les dépôts.

88. Dès le 16 août, le ministre de la guerre avait décidé que les dix-huit bataillons de mobiles parisiens quitteraient le camp de Châlons pour être dirigés et répartis par bataillons isolés dans les places et postes du Nord, du Pas-de-Calais et des Ardennes.

« Seulement, comme on prévoyait que les mobiles se refuseraient à monter dans les wagons si ces destinations leur étaient connues d'avance, on avait projeté de diriger les trains sur Paris et de les faire rebrousser ensuite sur le Nord. Le 17 août, le ministre de la guerre écrivait qu'il était essentiel *d'éviter que les troupes descendissent de wagon* et il adressait à la compagnie de l'Est des ordres qui devaient être mis sous les yeux des chefs de bataillon seuls. Il est probable que ces ordres eussent été méconnus, et qu'une fois arrivés a Paris, les mobiles se seraient précipités hors des voitures. » (JACQMIN.)

Mais, quoi qu'il en soit, le projet d'envoyer ces troupes dans le Nord fut divulgué à Châlons : on y renonça sans hésitation. Le 17, l'autorité militaire de Châlons donnait l'ordre de reconduire les mobiles à Paris, ou plus exactement au camp de Saint-Maur. Ce qu'en cette occasion encore le ministre dépensa d'ingéniosité, nécessaire d'ailleurs, pour éviter la traversée de Paris, est inexprimable. Certes, à ce moment, le temps du général Palikao aurait pu être plus utilement employé. Comment s'étonner que nous ayons été vaincus, quand on voit un ministre de la guerre contraint de dissimuler ainsi ses ordres les plus simples, puis de fléchir devant la volonté de ses jeunes soldats, et enfin de composer avec l'indiscipline ?

89. Ministre de la guerre Palikao à l'empereur, 17 août, 10 h. 30 du soir :

« ... Je supplie l'empereur de renoncer à cette idée (le retour à Paris), qui paraîtrait l'abandon de l'armée de Metz. »

L'empereur à Palikao, 18 août, 9 h. 15 du matin :

« Je me rends à votre opinion. »

Mac-Mahon à Palikao, 19 août :

« Veuillez dire au conseil des ministres que je ferai tout pour rejoindre Bazaine. »

L'impératrice régente disait le 18 août au nouveau gouverneur de Paris, Trochu :

« L'empereur ne reviendra pas à Paris. Ses ennemis seuls ont pu lui conseiller ce retour. Il n'entrerait pas vivant aux Tuileries. »

90. Mac-Mahon à Palikao, 20 août, 4 heures du soir :

» Je partirai demain pour Reims. Si Bazaine perce par le nord, je serai plus à même de lui venir en aide. S'il perce par le sud, ce sera à une telle distance que je ne pourrai, dans aucun cas, lui être utile. »

91. Ce manque d'équipages de pont va obliger l'armée à rechercher les passages permanents de la Meuse, à l'exclusion de tous autres.

91 *bis*. Palikao à l'empereur, 22 août, 1 h. 45 du soir :

« ... Ne pas secourir Bazaine aurait à Paris les plus déplorables conséquences. En présence de ce désastre, il serait à craindre que la capitale ne se défendit pas... »

92. Mac-Mahon à Bazaine, 19 août :

« Si, comme je le crois, vous êtes forcé de battre en retraite très prochainement, je ne sais, à la distance où je suis de vous, comment vous venir en aide sans découvrir Paris. Si vous en jugez autrement, faites-le moi savoir. »

Bazaine à Mac-Mahon, 20 août :

« J'ai dû prendre position près de Metz pour donner du repos aux soldats et les ravitailler en vivres et munitions. L'ennemi grossit toujours autour de nous et je suivrai probablement, pour vous rejoindre, la ligne des places du Nord. *Je vous préviendrai de ma marche, si je puis toutefois l'entreprendre sans compromettre l'armée.* »

Cette dépêche, dont le dernier paragraphe est d'une importance capitale, n'a pas été remise au maréchal de Mac-Mahon. Expédiée de Metz par Thionville en triple expédition, elle est cependant parvenue au ministre de la guerre et à l'empereur, qui n'en ont jamais parlé à Mac-Mahon. Le colonel Stoffel, chargé de centraliser les renseignements au quartier général de l'armée de Châlons, a été accusé d'avoir détourné de sa destination (probablement par ordre) le pli destiné au commandant en chef.

Ne pas perdre de vue que depuis la bataille de Saint-Privat, depuis le 19 août, les communications télégraphiques étaient interrompues avec Metz. Bazaine et Mac-Mahon ne correspondaient que par émissaires, et ceux-ci, quoique fort dévoués, n'arrivaient pas toujours à destination.

93. Déposition du maréchal de Mac-Mahon :

« Abandonner le maréchal Bazaine, que je croyais pouvoir arriver d'un moment à l'autre sur la Meuse, me causait un véritable chagrin. Mais, d'un autre côté, il me semblait urgent de couvrir Paris et de conserver à la France la seule armée qu'elle eût encore de disponible. »

94. Déposition du maréchal de Mac-Mahon relativement à la dépêche de Bazaine du 19 :

« A la réception de cette dépêche, je donnai des ordres pour partir le lendemain dans la direction de l'est. »

L'empereur à Palikao, 22 août :

« Nous partons demain pour Montmédy... »

95. Mac-Mahon à Bazaine, 22 août :

« Reçu votre dépêche du 19. Je suis à Reims. Je marche dans la direction de Montmédy. Je serai après-demain sur l'Aisne, d'où j'opérerai suivant les circonstances pour venir à votre secours. »

96. Le 26 août, sur les instances pressantes du maréchal, qui juge la situation critique, le prince impérial quitte l'armée ; il se rapproche de la frontière par Avesnes et Maubeuge, et passe en Belgique après Sedan.

97. Le général Bordas au général Douay :

« J'ai devant moi des forces très supérieures. Je suis forcé de me retirer sur Buzancy. »

98. Par M. de Montagnac, député des Ardennes.

99. Mac-Mahon à Palikao, 27 août :

« ... Je me rapproche demain de Mézières, d'où je continuerai ma retraite, selon les événements, vers l'ouest. »

100. Palikao à l'empereur, nuit du 27-28 août :

« Si vous abandonnez Bazaine, la révolution est dans Paris et vous serez attaqué vous-même par toutes les forces de l'ennemi... Il me paraît urgent que vous puissiez parvenir jusqu'à Bazaine. Ce n'est pas le prince royal de Prusse qui est à Châlons, mais l'un des princes frères du roi de Prusse avec une avant-garde et des forces considérables de cavalerie... Vous n'avez devant vous qu'une partie des forces qui bloquent Metz et qui, vous voyant vous retirer de Châlons à Reims, s'étaient étendues vers l'Argonne... »

Le même à Mac-Mahon :

« Au nom du conseil des ministres et du conseil privé, je vous demande de porter secours à Bazaine en profitant des trente heures d'avance que vous avez sur le prince royal de Prusse... »

101. Première dépêche, de Paris à Londres, 23 août ; reçue le 24 août au grand quartier général :

« L'armée de Mac-Mahon se concentre à Reims. L'empereur Napoléon et son fils sont à Reims ; Mac-Mahon cherche à faire jonction avec Bazaine. »

« Des journaux de Paris reçus au grand quartier général rapportaient les discours prononcés au Corps législatif pour signaler la honte qui rejaillirait sur le peuple français si l'armée du Rhin n'était pas secourue. D'autre part, un nouveau télégramme de Londres annonçait, d'après le *Temps*, du 23 août, que Mac-Mahon s'était subitement décidé à courir au secours de Bazaine, bien qu'en découvrant la route de Paris, il compromît le sort de la France ; que toute l'armée de Châlons avait déjà quitté les environs de Reims, mais que cependant les nouvelles reçues de Montmédy ne faisaient pas encore mention de l'arrivée des troupes françaises dans ces parages. » (Grand état-major allemand.)

102. Ordre du général de Moltke, 30 août, 2 h. 30 du matin :

« Sa Majesté le roi a décidé qu'on abordera aujourd'hui les positions ennemies entre le Chesne et Beaumont. Le prince royal de Saxe attaquera à l'est de la route Buzancy-Beaumont ; la IIIᵉ armée s'avancera à l'ouest de la route... »

103. Mac-Mahon à Palikao, 31 août, 1 h. 15 du matin :

« Mac-Mahon fait savoir au ministre de la guerre qu'il est forcé de se porter sur Sedan. »

104. Le 30 août, à 9 heures du soir, le maréchal aurait dit au général Lebrun (conversation rapportée par ce dernier) :

« ... La journée a été mauvaise... ; quoi qu'il en soit, la situation n'est pas désespérée. L'armée allemande qui est devant nous compte de 60,000 à 70,000 hommes au plus. Si elle nous attaque, tant mieux ; j'espère bien que nous la jetterons dans la Meuse. »

105. Mac-Mahon avait cependant donné l'ordre formel de faire sauter le pont de Bazeilles et le général Lebrun avait désigné les officiers chargés de l'opération. Cet ordre ne fut pas exécuté, on n'a jamais su exactement pourquoi. On a prétendu que les poudres du génie de Sedan étaient avariées ; pendant qu'on en cherchait ailleurs, les chasseurs bavarois s'emparaient du pont.

Dans la journée du 31, le général Vinoy faisait détruire le pont de Flize par un petit détachement envoyé de Mézières.

De son côté, la place de Sedan chargeait une compagnie du

génie d'aller faire sauter le pont de Donchery. Cette troupe crut bien faire de profiter d'un dernier train expédié à Mézières. Mais, à Donchery, les soldats étaient à peine débarqués que le train repartait à toute vapeur, emportant à Mézières la poudre et les outils.

106. Dans les états-majors français, on ne soupçonnait pas l'existence des excellents chemins créés depuis de longues années au nord de la presqu'île d'Iges et dans le bois de la Falizette. Ces chemins, par lesquels on arrive au plus court à Mézières et Nouzon, figuraient sur les cartes allemandes, mais non sur les cartes françaises. On n'eut pas l'idée de pousser de ce côté, à quelques kilomètres, une reconnaissance quelconque.

107. Ordre du général de Moltke — Buzancy, 30 août, 11 heures du soir :

« La marche en avant reprendra demain à l'aube. Partout où l'on trouvera l'adversaire, on l'attaquera vigoureusement en s'attachant à l'acculer le plus étroitement possible entre la Meuse et la frontière belge. Le prince royal de Saxe est spécialement chargé d'empêcher l'aile gauche ennemie de se dérober dans la direction de l'est... La IIIᵉ armée opérera de même contre le front et la droite de l'adversaire... Dans le cas où l'ennemi passerait sur le territoire belge et ne serait pas immédiatement désarmé, on l'y suivrait sans attendre de nouveaux ordres... »

108. Ordre du commandant de la IIIᵉ armée, 31 août, 9 heures du soir :

« Demain 1ᵉʳ septembre, une partie de la IIIᵉ armée traversera la Meuse à Dom-le-Mesnil et Donchery pour arrêter l'ennemi dans le cas où il projetterait de se replier de Sedan sur Mézières par la rive droite de la Meuse... Le XIᵉ corps, rompant avant le jour, marchera par Donchery sur Vrigne-aux-Bois et s'y établira de manière à mettre l'adversaire dans l'impossibilité de gagner Mézières en passant entre la Meuse et la frontière belge. Le Vᵉ corps suivra le XIᵉ par Donchery...; son artillerie prendra position de manière à commander la route Vrigne-Sedan. La division wurtembergeoise construira un pont à Dom-le-Mesnil dans le courant de la nuit et franchira la Meuse au point du jour. Le IIᵉ bavarois portera une de ses divisions sur Frénois, l'autre entre Frénois et Vadelincourt, afin d'empêcher l'ennemi de déboucher de la place... Le Iᵉʳ corps bavarois demeurera à Remilly... Les trains ne bougeront pas. »

Ordre du commandant de l'armée de la Meuse, 1er septembre, 1 h. 45 du matin :

« En ce qui concerne l'armée de la Meuse, on se conformera à ce qui suit. La garde prendra sur-le-champ les armes par alerte et portera une de ses divisions sur Villers-Cernay, l'autre sur Francheval... Le XIIe corps prendra immédiatement aussi les armes par alerte et se rassemblera sur la grande route au sud de Douzy pour agir contre la Moncelle. Le IVe corps portera une division et l'artillerie de corps vers Remilly, afin de soutenir le 1er bavarois qui doit marcher sur Bazeilles ; l'autre division poussera sur la rive droite jusqu'à Mairy. Ce corps se mettra en mouvement le plus promptement possible... Les sacs seront laissés aux bagages, qui ne bougeront pas, non plus que les trains... »

109. Lettre remise au roi Guillaume par le général Reille, envoyé de Sedan :

« Monsieur mon frère, n'ayant pu mourir au milieu de mes troupes, il ne me reste qu'à remettre mon épée entre les mains de Votre Majesté. Je suis de Votre Majesté le bon frère.

» Signé : NAPOLÉON.

» Sedan, le 1er septembre 1870. »

Les Allemands ne soupçonnaient pas la présence de l'empereur dans Sedan. Cette lettre leur en apportait la première nouvelle.

Réponse du roi Guillaume :

« Monsieur mon frère, tout en regrettant les circonstances dans lesquelles nous nous rencontrons, j'accepte l'épée de Votre Majesté et je vous prie de nommer un officier muni de vos pleins pouvoirs pour négocier la capitulation de l'armée qui s'est si bravement battue sous vos ordres. De mon côté, j'ai désigné le général de Moltke à cet effet. Je suis de Votre Majesté le bon frère.

» Signé : GUILLAUME.

» Devant Sedan, le 1er septembre 1870. »

110. **Capitulation de Sedan.**

Entre les soussignés, le chef de l'état-major de Sa Majesté le roi Guillaume, commandant en chef de l'armée allemande, et le général commandant en chef de l'armée française, tous deux munis des pleins pouvoirs de Leurs Majestés le roi Guillaume et l'empereur Napoléon, la convention suivante a été conclue.

ARTICLE PREMIER. — L'armée française placée sous les ordres du général de Wimpfen, se trouvant actuellement cernée par des forces supérieures autour de Sedan, est prisonnière de guerre.

ART. 2. — Vu la défense valeureuse de cette armée, il est fait exception pour tous les généraux et officiers ainsi que pour les employés ayant rang d'officier qui engageront leur parole d'honneur et par écrit de ne pas porter les armes contre l'Allemagne et de n'agir d'aucune autre manière contre ses intérêts, jusqu'à la fin de la guerre actuelle. Les officiers et employés qui accepteront ces conditions conserveront leurs armes et les objets qui leur appartiennent personnellement.

ART. 3. — Toutes les autres armes, ainsi que le matériel de l'armée consistant en drapeaux, aigles, étendards, canons, chevaux, caisses de guerre, équipages de l'armée, munitions, etc... seront livrés à Sedan à une commission militaire instituée par le commandant en chef, pour être remis immédiatement aux commissaires allemands.

ART. 4. — La place de Sedan sera livrée ensuite dans son état actuel, et au plus tard dans la soirée du 2 septembre, à la disposition de Sa Majesté le roi de Prusse.

ART. 5. — Les officiers qui n'auront pas souscrit l'engagement mentionné à l'article 2, ainsi que les hommes désarmés, seront rangés par régiments ou corps et conduits en bon ordre dans la presqu'île formée par la Meuse près d'Iges. Les groupes ainsi constitués seront remis entre les mains des commissaires allemands par les officiers, qui céderont ensuite le commandement à leurs sous-officiers. Cette mesure commencera le 2 septembre et sera terminée le 3.

ART. 6. — Les médecins militaires, sans exception, resteront en arrière pour soigner les blessés.

Fait à Fresnois, le 2 septembre 1870.

Ont signé : DE MOLTKE, DE WIMPFEN.

111. « Officiers et soldats, nous pensions le 1ᵉʳ septembre qu'au bout d'un mois tout serait terminé. Il en a fallu quatre... » (WICKÈDE.)

112. « A Rethel, le 26 août, un fonctionnaire de l'intendance faisait arrêter les trains sur la voie principale, afin de trier dans les wagons les marchandises dont il avait besoin, sans comprendre qu'il arrêtait les trains de troupes et de ravitaillements que l'on expédiait à l'armée de Mac-Mahon... » (JACQMIN.)

III

Armée de la Loire.

113. Quelquefois désignée sous l'appellation de « 1ʳᵉ armée de la Loire ». Cette désignation est inexacte : il n'y a eu une première armée de la Loire qu'à compter du jour où il en a été créé une

deuxième, c'est-à-dire le 6 décembre 1870, et cette première armée, commandée par Bourbaki, n'est pas celle dont il s'agit ici.

114. Déposition du général Borel (depuis ministre de la guerre : 1877-1879) devant la commission d'enquête parlementaire sur les actes du gouvernement de la Défense nationale :

« ... La Délégation a été pour nous sévère et même injuste, mais ce n'est pas une raison pour que nous ne lui rendions pas justice... Il faut rendre justice à l'administration de la guerre : elle a rendu de très grands services et a fait tout ce qu'il était matériellement possible de faire. Je doute, je le répète, qu'aucune administration ait pu faire plus que ce qu'elle a fait... Il y a eu un homme (M. de Freycinet) qui, sous le titre modeste de délégué à la guerre, a rendu d'immenses services, dont on ne lui est pas reconnaissant parce qu'il n'a pas réussi. Depuis, cet homme s'est effacé. C'est à lui que nous devons l'improvisation de nos armées, auxquelles manquaient la force morale, la discipline, l'instruction militaire, la confiance en soi et l'organisation que la tradition seule peut donner... Comme improvisations d'armées, comme création, je doute qu'une administration quelconque eût pu faire autant qu'elle a fait. »

Le général Borel a été successivement chef d'état-major général de d'Aurelle de Paladines et de Bourbaki jusqu'au 1er février 1871.

115. Forces organisées et *mises en ligne* par la Délégation : 550,000 fantassins, 32,000 cavaliers, 46,000 artilleurs servant 1,400 canons attelés.

Ce résultat obtenu en quatre mois représente une moyenne de deux régiments et de deux batteries par jour. C'était plus particulièrement l'œuvre personnelle du général de Loverdo, directeur de l'infanterie et de la cavalerie, et du colonel Thoumas, directeur de l'artillerie.

116. Ce qui donnait quelque fondement à ces bruits d'armistice prochain, c'est que M. Thiers, revenant de son voyage en Europe, venait de traverser les avant-postes des belligérants et regagnait Paris en toute hâte. Bien que Thiers n'eût fait aucune communication et n'eût même pas jugé à propos de s'arrêter à Tours, on ne l'en savait pas moins porteur de certaines propositions pacifiques émanant des grandes puissances.

117. Ministre de la guerre à d'Aurelle, — Tours, 2 novembre 1870 :

« Ainsi que M. Gambetta vous l'a télégraphié cette nuit, nous avons dû, en présence de votre dépêche d'hier au soir, 10 h. 20, renoncer à la magnifique partie que nous nous préparions à jouer et que, selon moi, nous devions gagner. Mais puisque nous devons renoncer à vaincre étant deux contre un, alors qu'autrefois on triomphait un contre deux, n'en parlons plus et tâchons de tirer le meilleur parti possible de la situation... » (DE FREYCINET.)

118. Le Ministre à d'Aurelle, 14 octobre 1870 :

« Puisque vous le désirez, bornez-vous au commandement des 15e et 16e corps d'armée..., nous nous chargerons des rapports avec les préfets et les commandements supérieurs régionaux (corps nouveaux). Ces pouvoirs étendus vous avaient été donnés pour vous faciliter la tâche... »

Le 20 novembre suivant, d'Aurelle refuse de nouveau le commandement des 17e, 18e et 20e corps.

119. Proclamation de Gambetta — Tours, 1er novembre 1870.

« Soldats, vous avez été trahis, mais non déshonorés... Vous savez aujourd'hui à quels désastres l'ineptie et la trahison peuvent conduire les plus vaillantes armées... Débarrassés de chefs indignes de vous et de la France. ... Mais le temps des défaillances est passé, c'en est fini des trahisons... »

120. Le Ministre à d'Aurelle, — Tours, 23 novembre :

« J'ai lu avec la plus grande attention votre lettre de ce jour que m'a apportée votre officier de l'état-major général. A vos objections, dont je ne méconnais pas la portée, je ferai cette simple réponse : Si vous m'apportiez un plan meilleur que le mien, ou même si vous m'apportiez un plan quelconque, je pourrais abandonner le mien et révoquer mes ordres.

» Mais depuis douze jours que vous êtes à Orléans, vous ne nous avez, malgré les invitations réitérées de M. Gambetta et de moi, proposé aucune espèce de plan.

» Vous vous êtes borné à vous fortifier à Orléans selon nos indications, après avoir commencé à déclarer que la position n'y serait pas tenable.

» Votre avis sur ce point, je me plais à le reconnaître, paraît s'être grandement modifié, puisque vous désirez ne plus abandonner vos lignes.

» Malheureusement, ce désir, que je comprends, n'est pas réalisable. Des nécessités d'ordre supérieur nous obligent à faire quelque chose et par conséquent à sortir d'Orléans. Ainsi que M. Gambetta et moi vous l'avons expliqué, Paris a faim et veut être secouru. Il ne dépend donc pas de nous de vous laisser passer l'hiver à Orléans. Je dis : passer l'hiver, car il n'y a guère de chance que la saison devienne moins mauvaise, pendant trois ou quatre mois, qu'elle l'est en ce moment, et que l'ennemi soit moins nombreux autour de vous. Or, le nombre des Prussiens d'un côté et l'humidité du sol d'un autre côté, sont les deux objections que vous mettez en avant. Elles subsisteront, je le répète, beaucoup plus longtemps que Paris n'aura de vivres pour se nourrir. Il faut donc sortir de l'immobilité où le salut suprême de la patrie nous oblige à ne pas rester.

» A mon avis même, nous aurions déjà dû sortir... Je ne puis donc que maintenir, sauf de légères variantes introduites en conséquence de votre lettre de ce jour, les ordres précédemment donnés... » (DE FREYCINET.)

121. Trochu à la Délégation, 24 novembre :

« Les nouvelles reçues de l'armée de la Loire m'ont naturellement décidé à sortir par le sud et à aller au-devant d'elle coûte que coûte. Lundi 28, j'aurai fini mes préparatifs... Mardi 29, l'armée extérieure commandée par le général Ducrot, le plus énergique de nous, abordera les positions fortifiées de l'ennemi et, s'il les enlève, poussera vers la Loire, probablement dans la direction de Gien.... »

Le ballon portant cette importante dépêche alla tomber en Norwège, de sorte que celle-ci, bien que réexpédiée par le télégraphe, ne parvint à Tours que six jours plus tard, le 30 novembre.

A ce moment, on pouvait donc supposer Ducrot sorti depuis la veille et dans une situation critique. C'est ce qui explique l'extrême précipitation avec laquelle dut agir l'armée de la Loire.

122. Général d'Aurelle au ministre, 4 décembre, 4 heures du matin :

« ... Il n'y a plus lieu de faire de plan de campagne. Je dois même vous déclarer que je considère la défense d'Orléans comme impossible. Quelque pénible que soit une pareille déclaration, c'est un devoir pour moi de la porter à votre connaissance, parce qu'elle peut épargner un grand désastre. Si nous avions du temps devant nous pour nous réorganiser et nous remettre, on pourrait essayer, mais l'ennemi sera demain sur nous, et, je vous le répète avec douleur, mais avec une profonde conviction, nos troupes ne tiendront pas... »

Réponse du ministre, — Tours, 4 décembre, 5 heures du matin :

« Votre dépêche de cette nuit me cause une douloureuse stupéfaction. Je n'aperçois dans les faits qu'elle résume rien qui soit de nature à motiver la résolution désespérée par laquelle vous terminez... L'évacuation dont vous parlez serait par elle-même et en dehors de ses conséquences militaires un immense désastre. Ce n'est pas au moment où l'héroïque Ducrot cherche à venir vers nous que nous devons nous retirer de lui. L'heure d'une telle extrémité ne me paraît pas encore avoir sonné... Rappelez à vous les 18° et 20° corps, dont on me paraît ne s'être pas assez occupé. Resserrez les 15°, 16° et 17° corps. Utilisez vos lignes, dont vous-même naguère me vantiez la puissance, et opposez dans ces lignes une résistance indomptable... »

Le général d'Aurelle au ministre, 4 décembre, 8 heures du matin :

« Je suis sur les lieux et mieux en état que vous de juger de la situation. C'est avec une douleur non moins grande que la vôtre que je me suis déterminé à prendre cette résolution extrême... Malgré tous les efforts que l'on pourrait tenter encore, Orléans tombera fatalement ce soir ou demain entre les mains de l'ennemi. »

Du même au même, 4 décembre, 11 h. 55 du matin :

« Je change mes dispositions. Je dirige sur Orléans les 16° et 17° corps. J'appelle les 18° et 20°. J'organise la résistance... »

Le ministre à d'Aurelle, 4 décembre, 1 h. 35 du soir :

Le gouvernement a appris avec une profonde satisfaction que vous organisez la résistance à Orléans... En ce qui me concerne personnellement, j'ai la foi entière que vous pouvez résister efficacement derrière vos batteries de marine... »

Le général d'Aurelle au ministre, 4 décembre, 5 h. du soir :

« J'avais espéré jusqu'au dernier moment pouvoir me dispenser d'évacuer la ville d'Orléans. Tous mes efforts ont été impuissants. Cette nuit la ville sera évacuée... »

Général des Pallières au ministre — Orléans, 4 décembre, minuit :

« Ennemi a proposé évacuation d'Orléans à 11 heures et demie du soir sous peine de bombardement de la ville. Comme nous devions la quitter cette nuit, j'ai accepté au nom du général en chef... »

Secrétaire général de la préfecture au ministre, — La Ferté, 5 décembre, 4 h. du matin :

« Orléans a été occupé par les Prussiens à 11 h. 1/2 du soir après pourparlers. Une heure a été donnée à nos troupes pour évacuer la ville... »

123. Le ministre au général d'Aurelle à Salbris, — Tours, 6 décembre :

« Le commandement en chef de l'armée de la Loire est supprimé. Les 16° et 17° corps formant la 2° armée de la Loire passent sous les ordres du général Chanzy. Les 15°, 18° et 20° formerout, sous les ordres du général Bourbaki, la 1re armée de la Loire. Remettez immédiatement le commandement au général des Pallières. Vous êtes n mmé au commandement des lignes stratégiques de Cherbourg et vous vous rendrez sur-le-champ à votre destination. »

Le général d'Aurelle n'exécuta pas ce dernier ordre : il refusa d'exercer le nouveau commandement qui lui était donné. Prétextant le besoin de soigner sa santé délabrée, il demanda et obtint la permission de retourner dans ses foyers.

IV

Deuxième armée de la Loire.

124. Général Barry à Chanzy, — Mer, 8 décembre :

« La colonne Camó est en pleine déroute. Je n'ai pas un homme. Je n'ai pas de division. Pour n'être pas pris par l'ennemi, je me retire sur Blois. »

Chanzy à Barry, — Josnes, 10 décembre :

« Il est de la plus haute importance que l'ennemi qui est sur la rive gauche ne puisse passer la Loire... Il faut qu'à Blois, on défende à outrance toute tentative de passage. On a fait sauter le pont de Blois avec trop de précipitation puisque l'ennemi n'était même pas en vue... Il faut agir avec plus de calme pour celui de Chaumont... »

Deux autres dépêches du même jour réitèrent au général Barry de tenir à outrance et de ne céder que pied à pied.

125. Chanzy à Bourbaki, — Josnes, 10 décembre :

« Nous nous battons depuis onze jours, et nous tenons ici depuis le 6 contre le gros des forces ennemies Les Prussiens menacent Blois et Tours et cherchent à tomber sur le flanc de mon armée. Une marche de vous sur Blois peut me tirer de cette situation critique. Je vous demande instamment de le faire. Prévenez-moi. »

Chanzy à Bourbaki, 11 décembre :

« Marchez donc carrément et sans perdre une minute. Ma position est des plus critiques et vous pouvez me sauver. »

126. Bourbaki à Chanzy, 11 décembre :

« Mes troupes finiront d'arriver ce soir à Bourges exténuées de fatigue, avec l'état actuel des routes qui sont couvertes de verglas. Je suis à six jours de Blois. Si nous avions à livrer combat, même avec des résultats heureux, je ne pourrais vous rejoindre que dans huit jours... A votre place, je battrais en retraite la nuit sur Vendôme et le Mans ou sur Blois et Tours. Prévenez-moi. »

La Délégation appuie la demande de Chanzy. Bourbaki répond au ministre :

« ... Si vous voulez sauver l'armée, il faut la mettre en retraite. Si vous lui imposez une offensive qu'elle est incapable de soutenir dans les conditions actuelles, vous vous exposez à la perdre. Dans le cas où votre intention serait de prendre ce dernier parti, je suis si profondément convaincu des conséquences pouvant en résulter que je vous prierais de confier cette tâche à un autre... »

Le ministre à Bourbaki, 11 décembre :

« ... Plusieurs dépêches dans le même sens ne me laissent aucun doute sur le fait que vous n'avez devant vous que des rideaux. Je ne puis vous donner l'ordre de marcher, parce que je ne suis ni ministre ni général et que si, pour une cause quelconque, il vous arrivait un échec, vous en attribueriez toute la responsabilité à mon ingérence intempestive et à mon incompétence. Mais je sens bien que je suis dans le vrai en vous conseillant une marche sur Blois... » (DE FREYCINET.)

127. Ordre donné à Josnes pour la journée du 10 décembre :

« Dans le cas d'un mouvement de retraite, l'armée devrait occuper ce soir, en pivotant sur sa gauche, qui doit tenir ses positions, la ligne de Poisly à Avaray, sur la Loire... »

128. Il fallut cependant bien déroger quelque peu à cette habitude invétérée du bivouac. Ordre de Chanzy, 5 décembre :

« ... Afin de refaire les hommes et les chevaux des fatigues qu'ils viennent d'éprouver, on cantonnera les régiments dans les villages et les fermes qui se trouvent sur les lignes à occuper, en indiquant à chacun un point de réunion en cas d'attaque... Les grand'gardes devront être sous la tente et les postes avancés bivouaquer sans tente et sans feu... »

129. Ordre pour la journée du 15 décembre, Vendôme, 14 décembre :

« ... Le général en chef a constaté dans sa visite d'aujourd'hui aux avant-postes beaucoup de désordre... Il n'a rencontré dans toute sa tournée ni un général, ni un chef de corps... Des soldats et même des officiers n'ont pas rallié leurs corps depuis les derniers engagements. Le commandant en chef est décidé à traduire devant des cours martiales tous ceux qui sont en absence illégale et des ordres sont donnés pour qu'ils soient recherchés sur les derrières de l'armée, dans leurs foyers et arrêtés immédiatement. Tous les refus d'obéissance seront déférés aux cours martiales... Le général en chef inflige un blâme au colonel commandant le régiment de gendarmerie de marche à pied pour le désordre qu'il a constaté chez une troupe qui devrait donner l'exemple de l'énergie et de la discipline... »

130. A propos de la retraite sur le Mans, Chanzy écrit plus tard (juin 1871) :

« Le Mans était devenu une attraction à laquelle un grand nombre ne put résister. C'était pour eux le repos, le bien-être et tout au moins un répit pendant lequel ils n'entendraient plus ce canon qui tonnait constamment tout le jour et une grande partie de la nuit depuis le 18 novembre. Un grand nombre de mobiles et de soldats de la ligne se répandirent sur tous les chemins et, bien que la plupart, mal chaussés, eussent les pieds endoloris par la neige et par la marche, ils doublèrent les étapes pour aller plus vite. Il fallut envoyer en avant, pour arrêter ces fuyards sur les routes principales, les régiments de gendarmerie, mais ils ne purent surveiller tous les petits chemins qui sillonnent le pays et le Mans fut bientôt encombré par cette foule débandée, qui, privée forcément de ses distributions, échappant à toute discipline, présentait l'aspect le plus misérable et le spectacle le plus honteux pour une armée... »

131. Ordre de Chanzy, — le Mans, 9 janvier :

« ... Si l'ennemi avance aussi effrontément, c'est, il m'est pénible de l'avouer, parce que nous ne lui opposons nulle part une résistance sérieuse, alors que nous disposons partout de forces au moins égales aux siennes... »

132. Ordre du 9 janvier :

« ... Le général en chef a fait constater par des officiers envoyés aujourd'hui dans toutes les directions que nulle part le service d'avant-postes n'est fait convenablement. Les officiers supérieurs de jour devront être personnellement responsables de ce service, qu'ils ont à surveiller... Il n'y a point à alléguer le mauvais temps : il est le même pour tous, et les Prussiens ne s'en préoccupent pas. »

133. « La fatigue des troupes était extrême. Le temps n'avait pas cessé d'être très mauvais depuis quelques jours. Les hommes étaient mouillés sans jamais pouvoir se sécher. Ce n'était qu'à grand'peine qu'ils trouvaient le moment de toucher leurs vivres, de préparer leurs aliments et de manger... » (CHANZY.)

« On remarquera combien il était difficile de maintenir nos jeunes troupes sous les drapeaux que suivaient la défaite et la misère. Tandis que les Allemands, disciplinés, cantonnaient sans danger dans les villes et profitaient sans inconvénients des ressources qu'elles présentent, nous étions obligés d'en bannir nos propres soldats et d'en faire garder les routes par la gendarmerie, de peur de voir notre armée se foudre en un clin d'œil. » (Commandant BONNET.)

134. Ordre pour le 11 janvier :

« ... Chaque corps d'armée fera garder ses derrières par de la cavalerie pour ramener les fuyards et empêcher toute débandade. Les fuyards seront ramenés sur les positions et maintenus sur la première ligne des tirailleurs... Ils seront fusillés s'ils cherchent à fuir... Le général en chef n'hésiterait pas, si une débandade venait à se reproduire, à faire couper les ponts en arrière des lignes pour forcer à la défense à outrance. Il demande au ministre de la guerre le droit de casser tout chef de corps ou tout officier qui n'exécutera pas les ordres qui lui seront donnés ou qui ne saura pas maintenir sa troupe... »

135. Chanzy à l'amiral Jauréguiberry, 12 janvier, 4 h. 25 du matin :

« La situation est grave. Nous ne pouvons nous en tirer que par une offensive vigoureuse dès ce matin et le plus tôt possible. Je compte pour cela entièrement sur votre vigueur... »

136. Chanzy au ministre, 12 janvier, 7 h. du matin :

« Notre position était bonne hier au soir. La panique des mobilisés de Bretagne a été le signal de la débandade sur toute la rive gauche de l'Huisne. Toutes les troupes se sont débandées, ont fui, ou refusent de combattre... Le cœur me saigne ; je suis contraint de céder. »

137. Jauréguiberry à Chanzy, 14 janvier :

« ... Quelques régiments ont opposé une vigoureuse résistance. D'autres, et c'est le plus grand nombre, se sont débandés. La cohue des fuyards est inimaginable. Ils renversent les cavaliers qui s'opposent à leur passage : ils sont sourds à la voix de leurs officiers. On en a tué deux, et cet exemple n'a rien fait sur les autres.

138. Chanzy au ministre, 15 janvier :

« ... Le 17ᵉ corps a cédé partout; ses troupes se sont débandées ; il n'a occupé aucune des positions prescrites pour couvrir la retraite. »

139. Gambetta à Chanzy, 13 janvier :

« Quelle que soit la cruauté de la fortune à notre égard, elle est impuissante à lasser des hommes tels que vous, qui sont résolus à soutenir jusqu'à épuisement total la guerre sainte contre l'étranger. La confiance du gouvernement en vous n'est en rien diminuée, et l'échec, quelque grave qu'il soit, que vous avez subi, ne doit être qu'une leçon et qu'une excitation de plus à bien faire. »

140. « Le service de sûreté devenait difficile, exigeait des forces nombreuses et n'éloignait pas toujours le péril. Les armées allemandes, sur la Loire, étaient forcées de doubler, tripler leurs avant-postes... Les services des relais et des communications s'étaient accrus dans les mêmes proportions... Des corps d'armée, des bataillons, il ne restait plus que le titre, non la force et la valeur. Un corps d'armée comptait à peine autant d'infanterie qu'une division au début de la guerre, et les meilleurs éléments en avaient disparu, enlevés par les balles et les fatigues.

» ... Quelques divisions, la 22e entre autres, ne comptaient, en infanterie, que la valeur d'une brigade. Tout le Ier corps bavarois était à peu près de la même force. Quant au corps d'officiers, il n'y avait plus beaucoup d'accord entre les fonctions et les grades ; de simples porte-épée commandaient des compagnies. En somme, beaucoup d'officiers de réserve à la tête des troupes, beaucoup de troupes de dépôt dans les rangs. Dans beaucoup de bataillons, les hommes étaient nu-pieds ; d'autres avaient des sabots ou des jambières de linge. Dans l'armée du grand-duc, il y avait des compagnies dans lesquelles quarante hommes et plus n'avaient pas de chaussures. » (VON DER GOLTZ.)

L'habillement, l'équipement étaient dans le même état que la chaussure. Les soldats de Frédéric-Charles étaient accoutrés des uniformes les plus variés de l'armée française, à l'exception cependant du pantalon garance qui les aurait exposés aux balles de leurs voisins.

V

Armée du Nord.

141. Le colonel Farre était alors directeur des fortifications de Lille. Nommé général de brigade le 31 octobre 1870, il n'avait jamais exercé de commandement de troupes. Il devint, plus tard, ministre de la guerre (1879-1881).

142. Le général Gudin, cassé et impotent en 1870, avait été page de Napoléon Ier à Waterloo. Il était fils du célèbre divisionnaire tué à Valoutina en 1812.

143. Cette mésintelligence se maintint pendant toute la campagne du Nord. Parlant de Villers-Bretonneux, Paulze d'Ivoy dit dans sa déposition :

« Ce sont de jeunes généraux qui ont voulu conduire cette affaire, et, comme j'étais le plus ancien et que je commandais à Amiens, ils ont opéré à cinq lieues en avant de la ville. »

Et à propos de Saint-Quentin, où il commandait le 23e corps, il se plaint d'avoir été prévenu tardivement du mouvement de retraite, et ajoute :

« Si vous voulez savoir toute ma pensée là-dessus, je crois que j'ai été sacrifié. »

144. Le contre-amiral Moulac, ne sachant pas se tenir à cheval, suivait très péniblement la marche de son infanterie, cependant peu ingambe.

145. Extrait de *La Ligne de la Somme en* 1870-71, par M. DAUSSY :

« Faidherbe avait éprouvé de fâcheux retards. Les éléments conspiraient contre lui... Au départ d'Albert, le 16 janvier au matin, le verglas survenu dans la nuit rendait les chemins glissants et la marche extrêmement pénible; il fallait ferrer les chevaux à glace. Pour gravir les côtes, on dut parfois atteler les hommes aux voitures du convoi... Le dégel avait commencé le matin et créait à la marche des obstacles nouveaux. Les chemins étaient défoncés, les vallées inondées, hommes et chevaux étaient trempés d'une eau glaciale... On n'arriva encore qu'à la nuit dans les cantonnements. Les hommes mouraient de faim ; ils n'avaient pas eu le temps de faire la soupe, et, ne pouvant manger leur viande crue, ils l'avaient jetée, se contentant de leur pain. Ils arrivèrent au gîte d'étape harassés, mouillés jusqu'aux os et transis de froid. »

146. Ordre de von Gœben pour le 19 janvier.

«... S'il arrivait que l'ennemi n'attendit pas notre attaque, il faudrait se mettre à sa poursuite avec la dernière énergie, car l'expérience nous a appris que, contre des troupes si faiblement organisées, ce n'est pas tant le combat lui-même qui donne les plus grands résultats, mais son action dissolvante. C'est cette action qu'il nous faut exploiter... »

147. Ordre de von Gœben pour le 20 janvier.

« L'armée française est complètement battue. Il s'agit maintenant, pour compléter sa déroute, de marcher vivement à sa poursuite. Il faut l'atteindre avant qu'elle se réfugie dans ses forteresses du Nord... On fera transporter, autant que possible, en voiture, les havresacs de l'infanterie... »

148. Faidherbe à son armée, le 21 janvier :

« Ce que vous avez souffert, ceux qui ne l'ont pas vu ne pourront jamais l'imaginer. »

VI

Armée de l'Est.

149. « L'armée garibaldienne n'était ni une armée régulière, ni un corps de partisans, ni une armée française, ni une légion étrangère. C'était le plus singulier assemblage de forces incohérentes. On comptait quelques bataillons de mobiles sacrifiés et peu satisfaits de leurs rôles, de 2,000 à 3,000 volontaires italiens (le vrai noyau garibaldien), des Espagnols, des Egyptiens, des Grecs, des bataillons marseillais « de l'égalité », une guérilla « d'Orient », des éclaireurs, des francs-tireurs de tous les pays et de toutes les dénominations, depuis les « francs-tireurs de la mort » ou de la « revanche », jusqu'aux « enfants perdus de Paris ». (DE MAZADE.)

150. « Garibaldi était vieux et cassé; il pouvait à peine se tenir en selle. Un jour de combat, il tombait sous son cheval faute de pouvoir le conduire. ... Par les idées dont il se faisait le porte-drapeau même en France, il froissait une partie de la population... Le mettre sous les ordres d'un général français, on ne le pouvait pas, un homme qui avait commandé « sur terre et sur mer » dans les deux mondes ! disait un de ses fidèles. Lui donner un commandement qui mettrait sous ses ordres nos officiers et nos soldats, on ne le voulait pas... Les corps francs eux-mêmes ne voulaient pas servir sous le vieux condottiere... » (DE MAZADE.)

La Délégation n'employait qu'à regret Garibaldi, que quelques exaltés du Midi étaient allés relancer à Caprera ; elle aussi subissait, comme le gouvernement de Paris, la pression d'une bruyante opinion publique qui ne rêvait que de 1793. — Le chef d'état-major de Garibaldi était l'un de ces exaltés, le pharmacien Bordone, d'Avignon; les quatre commandants de brigades étaient ses deux fils Menotti et Ricciotti, le général polonais Bossak-Hauké, et un certain Delpech, ancien tanneur marseillais, ancien comptable, en dernier lieu sous-préfet d'Aix et préfet des Bouches-du-Rhône.

151. Bourbaki au ministre, — Mehun, 13 décembre :

« ... Réorganiser les corps d'armée dans les positions si peu favorables qu'ils occupent est au-dessus de mes facultés ; si vous le croyez possible, donnez-moi un successeur, et ne le regrettez pas... »

152. Le mouvement du 15e corps de Vierzon à Clerval demanda douze jours au lieu de trente-six heures, délai primitivement prévu par l'autorité militaire.

153. De Moltke à Werder, 7 janvier :

« ... D'après les renseignements qui nous sont parvenus, il est fort probable que la majeure partie de l'armée de Bourbaki s'est dirigée contre vous. Sa Majesté a prescrit en conséquence de réunir les II° et VII° corps sur la ligne de Châtillon-sur-Seine-Nuits, et afin d'imprimer une direction d'ensemble aux opérations sur le théâtre oriental de la guerre, elle a donné au général de Manteuffel le commandement supérieur de ces corps ainsi que des troupes sous vos ordres... En attendant l'arrivée du général de Manteuffel, vous aurez à porter votre attention sur les points suivants :

Le siège de Belfort doit être protégé à tout prix. Le gouverneur général d'Alsace est invité à étouffer, par tous les moyens dont il dispose, toute tentative de soulèvement sur les derrières de Votre Excellence. Si pareil cas venait à se produire dans le rayon d'action de vos troupes, l'intérêt de ces dernières ainsi que de la population elle-même commanderait d'user de la dernière rigueur dans leur répression individuelle ou collective...

L'armée ennemie est organisée de la façon la plus défectueuse en ce qui concerne les convois de vivres et de munitions. Il en résulte que ces opérations restent constamment liées à la voie ferrée... Cette considération devra donc entrer en ligne de compte dans vos déterminations... »

154. Déposition de Bourbaki devant la commission d'enquête :

« ... Nous avions demandé des fers à crampons et des clous à glace : on ne nous avait envoyé que des clous ordinaires. Les chevaux d'artillerie tombaient tous les quatre pas. Il fallait les relever; ils retombaient. On les relevait, et ils retombaient encore. Cela durait toute la journée... »

155. Werder à de Moltke, 14 janvier :

« ... Je prie instamment d'examiner s'il y a lieu de continuer à tenir devant Belfort. Je crois pouvoir protéger l'Alsace, mais non en même temps Belfort, à moins de risquer l'existence même du corps. L'obligation de tenir devant Belfort m'enlève toute liberté de mouvement... »

De Moltke à Werder, — Versailles, 15 janvier :

« Attendez l'attaque dans la forte position qui couvre Belfort et acceptez la bataille... »

156. Déposition Bourbaki :

« ... Les difficultés du terrain et les retards apportés dans l'exécution des ordres que j'avais donnés au 18° corps rendirent infructueux les efforts tentés de ce côté... Malheureusement, le 18ᵉ corps, qui aurait dû être en ligne dès 9 heures du matin, n'y arriva que vers 4 heures du soir... »

Déposition du général Borel :

« Le général Billot avait reçu l'ordre de déboucher sur la droite des troupes allemandes et de tâcher de les déborder. Il avait avec lui, outre le 18ᵉ corps, la division Cremer, ce qui faisait un total d'environ 40,000 hommes et 120 pièces de canon. On comprend facilement l'effet qu'aurait pu produire l'arrivée de forces aussi considérables, si, comme nous l'avions espéré, elles parvenaient à déboucher vers les 2 ou 3 heures sur le champ de bataille. Malheureusement, le chemin qu'elles avaient à parcourir était couvert de neige, et le général Billot, on ne peut pas lui en faire de reproche, n'a pu arriver qu'à la nuit en contact avec l'ennemi... »

157. « Le moment décisif de la bataille pour les Allemands était arrivé. Si l'attaque heureuse des divisions Cremer et Penhoat avait entraîné le reste de l'aile gauche française, l'aile droite allemande pouvait être écrasée rien que par le déploiement de l'artillerie supérieure de l'ennemi, et le chemin de Belfort était libre. Le général de Werder se décida aussitôt à engager sa faible réserve... » (Major prussien Von der Goltz.)

158. Les deux régiments badois opposés au gros du 18ᵉ corps essuient au total une perte de quatre morts et neuf blessés.

159. Déposition de Bourbaki :

« Je fis attaquer encore le troisième jour, et j'aurais de nouveau tenté le sort des armes si je n'avais reçu de tous mes chefs de corps l'assurance que les hommes en avaient assez. C'étaient de jeunes troupes, qui depuis trois jours se battaient constamment, qui passaient les nuits au bivouac et dont la subsistance n'était qu'à demi assurée... »

160. Bourbaki au ministre, 17 janvier au soir :

« Si l'ennemi se décidait à nous suivre, j'en serais enchanté. Peut-être nous offrirait-il ainsi l'occasion de jouer la partie dans des conditions beaucoup plus favorables... »

161. « Cette armée, qui dans sa marche sur Belfort avait déjà l'air d'une multitude en déroute, offrait au retour le plus navrant spectacle. Les soldats, épuisés par le froid et le manque de nourriture, se traînaient à la débandade, sans ordre, sans discipline, brûlant pour se réchauffer tout ce qu'ils trouvaient et traitant les villages sur leur passage comme pays conquis. Une quinzaine de wagons furent pillés sous les murs de Besançon... On vit des soldats placer des pains de sucre sur deux pierres, les faire flamber et s'en chauffer comme de bûches de bois... La plupart des maisons regorgeaient d'hommes malades de la petite vérole, de la poitrine et surtout de misère,

de froid et de privations. Les trois quarts de ces malheureux avaient les pieds gelés... Le général Rolland, pour éviter l'encombrement et l'épuisement des approvisionnements de la ville, avait fait fermer les portes aux soldats... Les soldats, par cette température d'une rigueur exceptionnelle, les vêtements en loques, sans souliers, erraient aux environs, s'entassaient dans les maisons de campagne, où ils trouvaient du feu, un peu de nourriture et un abri... Ils se réfugiaient par centaines dans les salles d'attente de la gare pour y passer la nuit, et le matin on enlevait les cadavres de ceux qui avaient succombé à leurs souffrances. » (BEAUQUIER, sous-préfet de Pontarlier.)

162. Déposition de Bourbaki :

« Arrivé à Besançon, ma première demande à l'intendant Friant fut la suivante : « Eh bien ! nos distributions, où en sont-elles ? Pour combien de » temps avons-nous des vivres ? — Nous avons des vivres pour cinq jours », me répondit-il. Ce fut le commencement et la cause principale de nos malheurs. »

163. Déposition de Bourbaki :

« Je reçus une lettre du général Martineau-Deschenez, dans laquelle le commandant du 15° corps me disait que je ne devais pas me faire d'illusions, qu'on s'organisait pour fuir et non pour combattre, et cette lettre était accompagnée de pièces à l'appui. Le général Bressolles me tint à peu près le même langage, mais il m'annonça quelque chose de bien plus fort : c'est qu'il avait cessé d'occuper les monts du Lomont, qu'il n'avait pas pu attendre mes ordres pour prendre ce parti, et qu'il filait jusqu'à Vercel. Je lui ordonnai de la façon la plus impérative d'arrêter son malencontreux mouvement de retraite et de reprendre aussitôt l'offensive. Il ne me répondit pas, et depuis je restai sans nouvelles de lui. Il n'avait rien tenté de sérieux pour se conformer à mes instructions formelles : il avait continué sa retraite. »

Rapport de Bourbaki au ministre, 3 mars 1871 :

« ... J'ordonnai au commandant du 24° corps de reprendre, coûte que coûte, le lendemain 26, les positions perdues et d'exiger que chaque général se tînt à la tête de ses troupes. Je le prévins, en outre, que je lui viendrais en aide, en marchant moi-même avec le 18° corps. Mais, hélas ! le 18° corps employa toute la nuit et toute la journée du 26 pour passer de la rive droite sur la rive gauche du Doubs, en traversant Besançon... »

164. Le ministre de la guerre à Bourbaki, 24 janvier, 2 heures du soir :

« Je crois qu'il serait extrêmement dangereux pour vous de demeurer autour de Besançon, où le mieux qui pourrait vous arriver serait d'être désormais paralysé. Il faut à tout prix sortir de cette situation... »

165. Bourbaki au ministre, 24 janvier 8 h. 30 du soir :

« Quand vous serez mieux informé, vous regretterez le reproche de lenteur que vous me faites. Les hommes sont exténués de fatigue, les chevaux aussi... Je n'ai jamais perdu une heure, ni pour aller, ni pour revenir... Vous ne vous faites pas une idée des souffrances que l'armée a endurées depuis le commencement de décembre. . Demain je compte faire partir trois divisions pour garder toutes les positions dont nous avons besoin et s'emparer de Pontarlier. Si ce plan ne vous convient pas, je ne sais vraiment que faire. Croyez que c'est un martyre que d'exercer un commandement en ce moment... Si vous croyez qu'un de mes chefs de corps puisse faire mieux que moi, n'hésitez pas, comme je vous l'ai déjà dit, à me remplacer soit par Billot, soit par Clinchant. Martineau ne compte pas sur ses troupes, Bressolles n'y a jamais compté. La tâche est au-dessus de mes forces... »

166. Le ministre à Bourbaki, — Bordeaux, 25 janvier, 2 heures du soir :

« Je suis tombé des nues, je l'avoue, à la lecture de vos dépêches... Je crois fermement que votre marche sur Pontarlier vous prépare un désastre inévitable. Vous n'en sortirez pas. Quelle que soit la direction que vous preniez pour sortir de Pontarlier, l'ennemi aura moins de chemin à faire que vous pour vous barrer le passage... »

Du même au même, — Bordeaux, 25 janvier, 4 h. 55 du soir :

« Plus je réfléchis à votre projet de marche sur Pontarlier, et moins je le comprends. Je viens d'en parler avec les généraux du ministère, et leur étonnement égale le mien. N'y a-t-il point erreur de nom ? Est-ce Pontarlier que vous avez voulu dire ? Pontarlier près de la Suisse ? Si c'est là en effet votre objectif, avez-vous envisagé les conséquences? Avec quoi vivrez-vous? Vous mourrez de faim certainement. Vous serez obligé de capituler ou d'aller en Suisse... Telle est, général, mon opinion. Mais, je le répète, vous êtes seul juge en dernier ressort, car vous seul connaissez exactement l'état physique et moral de vos troupes et de leurs chefs. »

167. A ce moment, de Moltke, parlant au roi, appréciait cette opération :

« L'opération du général de Manteuffel est extrêmement hardie, mais elle peut amener les plus grands résultats. S'il subissait un échec, il ne faudrait pas le blâmer, car il faut bien risquer quelque chose pour obtenir de grands succès. »

168. Le 61e régiment allemand perdait en outre un drapeau, que capturait la brigade Ricciotti Garibaldi. On doit reconnaître que, dans ces combats des 21, 22, 23 janvier, certaines des troupes

garibaldiennes montrèrent une grande vigueur : le général Bossak·Hauké fut tué.

« Certes, les combats défensifs des 21 et 23 janvier sont très honorables pour les troupes qui les ont livrés ; mais il importe de ne pas perdre de vue que l'inaction dans laquelle demeura imperturbablement avant et après le chef de partisans prépara et assura la ruine de la malheureuse armée de l'Est... » (Colonel CANONGE.)

Pour apprécier Garibaldi, on peut dire que la diversité des jugements portés sur lui s'explique par la diversité des éléments de son armée. A côté de braves gens et de brillants faits d'armes, on voit un ramassis de bandits et l'on a à constater de honteuses paniques.

169. Le Ministre de la guerre au général Bordone, — Bordeaux, 19 janvier :

« ... Vous êtes le seul qui invoquiez sans cesse des difficultés et des conflits pour justifier sans doute votre inaction. Je ne vous cache pas que le gouvernement est fort peu satisfait de ce qui vient de se passer. Vous n'avez donné à l'armée de Bourbaki aucun appui et votre présence à Dijon a été absolument sans résultat pour la marche de l'ennemi de l'ouest à l'est. En résumé, moins d'explications et plus d'actes, voilà ce qu'on vous demande. »

170. Déposition du général Borel :

« ... Les Prussiens ont surpris la 1re division du 15e corps à Sombacourt. Cette division avait cependant été prévenue de l'arrivée de l'ennemi. Toujours est-il que les Prussiens l'ont enveloppée et faite prisonnière à peu près tout entière, avec l'artillerie et les généraux... Elle était commandée par le général Dastugue. »

Remarquer que ce dernier, colonel au début de la guerre, commandait le 4 août 1870 l'infructueuse reconnaissance envoyée par le général Abel Douay sur la rive gauche de la Lauter, quelques instants avant la surprise de Wissembourg.

171. Texte de la dépêche (contresignée Bismarck) adressée par Jules Favre à la Délégation de Bordeaux :

« Versailles, 28 janvier, 11 h. 15 du soir. Nous signons aujourd'hui un traité avec M. de Bismarck. Un armistice de vingt et un jours est convenu. Une assemblée est convoquée à Bordeaux pour le 12 février. Faites connaitre cette nouvelle à toute la France. Faites exécuter l'armistice. Convoquez les électeurs pour le 8 février. Un membre du gouvernement va partir pour Bordeaux.

» Signé : J. FAVRE, BISMARCK. «

172. **Convention de Verrières.**

« Entre M. le général Hans Herzog, général en chef de l'armée de la Confédération helvétique, et M. le général Clinchant, général en chef de l'armée française, il a été fait les conventions suivantes :

1º L'armée française demandant à passer sur le territoire suisse déposera ses armes, équipements et munitions en y pénétrant.

2º Les armes, équipements et munitions seront restitués à la France après la paix et après le règlement définitif des dépenses occasionnées à la Suisse par le séjour des troupes françaises.

3º Il en sera de même pour le matériel d'artillerie et ses munitions.

4º Les chevaux, armes et effets des officiers seront laissés à leur disposition.

5º Des dispositions ultérieures seront prises à l'égard des chevaux de troupe.

6º Les voitures de vivres et bagages, après avoir déposé leur contenu, retourneront immédiatement en France, avec leurs conducteurs et leurs chevaux.

7º Les voitures du Trésor et des postes seront remises avec tout leur contenu à la Confédération helvétique, qui en tiendra compte lors du règlement des dépenses.

8º L'exécution de ces dispositions aura lieu en présence d'officiers français et suisses désignés à cet effet.

9º La Confédération se réserve la désignation des lieux d'internement pour les officiers et pour la troupe.

10º Il appartient au conseil fédéral d'indiquer les prescriptions de détail destinées à compléter la présente convention.

Fait en triple expédition.

Verrières, le 1er février 1871.

Ont signé : CLINCHANT, Général HANS HERZOG.

VII

Paris.

173. « Aux préfets, sous-préfets, généraux, etc.

» La déchéance a été prononcée au corps législatif, la République a été proclamée à l'hôtel de ville. Un gouvernement de défense nationale composé

de onze membres, tous députés de Paris, a été constitué et ratifié par l'acclamation populaire. Les noms sont :

Emm. ARAGO.	Léon GAMBETTA.	PICARD.
CRÉMIEUX.	GARNIER-PAGÈS.	ROCHEFORT.
Jules FAVRE.	GLAIS-BIZOIN.	Jules SIMON.
Jules FERRY.	PELLETAN.	

» Le général Trochu est maintenu dans ses pouvoirs de gouverneur de
Paris et nommé Ministre de la guerre en remplacement du général Palikao.

» Veuillez faire afficher immédiatement et au besoin proclamer par crieur
public la présente déclaration.

» Paris, 4 septembre 1870, 6 heures du soir.

» Le Ministre de l'intérieur,

» Signé : Léon GAMBETTA. »

174. Composition définitive du ministère :

Général Trochu, gouverneur de Paris, président;

Jules Favre, affaires étrangères ;

Gambetta, intérieur ;

Général Le Flô, guerre ;

Vice-amiral Fourichon, marine ;

Crémieux, justice ;

Ernest Picard, finances ;

Jules Simon, instruction publique et cultes ;

Magnin, agriculture et commerce ;

Dorian, travaux publics.

Sont en outre nommés :

Préfet de la Seine, Jules Ferry ;

Préfet de police, de Kératry ;

Maire de Paris, Etienne Arago.

« Composé surtout d'éloquents avocats et de spirituels littérateurs, sous
la présidence d'un officier général à lui seul plus littérateur et plus avocat
que tous ses collègues ensemble, ce gouvernement eût été plus propre à
orner l'Académie française qu'à garnir la brèche, selon son expression. »
(LECOMTE.)

« Le lendemain du 4 septembre, bien des gens, qui se disaient, qui se
croyaient bons patriotes, étaient joyeux comme si on avait jeté dans le
Rhin le roi de Prusse et son armée. » (DUCROT.)

« Paris ne fut jamais plus joyeux », a dit Jules Favre en parlant

de la soirée du 4 septembre. A ce moment, 100,000 soldats français, malades ou blessés et mourant de faim, croupissaient dans
les boues de la presqu'île d'Iges.

175. « Organisateur remarquable, tacticien estimé, orateur incomparable,
le général Trochu manquait de la qualité principale, celle qui peut quelquefois tenir lieu des autres, mais que toutes les autres ne peuvent remplacer.
Il n'avait pas la foi, cette foi sincère, absolue, complète, ridicule pour quelques-uns peut-être, mais qui peut seule sauver un peuple dans une position
désespérée. Ne croyant pas au résultat, il mesurait, marchandait l'effort, l'ar-
rêtant quand il le jugeait à peu près suffisant. Il luttait pour l'honneur et ne
croyait pas nécessaire de prolonger le combat au delà du premier sang. A
cette population enthousiaste, folle, avide de sacrifices, il rêvait d'imposer le
minimum de privations. De bonne foi. elle s'offrait tout entière pour l'action, et il s'excusait presque de l'envoyer aux remparts... » (Amédée Le
Faure.)

« Nous sommes réunis ici, disait Trochu à ses collègues du gouvernement,
pour commettre ensemble une *héroïque folie*. »

176. Résumé des exigences des Allemands :

« L'Assemblée réunie à Tours ; armistice de quinze jours non applicable à
Metz ; Strasbourg rendu et sa garnison prisonnière de guerre ; occupation
de plusieurs forts de Paris ou tout au moins du Mont-Valérien ; reddition
des places de Bitche et de Phalsbourg ; liberté complète pour les élections,
mais les Alsaciens-Lorrains exclus du vote, etc... »

Proclamation du gouvernement français, 21 septembre :

« On a répandu le bruit que le gouvernement de la Défense nationale songeait à abandonner la politique pour laquelle il a été placé au poste de
l'honneur et du péril. Cette politique est celle qui se formule en ces termes :
ni un pouce de notre territoire, ni une pierre de nos forteresses. Le gouvernement la maintiendra jusqu'à la fin. »

177. Déposition de Gambetta devant la commission d'enquête :

« On nous annonçait au mois d'octobre qu'on n'avait des vivres que pour
jusqu'au mois de novembre, au mois de novembre qu'on n'en avait que
jusqu'au 15 décembre, au 15 décembre qu'on périrait à la fin de l'année, et
vous comprenez par là dans quelle situation ces doutes nous plaçaient au
point de vue des opérations militaires. Nous n'étions pas libres de nos mouvements. »

M. de Freycinet à Chanzy, — Bordeaux, 7 janvier 1871 :

« ... Nous ne pensons pas qu'il y ait lieu de prendre à la lettre l'échéance indiquée par le général Trochu. Cette échéance a déjà varié plusieurs fois de plusieurs semaines et tous nos renseignements s'accordent à la mettre à une date plus reculée... En résumé, ne vous laissez pas affecter par les dépêches du général Trochu... »

Trochu le 13 juin 1871, à la tribune de l'Assemblée nationale :

« ... Moi-même, il faut que je le confesse, mes espérances les plus étendues ne dépassaient pas 60 jours. »

178. « Pendant longtemps, toutes les diverses compagnies de ces régiments s'administrèrent séparément. Ainsi le 36e fournissait par jour 16 situations. Le désordre, la confusion qui en résultaient étaient extrêmes, sans parler du temps énorme perdu en écritures. » (DUCROT.)

A la fin d'octobre seulement, les généraux, fort désireux de donner par tous les moyens à leurs jeunes troupes la cohésion qui leur manquait, finirent par triompher de la puissance routinière des bureaux, et constituèrent définitivement et complètement leurs régiments.

179. « Logés chez l'habitant, ces jeunes gens, qui arrivaient de la province avec un peu d'argent, ne tardèrent pas à se laisser aller à tous les plaisirs malsains. Ils encombraient les boulevards et les cafés. L'ivresse, la débauche causèrent presque autant de ravages dans leurs rangs que le feu de l'ennemi. » (DUCROT.)

« Bientôt 8,000 d'entre eux purent attester à quel point la civilisation parisienne les avait pénétrés. » (TROCHU.)

« M. le général Trochu signale l'indiscipline des gardes mobiles de la Seine, qui refusent de se rendre aux postes, où ils ne se trouvent pas suffisamment abrités. Le 11e bataillon a refusé d'aller à la redoute de la Gravelle. Le général Le Flô propose le désarmement de ce bataillon et un ordre du jour qui signale ce refus en face de l'ennemi. Avis approuvé. » (Séance du gouvernement, 14 septembre.)

180. Décret du 16 septembre :

« Les bataillons de la garde mobile actuellement armés et réunis à Paris sont appelés à élire leurs officiers. Les élections auront lieu le 19 septembre, par les soins du chef de bataillon en exercice. »

« Les élections des officiers de la garde mobile eurent lieu le 19 septembre pendant qu'on se battait à Châtillon... Pendant que les Prussiens attaquaient nos positions les plus importantes, 100,000 hommes de l'armée de Paris, au lieu de marcher au combat, marchaient au scrutin. » (DUCROT.)

181. « Les soixante premiers bataillons organisés par l'Empire présentaient seuls une certaine valeur ; pour beaucoup d'autres, on peut dire que

c'était un ennemi à l'intérieur presque aussi redoutable que celui du dehors... » (*Le Blocus de Paris*, A. G.)

« ... L'organisation de la garde nationale, confiée aux maires, fut faite de la façon la plus déplorable. Non seulement on inscrivit, mais, ce qui était plus dangereux, on arma tout le monde sans examen, et les gredins eurent chacun plus d'un fusil. Les élections aux grades d'officier produisirent, dans beaucoup de bataillons, les choix les plus indignes. La Commune y formait dès lors ses bandes et y plaçait ses affidés... » (DUSSIEUX.)

182. « Trochu se montre bizarre, inconséquent : il n'a pas la foi, et il surexcite outre mesure la population parisienne par des promesses qu'il ne peut tenir, par des flatteries d'un goût douteux. » (Am. LE FAURE.)

Proclamation du 14 septembre, à la suite d'une grande revue de la garde nationale :

« ... Jamais aucun général d'armée n'a eu sous les yeux le grand spectacle que vous venez de me donner : trois cents bataillons de citoyens organisés, armés et encadrés par la population tout entière, acclamant dans un concert immense la défense de Paris et de la liberté. »

« Le général Trochu avait tenu à réunir tous les pouvoirs ou les apparences de tous les pouvoirs. C'était peut-être une nécessité; c'était aussi une périlleuse confusion. » (DE MAZADE.)

« Il réunissait tous les pouvoirs sans en posséder un seul bien défini. Souvent même ses droits et ses devoirs étaient en opposition : ce que le chef militaire voulait, le chef du gouvernement l'empêchait. Le principe : qui peut le plus peut le moins, est incontestable lorsqu'il s'agit des choses d'un même ordre; il n'en est pas de même pour les choses d'un ordre différent... Au pouvoir, il y a quelque chose de pire que la faiblesse, c'est l'apparence de la force. » (DUCROT.)

« Au point de vue militaire, le général Trochu passait pour un homme capable; on savait qu'il avait dû son avancement à ses mérites et à ses services, et non pas à un esprit de courtisan. Il avait critiqué bien des points de notre organisation et proposé des réformes qui n'avaient pas été accueillies. Il était mal vu à la cour des Tuileries... C'en était assez, dans les circonstances, pour lui attirer la confiance de la population parisienne et celle de ses collègues du gouvernement. » (*Le Blocus de Paris*, A. G.)

« De la manière dont il s'y prit, le général Trochu dut porter presque à lui seul le poids de cet immense travail, au-dessus de toute force humaine, et qui ne tarda pas à dominer sa vigoureuse nature. L'excès de veilles et de soucis lui avait donné une telle surexcitation qu'il ne pouvait plus se procurer de sommeil que par des moyens artificiels, notamment par des bains de tilleul, dont il dut user abondamment. » (LECOMTE.)

183. En principe, cette décentralisation était certes une excel-

lente chose. Mais les agissements brouillons du pouvoir n'en firent ressortir que les inconvénients.

184. « Les fortifications avaient besoin d'être complétées et, quoiqu'on ait eu quatre fois le temps d'organiser les défenses nécessaires, rien n'était fait au milieu de septembre Nos ingénieurs n'avaient songé qu'à faire de la grande fortification, de belles maçonneries avec des talus bien léchés, tandis qu'il ne s'agissait que d'organiser un champ de bataille. » (A. G.)

« Si la direction fit, dès le début, un peu défaut, presque toujours la main-d'œuvre montra une inertie et une mauvaise volonté qu'on ne put vaincre. Malgré l'urgence, il était impossible de faire travailler les ouvriers la nuit... Après le 4 septembre, les difficultés furent bien autres : les ouvriers ne voulaient plus travailler... Sur 6,000 qui étaient à la redoute de Montretout, 500 seulement vinrent reprendre leurs travaux. Il en fut de même pour tous les autres ouvrages. Il fallut faire venir à grands frais des ouvriers de province... » (DUCROT.)

« Mais, après Sedan, nous ne trouvions plus d'ouvriers et, d'heure en heure, l'ennemi était attendu. Il aurait donc fallu, sur-le-champ, ne plus songer à la grande fortification et se consacrer tout entier à établir de solides ouvrages de campagne... Malheureusement, il n'en fut pas ainsi : l'état-major du génie voulut continuer à élever de majestueux ouvrages réguliers et permanents... » (DUCROT.)

185. Mieux inspiré en cela que beaucoup d'autres, le général Ducrot refusa, après Sedan, de signer le « revers » et de profiter de la latitude laissée aux généraux de se rendre de suite et librement en Allemagne. Il resta jusqu'au dernier moment à Iges avec ses soldats. Il accepta alors un engagement écrit le constituant « prisonnier sur parole d'une manière temporaire » pour le trajet de Glaire à Pont-à-Mousson, où il devait se mettre à la disposition du commandant militaire le 11 septembre, ce qui fut fait.

Ayant remis son sauf-conduit, le général Ducrot redevenait prisonnier gardé des Allemands. Sur l'ordre qui lui en fut donné, il se rendit à la gare, vers 2 heures, *en tenue militaire,* pour y prendre le train qui le devait conduire en Allemagne. C'est alors, au moment du départ du train, qu'il parvint à se soustraire à la surveillance du poste ennemi et à s'évader.

Les Allemands prétendirent que Ducrot avait violé sa parole. A la fin de janvier 1871, Bismarck ayant dit à J. Favre : « ... Nous pourrions avoir une question délicate à régler avec le général Ducrot, au sujet de son évasion de Sedan », Ducrot, informé du propos, écrivit à de Moltke et lui demanda « les moyens de comparaître le plus tôt possible devant un conseil de guerre ou un tribunal d'honneur pour statuer sur la question de son évasion ». De Moltke lui répondit aussitôt :

« ... Le conseil de guerre demandé sera réuni aussitôt que cela sera pratiquement possible, et Votre Excellence sera avertie par le ministre de la guerre et de la marine, le général de Roon... »

Le général Ducrot, ayant attendu en vain ce conseil de guerre, demanda et obtint que l'Assemblée nationale se prononçât sur sa conduite. Une commission nommée à cet effet concluait, le 16 septembre 1871, en félicitant le général et en déclarant qu'au moment de son évasion, ce dernier était « prisonnier gardé » des Allemands.

186. « Trochu avait de la peine à contenir un certain antagonisme de situation entre le général Ducrot, qui avait sa confiance, dont il avait fait son collaborateur de prédilection en lui donnant le commandement supérieur des deux corps d'armée dont il disposait, et le général Vinoy, solide et bon soldat, habitué à faire son devoir, mais visiblement aigri, blessé de se voir subordonné à un autre chef, et même tenu un peu à l'écart des conseils militaires. » (DE MAZADE.)

Trochu à Vinoy, 16 septembre 1870, à propos de la nomination de Ducrot :

« Le gouvernement vient de faire une nomination que je vous prie de ne pas juger avant de m'avoir entendu. Il s'agit d'un grand intérêt public qui doit être sauvegardé, toute préoccupation de personnes cessant. Je vous donnerai à cet égard des explications confidentielles nécessaires. »

Et dans une seconde lettre du même jour :

« Je fais appel à tous les sentiments de patriotisme que vous inspire la situation grave dans laquelle nous sommes, pour vous inviter à faciliter à cet officier général (Ducrot) l'accomplissement de la tâche que je lui ai confiée... »

187. Le directeur de la Compagnie générale des eaux au général Ducrot, 25 septembre 1873 :

« ... La commune de Châtillon est alimentée par les machines établies à Choisy-le-Roi... L'eau manquait en effet à Châtillon le 19 septembre 1870, parce que dès le 18 l'armée ennemie occupait Choisy-le-Roi, et que le personnel de notre usine avait dû, suivant mes ordres, se retirer après avoir démonté une pièce de nos machines, de manière qu'elles ne puissent être utilisées par l'ennemi. »

188. Ordre de mouvement du 21 octobre :

« ... Dès midi, une grande flamme rouge et blanche sera arborée sur la terrasse de chacune des casernes du Mont-Valérien... »

189. Telle est du moins l'opinion des généraux Trochu et Ducrot. En voici une autre :

« Nous sommes d'un avis absolument opposé. D'abord, d'une manière générale, toute extension de nos lignes était un avantage réel. C'était autant de gagné sur l'ennemi, et, en même temps, il ne pouvait en résulter qu'un excellent effet sur le moral des troupes. Nous pensons, en outre, que la position était tenable, si l'on avait pris les dispositions nécessaires pour la conserver. » (Le Blocus de Paris, A. G.)

190. Supposition motivée par la rentrée à Paris, le 30 octobre, de M. Thiers revenant de son voyage à travers l'Europe en passant par Versailles. En qualité d'envoyé extraordinaire du gouvernement de la Défense nationale, Thiers s'était rendu d'abord à Londres, puis à Vienne, à Saint-Pétersbourg et à Florence. Partout il avait recueilli de bonnes paroles, mais aucun appui efficace, pas même moral, car on ne peut guère considérer comme tel le platonique conseil donné par la Russie au roi Guillaume d'accorder à la France une paix acceptable, pas plus que la banale proposition d'armistice faite en commun, mais timidement, par l'Angleterre, l'Autriche, l'Italie, la Russie et la Turquie. La France était bien abandonnée.

191. Les principaux meneurs étaient Blanqui, Pyat, Flourens, etc..., que l'on retrouvera en mars 1871. A un moment donné, la Commune fut proclamé après déchéance du gouvernement de la Défense nationale, dont quelques membres étaient du reste d'accord avec les insurgés, entre autres Dorian.

192. Il est curieux de constater à ce sujet l'opinion exprimée le 2 novembre par Henri Rochefort, alors membre du gouvernement et président de la commission des barricades :

« L'attentat commis avant-hier à l'Hôtel de Ville est si considérable qu'aucune répression ne saurait être assez rigoureuse. Il est venu là des hommes qui avaient abandonné leur poste devant l'ennemi pour renverser le gouvernement chargé de la défense nationale... Je suis donc d'avis de sévir avec la dernière rigueur ou de ne rien faire absolument. »

Les prisonniers marquants arrêtés finirent par être tous relâchés, grâce à l'intervention personnelle de l'un ou de l'autre des membres du gouvernement, presque tous leurs anciens coreligionnaires politiques.

193. La question sur laquelle Thiers et Bismarck ne s'entendirent pas était capitale : l'ennemi se serait laissé arracher un armistice, mais sans le ravitaillement de Paris; le gouvernement français demandait un ravitaillement proportionnel à la durée de l'armistice :

Extrait du rapport de Thiers, daté de Tours, 9 novembre :

« M. de Bismarck me déclara que l'on ne pouvait nous accorder des avantages pareils sans des équivalents militaires... Je demandai alors quels étaient les équivalents militaires qu'on réclamait de nous, car M. de Bismarck mettait un soin extrême à ne pas les désigner. Il me les énonça enfin, toujours avec une certaine réserve : « C'était, me disait-il, une position » militaire autour de Paris. » Et comme j'insistais, « un fort, ajouta-t-il, » peut-être plus d'un. » Je l'arrêtai sur-le-champ. « C'est Paris, lui dis-je, que vous nous demandez, car nous refuser le ravitaillement pendant l'armistice, c'est nous retirer un mois de résistance (l'armistice accordé en principe était d'un mois). Exiger de nous un ou plusieurs forts, c'est nous demander nos murailles. C'est en un mot nous demander Paris, en vous donnant les moyens de l'affamer ou de le bombarder. »

194. Au mois d'avril 1834, Clément Thomas, maréchal des logis chef au 9ᵉ cuirassiers, essayait de soulever les garnisons de Nancy et de Metz pour marcher sur Paris et y proclamer la République. Condamné pour ce fait à une peine assez anodine, Thomas devint journaliste, puis, en 1848, député à la Constituante, colonel dans la garde nationale parisienne, et enfin commandant supérieur de cette garde nationale du 15 mai aux journées de juin 1848. Sanglante ironie : ce même homme, dont la fortune politique datait d'un acte d'indiscipline militaire, était massacré le 18 mars 1871 par ses propres soldats, qui lui reprochaient ses sévérités et sa fermeté dans le service.

195. Le général d'Aurelle de Paladines dit :

« ... Je vais démontrer que la sortie du général Trochu sur la basse-Seine et le projet de ravitaillement n'étaient qu'une trompeuse illusion. Je suppose que l'opération militaire ait réussi et que l'armée de Paris chargée d'opérer le ravitaillement soit arrivée à Rouen... Certes, cette concession est grande... Il lui faudra en arrivant trouver les approvisionnements rassemblés et les moyens de transport suffisants pour les conduire à Paris

» Un calcul simple, pratique, à la portée de tout le monde, va nous faire connaître d'une part le poids des denrées, d'autre part les moyens de transport nécessaires... »

Le général évalue le poids de la ration journalière à 945 grammes, ce qui est fort peu, et table sur deux millions de consommateurs ; il continue :

« Le poids des approvisionnements à transporter est de 1,890,000 kilogrammes qui auraient nécessité 18,900 mulets à 100 kilogrammes par mulet ou 2,700 voitures chargeant 700 kilogrammes par voiture à un cheval, ou enfin 135 bateaux jaugeant chacun 200 tonneaux. La longueur de ce convoi de ravitaillement *pour un jour,* en comptant 8 mètres par voiture, serait de 21 kilom. 600 sur une seule file et de 10 kilom. 800 sur deux files. Pour un ravitaillement de quinze jours, il faut multiplier par 15 ces quantités et l'on arrive alors aux chiffres énormes de 28,350,000 kilogrammes ou 283,500 quintaux demandant pour leur transport 40,500 voitures occupant sur une file 324 kilomètres, 81 lieues, distance de Paris à Poitiers, et sur deux files 162 kilomètres, 40 lieues, distance plus grande que celle de Paris à Rouen.

» Il est bien entendu qu'il n'est pas question de ravitailler Paris en vin et eau-de-vie, dont on peut se passer, encore moins en fourrages...

» Je conclus en disant que le célèbre plan qui devait sauver Paris était un plan chimérique, que le ravitaillement n'était pas possible dans la pratique. » (*La 1re Armée de la Loire.*)

196. Ce plan de sortie paraissait tellement inexécutable à la Délégation que celle-ci ne s'y arrêta pas un instant et n'en donna même pas connaissance au commandant en chef de l'armée de la Loire.

« Lettres, dépêches, messages, rien ne put faire prendre ce plan en considération. On ne le discuta même pas. » (DUCROT.)

« Selon le gouverneur de Paris, nous aurions dû envoyer nos meilleures troupes du côté de Rouen, leur faire traverser la Seine, pour, de là, les ramener sur Paris, en suivant la rive droite. J'avoue que je n'avais jamais cru à l'adoption délibérée d'une telle combinaison... » (DE FREYCINET.)

197. Ce fut là (Coulmiers), dans l'esprit de Paris, la date d'un véritable vertige... On me somma avec violence, M. Gambetta surtout, de ne plus penser à autre chose qu'à sortir de Paris en allant au-devant de l'armée de la Loire. Je dus transporter de l'ouest à l'est tous les préparatifs que j'avais faits dans la presqu'île de Gennevilliers... Je doute que jamais général en chef ait rencontré, dans le cours des faits qui créent sa responsabilité, un accident plus douloureux que celui que je viens de montrer... » (Général TROCHU.)

198. « Paris, 27 novembre 1870. — Au cas où le général Ducrot, commandant en chef de la 2e armée, viendrait à rallier l'armée de la Loire, les deux armées réunies seront placées sous son commandement en chef.

» Signé : Général TROCHU,
» (et tous les membres du gouvernement). »

Le général d'Exea était également pourvu d'une lettre le nommant au commandement de la 2e armée, au cas où Ducrot se trouverait hors d'état ou empêché.

199. « Ce n'est qu'en combinant l'attaque de front avec un mouvement tournant par la gauche qu'il eût été possible d'enlever la position. Aussi avions-nous désigné au 3e corps d'une manière formelle et précise Noisy comme objectif. Pourquoi et comment le mouvement s'est-il exécuté d'une autre façon ? C'est ce qui n'a jamais été bien éclairci... » (DUCROT.)

200. « Malheureusement, le général commandant le 3e corps négligea de faire prévenir le général en chef qu'il exécutait enfin le passage de la rivière. » (DUCROT.)

201. Proclamation de Gambetta, 1er décembre 1870 :

« ... La délégation du gouvernement a reçu aujourd'hui 1er décembre la nouvelle d'une victoire remportée sous les murs de Paris pendant les journées des 28, 29 et 30... Cette même journée du 30 a donné lieu à une pointe vigoureuse de l'amiral La Roncière toujours dans la direction de l'Hay et Chevilly. Il s'est avancé sur Longjumeau et a enlevé les positions d'Epinay... »

« ... Je ne sais encore par quelle inexacte indication le rédacteur de cette dépêche fut conduit à confondre Epinay-les-Longjumeau avec Epinay-sur-Seine... » (Jules FAVRE.)

202. « Nul ne pouvait se faire d'illusions sur la gravité de la situation ; l'opération était manquée. Mais nous étions soumis à une influence néfaste qui avait pris un tel ascendant que tout devait plier devant elle... C'était l'opinion publique. Véritablement affolée, elle eût certainement été exas-

pérée par la nouvelle d'un mouvement de retraite, et en la bravant on se
fût exposé à voir une nouvelle insurrection plus terrible que celle du
31 octobre... »

203. « Paris, toujours extrême, crut à une victoire complète, décisive. Le
29, on n'avait pas assez d'injures contre le commandant de la 2ᵉ armée
parce que « *ses ponts étaient trop courts* »; le lendemain, on le portai
aux nues. » (DUCROT.)

204. Dès que Ducrot s'aperçut de la chose, il envoya son sous-
chef d'état-major, lieutenant-colonel Warnet, porter au général
Favé, qui commandait à Saint-Maur, l'ordre de ramener ses batteries en avant et de reprendre le feu. Sans refuser positivement
d'obéir, le général opposa la force d'inertie et ne tint pas compte
de l'ordre; sa situation vis-à-vis de Ducrot était mal définie : il
paraissait ne dépendre que du gouverneur et du général commandant l'artillerie de Paris. Quoi qu'il en soit, le commandant en
chef de la 2ᵉ armée renvoya à Saint-Maur le colonel Warnet porteur d'une lettre écrite, en le chargeant de prendre lui-même le
commandement des batteries et d'agir conformément à ses intentions. Mais le général Favé ne voulut pas céder son commandement; la bataille finit sur ces entrefaites.

Dans la nuit du 2-3 décembre, le général Frébault, commandant
l'artillerie de la 2ᵉ armée, envoya son sous-chef d'état-major porter à Saint-Maur l'ordre verbal de modifier certains emplacements
de batterie en vue de la bataille prévue pour le 3 au matin. Le
général Favé déclara à cet officier « qu'il n'était pas aux ordres
du général Frébault », réclama ensuite un ordre écrit qui ne pouvait lui parvenir à temps et finalement ne fit rien. A 3 heures du
matin, Trochu, informé de ces incidents, relevait de son commandement le général Favé et le remplaçait par le lieutenant-colonel
Warnet.

205. De Moltke à Trochu, — Versailles, 5 décembre 1870 :

« Mon Général,

» Il pourrait être utile d'informer Votre Excellence que l'armée de la
Loire a été défaite hier près d'Orléans et que cette ville est réoccupée par

les troupes allemandes. Si, toutefois, Votre Excellence jugera à propos de s'en convaincre par un de ses officiers, je ne manquerai pas de le munir d'un sauf-conduit pour aller et venir.

» Agréez, mon Général, etc...

» *Le Chef d'état-major,*
» Signé : Comte DE MOLTKE. »

C'était un appel indirect aux négociations. Après une longue discussion, le gouvernement se décida à rejeter les ouvertures de l'ennemi, malgré l'avis contraire de Ducrot, Jules Favre et quelques autres.

Trochu à de Moltke, — Paris, le 6 décembre 1870 :

Mon Général,

« Votre Excellence a pensé qu'il pourrait être utile de m'informer que l'armée de la Loire a été défaite hier près d'Orléans et que cette ville est réoccupée par les troupes allemandes. J'ai l'honneur de vous accuser réception de cette communication, que je ne crois pas devoir faire vérifier par les moyens que Votre Excellence m'indique.

» Agréez, mon Général, etc...

» *Le Gouverneur de Paris,*
» Signé : Général TROCHU. »

206. « Nos soldats faisaient pitié à voir, la tête entourée de chiffons, leur couverture pliée et repliée autour du corps, les jambes enveloppées de loques, n'ayant plus forme de soldats... Ce fut une dure épreuve que ces cruelles journées passées dans cette plaine de boue glacée, balayée par la tourmente et sillonnée par les obus allemands. » (DUCROT.)

« C'était Moscou aux portes de Paris. » (Jules SIMON.)

« La santé de ceux qui ne succombaient pas fut profondément atteinte ; les cas de congélation se multiplièrent dans des proportions effrayantes. Vers le 1er janvier, plus de 20,000 soldats atteints d'anémie rentrèrent dans Paris. Ils disparurent dans le gouffre, je ne les revis plus. » (Général TROCHU.)

207. Bismarck disait au roi à cette époque, à propos de Paris affamé :

« Je m'attends pour ma part à voir un dénouement qui dépassera en fureurs et en désastres tout ce que les historiens ont raconté du siège de Jérusalem. Plusieurs centaines de mille habitants peuvent périr dans les horreurs de la faim ou dans un vaste incendie. »

208. Extrait du procès-verbal de la séance du gouvernement du 10 janvier 1871 :

« ... Le général Trochu dit que les bataillons de la garde nationale sont seuls bien vigoureux et bien vêtus, mais on ne sait militairement ce qu'ils pourront donner. M. Jules Ferry engage à employer la garde nationale. Le général Clément Thomas déclare qu'il y a beaucoup de charlatanisme dans cet étalage de courage de la garde nationale. Déjà, depuis qu'elle sait qu'on va l'employer, son enthousiasme a beaucoup baissé. Il ne faut donc rien s'exagérer de ce côté. Le général Trochu reconnaît qu'il a reçu des rapports déplorables sur certains bataillons... »

Rapport du général Clément Thomas, 16 décembre :

« Le 200e bataillon est sorti aujourd'hui de Paris pour occuper les avant-postes de Créteil. Je reçois de M. le général commandant supérieur à Vincennes la dépêche suivante : « Chef de bataillon du 200e ivre ! La moitié » des hommes ivres. Impossible assurer le service avec eux. Obligation de » faire relever leurs postes. Dans ces conditions, la garde nationale est une » fatigue et un danger de plus. » J'ai l'honneur de vous demander la révocation du chef de bataillon du 200e, le commandant Leblois. »

209. « ... Beaucoup de gardes nationaux commençaient à trouver la journée un peu longue... Déjà, nombre de simples gardes, des officiers s'esquivaient sous prétexte de blessures imaginaires. Plusieurs d'entre eux enlevèrent d'assaut les omnibus destinés au transport des blessés et se firent ramener par eux à Paris. » (Général VINOY.)

« ... A la première fusillade, le 90e bataillon de garde nationale lâche pied et s'enfuit à toutes jambes. Le général Susbielle accourt au milieu d'eux. En vain fait-il tous ses efforts pour les arrêter, les ramener : « Nous sommes » trahis, s'écrient-ils, la ligne tire sur nous... » Et toute cette masse, affolée de terreur, entraine avec elle le 160e bataillon et se jette, en poussant des cris affreux, dans le village de Rueil. » (DUCROT.)

« Le 11e régiment de garde nationale, en réserve, est porté de ce côté pour soutenir les zouaves et mobiles de la brigade Fournès... Mais, à peine arrivés sur la crête, les gardes nationaux, terrifiés par le sifflement des balles, s'arrêtent, se couchent, et, sans ordre, sans commandement, tirent dans toutes les directions, tuant ou blessant les zouaves et mobiles qui sont devant eux... On a toutes les peines du monde à faire cesser le feu. Le gouverneur, accouru avec le général Clément Thomas pour mettre fin à cette sanglante confusion, a l'un de ses officiers, M. Delaugle, traversé par la balle d'un garde effaré. Profitant du désordre causé par les gardes nationaux, l'ennemi gagne du terrain... » (DUCROT.)

210. « ... A la nuit, le champ de bataille est encore à nous, mais la plus indicible confusion règne à la gauche et au centre... Toutes les troupes sont mêlées dans un désordre inextricable, à quelques pas des Prussiens.

Les deux lignes sont si rapprochées qu'un de nos officiers est enlevé presque au milieu de son bataillon... Au spectacle de tout ce qu'il voit, le général Trochu se décide à battre en retraite... A peine le mot de retraite est-il prononcé, que la débâcle commence. Dans la plaine de la Fouilleuse, couverte des ombres d'une noire nuit d'hiver, tout se débande, tout s'en va. Sur la route, l'encombrement est effroyable : les camions de chemin de fer, les omnibus, les fourgons, les ambulances, sont accumulés pêle-mêle. Enfoncées dans les ornières profondes, ces lourdes voitures, qui toutes se touchent et parfois s'enchevêtrent, ne peuvent parvenir à s'ébranler... Les gardes nationaux se sauvent de toutes parts à travers champs. Les soldats, perdus, égarés, cherchent leur compagnie, leurs officiers... » (Ducrot.)

Trochu au général Schmitz, — Mont-Valérien, 20 janvier, 9 h. 30 matin.

« ... Il faut à présent parlementer d'urgence à Sèvres pour un armistice de deux ou trois jours, qui permettra l'enlèvement des blessés et l'enterrement des morts. Il faudra pour cela du temps, des efforts, des voitures très solidement attelées et beaucoup de brancardiers. Ne perdons pas de temps pour agir dans ce sens. »

Le chef d'état-major commettait la faute de faire publier dans Paris cette étonnante dépêche.

211. Décret du gouvernement, 22 janvier 1871 :

« Le gouvernement de la Défense nationale a décidé que le commandement en chef de l'armée de Paris serait désormais séparé de la présidence du gouvernement. — M. le général de division Vinoy est nommé commandant en chef de l'armée de Paris (2ᵉ et 3ᵉ armées fusionnées) — Le titre et les fonctions de gouverneur de Paris sont supprimés. — M. le général Trochu conserve la présidence du gouvernement. »

En conséquence, le nouveau commandant en chef prononçait le 25 janvier la dissolution de l'état-major de la 2ᵉ armée : Ducrot restait sans emploi.

212. A cette nouvelle, Bismarck se mit à siffler l'hallali, en s'écriant : « La bête est à bas. »

213. « Quand vint l'armistice, le négociateur commit la faute de laisser désarmer la troupe de ligne et de conserver ses armes à la garde nationale; On sait quelles furent les conséquences de cette faute, pour ne pas dire de ce crime impardonnable. La Commune et le second siège de Paris ont prouvé incontestablement que ces mêmes fédérés, qui pendant le premier siège n'avaient fait que troubler la défense par des tentatives odieuses contre la

tranquillité intérieure de la capitale, étaient susceptibles de se bien battre au dehors... » (Général THOUMAS.)

214. La troupe désignée fut la division Faron, constituée à trois brigades : de la Mariouse, Valentin et Daudel.

215.   **Convention d'armistice.**

Entre M. le comte de Bismarck, chancelier de la confédération germanique, stipulant au nom de Sa Majesté l'empereur Allemand, roi de Prusse, et M. Jules Favre, ministre des affaires étrangères du gouvernement de la Défense nationale, munis de pouvoirs réguliers,

   Ont été arrêtées les conventions suivantes :

   ARTICLE PREMIER. — Un armistice général, sur toute la ligne des opérations militaires en cours d'exécution entre les armées allemandes et les armées françaises, commencera pour Paris aujourd'hui même, pour les départements dans un délai de trois jours. La durée de l'armistice sera de vingt-un jours à dater d'aujourd'hui, de manière que, sauf le cas où il serait renouvelé, l'armistice se terminera partout le 19 février à midi.

   Les armées belligérantes conserveront leurs positions respectives, qui seront séparées par une ligne de démarcation. Cette ligne partira de... Les deux armées belligérantes et leurs avant-postes, de part et d'autre, se tiendront à une distance de dix kilomètres au moins des lignes tracées pour séparer leurs positions.

   Les opérations militaires sur le terrain des départements du Doubs, du Jura et de la Côte-d'Or, ainsi que le siège de Belfort, se continueront indépendamment de l'armistice, jusqu'au moment où on se sera mis d'accord sur la ligne de démarcation dont le tracé à travers les trois départements mentionnés a été réservé à une entente ultérieure.

   ART. 2. — L'armistice ainsi convenu a pour but de permettre au gouvernement de la Défense nationale de convoquer une Assemblée librement élue qui se prononcera sur la question de savoir si la guerre doit être continuée, ou à quelles conditions la paix doit être faite. L'Assemblée se réunira à Bordeaux. Toutes les facilités seront données par les commandants des armées allemandes pour l'élection des députés.

   ART. 3. — Il sera fait immédiatement remise à l'armée allemande, par l'autorité militaire française, de tous les forts formant le périmètre de la défense extérieure de Paris, ainsi que de leur matériel de guerre...

   ART. 4. — Pendant la durée de l'armistice, l'armée allemande n'entrera pas dans Paris.

   ART. 5. — L'enceinte sera désarmée de ses canons, dont les affûts seront transportés dans les forts à désigner par un commissaire de l'armée allemande.

   ART. 6. — Les garnisons (armée de ligne, garde mobile et marins) des forts et de Paris seront prisonnières de guerre, sauf une division de 12,000 hommes, que l'autorité militaire dans Paris conservera pour le service intérieur.

Les troupes prisonnières de guerre déposeront leurs armes, qui seront réunies dans des lieux désignés et livrées suivant l'usage ; ces troupes resteront dans l'intérieur de la ville, dont elles ne pourront pas franchir l'enceinte pendant l'armistice. Les autorités françaises s'engagent à veiller à ce que tout individu appartenant à l'armée et à la garde mobile reste consigné dans l'intérieur de la ville.

Les officiers des troupes prisonnières seront désignés par une liste à remettre aux autorités allemandes.

A l'expiration de l'armistice, tous les militaires appartenant à l'armée consignée dans Paris auront à se constituer prisonniers de guerre de l'armée allemande, si la paix n'est pas conclue d'ici là.

Les officiers prisonniers conserveront leurs armes.

ART. 7. — La garde nationale conservera ses armes. Elle sera chargée de la garde de Paris et du maintien de l'ordre... Tous les corps de francs-tireurs seront dissous.

ART. 8. — Aussitôt après la signature des présentes, et avant la prise de possession des forts, le commandant en chef des armées allemandes donnera toutes facilités aux commissaires que le gouvernement français enverra, tant dans les départements qu'à l'étranger, pour préparer le ravitaillement et faire approcher de la ville les marchandises qui y sont destinées.

ART. 9. — Après la remise des forts et après le désarmement de l'enceinte et de la garnison, le ravitaillement de Paris s'opérera librement par la circulation sur les voies ferrées et fluviales...

ART. 10. — Toute personne qui voudra quitter la ville de Paris devra être munie d'un permis régulier délivré par l'autorité militaire française et soumis au visa des avant-postes allemands.

ART. 11. — La ville de Paris paiera une contribution municipale de guerre de 200 millions de francs...

ART. 12. — Pendant la durée de l'armistice, il ne sera rien distrait des valeurs publiques pouvant servir de gage au recouvrement des contributions de guerre.

ART. 13. — L'importation dans Paris d'armes, de munitions ou de matières servant à leur fabrication sera interdite pendant la durée de l'armistice.

ART. 14. — Il sera procédé immédiatement à l'échange de tous les prisonniers de guerre qui ont été faits par l'armée française depuis le commencement de la guerre... Les autorités allemandes remettront en échange sur les mêmes points, et dans le plus bref délai possible, un nombre pareil de prisonniers français de grades correspondants aux autorités militaires françaises.

ART. 15. — Un service postal pour les lettres non cachetées sera organisé entre Paris et les départements par l'intermédiaire du quartier général de Versailles.

Fait à Versailles, le 28 janvier 1871.

Ont signé : J. FAVRE, VON BISMARCK.

216. « A parler franchement, il n'y aurait eu qu'un moyen de tirer un parti efficace de la population virile de Paris ; ce moyen, une loi votée au mois d'août par le Corps législatif le donnait. Il n'y aurait eu qu'à procéder dès le premier jour à la levée de tous les hommes de 25 à 35 ans, à les incorporer

dans des régiments, à les envoyer hors de Paris, à les instruire, à les disci-
pliner... Mais qui donc aurait eu la hardiesse de proposer cette mesure
décisive ? » (DE MAZADE.)

217. « Les deux adversaires, également trompés sur leurs intentions réciproques, ne songeaient qu'à la défensive. Français et Allemands se forti-
fiaient, s'observaient et semblaient attendre les événements... » (VINOY.)

VIII

Les places, les partisans.

218. Tandis qu'on ne faisait rien pour Metz, Strasbourg et nos
autres places de l'Est, on augmentait les fortifications des place
du Nord, entre autres de Bouchain.

219. Ducrot commandait depuis plusieurs années la division
militaire de Strasbourg. Bien placé pour voir et observer, le
général se préoccupait beaucoup plus que la masse de ses contem-
porains de l'inévitable lutte à engager un jour ou l'autre contre la
Prusse. Pas plus que Trochu, pas plus que le colonel Stoffel, il ne
parvint à se faire écouter, ni à faire partager des appréhensions
trop justifiées.

220.   **Capitulation de Strasbourg.**

Le comte de Werder, lieutenant-général de Sa Majesté le roi de Prusse,
commandant de l'armée assiégeante de Strasbourg, ayant été requis par
M. le général de division français Uhrich, gouverneur de Strasbourg, de faire
cesser les hostilités contre la place, est convenu avec lui de conclure la capitulation dont les termes suivent, en considération de la défense courageuse et
honorable de cette place de guerre.

ARTICLE PREMIER. — Le 28 septembre 1870, à 8 heures du matin, M. le
général de division Uhrich évacuera la citadelle, la porte d'Austerlitz, la porte
Nationale, celle des Pêcheurs. En même temps, ces divers points seront occu
pés par les troupes allemandes.

ART. 2. — Le même jour, à 11 heures, la garnison française et la garde
mobile quitteront la place par la porte Nationale, se placeront entre la lunette
44 et le réduit 37 et déposeront les armes.

ART. 3. — Les troupes de ligne et la garde nationale mobile seront prisonnières de guerre et se mettront immédiatement en marche avec leurs bagages.
Les gardes nationaux et les francs-tireurs resteront libres sous la condition

de s'engager à ne plus combattre pendant la durée de la guerre. Ils devront déposer les armes à la mairie avant 11 heures du matin. A la même heure, les listes nominatives des officiers de ces troupes devront être remises à M. le général de Werder.

Art. 4. — Les officiers et les fonctionnaires ayant rang d'officier, de tous les corps de troupe de l'armée française, pourront se rendre à une résidence de leur choix à charge de s'engager sur l'honneur et par écrit à ne plus porter les armes pendant la durée de la guerre (fournir un revers). Les officiers qui refuseront de signer cet engagement seront conduits en captivité en Allemagne avec la garnison. Tous les médecins militaires français conserveront leurs fonctions jusqu'à nouvel ordre.

Art. 5. — M. le général Uhrich s'engage, dès que les armes auront été déposées, à faire la remise aux fonctionnaires allemands, et dans la forme usitée, de tous les objets et effets militaires, caisses du Trésor, etc., par l'intermédiaire des agents que cette remise concerne.

Les officiers et fonctionnaires qui, des deux côtés, auront été chargés de cette mission se trouveront le 28 septembre, à midi, sur la place de Broglie, à Strasbourg.

(*Suivent les signatures des quatre fondés de pouvoir.*)

APPROUVÉ :

Signé : VON WERDER.

221. Dans une circonstance analogue, capitulation de Minden en 1758, les soldats, furieux de l'abandon de leurs officiers, refusèrent de partir en captivité. Quinze cents d'entre eux, sous les ordres du caporal La Jeunesse, parvinrent à percer. Le roi Louis XV nomma La Jeunesse au grade de lieutenant et cassa les principaux officiers.

222. « *A Monsieur le comte de Bismarck, à Versailles :*

« Monsieur le Comte,

» Je prie Votre Excellence de faire parvenir télégraphiquement au commandant de Belfort l'autorisation de son gouvernement ainsi conçue :

» Le commandant de Belfort est autorisé, vu les circonstances, à consentir à la reddition de la place. La garnison sortira avec les honneurs de la guerre, emportera les archives de la place. Elle ralliera le poste français le plus voisin.

» Pour le Ministre des affaires étrangères.

» Signé : Ernest PICARD. »

223. « Le colonel Denfert était un officier distingué, connaissant bien la place confiée à son patriotisme et qui a eu la fortune d'attacher son nom à la plus honorable défense. Il a eu, malheureusement, la singulière inspiration de se laisser attribuer une sorte de rôle ou de privilège d'invincibilité entre ses compagnons de guerre, de se croire l'inventeur de nouveaux « principes techniques et moraux », par lesquels il a expliqué ses succès. La vérité est qu'il ne montrait ni plus de zèle, ni plus d'habileté, ni plus de génie militaire que bien d'autres. Seulement, il avait une place suffisamment forte; il s'y est enfermé et il a fait son devoir, heureux certainement de n'avoir à se rendre que sur un ordre du gouvernement lui-même, après l'armistice, lorsqu'il n'y avait plus d'espoir. Voilà la vérité. » (DE MAZADE.)

224. Dans une circonstance presque identique, la bataille de Wattignies en 1793, le général Chancel qui commandait à Maubeuge ne bougea pas. Carnot se plaignit à la Convention de l'inertie de la garnison : Chancel fut guillotiné.

225. Un capitaine, M. Mouton, avait été désigné pour commander la Petite-Pierre. Mais il était absent avec la majeure partie de la troupe affectée au fort comme garnison, lorsqu'il fallut prendre subitement un parti.

226. On a attribué ce fait, en somme bien malheureux, à l'acte de désespoir d'un garde d'artillerie nommé Henriot; mais celui-ci n'ayant fait part de son soi-disant projet à personne, et ayant été l'une des premières victimes immédiates de l'explosion, il n'existe aucune preuve convaincante et positive à l'appui de cette assertion. C'est sur de vagues présomptions que s'est échafaudée une croyance destinée bien certainement à devenir légende.

227. Le général Marmier avait été nommé au commandement de la division de cavalerie du corps Frossard, en remplacement du général Lichtlin, malade. Avant d'avoir pu rejoindre à Metz, il fut arrêté par l'invasion le 15 août à Verdun, où il exerça quelque temps le commandement supérieur intérimaire durant une maladie du général Guérin de Waldersbach.

224. « Le conseil, considérant que dans la défense de la place qui lui a été confiée le commandant Taillant a rempli tous les devoirs prescrits par le décret du 13 octobre 1863, sur le service dans les places de guerre; que par sa fermeté, son énergie, il a su maintenir la discipline dans la garnison; que par une bonne et judicieuse organisation il a suppléé à l'insuffisance du personnel d'artillerie,

« Est d'avis que le commandant Taillant et son conseil de défense méritent des éloges. » (Séance du 12 avril 1872.)

229. Extraits des délibérations des conseils d'enquête concernant Sedan et Metz :

«... Le conseil blâme vivement le général de Wimpfen d'avoir admis cette exception contraire à l'article 256 du décret du 13 octobre 1863, lequel prescrit aux officiers de ne jamais séparer leur sort de celui des soldats, exception qui tend à affaiblir chez l'officier le sentiment du devoir et de résistance à l'ennemi et n'est qu'une prime à la faiblesse. »

«... Le conseil blâme le maréchal Bazaine d'avoir accepté la clause de capitulation qui permet aux officiers de rentrer dans leurs foyers en donnant par écrit leur parole d'honneur de ne pas servir contre l'Allemagne pendant la guerre. »

A titre de simple rapprochement, voici des extraits de quelques-unes des capitulations prussiennes en 1806 :

Erfurth, 29 octobre :

« Les officiers conserveront leur épée et leurs bagages. Ils pourront retourner chez eux, sous condition de ne plus servir, si ce n'est après échange. »

Stettin, 29 octobre :

« Les officiers seront prisonniers sur parole, et il leur sera délivré des passeports pour se rendre où bon leur semblera. Ils conserveront leurs armes, bagages, chevaux et tout ce qui leur appartient personnellement... »

Magdebourg, 8 novembre :

« MM. les officiers seront prisonniers sur leur parole d'honneur de ne point servir avant échange ni contre l'empereur des Français, ni contre ses alliés; et ils auront la liberté de se réunir aux lieux qu'ils désigneront... *Les revers* contenant parole d'honneur de ne point servir avant échange seront préparés d'avance... »

Neisse, 1er juin 1807 :

« Les officiers conserveront leurs épées, chevaux et bagages; ils seront libres de se retirer où bon leur semblera, après toutefois avoir *signé* leur parole d'honneur de ne plus servir jusqu'à la paix... »

Toutes les capitulations de 1806-1807 contiennent, avec des variantes, cette clause en faveur des officiers « qui n'est qu'une prime à la faiblesse ». Très souvent même, elle est appliquée à un certain nombre de sous-officiers.

« Tout militaire portant la dragonne (porte-épée) d'officier sera regardé comme officier prussien et traité comme tel... »

230. Au début de la guerre, le commandant Bernard était simple brigadier à Metz. Devenu presque subitement chef de bataillon, il se portait parfois à d'étranges extravagances et déraisonnait complètement ; il manquait d'ailleurs de sens et d'instruction militaires, quoique étant fort brave de sa personne. Il affectionnait parader à cheval, en grand manteau rouge, accompagné d'éclaireurs montés et habillés de même, ce qui n'était pas sans danger en pays envahi. L'expédition du pont de Fontenoy, qui demandait encore plus de flair et d'intelligence que de bravoure, a été en fait conduite par les capitaines Coumès et Adamistre.

Au dernier moment, le 22 janvier, à 7 heures du matin, le commandant Bernard trouvant trop longs les travaux exécutés sur le pont, donnait brusquement l'ordre formel de rebrousser au plus vite. Heureusement, les autres officiers refusaient de le suivre et retenaient leurs hommes.

Après 1871, le commandant Bernard a suivi ses goûts d'aventures... La guerre du Pacifique l'a attiré au Pérou, où il s'est fait tuer en 1880.

231. « Son Excellence le général de cavalerie baron de Manteuffel ordonne que les troupes françaises sous le commandant Bernard, stationnées près de Pesmes, auront le passage libre avec escorte d'honneur à travers nos troupes... Le capitaine von Troben est commandé avec un escadron de cavalerie pour accompagner ladite colonne jusqu'à Annoire, ligne de démarcation. Ses instructions seront les suivantes : que les logements et la nourriture soient prêts (il en est responsable) ; que la marche s'effectuera avec tous les honneurs de la guerre, qui seront rendus par les troupes allemandes... Le capitaine von Troben, avec son escadron en grande tenue, se présentera devant le commandant français pour se mettre à sa disposition. »

» Dôle, 14 février 1871.

» Signé : général LESCZYNSKI. »

232. Mlle Antoinette Lix est alsacienne. Institutrice à Varsovie lors du grand soulèvement de 1863, elle servit comme franc-tireur dans l'armée polonaise ; elle avait alors 23 ans. Rentrée en France après la défaite de la Pologne, elle se signala par son dévouement durant l'épidémie cholérique de 1865-1866. Le gouvernement impérial la nomma alors receveuse des postes à Lamarche (Vosges). A l'unanimité, la première compagnie de

partisans, formée dans cette région aussitôt après Sedan, la nomma lieutenant. Dans cet emploi, Mlle Lix se distingua particulièrement le 6 octobre aux combats de Nompatelize et de la Burgonce.

Mlle Lix est l'auteur d'un beau livre : *Tout pour la Patrie !* qui lui a valu en 1884 une médaille de 1re classe de la Société d'encouragement au bien. Elle a reçu la médaille d'honneur des zouaves pontificaux, la médaille des ambulances, et les dames alsaciennes lui ont offert, après la guerre, une magnifique épée d'honneur.

233. Chanzy au ministre, — Le Mans, ... décembre 1870 :

« Nous sommes envahis ici par une foule de francs-tireurs qui prétendent avoir des ordres directs de vous, qui n'obéissent à personne, qui sont une plaie pour les populations et qu'il me tarde de voir dans des positions où ils pourront rendre des services. Je demande à disposer d'eux dans la zone d'action de mon armée, et je désire connaître exactement quels sont les ordres donnés directement au colonel Lipowski et quelle est la mission spéciale qu'il a à remplir. Dans tous les cas, je lui donne l'ordre formel d'avoir à quitter la ville du Mans ; il devrait être organisé complètement depuis quelques jours, s'il n'avait pas perdu son temps. »

IX

Sur mer.

234. Nous devions dès le début de la guerre nous préoccuper de ce que ferait la Russie. Le 23 juillet, dans les instructions qu'il envoie à l'amiral Bouet, le ministre de la marine Rigault de Genouilly prescrit « de surveiller la Russie par Cronstadt », et, quelques jours plus tard, il ajoute :

« En présence des éventualités contre la Russie, ordre est donné à l'escadre de la Méditerranée de rallier Brest, afin de rester ainsi à cheval sur le détroit de Gibraltar et la mer du Nord. »

Le ministre de la marine à l'amiral Bouet, 7 août 1870 :

« ... De graves événements s'accomplissent sur nos frontières. L'armée a éprouvé des revers... Je vous recommande toujours *le respect le plus absolu pour les villes ouvertes,* car à moins d'opérations non prévues, c'est dans un blocus étroit des ports de commerce allemands que résident surtout les moyens d'action de la flotte... »

235. L'*Augusta* croisant sur les côtes de France avait surtout pour mission d'entraver les arrivages d'armes achetées par nous en Amérique.

LA PAIX

---

236. Au début de la séance du 13 février, Jules Favre lit à l'Assemblée la déclaration suivante :

« Les membres du gouvernement de la Défense nationale soussignés, tant en leur nom qu'au nom de leurs collègues (restés à Paris), qui ratifieront les présentes, ont l'honneur de déposer leurs pouvoirs entre les mains du président de l'Assemblée nationale. Ils resteront à leur poste pour le maintien de l'ordre et l'exécution des lois jusqu'à ce qu'ils en aient été régulièrement relevés... Nous ne sommes plus rien, si ce n'est vos justiciables, prêts à répondre de tous nos actes... »

237. Déclaration des députés du Bas-Rhin, du Haut-Rhin, de la Moselle et de la Meurthe, lue à l'Assemblée, le 17 février, par M. Keller, député :

« ... Nous prenons nos concitoyens de France, les gouvernements et les peuples du monde entier à témoin que nous tenons d'avance pour nuls et non avenus tous actes et traités, vote ou plébiscite qui consentiraient l'abandon en faveur de l'étranger de tout ou partie de nos provinces d'Alsace et Lorraine. Nous proclamons, par la présente, à jamais inviolable le droit des Lorrains et des Vosgiens de rester membres de la nation française, et nous jurons, tant pour nous que pour nos commettants, nos enfants et leurs descendants, de le revendiquer éternellement et par toutes les voies, envers et contre tous les usurpateurs. »

238. Faidherbe jugeait la partie définitivement perdue, tout en se déclarant disposé à recommencer la lutte au premier ordre. Chanzy, au contraire, pensait qu'il nous restait encore quelques chances, mais il concluait implicitement à renoncer à la grande guerre pour laisser à la guérilla le rôle prépondérant.

« ... Ce que les Allemands redoutent le plus, dit-il, c'est la guerre de détail, la défense du sol pied à pied, la résistance derrière tous les obs-

tacles. C'est ce qu'il faut obtenir du véritable patriotisme de nos populations... Il faut organiser partout la défense locale... Le but à atteindre est
d'affirmer l'idée de la résistance et de la produire sur tous les points à la
fois, de façon à forcer l'ennemi à se disperser... »

C'était donc la guerre à l'espagnole ainsi que la décrit le général
Roguet :

« ... Les Espagnols valides, réunis en bandes, inquiétaient incessamment
nos armées et leurs communications. Les vieillards, les femmes, les enfants,
épiaient nos opérations avec l'insouciance apparente et la persévérance qui
n'appartiennent qu'à ce peuple. Aucune troupe française ne passait auprès
d'eux sans qu'ils donnassent aussitôt avis de son effectif, de sa direction,
constamment observée à notre insu. Partout les bandes trouvaient vivres,
appui et recrutement... »

239.   **Préliminaires de paix** (extraits).

Entre le chef du pouvoir exécutif de la République française, M. Thiers,
et le ministre des affaires étrangères, M. Jules Favre, représentants de la
France, d'un côté ;

Et de l'autre :

Le chancelier de l'empire germanique, M. le comte Otto de Bismarck-
Schonhausen, muni des pleins pouvoirs de Sa Majesté l'empereur allemand,
roi de Prusse,

(Et les représentants de la Bavière, de Würtemberg et de Bade),

Les pleins pouvoirs des parties contractantes ayant été trouvés en bonne et
due forme, il a été convenu ce qui suit, pour servir de base préliminaire à la
paix définitive à conclure ultérieurement :

ARTICLE PREMIER. — La France renonce en faveur de l'empire allemand à
tous ses droits et titres sur les territoires situés à l'est de la frontière ci-après
désignée : ... L'Empire allemand possédera ces territoires à perpétuité, en
toute souveraineté et propriété...

ART. 2. — La France paiera à S. M. l'empereur allemand la somme de cinq
milliards de francs. Le paiement d'au moins un milliard aura lieu dans le
courant de l'année 1871, et celui de tout le reste dans un espace de trois
années...

ART. 3. — L'évacuation du territoire occupé par les troupes allemandes commencera après la ratification du présent traité par l'Assemblée nationale sié-
geant à Bordeaux et se continuera au fur et à mesure que les versements de
la contribution seront effectués... Les troupes françaises se retireront en
même temps derrière la Loire, qu'elles ne pourront dépasser avant la signature
du traité de paix définitif. Sont exceptées de cette disposition la garnison de
Paris dont le chiffre ne pourra dépasser 40,000 hommes, et les garnisons indispensables à la sûreté des places fortes...

ART. 4. — Les troupes allemandes s'abstiendront de faire des réquisitions,
soit en argent, soit en nature, dans les départements occupés. Par contre, l'ali-

mentation des troupes allemandes qui restent en France aura lieu aux frais du gouvernement français dans la mesure convenue avec l'intendance militaire allemande.

ART. 5. — ... Le gouvernement allemand n'opposera aucun obstacle à la libre émigration des habitants des territoires cédés et ne pourra prendre contre eux aucune mesure atteignant leurs personnes et leurs propriétés.

ART. 6. — Les prisonniers de guerre qui n'auront pas déjà été mis en liberté par voie d'échange seront rendus immédiatement après la ratification des précédents préliminaires...

ART. 7. — L'ouverture des négociations pour le traité de paix définitif à conclure sur la base des présents préliminaires aura lieu, à Bruxelles immédiatement après la ratification de ces derniers par l'Assemblée nationale et par S. M. l'empereur Allemand.

ART. 8. — Après la conclusion et la ratification du traité de paix définitif, l'administration des départements devant encore rester occupés par les troupes allemandes sera remise aux autorités françaises...

ART. 9. — ...

ART. 10. — ...

Versailles, 26 février 1871.

Ont signé :

A. THIERS, VON BISMARCK.
J. FAVRE.

240. Séance de l'Assemblée nationale du 1er mars 1871 (on discute le traité) :

« ... Dans les circonstances douloureuses que traverse la patrie et en face de protestations et de réserves inattendues, l'Assemblée nationale confirme la déchéance de Napoléon III et de sa dynastie, déjà prononcée par le suffrage universel, et le déclare responsable de la ruine, de l'invasion et du démembrement de la France. »

Seconde protestation de M. Keller :

« Je proteste contre le traité. Si l'Assemblée le ratifie, j'en appelle à Dieu, vengeur des justes causes ; j'en appelle à tous les peuples qui ne veulent pas se laisser vendre comme un bétail ; j'en appelle enfin à l'épée des hommes qui voudront, le plus tôt possible, déchirer ce détestable traité. »,

Le traité préliminaire est ratifié par 546 voix contre 107.

Les députés des territoires cédés donnent aussitôt leur démission, et l'un deux, M. Grosjean, ajoute :

« Vos frères d'Alsace et de Lorraine, séparés en ce moment de la famille commune, conserveront à la France absente de leurs foyers une affection filiale, jusqu'au jour où elle viendra y reprendre sa place. »

241. Traité de Francfort (extraits).

Art. 2. — Les sujets français originaires des territoires cédés domiciliés actuellement sur ces territoires qui entendront conserver la nationalité française jouiront, jusqu'au 1er octobre 1872, et moyennant une déclaration préalable faite à l'autorité compétente, de la faculté de transporter leur domicile en France et de l'y fixer, sans que ce droit puisse être altéré par les lois sur le service militaire, auquel cas la qualité de citoyen leur sera maintenue.

Ils seront libres de conserver leurs immeubles situés sur le territoire réuni à l'Allemagne.

Aucun habitant des territoires cédés ne pourra être poursuivi, inquiété ou recherché dans sa personne ou dans ses biens à raison de ses actes politiques ou militaires pendant la guerre.

Art. 10. — ... Il est entendu que l'armée de Paris et de Versailles, après le rétablissement de l'autorité du gouvernement français à Paris et jusqu'à l'évacuation des forts par les troupes allemandes, n'excédera pas 80.000 hommes. Jusqu'à cette évacuation, le gouvernement français ne pourra faire aucune concentration de troupes sur la rive droite de la Loire... 20,000 prisonniers seront dirigés sans délai sur Lyon, à la condition qu'ils seront expédiés immédiatement en Algérie après leur organisation, pour être employés dans cette colonie.

Art. 11. — Les traités de commerce avec les différents Etats allemands ayant été annulés par la guerre, le gouvernement français et le gouvernement allemand prendront pour base de leurs relations commerciales le régime du traitement réciproque de la nation la plus favorisée. Sont compris dans cette règle, les droits d'entrée et de sortie, le transit, les formalités douanières, l'admission et le traitement des sujets des deux nations ainsi que leurs agents. ...

Art. 12. Tous les Allemands expulsés conserveront la jouissance pleine et entière de tous les biens qu'ils ont acquis en France. Les Allemands qui avaient obtenu l'autorisation exigée par les lois françaises pour fixer leur domicile en France sont réintégrés dans tous leurs droits et peuvent en conséquence établir leur domicile sur le territoire français...

Les conditions ci-dessus sont applicables en parfaite réciprocité aux sujets français résidant ou devant résider en Allemagne.

Art. 16. — Les deux gouvernements français et allemand s'engagent réciproquement à faire respecter et entretenir les tombes des soldats ensevelis sur leurs territoires respectifs.

Art. 18. — Les ratifications du présent traité par l'Assemblée nationale et par le chef du pouvoir exécutif de la République française d'un côté et, de l'autre, par S. M. l'empereur allemand, seront échangées à Francfort dans le délai de dix jours, ou plus tôt si faire se peut.

En foi de quoi, les plénipotentiaires respectifs l'ont signé et y ont apposé le cachet de leurs armes.

Fait à Francfort, le 10 mai 1871.

Ont signé :

Jules Favre.   Von Bismarck.
Pouyer-Quertier.   Von Arnim.
E. de Goulard.

X

Résumé.

242. Cette opération, restée inachevée, mit particulièrement en relief notre ignorance du bon emploi des chemins de fer. Nous ne soupçonnions pas que, pour de courts trajets de trois, quatre ou cinq étapes, comme c'était le cas, les troupes considérées en masses arrivent plus vite par les routes ordinaires, surtout quand le voisinage de la voie permet de les alléger de leur gros matériel.

243. Trochu à Ducrot, 13 septembre :

« Si l'ennemi s'allongeait devant vos positions, cheminant vers Versailles, vous pourriez tâter son flanc, mais avec la plus grande circonspection. »

Le chef d'état-major général Schmitz à Ducrot, 19 septembre, pendant le combat de Châtillon :

« ... Je vous conjure de ne pas vous laisser cerner ; je fais appel à tous vos sentiments de prudence... »

244. La Délégation, mue par des considérations différentes, commettait une autre faute du même genre. Elle s'installait en quelque sorte aux avant-postes même, à Tours, ce qui allait présenter pour les chefs militaires d'absorbantes préoccupations et d'incessants ennuis.

« ... Un des grands reproches que le gouvernement ne cessait de faire aux militaires, c'est qu'on n'était pas en sécurité à Tours... Cette question de Tours nous a été fort préjudiciable. Si le gouvernement n'eût pas été là, nous eussions été beaucoup plus maîtres de nos mouvements, et je crois que nous aurions pu agir beaucoup plus facilement... » (Général BOREL.)

245. Chanzy fut du reste très mal récompensé de cette préoccupation.

Le 18 mars 1871, comme il arrivait sans défiance à Paris, les gardes nationaux de la Commune l'arrêtèrent dans son wagon même, à la gare du chemin de fer d'Orléans. Il fut conduit en prison au milieu des vociférations et des voies de fait d'une foule ignoble qui, le prenant pour Ducrot, voulait le fusiller à l'instant même, et ne changea ni d'avis ni d'allures quand elle fut mieux renseignée. Quelques membres de la Commune se compromirent en vain pour obtenir la mise en liberté du général. Le comman-dant de la garde nationale, Lullier, ne fut pas plus heureux. Mais la Commune flattait en ce moment le général Cremer, qu'elle espé-rait rallier à sa cause. Cremer en profita dans la nuit du 25-26 mars pour faire évader Chanzy, qui fila à pied, sans s'arrêter, jusqu'à Versailles.

246. « Les ordres de mouvement étaient conçus en dehors de moi ; je les recevais par l'aide de camp (lieutenant-colonel Leperche) du général en chef. » (Général BOREL.)

« Je n'ai jamais su le plan de campagne du général Bourbaki. » (Intendant FRIANT.)

247. Les extraits de la lettre écrite le 27 septembre par Trochu au général Vinoy donnent une idée des menues tracasseries qui absorbaient et harcelaient le gouverneur.

« ... L'idée que vous avez eue de renforcer par votre artillerie attelée les points faibles de notre enceinte ou de nos dehors était assurément juste et je n'ai pu que l'approuver. Mais je pensais que vous vous borneriez à pres-crire le placement des pièces, en utilisant la préparation existante, sans percer d'embrasures et sans modifier la forme du rempart. »

Le général Vinoy, ne pouvant utiliser ses pièces sans cela, avait fait percer six embrasures ; il avait déjà eu maille à partir avec le génie pour avoir fait de lui-même, bien qu'à cause des lenteurs de ce dernier service, des débroussaillements unanime-ment jugés nécessaires.

« ... En opérant autrement, vous avez blessé sans le vouloir et troublé dans ses responsabilités spéciales le général Bentzmann, qui commande l'artillerie de cette partie de l'enceinte. C'est un excellent homme autant qu'un excellent officier... Douloureusement affecté par les faits que je viens de rappeler, il paraissait disposé à se retirer... Je vous demande instamment de ménager avec soin des susceptibilités qui sont respectables parce qu'elles ont pour origine des sentiments de dévouement à la chose publique supé-rieurs aux susceptibilités d'arme spéciale, auxquelles d'ailleurs le règlement donnerait raison dans le cas actuel. Assuré d'être bien compris, je n'insiste pas... »

On se figure difficilement le maréchal Davout se mouvant de la sorte entre ses lieutenants.

248. « Nous pensons que la vraie cause des encombrements des gares tient au défaut d'unité dans le commandement militaire. Depuis le chef de l'état-major général jusqu'au sous officier qui vient chercher les bagages de son bataillon, depuis l'intendant général jusqu'au dernier garde-magasin, chacun se croit le droit de donner des ordres à un chef de gare... Un intendant expédie sans savoir ni sans pouvoir savoir si un autre intendant est en état de recevoir. Un officier d'administration vient chercher des avoines, tandis qu'un autre réclame des effets de campement. Chacun affirme que ses ordres sont de la plus extrême urgence et que de leur exécution dépend le succès de la campagne. Ajoutons à la confusion qu'engendre déjà une telle multiplicité dans les ordres les exigences de l'artillerie, qui désigne les voies dont elle seule pourra se servir, qui entend convertir les gares en arsenaux, comme l'intendance veut les convertir en magasins et en magasins roulants. » (JACQMIN.)

249. « Ainsi que le général Trochu l'a lui-même expliqué à l'Assemblée nationale, au début, « les espérances les plus étendues ne dépassaient pas » soixante jours ». Devant cette opinion de l'homme le plus compétent pour en bien juger, la Délégation de Tours ne pouvait raisonnablement compter sur un délai dépassant le milieu de novembre... De là, la hâte avec laquelle l'administration de la guerre a voulu marcher... Puis les évaluations se sont subitement élargies et M. Jules Favre, dans ses dépêches des 24 et 26 novembre, a itérativement indiqué la date du 15 décembre. Cette date elle-même n'a pas tardé à être dépassée par le même homme d'Etat, qui a alors fixé définitivement le 10 janvier. Mais cette nouvelle échéance ne devait pas davantage être conservée, puisque Paris n'a capitulé que le 28 janvier. Encore même la dépêche du général Trochu des 10-14 janvier laissait supposer une date plus reculée. Ainsi, les prévisions ont varié de près de trois mois, à partir du 15 novembre... » (DE FREYCINET.)

XI

§ 1. — Renseignements divers.

A PROPOS DES CARTES TOPOGRAPHIQUES.

Au début des hostilités, on distribua aux officiers de l'armée du Rhin un croquis au 200,000ᵉ portant comme titre : « Routes conduisant au Rhin ». C'était une très mauvaise copie, mal autographiée et peu lisible, de la carte de Reymann (Europe centrale) sur laquelle les voies ferrées ne figuraient même pas toutes. L'étendue du pays ainsi représenté en planimétrie seulement figurait un rectangle dont les grands côtés auraient été marqués par les lignes Luxembourg-Kirn et Metz-Deux-Ponts ; en supposant que ce document pût être pour quelqu'un d'une utilité relative quelconque, il n'intéressait donc en rien nos troupes d'Alsace, 1er, 5e et 7e corps.

« C'est avec ce croquis informe, dont ne voudraient pas nos écoles primaires, que nos officiers ont dû se guider et faire campagne. » (Am. LE FAURE).

« Les troupes allemandes avaient été abondamment pourvues de cartes des régions qui devaient servir de premier théâtre aux opérations... Au 31 juillet, on avait distribué environ 170,000 feuilles françaises, dont 135,000 à l'échelle du 80,000e. » (Grand état-major allemand).

Frossard au ministre, 21 juillet :

« N'avons pas une carte pour la frontière de France. »

Dernier télégramme d'Abel Douay, 4 août :

« Je suis absolument dépourvu de cartes. »

C'est sur la carte du département, trouvée à la préfecture de Metz, que les aides-majors généraux Lebrun et Jarras étudient, *en cabinet et au dernier moment,* les voies de communications qui rayonnent autour de cette forteresse de premier ordre.

L'armée de Châlons n'était guère mieux fournie que l'armée du Rhin. Le commandant en chef lui-même n'a pas de carte à grande échelle de la contrée. De Raucourt, le 30 août, il en envoie demander à Sedan : on ne peut lui donner que la carte vicinale de l'arrondissement empruntée à la sous-préfecture. Le 31 août, la brigade de cavalerie de Septeuil s'égare et entre en Belgique ; la division de cavalerie Brahaut, du 5e corps, file sur Mézières sans s'en douter et doit à cette faute d'échapper à la catastrophe du lendemain.

A son passage à Paris, Wimpfen, général en chef éventuel allant rejoindre l'armée de Mac-Mahon, ne peut obtenir du ministère que des feuilles au 320,000ᵉ. Il doit emprunter d'un ami la carte au 80,000ᵉ de l'état-major, cette même carte dont l'ennemi est abondamment pourvu.

De Moltke à Wimpfen, pendant les négociations du 1ᵉʳ-2 septembre :

« ... Vous ne connaissez pas la topographie des environs de Sedan. Voici un bizarre détail qui peint bien votre présomptueuse et inconséquente nation. A l'entrée de la campagne, vous avez fait distribuer à tous vos officiers des cartes de l'Allemagne, alors que vous n'avez pas le moyen d'étudier la topographie de votre pays, puisque vous n'aviez pas les cartes de votre propre territoire... »

La Délégation de Tours dut se préoccuper de la question des cartes comme de toutes les autres. Les cuivres de la carte d'état-major au 80,000ᵉ étaient restés à Paris ; dans la capitale, on croyait au début les avoir envoyés à Brest.

Tout d'abord, il fallut aller au plus pressé : on dut exclusivement acheter des cartes de France à l'étranger, *principalement en Allemagne*. Plus tard, un capitaine d'infanterie de marine, M. Jusselain, découvrit à Tours une collection complète au 80,000ᵉ appartenant à la ville (et non à la veuve d'un officier supérieur, ainsi qu'il a été dit souvent) ; il eut l'idée d'en faire des reproductions à l'aide de la photographie et de l'autographie. Grâce à l'appui tenace de M. de Freycinet, cet officier réussit, après des essais bien pénibles, par installer un atelier spécial qui fonctionna d'abord à Tours, plus tard à Bordeaux. D'autre part, le gouvernement de Paris envoya par pigeons des photographies très réduites des clichés retrouvés au ministère ; il expédia en outre quelques feuilles par les ballons.

A force de travail et d'ingéniosité, le capitaine Jusselain parvint à reconstituer des épreuves parfaitement lisibles, au 120,000ᵉ par la photographie, au 80,000ᵉ par l'autographie. Au 1ᵉʳ février, on avait ainsi tiré et distribué quinze mille feuilles. Il avait fallu du reste compléter celles-ci, en ce qui concerne notamment les chemins de fer, à l'aide des collections venues d'Allemagne, les cartes françaises n'ayant pas été tenues au courant depuis 1851.

Chanzy au ministre, 17 décembre :

« J'attends toujours impatiemment des cartes de la Sarthe et du pays au delà. »

Rapprochement : la collection de cartes militaires du maréchal Davout, cédée en 1874 au dépôt de la guerre, comprenait près de cinq cents feuilles, dont pour l'Allemagne seule cent six feuilles. presque toutes au 86,400e.

GRADES PROVISOIRES ET ARMÉE AUXILIAIRE.

Résumé des dispositions temporaires concernant l'avancement, les grades donnés à titre provisoire et ceux conférés dans l'armée auxiliaire.

Décret du 13 octobre 1870 :

« ARTICLE PREMIER — Les lois qui règlent les nominations et l'avancement dans l'armée sont suspendues pendant la durée de la guerre... Des avancements extraordinaires pourront être accordés à raison des services rendus et des capacités...

» ART. 2. — Des grades militaires pourront être conférés à des personnes n'appartenant pas à l'armée. Toutefois ces grades ne resteront pas acquis après la guerre s'ils n'ont pas été justifiés par quelque action d'éclat ou par d'importants services constatés par le gouvernement... »

Décret du 14 octobre :

« ARTICLE PREMIER. — Les gardes nationales mobile et mobilisée, les corps francs et autres troupes armées relevant du ministère de la guerre, mais n'appartenant pas à l'armée régulière, sont groupés sous la dénomination commune d'*armée auxiliaire...*

» ART. 2. — L'armée auxiliaire et l'armée régulière sont entièrement assimilées l'une à l'autre *pendant la durée de la guerre...* Les troupes des deux armées peuvent être fusionnées à tout instant, selon les besoins de la guerre. Les officiers peuvent exercer indifféremment leur commandement dans l'une ou l'autre armée sans distinction d'origine.

» ART. 3. — Font nécessairement partie de l'armée auxiliaire, bien que nommés directement dans l'armée régulière, les officiers et sous-officiers choisis en dehors de l'armée en exécution de l'article 2 du décret du 13 octobre. Toute nomination faite dans ces conditions porte expressément la mention : *Armée auxiliaire.* Au contraire, les anciens officiers et sous-officiers qui rentrent dans l'armée avec leur ancien grade appartiennent à l'armée régulière, à moins qu'ils n'aient fait connaître eux-mêmes que leur reprise du service était limitée à la durée de la guerre, auquel cas un grade supérieur peut leur être conféré dans l'armée auxiliaire.

» ART. 4. — A la cessation des hostilités, il sera statué sur tous les grades conférés dans l'armée auxiliaire. »

Décret du 3 novembre :

« ARTICLE PREMIER. — A partir de ce jour, les commissions délivrées... aux officiers et sous-officiers de l'armée régulière seront établies à *titre provisoire* toutes les fois que le titulaire ne se trouvera pas dans les conditions requises pour l'avancement. Ces commissions pourront être rendues définitives à tout instant, à la suite de quelque action d'éclat ou de services exceptionnels dûment constatés.

» ART. 2. — Les commissions provisoires sont pendant toute leur durée entièrement assimilées aux commissions définitives. Elles confèrent la même autorité et donnent lieu aux mêmes avantages et prérogatives. »

En résumé, les officiers et sous-officiers de l'armée régulière servant dans l'une ou l'autre armée obtenaient des grades à titre provisoire. Ceux de l'armée auxiliaire employés de la même façon recevaient des grades à titre auxiliaire.

Exemples :

1° Ont été nommés généraux de division à titre provisoire :

Borel, Billot, de Sonis, Loysel, Cremer, etc..., qui appartenaient déjà à l'armée ;

2° Ont été nommés généraux de division à titre auxiliaire :

Le capitaine de vaisseau Jaurès, commandant le 21e corps ;

L'ex-préfet de police de Kératry, commandant le camp de Conlie ;

L'ex-député Estancelin, commandant en Normandie (rive gauche de la Seine) ;

Le général Polignac, à l'armée de l'Est ;

L'ex-lieutenant-colonel Ségard, à l'armée de l'Est ;

L'ex-lieutenant d'infanterie de marine Robin, à l'armée du Nord, etc...

§ II. — Renseignements statistiques.

PERSONNELS MOBILISÉS

Français ......
{
Par l'Empire......................... 650.000 h.
Garde nationale de Paris............... 330.000 h.
Par la délégation dans les départements.. 1.000.000 h.
}

TOTAL........ 1.980.000 h.

Soit, en chiffres ronds, deux millions d'hommes.

Les nombres ci-dessus ne peuvent être qu'approximatifs, mais pour se rendre compte qu'ils ne sont pas loin de l'exacte vérité, il suffit de comparer ce total de deux millions aux nombres donnés pour chacune des catégories ci-après, auxquelles il convient d'ajouter encore les blessés non guéris et les malades du moment : disponibles au 3 février, chiffre officiel (de Freycinet); captifs en Allemagne (comptes de l'état-major allemand); prisonniers dans Paris (états d'effectifs remis à l'autorité allemande); internés en Suisse et en Belgique (règlements de comptes); tués ou morts (docteur Chenu); cas de congélation, etc...

Allemands ....
{
Ont franchi la frontière française :
33,101 officiers et 1,113,254 hommes de troupe, soit...................... 1.146.355 h.
Sont restés à l'intérieur de l'Allemagne :
9,319 officiers et 338,738 hommes de troupe, soit...................... 348.057 h.

TOTAL du personnel mobilisé.... 1.494.412 h.
dont pour la Prusse seule.............. 1.028.126 h.
}

FORCES ET MOYENS EN PRÉSENCE DURANT L'ARMISTICE (FÉVRIER 1871)

Français......
{
A la date du 3 février.
{
En ligne, aux armées....... 534.000 h.
  dont 20,000 caval. montés
Dans les camps et dépôts... 354.000 h.

TOTAL........ 888.000 h.
}
}

Français..	A la date du 22 février.	Canons de campagne aux armées ou disponibles......	1.905
		Fusils chassepots...........	300.000
		Fusils d'autres types se chargeant par la culasse......	200.000
		Autres fusils de divers modèles pouvant être utilisés...	900.000

Allemands

Au mois de février 1871

L'effectif le plus élevé des Allemands *présents* en France est celui de février 1871.................... 936.915 h.

dont 670,000 combattants, et 240.000 chev.

combattants.
- Infanterie 572,000 h.
- Cavalerie 62,000 h.
- Artillerie 36,000 h.

670.000 h.

Servant 1,742 pièces de campagne. Il restait en outre en Allemagne environ 250,000 soldats instruits dont on pouvait disposer pour la campagne

GÉNÉRAUX FRANÇAIS TUÉS OU BLESSÉS MORTELLEMENT SUR LES CHAMPS
DE BATAILLE DE 1870-1871

ABEL DOUAY.	Général de division.	4 août 1870	à Wissembourg.
RAOULT.	Id.	6 août 1870	à Frœschwiller.
COLSON.	Général de brigade.	Id.	Id.
MAIRE.	Id.	Id.	Id.
DOENS.	Id.	Id.	à Forbach.
DECAEN.	Général de division commandant de corps d'armée.	14 août 1870	à Borny.
LEGRAND.	Général de division.	16 août 1870	à Rezonville.
BRAYER.	Général de brigade.	Id.	Id.
MARGUENAT.	Id.	Id.	Id.
MORAND.	Id.	30 août 1870	à Beaumont.
DE BRETTEVILLE.	Id.	Id.	Id.
MANÈQUE.	Général de division.	31 août 1870	à Noisseville.
MARGUERITTE.	Id.	1er sept. 1870	à Sedan.
GUYOT DE LESPART.	Id.	Id.	Id.
TILLARD.	Général de brigade.	Id.	Id.
GIRARD.	Id.	Id.	Id.
LIÉDOT.	Id.	Id.	Id.
THÉREMIN D'HAME.	Id.	9 sept. 1870	à Laon.
GUILHEM.	Id.	30 sept. 1870	à Chevilly.
GIBON.	Id.	7 oct. 1870	à Ladonchamps.
RENAULT.	Général de division commandant de corps d'armée.	30 nov. 1870	à Villiers.
LADREIT DE LA CHAR- RIÈRE.	Général de brigade.	Id.	à Montmesly.
DEFLANDRE.	Général de division.	8 déc. 1870	à Beaugency.
BLAISE.	Général de brigade.	21 déc. 1870	à Ville-Evrard.
BOSSAK-HAUKÉ.	Général de brigade (polonais).	23 janv. 1871	à Dijon.

Soit au total 25 généraux, dont 2 commandants de corps d'armée, 7 autres
généraux de division et 16 généraux de brigade.

PERTES EN PERSONNEL

Français .....

Tués, morts de blessures ou de maladies, disparus non retrouvés.................... 120.000 h.
Morts en captivité en Allemagne........... 17.000 h.
Morts en Suisse, en Belgique, divers, etc.... 2.000 h.

TOTAL des morts..... 139.000 h.

Emmenés en captivité en Allemagne....... 383.841 h.
Prisonniers dans Paris................... 249.152 h.
Internés en Suisse...................... 90.573 h.
Internés en Belgique.................... 3.000 h.

TOTAL des désarmés.. 726.566 h.

Nombre approximatif des blessés par le feu n'ayant pas succombé................. 140.000 h.
Nombre approximatif des cas de congélation durant l'hiver....................... 200.000 h.

Allemands ....

Tués, morts de leurs blessures, disparus non retrouvés (7,000)..................... 35.000 h.
Morts de maladies....................... 12.000 h.

TOTAL des morts.... 47.000 h.

Nombre approximinatif des blessés par le feu n'ayant pas succombé................. 80.000 h.
Prisonniers .... 13.000 h.

PERTES MATÉRIELLES DES FRANÇAIS

En outillage de guerre.......

Drapeaux............................. 107
Canons de campagne.................. .... 1.915
Canons de place ou de siège................ 5.526
Armes à feu portatives................... 855.000
Caissons ou fourgons, environ.............. 12.000
Wagons............................. 600
Plus un nombre indéterminé de voitures et d'attelages de réquisitions perdus au service des Allemands.

Indemnité de guerre proprement dite (5 milliards)...................	5.000.000.000 fr.
Amendes, contributions, montant des réquisitions....................	593.000.000
Dépenses de l'Empire (lois des 21 juillet et 11 août 1870).............	1.000.000.000
Dépenses de la garde nationale de Paris........................	140.000.000
Dépenses de la Délégation dans les départements...................	600.000.000
Dépenses du gouvernement de la Défense nationale à Paris (se confondant en grande partie avec celles de l'Empire).....................	»

Principales pertes en valeurs diverses.....

Si à ces nombres on ajoute les dépenses nécessitées par la répression de la Commune, la valeur de notre matériel de guerre perdu, les destructions opérées par Français et Allemands dans 35 départements, on arrive à constater que les événements de 1870-71 nous ont coûté certainement plus de dix milliards. On peut s'en rendre compte d'une autre façon :

« Le service de la dette publique et des dotations était pour 1870 de 553 millions ; pour l'année 1876, il était de 1 milliard 31 millions : d'où différence en plus de 478 millions, ce qui représente, en chiffres ronds, un capital de 10 milliards. » (Frédéric Lock.)

ÉTENDUE ET EFFETS DE L'INVASION

36 départements sur 89 ont été envahis en tout ou en partie, ou ont été en contact avec l'ennemi. Ce sont (dans l'ordre alphabétique) :

Aisne.	Indre et-Loire.	Moselle.	Saône-et-Loire.
Ardennes.	Jura.	Nièvre.	Sarthe.
Aube.	Loir-et-Cher.	Nord.	Seine.
Calvados.	Loiret.	Oise.	Seine-Inférieure.
Cher.	Marne.	Orne.	Seine-et-Marne.
Côte-d'Or.	Haute-Marne.	Pas-de-Calais.	Seine-et-Oise.
Doubs.	Mayenne.	Bas-Rhin.	Somme.
Eure.	Meurthe.	Haut-Rhin.	Vosges.
Eure-et-Loir.	Meuse.	Haute-Saône.	Yonne.

Les principaux effets matériels de l'invasion se sont manifestés par :

1° Les impôts, contributions et amendes en espèces ;

2° Les réquisitions en nature ;

3° Le logement et la nourriture sur place ;

4° Les dommages et destructions résultant d'actions de guerre proprement dites : batailles, combats, marches, représailles, etc.

Sur les 36 départements envahis, 28 ont subi tous ces effets (1°, 2°, 3°, 4°) ;

4 n'ont évité que le logement et la nourriture sur place (3°) ;

2, la Seine et la Mayenne, n'ont souffert que des impôts, contributions et amendes (1°), et des actions de guerre (4°) ;

1, la Nièvre, a supporté les impôts, contributions et amendes (1°) et les réquisitions en nature (2°) ;

Enfin, un dernier département, la Saône-et-Loire, n'a été éprouvé que par les actions de guerre (4°).

ORDRES DE BATAILLE

des

DIVERSES ARMÉES FRANÇAISES ET ALLEMANDES.

Armée du Rhin.
Armées allemandes.
Armée de Châlons.
Armées de la Loire.
Armée du Nord.
Armée de l'Est.
Armées de Paris.

ARMÉE DU RHIN
(1er août 1870.)

Commandant en chef : l'empereur NAPOLÉON III.

Major général : maréchal LE BŒUF.

Aides majors généraux : généraux de division LEBRUN et JARRAS.

Commandant de l'artillerie : général SOLEILLE. — Commandant du génie : général COFFINIÈRES DE NORDECK.

CORPS D'ARMÉE	DIVISIONS.	BRIGADES.	CORPS DE TROUPE.	OBSERVATIONS.
Garde : Général Bourbaki. Chef d'état-major : Général d'Auvergne.	1re Deligny...	Brincourt. Garnier.	Chass., 1er et 2e volt. 3e et 4e volt.	
	2e Picard.....	Jeanningros. De Lacroix.	Zouaves et 1er gren. 2e et 3e gren.	
	De cavalerie : Desvaux	Halna du Fretay. De France. Du Preuil.	Guid. et chass. Lanc. et drag. Cuir. et carab.	
1er *corps :* Maréchal de Mac-Mahon. Chef d'état-major : Général Colson (3), puis général Faure.	1re Ducrot....	Wolff. Du Houlbec.	18e et 96e ; 13e ch. 45e de l. ; 1er zouav.	
	2e Abel Douay (1).........	De Montmarie Pellé.	50e et 74e ; 16e ch. 78e de l. ; 1er tir. alg.	(1) Tué à Wissembourg.
	3e Raoult (2)	L'Hérillier. Lefebvre.	36e de l. ; 2e zouav. ; 8e ch. 48e de l. ; 2e tir. alg.	(2) Tué à Frœschwiller.
	4e De Lartigue	Fraboulet de Kerléadec. Lacretelle.	56e de l. ; 3e zouav. ; 1er ch. 87e de l. ; 3e tir. alg.	(3) Tué à Frœschwiller.
	De cavalerie . Duhesme....	De Septeuil. De Nansouty. Michel.	3e huss. ; 11e ch. 2e drag. ; 2e et 6e lanc. 8e et 9e cuirass.	

CORPS D'ARMÉE	DIVISIONS.	BRIGADES.	CORPS DE TROUPE.	OBSERVATIONS.
2e corps : Général Frossard.	1re Vergé.....	Valazé. Jolivet.	32e et 35e de l.; 3e ch. 76e et 77e de l.	
	2e Bataille (1) (puis Fauvart-Bastoul).	Pouget. Fauvart-Bastoul.	8e et 23e; 12e ch. 66e et 67e de l.	(1) Grièvement blessé à Rezonville.
Chef d'état-major : Général Saget	3e De Laveaucoupet	Doëns (2). Micheler.	2e et 63e de l.; 10e ch. 24e et 40e de l.	(2) Tué à Forbach.
	De cavalerie : Lichtlin (3) (puis Marmier) (4)	De Valabrègue. Bachelier.	4e et 5e ch. 7e et 12e drag.	(3) Malade; n'a pas exercé. (4) N'a pas rejoint.
3e corps : Successivement maréchal Bazaine, général Decaen (6), maréchal Le Bœuf.	1re Montaudon	Aymard. Clinchant.	51e et 62e; 18e ch. 81e et 95e.	
	2e De Castagny (5) (puis Nayral)	Nayral. Duplessis.	19e et 41e; 15e ch. 69e et 90e.	(5) Grièvement blessé à Borny.
	3e Metman ...	De Potier. Arnaudeau.	7e et 29e; 7e ch. 59e et 71e.	(6) Tué à Borny.
Chef d'état-major : Général Manèque (7).	4e Decaen (puis Aymard).......	De Brauer. Sanglé-Ferrière.	44e et 60e; 11e ch. 80e et 85e.	
	De cavalerie : De Clérembault	Bruchard. De Maubranches. De Juniac.	2e, 3e et 10e ch. 2e et 4e drag. 5e et 8e drag.	(7) Tué à Noisseville.
4e corps : Général Ladmirault.	1re De Cissey.	Brayer (8). De Golberg.	1er et 6e de l.; 20e ch. 57e et 73e.	(8) Tué à Rezonville.
	2e Grenier....	Véron-Bellecourt. Pradier.	13e et 43e; 5e ch. 64e et 98e.	
Chef d'état-major : Général Osmont.	3e De Lorencez	Pajol. Berger.	15e et 33e; 2e ch. 54e et 65e.	
	De cavalerie : Legrand (10).	De Montaigu (9). De Gondrecourt.	2e et 7e huss. 3e et 11e drag.	(9) Blessé et pris à Rezonville. (10) Tué à Rezonville.

CORPS D'ARMÉE	DIVISIONS.	BRIGADES.	CORPS DE TROUPE.	OBSERVATIONS.
5e corps : Général de Failly. Chef d'état-major : Général Besson.	1re Goze......	Saurin. Nicolas Nicolas.	11e et 46e de l. ; 4e ch. 61e et 86e.	
	2e Labadie d'Aydrein ...	Lapasset. De Maussion.	84e, 97e; 14e ch. 49e et 88e.	
	3e Guyot de Lespart	Abbatucci. De Fontanges.	17e et 27e; 19e ch. 30e et 68e.	
	De cavalerie : Brahaut......	De Bernis. De la Mortière	5e huss.; 12e ch. 3e et 5e lanc.	
6e corps : Maréchal Canrobert. Chef d'état-major : Général Henri	1re Tixier......	Péchot. Le Roy de Dais	4e et 10e; 9e ch. 12e et 100e.	Sont restés au camp de Châlons : les 14e, 20e et 31e de ligne ; l'artillerie de la 2e division; la réserve d'artillerie du corps d'armée; toute la cavalerie, le génie et les parcs.
	2e Bisson......	Archinard. Maurice.	9e et 11e. 20e et 31e.	
	3e Lafont de Villiers......	De Sonnay. Colin.	75e et 91e. 93e et 94e.	
	4e Levassor-Sorval.......	De Marguenat De Chanaleilles.	25e et 26e. 28e et 70e.	
	De cavalerie : De Salignac-Fénelon... .	Tilliard. Savaresse. De Béville.	1er huss. et 6e ch. 1er et 7e lanc. 5e et 6e cuirass.	
7e corps : Général Félix Douay. Chef d'état-major : Général Renson.	1re Conseil-Dumesnil	Nicolaï (1). Maire (2).	31e et 21e; 17e ch. 47e et 99e.	(1) Pris dans Reichshoffen. (2) Tué à Fræschwiller.
	2e Liébert.....	Guiomar. De la Bastide.	5e et 37e; 6e ch. 53e et 89e.	
	3e Dumont....	Bordas. Bittard des Portes.	52e et 72e. 82e et 83e.	
	De cavalerie : Ameil.......	Cambriel. Ducoulombier	4e huss.; 4e et 8e lanc. 6e huss. et 6e drag.	

CORPS D'ARMÉE	DIVISIONS.	BRIGADES.	CORPS DE TROUPE.	OBSERVATIONS.
Cavalerie de réserve.	1re Du Barail.	Margueritte. De Lajaille.	1er et 3e chass. d'Afr. 2e et 4e chass. d'Afr.	
	2e De Bonnemains.......	Girard. De Brauer.	1er et 4e cuir. 2e et 3e cuir.	
	3e De Forton .	Murat. De Grammont	1er et 2e drag. 7e et 10e cuir.	

ARMÉES ALLEMANDES

(Au complet, c'est-à-dire après l'arrivée des corps laissés en Allemagne au début.)

———

Généralissime : le roi GUILLAUME DE PRUSSE.

Chef d'état-major général : DE MOLTKE, général d'infanterie.

Ministre de la guerre : DE ROON, général d'infanterie.

Chancelier fédéral et ministre de Prusse : comte DE BISMARCK-SCHŒNHAUSEN, général-major.

CORPS D'ARMÉE.	DIVISIONS.	BRIGADES.	OBSERVATIONS.
Ire ARMÉE. Commandant en chef : STEINMETZ, général d'infanterie. Chef d'état-major général : DE SPERLING, général-major.			
VIIe corps. Général de Zastrow.	13e, de Glümer ..	25q. de Osten-Sacken. 26e, de Goltz.	
Chef d'état-major: colonel Unger.	14e, de Kamecke.	27e, de François(1) 28e, de Woyna II.	(1) Tué à Forbach.
VIIIe corps. Général de Gœben.	15e, de Weltzien.	29e, de Wedell. 30e, de Strubberg.	
Chef d'état-major : colonel de Witzendorf.	16e, de Barnekov.	31e, de Gneisenau. 32e, de Rex.	
Ier corps. Général de Manteuffel.	1re, de Bentheim.	1re, de Gayl. 2e, de Falkenstein.	
Chef d'état-major : lieutenant-colonel de Burg.	2e, de Pritzelwitz.	3e, de Memerty. 4e, de Zglinitski.	
Cavalerie de réserve.	1re, de Hartmann.	1re, de Lüderitz. 2e, Baumgarth.	
	3e de Grœben....	6e, de Mirus. 7e, de Dohna.	

CORPS D'ARMÉE.	DIVISIONS.	BRIGADES.	OBSERVATIONS.

IIᵉ ARMÉE.

Commandant en chef : prince FRÉDÉRIC-CHARLES, général de cavalerie.
Chef d'état-major général : DE STIEHLE, général-major.

CORPS D'ARMÉE.	DIVISIONS.	BRIGADES.	OBSERVATIONS.
Garde : Général prince Auguste de Wurtemberg. Chef d'état-major : général major de Dannenberg.	1ʳᵉ, de Pape......	1ʳᵉ, de Kessel. 2ᵉ, de Medem.	
	2ᵉ, de Budritzki..	3ᵉ, Knapp de Knappstadt. 4ᵉ, de Berger.	
	De cavalerie : de Goltz.......	1ʳᵉ. de Brandebourg I. 2ᵉ, prince Albrecht (fils). 3ᵉ, de Brandebourg II.	
IIᵉ corps : Général Fransecky. Chef d'état-major : colonel de Wichmann.	3ᵉ, de Hartmann.	5ᵉ, de Koblinsky. 6ᵉ, de Decken.	
	4ᵉ. Hann de Weihern	7ᵉ, du Trossel. 8ᵉ, de Kettler.	
IIIᵉ corps : Général d'Alvensleben II. Chef d'état-major : colonel de Voigts-Rhetz.	5ᵉ, Stülpnagel....	9ᵉ, de Dœring. 10ᵉ, de Schwerin.	
	6ᵉ. de Buddenbrock..........	11ᵉ, de Rothmaler. 12ᵉ, de Bismarck.	
IVᵉ corps : Général d'Alvensleben I. Chef d'état-major : colonel de Thile.	7ᵉ, de Schwartzhoff.	13ᵉ, de Bories. 14ᵉ, de Zychlinski.	
	8ᵉ de Schœler ...	15ᵉ, de Kessler. 16ᵉ, de Scheffler.	
IXᵉ corps : Général de Manstein. Chef d'état-major : major Bronsart de Schellendorf.	18ᵉ, de Wrangel..	35ᵉ, de Blumenthal. 36ᵉ, de Below.	
	25ᵉ, prince Louis de Hesse.......	49ᵉ, de Wittich. 50ᵉ, de Lyncker. de cavalerie, de Schlottheim.	

CORPS D'ARMÉE.	DIVISIONS.	BRIGADES.	OBSERVATIONS.
X^e corps : Général de Voigts-Rhetz. Chef d'état-major : lieutenant-colonel de Caprivi.	19e, de Schwarz-koppen .... 20e, de Kraatz-Koschlau	37e, Lehmann. 38e, de Wedell. 39e, de Woyna I. 40e, de Diringsho-fen.	
XIIe corps : Prince royal Albert de Saxe. Chef d'état-major : lieutenant-colonel de Zezschwitz.	23e, prince Georges de Saxe... 24e, de Nehrhoff.. 12e de cavalerie, comte de Lippe.	45e, de Craushaar. 46e, de Montbé. 47e, de Leonhardi. 48e, de Schultz. 23e, Krug de Nidda. 24e, Sennft de Pilsach.	
Cavalerie de réserve.	5e, de Rheinbaben 6e, prince Guillaume de Mecklembourg.........	11e, de Barby. 12e, de Bredow. 13e, de Redern. 14e, de Diepenbroick-Grüter. 15e, de Rauch	

IIIe ARMÉE.

Commandant en chef : prince royal Frédéric-Guillaume de Prusse, général d'infanterie.
Chef d'état-major général : lieutenant-général de Blumenthal.

V^e corps : Général de Kirchbach. Chef d'état-major : colonel d'Esch	9e, de Sandrart .. 10e, de Schmidt ..	17e, de Bothmer. 18e, de Voigts-Rhetz. 19e, de Henning. 20e, Walther de Montbary.	
VIe corps : Général de Tümpling. Chef d'état-major : colonel de Salviati.	11e, de Gordon... 12e, de Hoffmann.	21e, de Malachowski. 22e, de Eckartsberg. 23e, Gündel. 24e, de Fabeck.	

CORPS D'ARMÉE.	DIVISIONS.	BRIGADES.	OBSERVATIONS.
XIe corps : Général de Bose (puis de Gers- dorf). Chef d'état-ma- jor : général major de Kaminski.	21e de Schmacht- meyer......... 22e, de Gersdorf..	41e, de Koblinsky. 42e, de Thile. 43e, de Konsky. 44e, de Schkopp.	
Ier corps bavarois: Général de Thann von der Thann. Chef d'état-ma- jor : lieutenant-co- lonel de Heinleth.	1re, de Stephan... 2e, de Pappenheim »	1re, Dietl. 2e, d'Orff. 4e, Schumacher. 3e, de Tann. de cuirassiers, de Tausch.	
IIe corps bavarois: Général de Hart- mann. Chef d'état-ma- jor : colonel de Horn.	3e, de Walther... 4e, de Bothmer... »	5e, de Schleich. 6e, de Wissel. 7e, de Thiereck. 8e, Maillinger. de uhlans, de Multzer.	
Corps wurtember- geois-badois : Général prus- sien de Werder. Chef d'état-ma- jor : lieutenant-co- lonel de Lesczins- ky.	Wurtembergeoise Général prussien d'Obernitz..... Badoise : De Beyer........	1re, de Reitzens- tein. 2e, de Startkloff. 3e, de Hügel. de cavalerie, de Scheler. 1re, du Jarrys de la Roche. 2e, Degenfeld. 3e, Keller. de cavalerie, de La Roche-Starken- feld.	
Cavalerie de réserve.	2e, de Stolberg... 4e, prince Albrecht (père).........	3e, de Colomb. 4e, de Barnekow. 5e, de Baumbach. 8e, de Hontheim. 9e, de Bernhardi. 10e, de Krosigk.	

Principaux corps ou fractions de corps allemands
constitués ultérieurement.

(Ces diverses formations ont subi de nombreuses modifications au cours
de la guerre.)

CORPS ou DÉTACHEMENTS.	DIVISIONS.	BRIGADES.	OBSERVATIONS.
Divisions de réserve de landwehr, successivement formées et appelées en France.	De la garde : Général de Lœn.	1re, de Gandy. 2e, de Koehl.	
	1re. de Tresckow I.	de ligne mixte, de Goltz. 1re, de Buddenbrock. 2e, d'Avemann.	
	2e, de Selchow...	3e, Arnoldi. 4e, Ranisch.	
	3e, Schüler de Senden........	5e, Ruville. 6e, de Gilsa.	
	4e, de Schmeling.	7e, Knappe de Knappstadt. 8e de Zimmermann. De cavalerie, de Tresckow II.	
Division Kümmer.	Schüler de Senden...........	Ruville. De Gilsa.	
	»	De ligne, de Blankensee.	
XIIIe corps : Grand-duc de Mecklembourg. Chef d'état-major : colonel de Krensky.	17e, Schimmelmann.........	33e, de Kottwitz. 34e, de Manteuffel.	
	De Selchow......	Arnoldi. Ranisch.	
XIVe corps après Strasbourg : Général de Werder. Chef d'état-major : lieutenant-colonel de Lesczinsky.	Badoise : · De Glümer	Keller. Degenfeld. Wechmar. De cavalerie, de Willisen.	
	De Schmeling ...	Knappe de Knappstadt. De Zimmermann. De cavalerie, de Tresckow II.	
	»	Mixte : de Goltz.	

ARMÉE DE CHALONS

Commandant en chef : maréchal de MAC-MAHON.
Chef d'état-major général : général FAURE.
Commandant de l'artillerie : général FORGEOT.
Commandant du génie : général DEJEAN.

CORPS D'ARMÉE	DIVISIONS.	BRIGADES.	CORPS DE TROUPE. (Non indiqués dans l'armée du Rhin.)	OBSERVATIONS.
1er corps : Général Du-crot. Chef d'état-major : colonel Robert.	1re, Wolff....	Moreno. Du Houlbec.		
	2e, Pellé......	De Montmarie Gandil.		
	3e, L'Hérillier.	Carteret-Tré-court. Lefebvre.		
	4e, de Lartigue.	De Kerleadec. Carré de Belle-mare.		
	De cavalerie : Duhesme (1) (puis Michel).	De Septeuil. Nansouty. Michel.		(1) Malade; remplacé le 25 août.
5e corps : Général de Failly. Chef d'état-major : général Besson.	1re, Goze.....	Saurin. Nicolas-Nicolas.		
	2e, Labadie d'Aydrein..	De Maussion (Lapasset, à Metz).		
	3e, Guyot de Lespart (2)..	Abbatucci. De Fontanges.		(2) Tué à Sedan.
	De cavalerie : Brahaut (3)..	De Bernis. De la Mortière.		(3) Division égarée le 31 août, regagne Paris.
7e corps : Général Félix Douay. Chef d'état-major : général Renson.	1re, Conseil-Dumesnil....	Morand (4). Chagrin de Saint-Hilaire.		(4) Tué à Beaumont.
	2e, Liébert ...	Guiomar. De la Bastide.		

CORPS D'ARMÉE	DIVISIONS.	BRIGADES.	CORPS DE TROUPE. (Non indiqués dans l'armée du Rhin.)	OBSERVATIONS.
7e *corps.* (Suite.)	3e, Dumont...	Bordas. Bittard des Portes.		
	De cavalerie : Ameil.......	Cambriel. Ducoulombier		
12e *corps.* Général Lebrun. Chef d'état-major : général Gresley.	1re, Grandchamp.....	Cambriels (1). De la Villeneuve.......	22e et 34e. 58e et 79e.	(1) Grièvement blessé à Sedan, abandonné par les Allemands.
	2e, Lacretelle.	Bernier-Maligny......... Marquisan ...	14e, 20e et 31e de ligne. 3e et 4e de marche.	
	3e, de Vassoigne........	Reboul....... Martin des Pallières (2).	1er et 2e d'inf. de marine. 3e et 4e d'inf. de marine.	(2) Id.
	De cavalerie : de Salignac-Fénelon.	Savaresse.... De Béville.... De Vandœuvre.........	1er et 7e lanc. 5e et 6e cuirass. 7e et 8e chass.	
Cavalerie de réserve.	1re, Margueritte (4).....	Tilliard (3)... De Galliffet ..	1er huss., 6e chass. 1er, 3e et 4e chass. d'Afr.	(3) (4) (5) Tués à Sedan.
	2e, de Bonnemains.......	Girard (5).... De Brauer....	1er et 4e cuiras. 2e et 3e cuirass.	

ARMÉES DE LA LOIRE

Corps successivement formés.

CORPS D'ARMÉE.	DIVISIONS.	BRIGADES.	OBSERVATIONS.
15e corps : Successivement général de la Motterouge, général d'Aurelle de Paladines, général Martin des Pallières.	1re, Martin des Pallières (puis de Chabron)....	De Chabron. Bertrand.	
	2e, Martineau des Chenez (puis Rebillard).........	D'Aries. Rebillard.	
	3e, Peytavin......	Peytavin. Martinez.	
	De cavalrie, Reyau (1) (puis de Longerue)..........	De Longerue. De Bremond d'Ars Dastugue.	(1) Destitué après Coulmiers.
16e corps : Successivement d'Aurelle, Pourcet (2), Chanzy, Jauréguiberry.	1re, Jauréguiberry (puis Deplanque)	Maurandy. Deplanque.	
	2e, Barry........	Desmaisons. Barry.	
	3e successivement Chanzy, Maurandy, Bourdillon..	Bourdillon. Séatelli.	(2) Destitué le 2 novembre.
	De cavalerie, Ressayre (3) (puis Michel).........	Tripart. Digard. Abdelal.	(3) Grièvement blessé à Coulmiers.
17e corps : Successivement Durieu (4), de Sonis (5), Guépratte, de Colomb.	1re, de Roquebrune..........	Pàris. Faussemagne.	
	2e, Feillet-Pilatrie (puis de Jancigny)............	Bonnet. Hainglaise.	
	3e, Deflandre (6) (puis de Jouffroy, et Maurandy)...	De Jouffroy. Sautereau.	(4) Destitué le 22 novembre. (5) Grièvement blessé à Loigny. (6) Tué à Beaugency.
	De cavalerie, successivement de Longerue. de Sonis, Guépratte. d'Espeuilles.....	De Landreville. Guépratte.	

CORPS D'ARMÉE.	DIVISIONS.	BRIGADES.	OBSERVATIONS.
18ᵉ corps : Successivement Abdelal, Billot, Bourbaki.	1ʳᵉ, Feillet-Pila- trie.............	Hainglaise. Robert.	
	2ᵉ, Penhoat......	Perrin. Perreaux.	
	3ᵉ, Bonnet.......	N... Marcq-St-Hilaire.	
	De cavalerie, de Brémond d'Ars.	Charlemagne. Guyon-Vernier.	
19ᵉ corps : Successivement Briand, Dargent.	1ʳᵉ, Bardin	Ritter. Lizeux.	
	2ᵉ, Girard........	Robert. De Brême.	
	3ᵉ, Saussier	Roy.	
	De cavalerie, Ab- delal...........	De Kerhué. De Vougues.	
20ᵉ corps : Général Crouzat.	1ʳᵉ, de Polignac..	Boisson. Brisac.	
	2ᵉ, Thornton	Aube. Vivenot.	
	3ᵉ, Ségard.......	Durochat. Girard.	
21ᵉ corps : Successivement général Fiéreck, capitaine de vais- seau Jaurès.	1ʳᵉ, Rousseau....	Roux. De Villars.	
	2ᵉ, Collin........	De la Marlière. Des Montis.	
	3ᵉ, Villeneuve....	Stéphanie. Du Temple.	
	Gougeard........	» »	
	De cavalerie, Guil- lon	(6 régiments non embrigadés).	

CORPS D'ARMÉE.	DIVISIONS.	BRIGADES.	OBSERVATIONS.
25e *corps* : Général Pourcet.	1re, Bruat........	De Seigneurens. De Langourian.	
	2e, Chabron......	Chaulon. Leclaire.	
	3e, Ferri-Pisani-Jourdan........	Laurens. Blot.	
	De cavalerie, Tripart............	Delhorme. De Bruchard.	
26e *corps :* Général Billot.	1re, D'Aries......	De la Colombe. Delatouche.	
	2e, de la Blanchetée............	Villain. Perrin.	
	3e, Bouillé........	N... N...	
	De cavalerie, de Boerio.........	Letuvé. Pollard.	

ARMÉE DU NORD
(15 janvier 1871.)

Commandant en chef : général FAIDHERBE.

Chef d'état-major général : général FARRE.

CORPS D'ARMÉE.	DIVISIONS.	BRIGADES.	OBSERVATIONS.
22e *corps :* Général Lecointe.	Derroja..........	Lieutenant-colonel Aynès. Colonel Pittié.	
	Dufaure du Bessol.	Colonel Fœrster. Colonel Gislain.	
23e *corps :* Général Paulze-d'Ivoy.	Payen............	Colonel Michelet. Colonel de La-grange.	
	Robin.	Colonel Brusley. Colonel Amos.	
		Colonel Isnard.	Mobilisés du Nord.
		Général Pauly.	Mobilisés du Pas-de-Calais.

ARMÉE DE L'EST

Commandant en chef : général BOURBAKI, puis général CLINCHANT.
Chef d'état-major : général BOREL.

CORPS D'ARMÉE.	DIVISIONS.	BRIGADES.	OBSERVATIONS.
15e corps : Général Martineau des Chenez (puis Peytavin)(3)	1re, Durieu (1). (puis Dastugue) (2).	Minot (2). Questel.	(1) Devenu fou à Clerval. (2) Pris à Sombacourt.
	2e, Rebillard.	Le Camus. Choppin.	
	3e, Peytavin.	De la Blanchetée. Martinez.	(3) Fin janvier.
	De cavalerie, de Longerue.	De Boërio. Tillon.	
18e corps : Général Billot.	1re, Feillet-Pilatrie.	Leclaire. Robert.	
	2e, Penhoat.	Perrin. Perreaux.	
	3e, Bonnet.	Goury. Bremens.	
	De cavalerie, de Brémond-d'Ars. . .	Charlemagne. Guyon-Vernier.	
20e corps : Général Clinchant	1re, de Polignac. . .	Godefroy. Brisac.	
	2e, Thornton.	De Seigneurens. Vivenot.	
	3e, Ségard.	Durochat. Simonin.	
		de cavalerie, de Brasseries.	

CORPS D'ARMÉE.	DIVISIONS.	BRIGADES.	OBSERVATIONS.
24e corps : Général Bressolles (1) (puis Comagny).	1ro, d'Aries......	Castella.	
		»	
	2o, Comagny (Thibaudin).........	Irlande. Bramas.	(1) Destitué le 27 janvier.
	3o, Carré de Busserolle.........	»	
		»	
	»	de cavalerie.	
Réserve.	Pallu de la Barrière..........	d'infanterie. de cavalerie.	
	Cremer......	Millot. Carol-Tevis.	

CORPS DE GARIBALDI
(Janvier 1871.)

Commandant : général GARIBALDI.

Chef d'état-major : général BORDONE, ancien combattant de Marsala.

Sous-chef d'état-major : colonel LOBBIA, ancien combattant de Marsala.

1re brigade : général polonais BOSSAK-HAUKÉ (tué le 23 janvier).

2e brigade : colonel DELPECH, ex-préfet des Bouches-du-Rhône après le 4 septembre.

3e brigade : colonel Menotti GARIBALDI, fils aîné du général.

4e brigade : colonel Ricciotti GARIBALDI, second fils du général.

5e brigade (en formation) : colonel CANZIO, gendre du général.

Cavalerie : colonel FARLATTI.

Artillerie : colonel OLLIVIER.

Génie : colonel GAUCKLER.

FORCES MILITAIRES DE PARIS
(Octobre 1870.)

Commandant en chef : général Trochu, gouverneur de Paris.
Chef d'état-major général du gouverneur : général Schmitz.
Ministre de la guerre : général Le Fló.

Garde nationale : { commandant supérieur : général Tamisier
chef d'état-major général : général Ferri-Pisani.

CORPS D'ARMÉE.	DIVISIONS.	BRIGADES.	OBSERVATIONS.
13e corps : Général Vinoy. Chef d'état-major : général de Valdan.	1re, d'Exea......	Massat. Daudel.	
	2e, de Maud'huy..	Guérin. Blaise.	
	3e, Blanchard....	De Susbielle. Guilhem (1).	(1) Tué le 30 septembre à Chevilly.
	De cavalerie Champéron......	Gerbrois. Cousin.	
14e corps : Général Renault. Chef d'état-major : général Appert.	1re, de Caussade.	De la Charrière. Leconte.	
	2e, d'Hugues.....	Bocher. Paturel.	
	3e, de Maussion..	Benoit. Courty.	

Commandement des secteurs. {
1er secteur : général Faron (puis Barolet).
2e — général Cellier.
3e — général de Montfort.
4e — contre-amiral Cosnier.
5e — général Ambert (puis contre-amiral du Quilio).
6e — contre-amiral Fleuriot de Langle.
7e — contre-amiral de Montaignac.
8e — contre-amiral Mecquet.
9e — contre-amiral de Chaillié.

Commandement des mobiles. {
1er groupe : général de Liniers.
2e — général de Beaufort-d'Hautpoul.
3e — général Berthaut.
4e — général Corréard.

ARMÉES DE PARIS
(15 novembre 1870.)

Généralissime : général Trochu, gouverneur de Paris.
Chef d'état-major général : général Schmitz.

1re armée. — Garde nationale.

Commandant en chef : général Clément Thomas.
Chef d'état-major général : colonel Montagut.
Infanterie : 266 bataillons de marche.
Légion de cavalerie : colonel Quiclet.
Légion d'artillerie : colonel Schœlcher.

2e armée. — Ligne et mobiles.

Commandant en chef : général Ducrot.
Chef d'état-major général : général Appert.
Commandant du génie : général Tripier.
Commandant de l'artillerie : général Frébault.

CORPS D'ARMÉE.	DIVISIONS.	BRIGADES.	OBSERVATIONS.
1er corps : Général Blanchard. Chef d'état-major : colonel Filippi.	1re, de Malroy ...	Martenot. Paturel.	
	2e, de Maud'huy..	Valentin. Blaise (1).	(1) Tué à Ville-Évrard le 21 décembre.
	3e, Faron.	Comte. De la Mariouse.	
2e corps : Général Renault (4). Chef d'état-major : Général Ferri-Pisani.	1re, Susbielle	De la Charrière (2) Lecomte (3).	(2) Tué à Montmesly le 30 novembre (3) Assassiné à Paris le 18 mars 1871. (4) Tué à Champigny le 30 novembre.
	2e, Berthaut	Bocher. De Miribel.	
	3e, de Maussion..	Courty. Avril de l'Enclos.	
3e corps : Général d'Exea. Chef d'état-major : Colonel de Belgarric.	1re, de Bellemare.	Fournès. Colonieu.	
	2°, Mattat........	Bonnet. Daudel. Reille.	
	De cavalerie, Champéron	De Gerbrois. Cousin. Allavène (gendarmerie).	

3e armée. — Mobiles.

Commandant en chef : général VINOY.

Chef d'état-major général : général DE VALDAN.

DIVISIONS.	BRIGADES.	OBSERVATIONS.
1re, Soúmain............	D'Argentolle. N...	
2e, de Liniers..........	De Camas. Chamberet.	
3e, de Beaufort-d'Haut-poul................	Dumoulin. D'André.	
4e, Corréard............	Champion. Porrion.	
5e, d'Hugues............	De Bray. Bro.	
6e, Pothuau............	Lemains. Salmon.	
De cavalerie, Bertin de Vaux................	De Bernis. Blondel.	
Corps de Saint-Denis : Vice-amiral La Roncière le Noury.	Lavoignet. Hanrion. Lamothe-Thenet.	

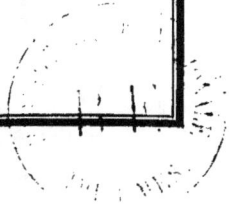

TABLE DES MATIÈRES

—

Paris et Limoges. — Imprimerie militaire Henri CHARLES-LAVAUZELLE

CARTES & CROQUIS

SOMMAIRE DES CARTES ET CROQUIS

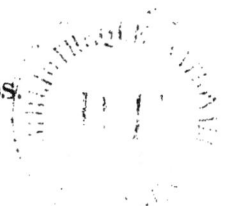

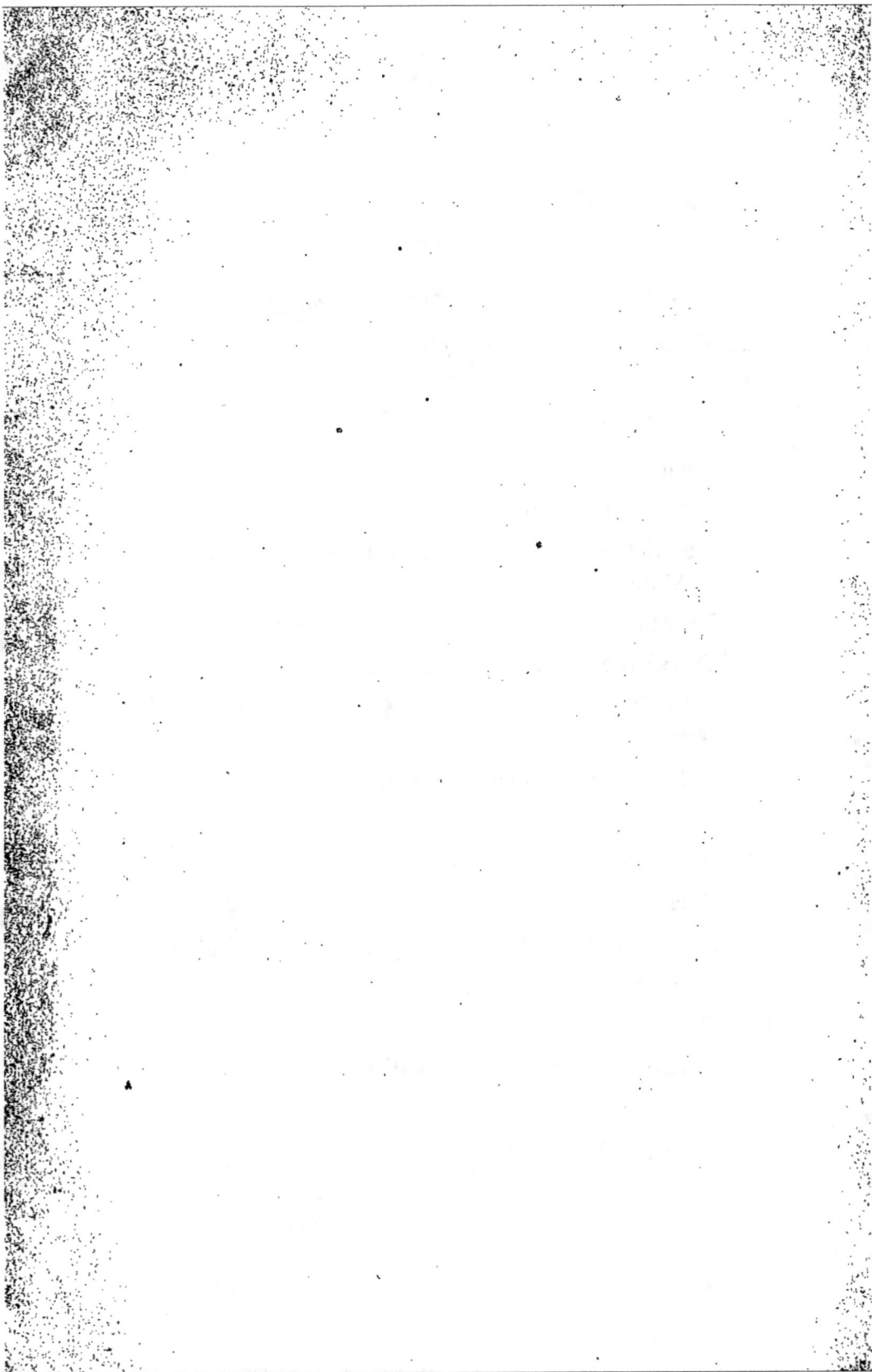

www.ingramcontent.com/pod-product-compliance
Lightning Source LLC
Chambersburg PA
CBHW072014270326
41928CB00009B/1649